SV

Samuel Beckett, geboren 1906 bei Dublin, starb 1989 in Paris. Er schrieb erzählende und essayistische Prosa, Gedichte, Dramen, Hör- und Fernsehspiele sowie Vorlagen für Filme. 1969 erhielt er den Nobelpreis für Literatur. Sein Werk erscheint im Suhrkamp Verlag.

Der Band versammelt eine breite Auswahl von Becketts kürzerer Prosa. Begonnen mit einem frühen Text über einen erfundenen Dichter, den Beckett 1930 in Dublin am Trinity College vortrug, führt die Sammlung über prominente Erzählungen wie *Der Ausgestoßene* (1947/1955) oder *Der Verwaiser* (1970) bis zu *Immer noch nicht mehr*, Becketts letztem Prosatext, geschrieben zwischen 1986 und 1988. Während die Anordnung der Texte chronologisch der Entstehungsgeschichte folgt, gleicht der Weg durch diesen Band einem kaleidoskopischen Blick in Becketts Kosmos.

SAMUEL BECKETT

Dante und der Hummer

Gesammelte Prosa

Aus dem Französischen und Englischen
von Elmar und Erika Tophoven

Suhrkamp

»Dante und der Hummer« und »Bammel« übersetzte Christian Enzensberger, »Wie die Geschichte erzählt wurde« Wolfgang Hildesheimer.

Erste Auflage 2022

Umschlaggestaltung: Brian Barth
Druck: BoD GmbH, Norderstedt
ISBN 978-3-518-24324-4

www.suhrkamp.de

Dante und der Hummer

Wie soll man sagen

Wahnsinn –
Wahnsinn zu –
zu –
wie soll man sagen –
Wahnsinn zu dem was –
seit –
Wahnsinn seit dem was –
gesetzt –
Wahnsinn gesetzt das was –
angesichts –
Wahnsinn angesichts –
des –
wie soll man sagen –
dessen –
dessen hier –
dessen hier das –
all dessen hier das –
Wahnsinn gesetzt all das –
angesichts –
Wahnsinn angesichts all dessen hier das –
zu –
wie soll man sagen –
sehen –
erspähen –
glauben zu erspähen –
glauben zu wollen zu erspähen –
Wahnsinn glauben zu wollen zu erspähen was –
was –
wie soll man sagen –
und wo –
glauben zu wollen zu erspähen was wo –
wo –
wie soll man sagen –
da –
da drüben –
weitab –
weitab da drüben –
ganz schwach –
weitab da drüben ganz schwach was –

was –
wie soll man sagen –
angesichts all dessen –
all dessen hier –
Wahnsinn zu sehen was –
zu erspähen –
glauben zu erspähen –
glauben zu wollen zu erspähen –
weitab da drüben ganz schwach was –
Wahnsinn glauben zu wollen zu erspähen was –
was –
wie soll man sagen –

wie soll man sagen

Der Konzentrismus

Monsieur

Sie sind der erste, der sich für diesen Schwachsinnigen interessiert. Alles, was ich davon weiß, ist folgendes: Ich machte seine Bekanntschaft oder, richtiger, er bescherte mir dieses Ungemach am Vortage seines Todes, in Marseille. Er klammerte sich an mich in einer düsteren Kneipe, wo ich mir seinerzeit vortrefflicherweise angewöhnt hatte, mich zweimal pro Woche zu besaufen. »Ihr Aussehen«, sagte er, »ist so idiotisch, daß es in mir ein Höchstmaß an Vertrauen weckt. Endlich«, fuhr er fort – ich ändere nichts an seinen Logogryphen –, »endlich und erstmals stoße ich auf ein Wesen, das, wenn ich meinen Augen trauen darf, total und ideal gesehen, jeglicher Intelligenz entbehrt und in eine vollkommene himmlische Nullität getaucht ist.« Er hielt inne, lüftete den Hut und rief mit vibrierender Stimme: »Ich umarme Sie, mein Bruder!« Ich stieß ihn energisch von mir. Er wäre fast gefallen, wurde ganz blaß und fing dann so schmerzensreich zu husten an, daß ich nicht umhin konnte, die Gewaltsamkeit meiner Geste zu bedauern. Er faßte sich jedoch rasch wieder und redete von neuem, jetzt kaum hörbar, auf mich ein.
»Monsieur«, sagte er, »gestatten Sie, daß ich Ihnen eine Frage stelle?«
»Bitte sehr«, sagte ich kühl.
»Sind Sie zufällig aus Toulouse?«
»Ja, Monsieur.« Er erschauerte und stotterte dann: »Einen Gefallen, Monsieur, nur einen kleinen Gefallen, wenn ich bitten darf.« Er zog eine Visitenkarte aus der Tasche, schrieb hastig eine Adresse auf die Rückseite und reichte sie mir. »Im Namen von allem, was Ihnen lieb und teuer ist«, sagte er, »kommen Sie morgen gegen Mittag zu dieser Adresse, zeigen Sie diese Karte, sagen Sie, daß Sie der Mann aus Toulouse sind, sagen Sie, daß ...« Ich fiel ihm ins Wort. »Monsieur«, sagte

ich, »das tue ich keinesfalls. Ich werde nicht kommen. Ich kenne Sie nicht, Sie haben mich beleidigt, Sie ...« »Doch, doch«, wiederholte er beinahe ungeduldig, »doch, doch, Sie kommen schon.« Dann, geradezu unverschämt: »So dumm werden Sie doch nicht sein ...« Er verstummte. Schließlich, diesmal sanft: »Aber nicht vor Mittag«, und damit ging er hinaus.

Ich habe alles getan, was er von mir verlangte. Er hatte bei der Concierge ein dickes Paket hinterlassen mit der Aufschrift «Für meinen lieben Freund aus Toulouse, der versprochen hat zu kommen«. »Wer ist dieser Mann?« fragte ich die Concierge. Keine Antwort. »Wer ist dieser Idiot? Wo ist er?« Ich war wütend. »Soll tot sein«, sagte sie.

Das ist alles, Monsieur, was ich davon weiß, und ich versichere Ihnen, es ist mir mehr als genug. In diesem Paket waren nur die Hefte, für die Sie sich so sehr interessierten. Ich habe sie dem Direktor unserer Bibliothek übergeben, weil ich sie so schnell wie möglich los sein wollte und außerdem die Hoffnung hatte, daß sie unter all den Toten und Todgeweihten dieses Hauses vermodern und niemanden mehr stören würden. Ich kann nur aufs äußerste bedauern, daß sich dieser edle Wunsch nicht erfüllt hat, und Sie meiner Anteilnahme versichern sowie meiner tiefempfundenen Verachtung.

Gezeichnet:

Nicht nur die mit trauriger Geduld ausgetauschten Beweihräucherungen zwischen dem, der den Ruhm davonträgt, und dem, der ihn nur streift, sind etwas Neues. Ich bedaure die Abwesenheit seiner Durchlaucht des Fürsten von Monaco. Denn ich bin wirklich der erste, der gewaltsam an die Sache herangeht, und ich weiß, mit welcher Gewalt edle Herzen von einer unberührten Materie bewegt werden, selbst wenn diese nicht über Beweisstücke einer wundersamen Freundschaft verfügt. Unberührt und vollkommen dunkel. Kein Skandal, keine Sensation. Conciergen, viele Conciergen. Jean du Chas litt in dieser Hinsicht an einer wahren Obsession, und er wußte darum. »Der Concierge«, schrieb er in einem seiner Hefte, »ist der Eckstein meiner ganzen Konstruktion.« Aber er schildert uns einen sozusagen idealen Concierge, ideal und abstrakt, einen absoluten Concierge, keine Plaudertasche. Zahlreiche Hinweise im Text lassen mich in diesem geradezu neuralgischen Motiv das Symbol einer jener schrecklichen Offenbarungen der Natur vermuten, schrecklich und unregelmäßig, die die kosmische Harmonie zerreißen und all jene widerlegen, für die der Baumeister der Schöpfung der Prototyp des neoklassizistischen Künstlers ist und die prekäre Aufeinanderfolge der Monate und Jahreszeiten ein beruhigendes und kathartisches Manifest, zum Beispiel, einer jener Ergüsse ex nihilo, die, zum Glück in ziemlich weiten Abständen, das Klima dieser Insel interpunktieren. Doch ist das nur eine Spekulation, und wenn ich es gleich am Anfang meines Diskurses erwähne, so aus dem Wunsch, Sie so schnell wie möglich mit der nüchternen, in sich geschlossenen, ja beinahe monochromen Qualität der Chas'schen Kunst vertraut zu machen.

Jean du Chas, einziger unehelicher und postum geborener Sohn eines belgischen Wechselmaklers, der 1906 an den Folgen einer Hautkrankheit verstarb, und von Marie Pichon, Verkäuferin in einem Nähwarengeschäft in Toulouse, kam am 13. April 1906, kurz vor Mittag, im roten Schatten der Basilika St. Sernin unter dem gedämpften Gebimmel eines trauernden Glockenspiels zur Welt. Wir wissen nicht mehr von seinem Vater als die wenig erbaulichen Umstände seines Todes. Seine Mutter war deutscher Herkunft und unterhielt engen Kontakt mit seiner Großmutter, Annalisa Brandau, die ganz allein und offenbar mit übermenschlichem Geschick ihr kleines Gut am Ufer der Fulda bewirtschaftete, nahe bei Kragenhof, einem ehemaligen Erholungsort für Sommerfrischler, der jetzt nur noch eine Trümmerlandschaft von unter wogenden Tannen erstickten Dächern ist. Seit seinem vierten Lebensjahr fuhr er jeden Sommer mit seiner Mutter dorthin, und er besingt in einem seiner ersten Gedichte den langsamen Verschleiß seiner jungtoulousaner Lebenskraft in dieser Kolophonium-Ptolomea. Die in jungen Jahren gemachte Erfahrung deutschen Fiebers ist seiner Meinung nach daran schuld, daß er in seinem ganzen Leben die Idee des Lichts nicht mehr von Hitze- und Ekelgefühlen zu trennen vermochte. Es gibt für ihn kein enervierenderes Schauspiel als einen Sonnenuntergang – »pestialisches Feuer«, schreibt er, »in dessen Erbrechungen eines giftsüchtigen Landschaftsmalers sich der ewige Vesper-Überdruß kundtut«, und er verwahrt sich gegen diese Ansichtskarten-Vulgarität zugunsten der bleigrauen Dämmerung, die der strahlendsten Blässe der Venus als bleicher Hintergrund dient. Und er begrüßt die subtile, oft und vergeblich verfolgte Nichtübereinstimmung eines kaum sichtbaren Kieselsteins an einer blutleeren Stirn.

Von seiner Mutter vernachlässigt, ohne Freunde, kränklich und schon in seiner frühesten Kindheit dem unterworfen, was er »Negationskrisen« nennt, macht er schlecht und recht eine Jugend durch, der er weder Zeit noch Gelegenheit hat nachzutrauern. Am 13. April 1927 schreibt er in sein Tagebuch: »Nun bin ich mündig, mir selbst und allem zum Trotz«, und etwas weiter: »Diese unmotivierten Wunder sind nicht nach meinem Geschmack.« Die Aufzeichnungen jenes Tages enden mit einem so gewaltsam durchgestrichenen Satz, daß das Papier dabei zerriß. Es ist mir gelungen, die zweite Hälfte zu rekonstruieren. Sie lautet: »et il faut battre sa mère pendant qu'elle est jeune«.[1] Sein Tagebuch wimmelt von solch sonderbaren Interpolationen. Er stockt mitten in irgendwelchen persönlichen Details und schreibt in Klammern, in Großbuchstaben: »Les éléphants sont contagieux«.[2] Ein andermal: »je suis venu, je me suis assis, je suis parti«[3] oder »les curés ont

1 Man muß seine Mutter schlagen, solange sie jung ist.

2 Elefanten sind ansteckend.

3 Ich kam, ich setzte mich, ich ging.

toujours peur«[4] oder »user sa corde en se pendant«[5] oder »ne jeter aux démons que les anges«.[6] Jean du Chas starb am 15. Januar 1928 in einem kleinen Hotel in Marseille. Zwei Tage zuvor hatte er in sein Tagebuch geschrieben »mourir quand il n'est plus temps«.[7] Auf der folgenden Seite, der vom 14., stehen nur Schmähworte über Marseille und die Marseiller, ferner Reisepläne. »Diese Stadt ist wirklich zu komisch und ihre Fauna allzu zahlreich und großmäulig, ganz uninteressant. Folchetto ist als Knabe gestorben. Ich auch. Nicht zu ändern. Ich geh mich anderswo langweilen. Ich geh zum Beichten nach Ancona.«

Das ist genau die Formel für seine Unruhe, die Konstellation seines Vagantenlebens: *geh dich anderswo langweilen*, der Stimulus, der schließlich durch Überbeanspruchung seinen Reiz verliert. Sein Leben, wie es sich nach seinem Tagebuch, der einzigen verfügbaren Quelle, darstellt, ist, wie in vielen Fällen, eine lange Horizontale, ohne Höhepunkt, ein Phänomen der Bewegung, ohne Möglichkeit der Beschleunigung oder Verlangsamung, in Gang gesetzt, nicht feierlich inauguriert, durch den Zufall einer Geburt, beendet, nicht zu einem Abschluß gebracht, durch den Zufall des Todes. Und leer, hohl, inhaltslos, abgesehen von den sich mechanisch vollziehenden Vulgaritäten der Epidermis, von denen die Seele keine Kenntnis nimmt. Von gesellschaftlichem Leben keine Spur. Beim Lesen seines Tagebuchs hat man den Eindruck, daß für diesen Menschen, fatalerweise und unabhängig von Stolz oder Verachtung, das gesellschaftliche Leben, die gesellschaftlichen Konventionen, die ganze langweilige, vorsichtige Stilisierung der menschlichen Drangsale, Liebe, Freundschaft, Ruhm und dergleichen, daß all das nur eine Dimension war oder das Attribut einer Dimension, unvermeidbar, so wie die Reibung eine Bedingung für das Haften an der Erdoberfläche ist. Du Chas führte somit

4 Pfaffen haben immer Angst.

5 Seinen Strick abnützen, indem man sich aufhängt.

6 Nur Engel zu den Dämonen werfen.

7 Sterben, wenn es nicht mehr an der Zeit ist.

ein gesellschaftliches Leben, wie Sie ein zentripetales führen, das heißt, unbewußt und indifferent, mit anderen Worten, inexistent, denn Indifferenz und fehlendes Bewußtsein passen nicht zu der sakrosankten Tradition der Höhle und der Angst und der Unwissenheit und der krampfhaften Solidarität bei Donnerwetter. Ausschließend und ausgeschlossen, bewegt er sich im gesellschaftlichen Getriebe, ohne darüber zu urteilen. Man würde ihn vergeblich nach einer allgemeinen Beurteilung, einer umfassenden Kritik der lokalen und aktuellen Tendenzen fragen. »Die Fauna ist zu groß« ist alles, was er davon sagen kann. Immer die Fauna, das Rätselhafte, einfach so hingenommen, ohne Interesse, in Marseille wie anderswo, nur daß sie dort zu schwer lastet, sich räumlich zu sehr ausgedehnt hat, es erdrückte ihn, er muß anderswo hin, sich anderswo langweilen. Und das sind immer wieder seine Worte, faktische Feststellungen, ohne Begeisterung und ohne Zorn, mit Bedauern, aber ohne Groll, gegen niemanden und nichts, so wie jemand sagt, bevor er sich seine Garderobe geben läßt: »Ich habe zu viele Austern gegessen.«

So war sein Leben, das eines Individuums, des ersten europäischen Individuums seit Napoleons Feldzug nach Ägypten. Die imperialen Akrobatenstücke haben die leonardische Seele geschwächt, die ruhige Tugend der europäischen Gleichgültigen vergiftet. Unter der unheilvollen Ägide eines corneilleschen Dieners hat sich die letzte Spur dantesken Zorns in müdes Jesuitengespeie verwandelt, der Zug der Bubonenpestkranken, die das 19. Jahrhundert mit ihrem Gestank erfüllen werden, ordnet sich neu zum ewigen Ruhm des ersten Touristen. Es ist soweit. Montaigne heißt Baedeker, und Gott trägt eine rote Weste. Minoritäten machen mobil und erfinden einen abstrakten Vampir, den sie Majorität nennen. Es ist die Apotheose der *force mineure*. Eine Horde von Unholden zieht durch Europa auf der Suche nach der ewig entkräfteten Eselin. Raskolnikov, Rastignac und Sorel opfern sich auf und passen die Dreieinigkeit dem Tagesgeschmack an, ungleichseitiges Dreieck oder Phallussymbol, wie ihr wollt, Genossen.

Jedem nach seiner Gosse. Ibsen weist nach, daß er recht hat. Renan beweist, daß er unrecht hat. Koinzidenz. Anatole France pfeift drauf. Marcel Proust verwandelt sich vor lauter Geräucher in einen Weißdornstrauch. Koinzidenz. Und Gide kreuzigt sich in einem Winkel von 69 Grad, weil er die Konkordanz des Jägers verloren hat, und Fargue legt sich flach, weil er sein Repertoire an Sauereien erschöpft hat, und Valéry zerlegt in absolute Thesen, was er nicht gelesen hat, und Mallarmé setzt in Mondscheinterzen b-moll, was er nicht selbst gemacht hat, und alle anderen, Sie wissen schon welche, stimmen ihre Cornemusen und überbieten einander im Falschspielen, im Quartett, denn saperlipopette Individuen sind nicht fürs Konzertieren. Schlußendlich und um diesem Anfall von Spleenitis ein Ende zu machen, wenn ich wage zu behaupten, daß ein Individuum – (und ich bitte Sie, dieses seit hundert Jahren ausgehöhlte Wort wieder mit seiner ganzen vornapoleonischen Kraft zu füllen) –, daß ein solches Individuum gelebt hat und inmitten unserer Vulgaritäten gestorben ist, so deshalb, weil es für mich frei von diesen gesellschaftlichen Irritationen war, die sich zwangsläufig in antisozialem Eselsgeschrei äußerten, unendlich weniger bewegend und edel als die ganz gewöhnlichen Explosionen eseliger Tristesse. Und das ist schon das zweite Mal, daß ich im Verlauf dieser Komödie und in der Hoffnung, meinen Text dadurch zu erhellen, den Esel beleidigt habe. Ich bitte ihn um Verzeihung. Ich werfe mich nieder vor diesem bezauberndsten und undurchschaubarsten aller Tiere, die uns geduldig die Ehre erweisen, unsere Zärtlichkeitsanwandlungen entgegenzunehmen. Die letzte Beleidigung jedoch, die des Äsop, die unverzeihlich ist und die darin besteht, ihn, den Esel, zum Sprechen zu bringen, Gott ist mein Zeuge, daß ich mich ihrer noch nicht schuldig gemacht habe. Sie finden gewiß, daß ich der Rubrik Gesellschaftliches allzu lange den Hals umgedreht habe. In diesem Fall kann man wahrhaftig sagen: in Ermangelung eines Besseren. Denn es gibt nur das Eine. Alles ist darin enthalten. Wenn Sie verstanden haben, warum du Chas ein

Individuum ist und Gide es nicht ist und nie sein wird, hat Ihr Leiden bald ein Ende. Die Chose läßt sich erklären. Und die Chas'sche Membran weicht den Paroxysmen Ihres zerebralen Drucks. Dispersion des Konzentrismus.

Ich habe nur einen einzigen Abschnitt in den Heften gefunden, der uns, trotz seiner rauhen Schale, diesbezügliche Aufklärung verschaffen kann. Es heißt dort wortwörtlich: »Meine Kinder, meine zärtlichen Thyrsosträger, laßt ab von der Zitze, hört auf das, was ich euch sage. Ich weiß, daß ihr in zehn Jahren nichts lieber tun werdet, als meinen Manen gefällig zu sein. Meine Manen werden jedoch schwierig sein. Zumindest habe ich allen Grund, es anzunehmen. Eine geräuschvolle, blutige Devotion, wie sie mein Herr Vater selig dem Quecksilbersalz zuteil werden ließ, wird euch in keiner Weise weiterhelfen. Ich will, meine Kinder, weder eure scala sancta-Approbationen noch eure federviehischen Unsterblichkeiten. Und um mich davor zu schützen, erkläre ich euch hic et nunc euer Programm. Ihr nennt euch *Konzentristen.* Das sage ich euch, ich, Erfinder des Konzentrismus, ich, der bikonvexe Buddha. Sagt euren Zeitgenossen – Jean du Chas, illustrer Gründer unseres Ordens, Erfinder des Konzentrismus, der bikonvexe Buddha, einziger, illegitimer und postum geborener Sohn eines belgischen Wechselmaklers und einer deutsch-toulousaner Dirne, lädt euch tutti quanti ein zu einem religio-geologischen Festschmaus, bei dem ihr euch vollstopfen könnt, bis euch die Knöpfe platzen, mit heiliger Nahrung in der doppelten Form von kartesianischen Linsen und synthetischen Conciergen – Ihr gewährt ihnen eine kurze Pause und sagt dann: – Die Chas'sche Dichtung besteht im Langziehen einer Phrase, deren Blütenblätter sich öffnen, *cordon s'il vous plaît*, unter dem Gerunzel unseres unbezähmbaren Kapitäns zerfallen, der, o weh!, auch sein Schweden erlebt hat. In ihm grüßen wir – und wir beehren euch mit der Bitte, es uns gleichzutun – den Verfasser des *Diskurses über den Ausgang*, der in den heißen Dämpfen der Conciergerie, von allen Conciergen, novecenteschi-Neuburg-Kanonenöfen entstand und Form gewann. – Und ihr werdet ihnen folgende Definition hinschleudern: – *Der Konzentrismus ist ein Treppenprisma.* Das sind die Rippen eures Manifests, Kinder. Macht es fett. Adieu, Kinder, und guten Appetit. Ich übergebe euch wieder euren Müttern.«

Man sollte sich nicht durch die bittere Oberfläche dieses Passus verspottet fühlen. Man sollte ihm auch seine Obskurität nicht verübeln, die durch ihre Vorsätzlichkeit grausam erscheint. So ist du Chas nun mal. Er gehört zu den Geistesgrößen, die sich nicht erklären können. Allein der Gedanke einer Apologie, der Reduzierung seiner Substanz auf akademische Rülpser – er nennt es *reductio ad obscenum* – peinigt und verwirrt seine Nerven. So will er nicht verstanden werden. Das versteht er nicht unter Verstehen. Seine Cahiers enthalten mehrere Notizen, die diesbezüglich keinen Zweifel lassen. Ich greife die einleuchtendste heraus, die euch aufgrund ihrer Aktualität wahrscheinlich am meisten interessiert. »Ich habe gerade einen Brief von Proust gelesen«, schreibt er, »zu Händen von einem ich weiß nicht wem, einer (oder sollte ich sagen, einem) seiner Albertines-Jupiens vermutlich, in dem er erklärt, aus welchen Gründen er sich nicht, unter gar keinen Umständen, am Sonntag morgen vor sechs Uhr schneuzen kann. Der Mikrokosmos seiner These, aus der Höhe einer umgekehrten Pagode teleologischer Winkelzüge ganz heruntergepurzelt, kommt hervorgeschossen wie ein siegreicher Rennwagen und zermalmt einem jedes Feingefühl.« Hier der letzte Satz des Briefes – »so daß ich mich dazu verurteilt sehe, infolge der funesten Verkettung von Umständen, die wahrscheinlich auf irgendeine verdrängte merowingische Koryza zurückzuführen ist, ähnlich wie bei der gerade in diesem Moment unsichtbar am Resonanzboden meiner Tür lehnenden Françoise, die sich über den verhängnis- und zugleich genußvollen Abgrund eines titanischen Niesens beugt, um die Sturzbäche schleimiger Lava aufzusaugen, die sich aus den Tiefen meines morgendlichen rotzig-vulkanischen Hexensabbats erheben und die bebenden Ventile meiner Nüstern belagern.«

– Ich habe diesen Brief partout nicht finden können. Du Chas hat ihn vielleicht von A bis Z konstruiert. Er klingt verdächtig »nach Art von ...« und somit eher apokryphal. Aber das ist unwichtig. Was uns interessiert, sind Chas' Reaktionen. Er präzisiert die Natur seines Ekels: »Daß er sich nicht am Sonntag morgen vor sechs Uhr schneuzen kann, erscheint mir ganz natürlich. Aber nach diesen peinvollen Klärungsversuchen verstehe ich gar nichts mehr. Zum Teufel mit seinen Erläuterungen! Nur Ticks, die gerechtfertigt werden, sind ungehörig. Wahnsinn ist, Gott sei dank, unteilbar.«
Man könnte eine Varietät von Schlüssen aus dem Manifest der Konzentristen ziehen, so wie du Chas sie in seinem Journal skizziert hat. Es ist eine jener Äußerungen, die sich leicht und gern auf genügend Obzönitäten reduzieren lassen, um das Bestreben eines jeden von uns nach den Gefilden von Ordnung und Klarheit zu befriedigen. Sie könnten beispielsweise den Diskurs über den Ausgang als künstlerischen Ausdruck von Evasionen interpretieren, die dem Selbstmord vorangehen, und »cordon s'il vous plaît« als den einzigen endgültigen Akt des Individuums, das endlich an sich selbst mehr als Gerechtigkeit übt. Das wäre ein »cogito ergo sum« recht sensationeller Art. Und der Concierge, der herausläßt? Ganz nach Belieben, Gott oder Müdigkeit, kleiner Schlaganfall oder Racine'scher Scharfsinn. Und der Konzentrismus? Eine eliminatorische Spirale. Und das Treppenprisma? Dekomposition der Glücklichen, die wendeltreppenartig hinabsteigen. Und das wär's. Klar und konsequent wie die Syllogismen des Monsieur Chauvin. Aber Sie könnten das alles auch aus der Sicht der Physiologie betrachten. Das wäre heiterer. Wenn Sie jedoch darauf bestehen, die Idee zu erhärten, eben jene, von der er spricht, um Kants Ding zu konkretieren, so steht fest, daß Sie diese Kunst zu einem Labiche-Vaudeville herabwürdigen würden, denn sie ist, wie eine Auflösung von Mozart oder einem Haufen anderer Schurken, vollkommen verständlich und vollkommen unerklärlich.

Dante und der Hummer

Es war Vormittag, und Belacqua hatte sich im ersten Mondcanto festgelesen. Bis zum Hals steckte er darin, er konnte weder vor noch zurück. Die glückselige Beatrice war zugegen, Dante desgleichen, und sie erklärte ihm die Flecken auf dem Mond. Als erstes wies sie ihn auf seinen Irrtum hin, dann brachte sie die eigene Erklärung vor. Die hatte sie von Gott, deshalb konnte er sich in jedem Punkt auf ihre Richtigkeit verlassen. Er brauchte ihr nur Schritt für Schritt zu folgen. Im ersten Teil, der Widerlegung, lief alles glatt. Sie zeigte schlüssig, worauf es ihr ankam, und legte dazu das Nötige ohne Umschweife und Zeitverschwendung dar. Aber Teil zwei, die Beweisführung, war so vertrackt, daß Belacqua sich keinen Reim mehr darauf machen konnte. Der Gegenbeweis, die Zurechtweisung leuchteten beide ein. Aber dann folgte ihr Nachweis, eine eilige Raffung des eigentlichen Sachverhalts, und nun steckte Belacqua wirklich in der Klemme. Zudem war er gelangweilt und wollte endlich zur Piccarda kommen. Trotzdem brütete er weiter über der Rätselstelle. Er mochte sich nicht geschlagen geben, wollte wenigstens begreifen, was die Worte hießen, auf welcher Ebene sie gesprochen waren und welche Überzeugungskraft von ihnen auf den fehlgeleiteten Dichter ausging, sodaß er am Ende der Rede gestärkt das schwere Haupt erheben konnte, um dankzusagen und seine frühere Meinung in aller Form zu widerrufen.

Er rannte in Gedanken noch immer gegen den undurchdringlichen Passus an, als er zu Mittag läuten hörte. Sogleich war die Pflichtübung wie weggewischt. Er krümmte die Finger unter dem Buch zur Schaufel und schob es damit zurück, bis es ganz auf den Handflächen lag: die dienten jetzt der aufgeschlagenen Göttlichen Komödie als Lesepult. So hingebreitet, hob er sie sich bis unter die Nase und knallte sie dort zu. Er hielt sie eine Weile in der Schwebe, blinzelte sie böse an, preßte die Buchdeckel mit den Handwurzeln zusammen. Dann legte er sie weg.

Er lehnte sich im Stuhl zurück, bis sich sein Kopf, aufgekratzt von dem abgefeimten Potpourri, beruhigt hätte. Bevor es seinem Kopf nicht besserging und Stille eintrat, was allmählich auch geschah, konnte er gar nichts tun. Dann wagte er sich an die Überlegung, wie er weitermachen sollte. Irgendetwas zwang einen ja immer zum Weitermachen. Drei größere Verbindlichkeiten meldeten sich an. Zuerst das Mittagessen, dann der Hummer, dann der Italienischkurs. Das reichte zum Weitermachen erst einmal. Für die Zeit nach dem Italienischkurs fehlte ihm jede klare Vorstellung. Irgendein Plagegeist hatte ihm bestimmt ein Pensum für den späten Nachmittag und Abend aufgebrummt, er kannte es nur nicht. Darauf kam es auch gar nicht an. Worauf es ankam, war: eins, Mittagessen; zwei, Hummer; drei, Italienischkurs. Zum Weitermachen mehr als reichlich.

Das Mittagessen, falls es überhaupt gelang, war eine sehr heikle Angelegenheit. Um es genießen zu können, und ab und zu war es ein Hochgenuß, mußte er bei den Vorbereitungen absolute Ruhe haben. Wurde er hingegen dabei gestört, kam dann etwa ein munteres Plappermaul mit einem Bombeneinfall oder Bittgesuch hereingeplatzt, so konnte er das Essen gleich bleiben lassen, denn die Speise wurde dann zur Bitternis in seinem Munde, oder schlimmer noch, schmeckte nach gar nichts mehr. Er mußte strikt allein sein, brauchte unbedingte Stille und Abgeschiedenheit bei seinen Vorbereitungen für das Mittagsmahl.

Zunächst mußte die Tür abgeschlossen werden. Nun war er vor Überfällen sicher. Er wappnete sich mit einem alten *Herald* und strich ihn auf dem Tisch glatt. Das eher einnehmende Gesicht des Meuchelmörders McCabe starrte zu ihm herauf. Er zündete das Gas an, nahm den Brotröster, eine flache, quadratische Asbestmatte, vom Nagel und legte ihn genau über die Flamme.

Dann merkte er, daß er die Flamme zurückdrehen mußte.

Toast darf auf keinen Fall zu rasch zubereitet werden. Toast wie er sein soll, durch und durch geröstet, braucht ein schwaches und stetiges Feuer. Sonst verkohlt er nur von außen, und die Krume bleibt pappig wie zuvor. Und nichts verabscheute Belacqua so sehr wie die Gräßlichkeit, durch ein Fiasko von Matsch und Teig mit den Zähnen aufeinander zu beißen. Dabei war die richtige Methode kinderleicht. So, dachte er, nachdem er die Gaszufuhr gedrosselt und den Grill zurechtgerückt hatte, bis ich mit dem Brotschneiden fertig bin, ist er gerade heiß genug. Nun wurde das lange Stangenbrot aus der Blechschachtel gezogen und auf McCabes Gesicht glatt abgesäbelt. Zweimal mit dem Sägemesser unerbittlich durchgeratscht, und ein Paar Scheiben rohes Brot, die Hauptbestandteile seines Mahls, lagen säuberlich vor ihm und harrten seiner gnädigen Entscheidung. Der Brotstumpf wanderte in sein Verlies zurück, die Krümel, als hätte es nie einen Spatzen auf der Welt gegeben, wurden hektisch weggefegt, die Schnitten gepackt und zum Grill befördert. Diese Zurüstungen erfolgten alle mit großer Sachlichkeit und Eile.

Von jetzt an war freilich wirkliches Geschick gefordert; denn an diesem Punkt begann beim Durchschnittskoch der große Murks. Belacqua legte die Wange an die weiche Krume, sie fühlte sich flauschig, warm, lebendig an. Aber der wollte er ihr samtenes Geschmeichel schleunigst abgewöhnen, die hatte ihn bei Gott die längste Zeit so fett und bleichgesichtig angeglotzt. Er drehte das Gas eine Spur kleiner und klatschte eine schlappe Scheibe auf das glühende Geflecht, haargenau in die Mitte, sodaß das Ganze der japanischen Flagge glich. Da der Platz nicht reichte, beide Scheiben nebeneinander gleichmäßig durchzurösten – und wenn sie nicht gleichmäßig durchgeröstet waren, hätte man sich die Mühe sparen können, sie überhaupt zu rösten –, legte er die andere Scheibe zum Vorwärmen darüber. Als der erste Kandidat abgefertigt war, das heißt bis ins Mark schwarzgebrannt, trat er seinen Platz an den Gefährten ab und lag nun seinerseits zuoberst, totgeröstet, verkohlt und qualmend da, bis auch für diesen Gleiches galt.

Dem Ackermann dünkte die Deutung leicht, er hatte sie von seiner Mutter. Die Flecken waren Kain mit seinem Dornenbündel, enterbt und von der Erde fortgeflucht, unstet und heimatlos. Der Mond war sein gezeichnetes und untröstliches Gesicht, versehrt vom Urbrandmal der göttlichen Barmherzigkeit, die dem Ausgestoßenen den schnellen Tod versagt. Der Ackermann hatte da mancherlei verwechselt, aber das machte nichts. Seine Mutter hatte sich damit begnügt, warum sollte er es besser haben.

Belacqua kniete vor der Flamme, beugte sich gebannt über den Grill und überwachte die Röstung in jedem Stadium. Sie brauchte ihre Zeit, aber was lange währt, wird endlich gut, ein wahres Wort. Noch bevor das Ende nahte, hatte sich das Zimmer mit Qualm und Brandgeruch gefüllt. Dann hatten Menschensorgfalt und -geschick ihr möglichstes getan. Er drehte das Gas ab und verstaute den Toaster zurück an seinen Platz: ein klarer Fall von Sachbeschädigung, denn er sengte damit ein langes Brandmal in die Tapete. Vandalismus, wie er im Buche steht. Ihn kümmerte das einen Dreck. Gehörte die Wand denn ihm? Seit fünfzig Jahren klebte da dieselbe trübselige Tapete, aschfahl vor Alter. Sie zu verunzieren war ausgeschlossen.

Als nächstes wurde eine dicke Paste aus Mostrich, Salz und Cayenne in jede Scheibe gründlich eingespachtelt, solange die Poren noch vor Hitze offenstanden. Keine Butter, Gott bewahre, nur eine saftige Ladung Senf, Salz und Pfeffer auf jede Schnitte. Butter war Pfusch, das machte den Toast bloß labbrig. Buttertoast, das mochte das Rechte sein für Ordinarien und Heilsarmisten, die außer falschen Zähnen nichts im Kopfe hatten. Für einen leidlich stämmigen jungen Rosenstock wie Belacqua taugte dergleichen nicht. Der wollte sein Mahl nach solch penibler Zubereitung mit soviel Verzükkung und Siegesrausch verschlingen, als schlüg er den beschlitteten Polacken auf das Eis. Mit zugekniffenen Augen wollte er danach schnappen, es zu Brei zermalmen, ihm mit den Hauern vollends den Garaus machen. Dann die Qualen der Ätzung, die Pein stechender Gewürze, in denen jeder Bissen verglomm und den Gaumen ausglühte, bis die Tränen kamen.

Doch war er dafür noch nicht ganz gerüstet, es gab zuvor noch viel zu tun. Er hatte seine Opfergabe verbrannt, bevor sie wohlgefällig zugerichtet war. Ja, da hatte er den Karren vor den Gaul gespannt.

Er klatschte das eine Röstbrot auf das andere, er schlug sie schwungvoll wie Zimbeln aneinander, sodaß der zähe Schmer des Mostrichs sie zusammenbuk. Dann wickelte er sie fürs erste ins nächstbeste Stück Altpapier und sammelte sich für den Ausgang.

Nur nicht angesprochen werden! Das war jetzt das Entscheidende. Eine Aufhaltung beim derzeitigen Stand der Dinge, das Ärgernis einer auf ihn abgelassenen Redeflut: die reine Katastrophe. Mit seinem ganzen Wesen drängte es ihn den Freuden zu, die seiner harrten. Eine Belästigung, und er konnte sein Mittagessen ebensogut in die Gosse werfen und stracks wieder nach Hause gehen. Sein Heißhunger auf diese Mahlzeit, der, fast überflüssig zu bemerken, mehr einer des Geistes als des Leibes war, hatte sich manchmal schon zu solcher Raserei gesteigert, daß er auf jeden Vorwitzigen, der ihn in seinem Lauf gehemmt oder gehindert hätte, stracks mit Fäusten losgegangen wäre, er hätte ihn ohne Federlesens aus dem Weg gerempelt. Wehe dem Tolpatsch, der ihm in die Quere kam, wenn er für sein Mahl gerüstet war.

Mit gesenktem Kopf lenkte er seine Schritte rasch durch ein vertrautes Gewirr von Gassen und duckte sich plötzlich durch eine Ladentür. Das Krämerehepaar zeigte keine Überraschung. Er kam fast täglich ungefähr um diese Zeit derart von der Straße hereingeschossen.

Die Käsescheibe lag bereit. Vom Laib abgetrennt, wartete sie schon seit dem Morgen nur darauf, daß er sie holen kam. Gorgonzola. Er kannte einen aus Gorgonzola, namens Angelo. In Nizza zwar geboren, doch in Gorgonzola aufgewachsen. Belacqua wußte wohl, wo sie zu finden war. Jeden Tag lag sie im

selben Eck und wartete auf ihre Abholung. Hochanständige, hilfsbereite Leute das.
Er besah sich das Stück Käse argwöhnisch. Er drehte es um; vielleicht nahm es sich von rückwärts besser aus? Von rückwärts nahm es sich noch schlimmer aus. Sie hatten es mit der Schauseite nach oben hingelegt, diesen kleinen Schwindel hatten sie sich zugestanden. Wer konnte ihnen den verdenken? Er rieb mit dem Finger darüber. Es schwitzte. Immerhin. Er bückte sich und roch daran. Ein zarter Verwesungsduft. Wozu denn das? Er brauchte kein Bouquet, er war kein Trüffelschwein, verdammt nochmal, er brauchte einen ehrlichen Gestank. Einen ehrlich grünen, verstunkenen und verfaulten Klumpen Gorgonzola brauchte er, in dem es wimmelte, und würde dafür sorgen, daß er ihn bekam.
Er maß den Krämer grimmig.
»Was soll das?« fragte er.
Der Krämer wand sich.
»Nun?« fragte Belacqua, der, wenn ihm der Kamm schwoll, die Furcht verlor, »mehr haben Sie nicht zu bieten?«
»Stadtauf, stadtab«, sagte der Krämer, »finden Sie in Dublin momentan nichts Verfaulteres.«
Belacqua kochte. Der aufsässige Hundsfott, für zwei Heller hätte er ihn abgemurkst.
»So geht das nicht!« rief er. »Verstehen Sie, so geht das keinesfalls. Ich nehme das nicht hin.« Er knirschte mit den Zähnen.
Der Krämer hätte sich wie Pilatus die Hände in Unschuld waschen können; stattdessen warf er die Arme zu einer wilden, flehentlichen Geste aus, wie ein Gekreuzigter. Mürrisch wikkelte Belacqua sein Päckchen auf und ließ das leichenfahle Käserechteck zwischen die kalten, schwarzen Sargbretter seiner Brote gleiten. Er stapfte zur Tür, fuhr aber dann doch noch einmal herum.
»Verstanden?« rief er.
»Bitte«, sagte der Krämer. Es lag weder Frage noch Zustimmung darin. Unmöglich ließ der beiläufige Ton erraten, was der Kerl sich dachte. Das war höchst scharfsinnig pariert.

»Ich sage Ihnen«, rief Belacqua hitzig, »daß es so nicht geht. Auf keinen Fall. Wenn das alles ist, was Sie zu bieten haben«, dabei hob er das Päckchen hoch, »dann werde ich mir meinen Käse anderswo besorgen müssen. Merken Sie sich das.«
»Bitte«, sagte der Krämer.
Er kam mit bis zur Ladentür und sah seinem erbosten Kunden nach, der wie ein spatlahmer Gaul davonhinkte. Belacquas Füße waren Wracks, die ihn fast ständig peinigten. Sogar nachts führten sie das Werk der Hühneraugen und Hammerzehen weiter fort. Da stemmte er sich dann mit ihren Ausläufern verzweifelt gegen das Bettstattgitter oder, besser noch, griff hinunter und zerrte sie mit aufgebogenem Rist nach oben. Mit Geschick und Ausdauer ließ sich der Schmerz vertreiben, aber was halfs, die Nachtruhe war davon doch beeinträchtigt.
Ohne die Augen zuzukneifen oder sie von der entschwindenden Gestalt abzuwenden, schneuzte sich der Krämer in den Schürzenzipfel. Als Mann von Menschlichkeit und Herz rührte und erbarmte ihn der Sonderling, der stets so bedrückt und kränklich wirkte. Aber er blieb dabei doch der kleine Kaufmann, wohlgemerkt, mit dessen Sinn für Selbstachtung und klarer Sicht der Dinge. Ein Fuffziger – er warf ihn hoch –, für einen Fuffziger Käse am Tag, ganze drei Mäuse die Woche. Nein, dafür ging er keinem um den Bart, und wäre er der Papst persönlich. Er hatte auch noch seinen Stolz.
Wie Belacqua so auf verschlungenen Wegen zu dem bescheidenen Wirtshaus stolperte, wo er nicht unerwartet eintrat, insofern als seine groteske Erscheinung dort weder Kommentar noch Gelächter auslöste, bezähmte er allmählich wieder seinen Jähzorn. Nun, da sein Mittagessen schon fast zum fait accompli gediehen war – denn nur selten verunsicherten die sphinkterschwachen Ohrenbläser seines eigenen Standes mit ihrem Dauerdrang, einem ihren Bombeneinfall oder eine Verabredung aufzuschwatzen, dieses unansehnliche Viertel – konnte er es sich leisten, die Punkte zwei und drei, den Hummer und den Kurs, genauer zu erwägen.

Viertel vor drei mußte er in der Schule sein. Na also gut, um fünf vor drei. Um halb drei schloß das Wirtshaus; dann machte auch der Fischhändler wieder auf. Vorausgesetzt also, daß seine Tante, das alte Miststück, ihre Bestellung am Morgen beizeiten aufgegeben hatte, und zwar mit der strengen Auflage, das Ding auf Abruf auch bereitzuhalten, sodaß ihr Lump von Neffe auf keinen Fall zu warten hätte, wenn er gleich nach Ladenöffnung dort vorbeischaute, brauchte er das Wirtshaus erst bei Torschluß zu verlassen, um noch rechtzeitig da zu sein; er konnte bis zuletzt dort sitzen bleiben. Benissimo. Er hatte noch eins fünfzig. Das reichte für zwei Halbe vom Faß ohne weiteres; dann vielleicht noch ein Flaschenbier zur Krönung. Das abgefüllte Helle war dort nämlich besonders gut und süffig. Und für das Wechselgeld bekam er obendrein noch einen *Herald* und einen Trambahnfahrschein, sollten ihn Ermüdung oder Zeitnot dazu zwingen. Immer vorausgesetzt natürlich, der Hummer lag zur Übergabe auch bereit. Diese verfluchten Krämerfritzen, dachte er, es ist einfach kein Verlaß auf sie. Er hatte keine einzige Lektion gelernt, aber das machte nichts. Die Professoressa war ja so überaus charmant und ungewöhnlich. Signora Adriana Ottolenghi! Eine Frau von höherer Intelligenz und Bildung als die kleine Ottolenghi überstieg sein Denkvermögen. Darum hatte er sie innerlich auch aufs Podest erhoben, von allen Frauen abgerückt. Beim letzten Mal hatte sie ihm angekündigt, sie würden Il Cinque Maggio miteinander lesen. Aber sie war sicherlich auch nicht gekränkt, wenn er seiner Absicht folgte und ihr eingestand – auf italienisch, in einer glanzvollen Periode, die er auf dem Weg vom Wirtshaus zu verfertigen gedachte –, daß er den Cinque Maggio lieber auf ein andermal verschoben hätte. Manzoni war ein altes Waschweib, Napoleon genauso. Napoleone di mezza calzetta, fa l'amore a Giacominetta. Warum kam ihm Manzoni wie ein Waschweib vor? Weshalb nur tat er ihm so unrecht? Und Pellico auch. Lauter alte Jungfern, Blaustrümpfe. Das mußte er seine Signorina fragen, woher bei ihm wohl der Eindruck rührte, daß durch das neunzehnte Jahrhundert in Italien nichts wie alte Hennen fluderten, die wie Pindar glucksen wollten. Carducci gleichfalls. Und wie sich das mit den Flecken auf dem Mond verhielt. Wenn sie die Antwort nicht parat hatte, machte sie das sicher, und nur allzu gerne, in der nächsten Stunde wieder wett. Damit hatte er alles geordnet und war wohlgerüstet. Mit Ausnahme, wie sich versteht, des Hummers, der notwendig ein unberechenbarer Faktor blieb. Da konnte er nur das Beste hoffen. Und sich auf das Schlimmste gefaßt machen, dachte er übermütig und duckte sich durch die Wirtshaustür, wie es sein Brauch war.

Belacqua ging aufs Schulhaus zu, in bester Laune, denn alles war gelaufen wie geschmiert. Das Mittagessen hatte sich als beachtlicher Erfolg erwiesen und würde ihm als Vorbild noch lange haften bleiben. Ja, er konnte sich gar nicht ausmalen, wie es jemals übertroffen werden sollte. Ein so bleiches, seifiges Stück Käse, und dabei diese Strenge! Da blieb ihm nur der Schluß, daß er all die Jahre sich selbst genasführt hatte mit der Meinung, daß Käse je grüner, um so stärker war. Man lernt nie aus, ein wahres Wort. Und zudem hatten seine Zähne und Kiefer über die Splitter aufgejubelt, in die der zermalmte Toast bei jedem Zubiß auseinanderschoß, als hätte er Glas zerknirscht. Der ganze Mund stach und glühte ihm noch von dieser Feuertaufe. Die letzte Würze hatte der Nahrung dann die Neuigkeit verliehen, die ihm Berthold der Besserwisser über die Theke hinweg mit tragisch tiefer Stimme anvertraute: Das Gnadengesuch des Mörders von Malahide, vom halben Land mit unterschrieben, sei abgeschmettert worden; am Morgen müsse der Mann in Mountjoy baumeln, nichts könne ihn mehr retten. Der Henker Ellis habe sich schon auf den Weg gemacht. Belacqua verbiß sich in die Stulle, goß achtlos das kostbare Helle in sich hinein und sann über McCabe in seiner Zelle nach.
Der Hummer hatte schließlich doch bereitgelegen, wurde prestissimo vom Händler ausgehändigt, und wie freundlich der dabei noch lächelte! Mit etwas Höflichkeit und gutem

Willen ging doch wirklich alles leichter. Ein Lächeln und ein Scherzwort von einem schlichten Arbeiter, und schon sah die Welt heller aus. Nichts einfacher als das – eine bloße Frage gut beherrschter Muskeln.

»Japsnoch«, sagte der Händler aufgeräumt und reichte ihn hinüber.

»Japsnoch?« fragte Belacqua. Was konnte das wohl heißen?

»Japsnoch«, sagte der Mann, »taufrisch vom letzten Fang.«

Taufrisch – das hatte Belacqua von Makrelen und anderen Meerestieren sagen hören, die vor nicht mehr als ein, zwei Stunden gefangen worden waren, und entsprechend verstand er den Menschen so, daß der Hummer erst seit kurzem tot war.

Die Signorina Adriana Ottolenghi erwartete ihn in dem kleinen Vorraum der Eingangshalle, den Belacqua selbstredend längst zum Vestibül ernannt hatte. Es war ja ihr Zimmer, das italienische. Dann kam, auf derselben Seite weiter hinten, das französische. Das deutsche lag weiß Gott wo. Aber wen scherte schon das deutsche Zimmer?

Er hängte Hut und Mantel auf, legte das lange, buckelige, grob eingeschlagene Päckchen auf den Dielentisch und trat ungesäumt bei der Ottolenghi ein.

Nach ungefähr einer halben Stunde smalltalk beglückwünschte sie ihn zu seiner Sprachbeherrschung.

»Sie machen rasche Fortschritte«, sagte sie mit ihrer erstorbenen Stimme.

Die Ottolenghi hatte soviel von sich bewahrt, wie es bei einer Frau von gewissen Jahren zu erwarten steht, der Jugend, Schönheit und ein keusches Leben noch mehr als alles andere zum Hals herausgehangen hatten.

Belacqua verhehlte seine tiefe Freude und unterbreitete ihr das Mondrätsel.

»Ja«, sagte sie. »Ich kenne die Stelle. Eine berühmte harte Nuß. Mir ist die Antwort aus dem Stegreif nicht geläufig, aber ich will gern zu Hause nachschlagen.«

Das liebe Wesen! Nachschlagen wollte sie zu Hause in ihrem dicken Dante! Eine wunderbare Frau!

»Ich weiß nicht, was mich darauf bringt«, sagte sie, »aber es könnte Ihnen nicht schaden, einmal Dantes seltene Mitleidsregungen in der Hölle zusammenzustellen. Das war seinerzeit« – ihre Vergangenheitsformen klangen stets wehmütig – »eine beliebte Examensfrage.«

Er legte das Gesicht in tiefsinnige Falten.

»Mir fällt in diesem Zusammenhang jedenfalls ein grandioses Wortspiel ein«, sagte er, »›qui vive la pietà quando è ben morta ...‹«

Sie schwieg.

»Ist das nicht meisterhaft gesagt?« plapperte er weiter.

Sie schwieg.

»Da frage ich mich doch«, sagte er, nun ganz vernagelt, »wie man das wohl übersetzen könnte?«

Sie schwieg noch immer. Dann, mit leiser Stimme:

»Muß man es denn unbedingt übersetzen?«

Geräusche wie von einem Wortgefecht drangen aus der Eingangshalle. Dann Stille. Knöchel klopften einen Trommelwirbel an die Tür, die aufflog, und siehe, Mlle Glain war da, die Französischlehrerin, die mit ausgestülpten Stielaugen und im Zustand höchster Erregung ihre Katze umklammert hielt.

»Oh«, stieß sie hervor, »Verzeihung. Ich störe, aber was war in der Tüte?«

»Der Tüte?« fragte die Ottolenghi.

Mlle Glain trat à l'ingénue nach vorn.

»Das Päckchen«, sie vergrub das Gesicht in der Katze, »das Päckchen in der Eingangshalle.«

Belacqua behielt die Fassung.

»Es gehört mir«, sagte er. »Ein Fisch.«

Er wußte das französische Wort für Hummer nicht. Fisch reichte längst. Jesus Christus, Heiland und Gottessohn, hatte sich mit Fisch begnügt, warum sollte Mlle Glain es besser haben?

»Oh«, sagte Mlle Glain, unaussprechlich erleichtert. »Ich kam

gerade noch zurecht.« Sie verabreichte der Katze einen Klaps. »Sie hätte ihn glatt zerschleißt.«
Belacqua war nun doch etwas besorgt.
»Hat sie sich schon darüber hergemacht?« fragte er.
»Nein, nein«, sagte Mlle Glain, »ich habe sie gerade noch erwischt. Aber da ich nicht ahnte, was darin war« – dies unter Sufragettengekecker –, »wollte ich mich doch erkundigen –«
Die hundsgemeine Schnüfflerin.
Die Ottolenghi war leicht erheitert.
»Puisqu'il n'y a pas de mal ...«, sagte sie in erlesener Ermattung.
»Heureusement«, der Ton bewies, Mlle Glain war fromm – »heureusement.«
Sie züchtigte die Katze mit leichten Patscherchen und verzog sich. Ihre ergraute Altjungfernschaft schrie auf Belacqua ein. Eine nieerweckte Frauenrechtlerin, fromm und scharf auf einen Groschenskandal.
»Wo waren wir?« fragte Belacqua.
Auch neapolitanische Geduld hat ihre Grenzen.
»Wo sind wir je?« rief die Ottolenghi. »Wo wir immer waren, wie wir immer waren.«

Belacqua schritt auf das Haus seiner Tante zu. Lassen wir es lieber Winter sein, damit nunmehr die Dämmerung niedersinken und der Mond aufsteigen kann. An der Straßenecke lag ein gestürztes Pferd; ein Mann hatte sich auf seinen Kopf gesetzt. Ich weiß, dachte Belacqua, das soll man in solchen Fällen tun. Aber warum? Ein Laternenmann sauste auf dem Fahrrad vorbei, senkte die Lanze vor dem Lampenpfosten, und von dem Tjost stiebte ein kleines gelbes Licht in den Abend. Ein Liebespaar in ärmlicher Kleidung stand in einer pompösen Auffahrt. Sie lehnte schlaff am Torgitter, mit gesenktem Kopf, er hatte sich dicht an sie gedrängt und ließ die Hände seitlich baumeln. Wo wir waren, dachte Belacqua, wie wir waren. Er umklammerte sein Päckchen und ging weiter. Warum nicht Mitleid und Frömmigkeit zugleich, auch schon hienieden? Warum nicht Erbarmen und Gottesfurcht in einem? Ein wenig Barmherzigkeit bei der mühseligen Opfertat, um zu frohlocken wider das Gericht? Er dachte an Jonas und den Kürbis, an einen eifersüchtigen Gott, der über Ninive hatte Gnade walten lassen. Und an den armen McCabe, dem es zum Morgengrauen an den Kragen ging. Wie fühlte der sich jetzt, was trieb er? Er konnte sich nur noch auf eine Mahlzeit freuen, auf eine Nacht.

Seine Tante stand im Garten und hegte alle Blumen, die zu dieser Jahreszeit verdorren. Sie umarmte ihn, dann stiegen sie zusammen hinunter in den Schoß der Erde, die Küche im Souterrain. Sie nahm ihm das Päckchen ab, schnürte es auf, und jäh lag der Hummer auf dem Tisch, dem Wachstuch, hüllenlos.

»Er ist garantiert frisch«, sagte Belacqua.

Plötzlich sah er das Wesen und geschlechtslose Geschöpf sich regen. Es veränderte unzweifelhaft die Lage. Seine Hand fuhr zum Mund.

»Verdammter Mist«, sagte er, »er lebt noch.«

Seine Tante betrachtete den Hummer. Wieder zuckte er in einer schwachen Lebensregung auf dem Wachstuch. Über ihn gebeugt, sahen sie auf seine preisgegebene Kreuzgestalt hinunter. Er erschauerte von neuem. Belacqua spürte, wie ihm übel wurde.

»Um Gotteswillen«, wimmerte er, »er lebt noch, was machen wir jetzt bloß?«

Die Tante mußte herzlich lachen. Geschäftig lief sie in die Speisekammer, während er weiter auf den Hummer stierte; als sie zurückkam, hatte sie sich eine schmucke Schürze umgebunden und die Ärmel hochgekrempelt, die Zielstrebigkeit in Person.

»Nun«, sagte sie, »das will ich auch stark hoffen.«

»Von heute früh bis jetzt«, murmelte Belacqua. Dann gewahrte er ihre scheußlichen Gerätschaften. »Was hast du vor?« rief er.

»Abkochen, den Kerl«, sagte sie, »was sonst?«

»Aber er ist noch nicht tot«, lehnte sich Belacqua auf, »so kann man ihn nicht kochen.«
Sie sah ihn verdutzt an. Hatte er den Verstand verloren?
»Sei nicht kindisch«, sagte sie scharf, »Hummer kocht man immer lebend. Das ist nun einmal so.« Sie packte den Hummer und legte ihn auf den Rücken. Er zitterte. »Sie spüren nichts«, sagte sie.
In den Tiefen des Meeres war er in den fühllosen Kübel getappt. Noch stundenlang hatte er verstohlen inmitten seiner Feinde Luft geschöpft. Er hatte die Katze der Französin wie Belacquas hirnlosen Klammergriff überstanden. Jetzt wurde er im siedenden Wasser zutodgebrüht. Es ging nicht anders. Nimm meinen leisen Odem in den Wind.
Belacqua sah ihr in das alte, pergamentene Gesicht, grau im Dämmerlicht der Küche.
»Du quengelst«, sagte sie, »machst mich nervös, und dann beim Essen stürzt du dich darauf.«
Sie lüpfte den Hummer vom Tisch. Er hatte noch knapp dreißig Sekunden zu leben.
Nun ja, dachte Belacqua, es ist ein rascher Tod, Gott steh uns allen bei.
Von wegen rasch.

Bammel

Schlag fünf kam die Nachtschwester hereingeplatzt und machte Licht. Belacqua erwachte bestens ausgeruht und brannte darauf, es mit dem neuen Tag aufzunehmen. Noch als junger Spund hatte er in der Tess von Thomas Hardy, die er seinen Schummelkünsten vor dem Kollegium verdankte, die Stelle unterstrichen: Wenn Kummer das Grübeln aufgibt, macht Schlaf sich die Gelegenheit zunutze. Jahrelang bastelte er nun schon an dem Satz herum, tauschte je nach Veranlassung seine Begriffe aus, etwa Kummer durch Freude, ja er mutete ihm sogar die Strapazen gewisser Nutzanwendungen zu, für die er wohl kaum vorgesehen war, aber der hatte das alles wacker ausgehalten. Beim Erwachen fand er ihn im Geiste vor, als hätte er die ganze Schlafenszeit dort ausgeharrt, um die brüchige Festung gegen die Träume zu behaupten.
Die Schwester brachte eine Kanne Tee und ein Glas Glaubersalz auf einem Tablett herein.
»Fi donc!« rief Belacqua.
Aber das abgebrühte Ding überhörte das geflissentlich.
»Wann bin ich an der Reihe?« fragte er.
»Sie sind um zwölf Uhr dran«, sagte sie.
Dran...!
Sie verzog sich.
Er trank das Glaubersalz und die zwei Tassen Tee, außerdem konnte ihn die ganze Bande mal. Und war dann, wie sich versteht, hellwach, der Ärmste. Doch was scherte das den kecken Belacqua? Er knipste die Lampe aus, legte sich zurück auf seinen Rücken in dieser schwärzesten aller Stunden, und rauchte.
Wie gut er sie auch immer meisterte, seine Lage war fürchterlich. Punkt zwölf wurde er – ritsch! – mit einem Skalpell aufgeschlitzt. Ebendiesen Gedanken zu erwägen, dazu war sein Geist augenblicklich nicht in der geeigneten Verfassung. Hatte diese hunnenhafte Idee in seiner kleinen und noch un-

gewappneten Psyche erst einmal Fuß gefaßt, in der es nach der gestrigen Angstorgie, gefolgt von einer Nacht im Tiefschlaf, noch drüber und drunter ging, dann war das ihr Untergang. Der Psyche, nicht der Idee, also genau das Gegenteil des Wünschbaren. Um seine eigene Person, das muß man ihm lassen, ging es ihm dabei nicht. Seinetwegen konnte sein Geist ruhig einkrachen, er hatte den alten Hallodri ohnehin satt. Aber dummerweise mußte sich das dann auch in seinem Verhalten äußern, sodaß er schrie und strampelte, kratzte und biß, wenn sie ihn holen kamen, um Gnadenfrist für die Hinrichtung flehte, am Ende noch ins Bett näßte – und in welchem Licht stand seine verblichene Familie dann da? Die ehrwürdige Sippe mit ihrem fabelhaften Hugenottenschneid, einen solchen Tort durfte er ihr nicht antun. (Um von seinem verständlichen Wunsch zu schweigen, mit möglichst wenig Trara verarztet zu werden.)

In der Narkose, sinnierte er, werde ich ausgepichte Martern erleiden, und doch später davon nichts mehr wissen.

Er knirschte die Zigarette aus und machte die Lampe an, weniger, um im Licht einen Kumpan zu suchen, als um den Tagesanbruch noch hinauszuzögern, bis er sich wieder besser in der Hand hatte. Den Tagesanbruch, der an eine häßliche Geburt gemahnte, ertrug er nicht. Von Grund auf und bis in alle seine Fibern fand er ihn unerträglich, den Anblick dieser unerbittlich pünktlichen und nahezu, meinte er bisweilen, überflüssigen Entbindung. Das war, wie er wohl wußte, die reine Narretei. Er gab sich große Mühe, die Schwäche loszuwerden, sie durch Angstbilder oder Gelächter zu verjagen, jedoch erfolglos. Bis ihn dann Müdigkeit ergriff und er sich sagte: Was ich bin, bin ich. Darin mündeten schließlich all seine Anstrengungen und Grübeleien: Was ich bin, bin ich. Er hatte den Satz irgendwo gelesen, ihn liebgewonnen und sich angeeignet.

Gott wenigstens zeigte Güte, wie meistens, wenn wir Ihn recht zu nehmen wissen, insofern, als sechs Stunden ihn (Belacqua) von der Tortur noch trennten; sechs Stunden Gnadenfrist, um seinem Geist nachzuhelfen, wie das hübsche Flittchen dem Gesicht, bevor es sich dem Feind stellt. Daß er die Keule ins Genick bekam, die Qualen der Verdammung litt unter dem äußeren Anschein friedlichen Kindesschlummers, blieb bedeutungslos, so wahr im Hoffen Rettung liegt, solange er den Gedanken daran im Geist bemeistern konnte. Seine Aufgabe, die er mit bezeichnender Trägheit bis zum letzten Augenblick vor sich hergeschoben hatte, lag darin, dem Andenken an all die kleinen Liebesdienste, die er bis zum Tagesausgang noch über sich ergehen lassen mußte, in seinem Geist ein heißblütiges Willkommen zu bescheren. Dann konnte er gute Miene dazu machen. Andernfalls nicht. Andernfalls biß, kratzte er usw., wenn sie ihn holen kamen. Um die gute Miene ging es jetzt ganz allein, den kühnen Ausdruck des Was kümmerts mich. (Von seinem begreiflichen Drang einmal abgesehen, mit möglichst wenig Gedöns geheilt zu werden.) Über sich selbst in diesem Punkt nachzudenken, in welches Licht die bevorstehende Tortur sein unwiederholbares Selbst wohl tauchte, damit hielt er sich nicht auf, denn er hatte den alten Hallodri wahrhaft über. Nein, seine ganze Sorge galt den andern, dem Liftboy, den Schwestern und den Helferinnen, dem Hausarzt, wenn er ihn niedermachen kam, der chirurgischen Kapazität, dem Faktotum, das den Boden wischte und die Schnipsel in den Ofen warf, und allen Freunden der verblichenen Familie, die ja am Ende doch die ganze Wahrheit ausgeschnüffelt hatten. Er selber zählte nicht, war, was er war. Aber die Außenstehenden, der Hugenottenschneid, mit ihrem Drum und Dran, das alles mußte in Betracht gezogen werden.

Über ihm keuchte sich ein Asthmatiker die Seele aus dem Leib. Helf dir Gott, dachte Belacqua, du machst mir das Leben leichter. Aber wann schlief das Unglückswesen eigentlich? Untertags, den endlosen Tag hindurch, und alle seine Unbill. Punkt zwölf war er davon geläutert oder, besser noch, am Einnicken. Bis dahin keuchte er, wie Crusoe, als er mühsam seine Habe ins Trockene zog, zu künftiger Behaglichkeit.

Belacqua machte seinen Arm lang und knipste die Lampe aus. Sie warf Schatten. Die Augen schließen wollte er, und so das Morgengrauen übertölpeln. Augen, was waren das? Des Geistes Hinterpförtchen. Weit sicherer verschlossen.

Wenn er doch nur aus gutem Hause wäre, oder wenn schon nicht, ein Mensch mit Mut. Blaublütig oder Kampfhahn. Oder auch nur so sehr aus dem Geiste lebte, wie er sich brüstete. Dann bräuchte er sich zu nichts mühsam aufzurappeln. Dann ginge es bloß darum, es sich im fremden Bett bequem zu machen, den Schlaf zu suchen oder ein Buch zu lesen und ruhig das Angelusläuten abzuwarten. Aber er war eine träge bürgerliche Memme, zwar sehr begabt in mancher Hinsicht, nicht jedoch für ein Eigenleben im erfreulichsten und besten Sinn, dem Sinn, mit dem er prahlte, wenn er von seinem wohlbestellten Geist sprach, und wie sehr er daraus lebte, der aber, wenns drauf ankam, doch nur das letzte Loch war. Doch diesen Schluß stellte er lieber noch hintan, er hielt es für klüger, sich sogleich da unten einzurichten, bevor die Welt ihn mit einem Fußtritt hinabbeförderte zu einem Zeitpunkt, da er vielleicht allmählich sich in ihr heimisch fühlte. In dieser Hinsicht konnte er seinem Herzen so wenig folgen, wie sich ihm ganz verschließen. Also blieb ihm jetzt nichts anderes übrig, als, auf dem Rücken ausgestreckt, seine Begabungen zu nutzen. Außer natürlich es lag ihm mehr daran, die Freunde seiner verblichenen Familie zu verstören (ganz zu schweigen von der Gefährdung seiner Kur, für die die Freunde seiner verblichenen Familie ja schließlich blechten). Doch dafür war sein kleinkrämerisches Ehrgefühl zu stark. Bevor er das zuließ, harrte er lieber noch bei seiner Psyche aus, brachte er die kleine Psyche lieber nochmal auf Hochtouren für die Bewährungsprobe.

Armer Belacqua, der Morgen wird ihm offenbar recht lang und anstrengend über diesen Rüstungen zum Streit. Aber später kann er dann für Ausgleich sorgen, später steht ihm eine schöne Zeit bevor, wenn die Ärzte ein neues Kapitel seiner Lebensunlust aufgeschlagen haben.

Zu welcher Taktik er in dieser Krise griff?
Weniger in die Ecke gedrängt, hätte er sich wohl damit begnügt, in seinem Geist gegen den Gedanken eine Barrikade zu errichten. Aber dieses Vorgehen war bestenfalls schludrig zu nennen, da der Gedanke, wiewohl in der offenkundigsten feindlichen Absicht und trotz schärfster Überwachung, früher oder später fast unfehlbar im Schafspelz eines Freundes sich einschlich, und dann war er geliefert. Trotzdem hätte er sich im normalen Lauf der Widrigkeiten sicher seiner eingefleischten Indolenz gebeugt und diesen Weg eingeschlagen, er hätte sich damit begnügt, an anderes zu denken und aufs beste zu hoffen. Aber dies war kein Allerweltsproblem, diesmal gings um die Wurst, bei dieser traurigen Bewährungsprobe kam Halbherzigkeit nicht in Frage.
Sein Plan ging also dahin, dem Gedanken nicht einfach den Zugang zu verwehren, sondern ihn so lang in Schach zu halten, bis sein Geist gerüstet war, ihn in sich aufzunehmen. Dann Einlaß und Zermalmung. Verhackstücken den Hundsfott. Er knirschte mit den Zähnen in seinem Bett. Zerschreddern das Scheißgebein, es zerfetzen wie ein Hohepriester. So weit, so gut. Aber womit? Belacqua zermarterte sich das Hirn nach einer sicheren Vertilgungswaffe.
An diesem springenden Punkt kam ihm der liebe Gott mit einem Satz aus dem Paradox von Donne zuhilfe: Ich zweifle nicht, daß man unter unseren Weisen viele fände, die lachten, wenn sie Heraklit weinen sähen, doch keiner weinte, sähe er Demokrit lachen. Das war ganz eindeutig ein Fingerzeig von oben. Nicht der Satz als Meinungsäußerung, sondern in seinen Grundbegriffen, den Fluchtpunkten an Weisheit, die er Belacqua lieferte. Zwar hatte er für dergleichen Schwarzweiß-Alternativen in der Regel wenig übrig. Ja, er ließ sich sogar zu einem kleinen Paradox im Eigenbau hinreißen, des Inhalts, daß zwischen Gegensätzen ein Überwechseln gar nicht möglich ist. Aber war dies für Haarspaltereien der rechte Augenblick? Belacqua griff begierig nach der Hauptsache. Gelächter oder Tränen also? Zum Schluß lief das zwar aufs nämliche

hinaus, aber was von beiden jetzt? Auf die vereinte Wonne beider hinzusteuern, dazu war es zu spät. Noch einen Augenblick, dann lud er seinen Geist auf mit der einen oder andern Strahlenart, der, wenn man so will, infraroten oder ultravioletten, und stand so bereit zur Durchbohrung seines Widersachers.

Also wirklich, dachte sich Belacqua, an einen tristeren Morgen kann ich mich meiner Lebtage nicht erinnern; aber was sein muß, muß sein, ein wahres Wort, auf Teufel komm raus.

An dieser Wegegabel seiner Wahngedanken, von der alles abhing, ertappte sich Belacqua bei einem raschen Augenblinzeln, einem regelrechten Zwinkeranfall, was seinen Geist mit kleinen Morgenrotfunken überschwemmte. Dies war absichtslos geschehen, doch er entdeckte, daß es ihm in einer sonderbaren Weise offenbar gut bekam, und so fuhr er damit fort, bis sein Schädelinneres sich allmählich wund anfühlte. Erst dann ließ er davon ab, um sich dem Dilemma neu zu widmen.

Wie an jedem heiklen Punkt der Unternehmung opferte er auch hier der Wünschbarkeit eines gewissen äußeren Eindrucks, nämlich fast schon des Wagehalses, die Rücksicht auf seine eigene Person und ihre Rechte. Er mußte sich verleugnen bis zur Selbstauslöschung und den unbekümmerten kleinen Soldaten mimen. Aus diesem übergeordneten Gesichtspunkt entschied er sich für Bim und Bom, für Grock, für Demokrit, oder welchen Namen man dafür auch wählen mag, und vertagte die düstere Gegenrolle auf einen weniger öffentlichen Anlaß. Darin lag gewissermaßen ein Verzicht, denn tränenselige Philosophen fand Belacqua unwiderstehlich, und zwar um so mehr, wenn sie sich, wie im Fall von Heraklit, ins Dunkel hüllten. Dann war er in seinem Element der Talmitränen, ja der wonnevollen in dem Glücksfall, daß sie auch noch ein Vorsokratiker von gestandener Reputation zum Fließen brachte. Wie oft hatte er nicht unter grauen Himmeln ausgerufen: »Eine Minute noch von diesem Anblick, und ich widme den Rest meiner Erdentage dem Heraklit von Ephesus, der delische Taucher will ich sein, der nach dem dritten oder vierten Wasserbad auf ewig drunten bleibt!«

Aber ein Tränenausbruch in dieser Knochenkammer war verfehlt. Die gesamte Belegschaft, vom Liftboy bis zur Oberschwester, schriebe dann zu Unrecht sein Geflenne, oder besser, sein tragisches Gehabe, nicht der Narretei des menschlichen Geschlechts im allgemeinen zu, und somit selbstverständlich auch sich selbst, sondern dem Geschwür von der Größe eines Napfkuchens in seinem Nacken. Die Verwechslung war höchst begreiflich, und Belacqua machte ihnen daraus keinen Vorwurf. Kein lebendiges Wesen traf irgendeine Schuld in diesem Punkt. Doch hätte es sich bald herumgesprochen, daß Belacqua, statt feixend zu leiden, auf die Tränendrüsen gedrückt hatte, oder doch kurz davorgestanden hatte. Und dann war er entehrt, ebenso wie, per extensionem, seine verblichene Familie.

Sein Kurs stand also fest. Zuerst wappnete er seinen Geist an jeder Scharte mit Gelächter, vielleicht nicht ganz das rechte Wort, doch es muß hier genügen, dann ließ er den Gedanken ein und schlug ihn zu Brei. Schmierspuren, als hätte er Schwarzbeeren verschlungen, von Belustigung, aber das war auch nicht ganz das Wort, sollten an seinen Lippen kleben, wenn er forsch und festina lente in die Folterkammer trat. Dann war er für seine Standhaftigkeit des allgemeinen Lobes sicher.

Wie er vorging, den Plan in die Tat umzusetzen?

Das hat er vergessen, er braucht ihn ja nicht mehr.

Die Nachtschwester überfiel ihn um sieben mit noch einer Tasse Tee und zwei Kanten Toast.

»Sonst gibts nichts mehr«, sagte sie.

Die unverschämte Schlampe! Belacqua war nah daran, ihr Beine zu machen.

»Hat sich das Glaubersalz gemeldet?« sagte sie.

Der Kranke nahm sie in Augenschein, wie sie bei ihm Temperatur und Puls maß. Eine dralle kleine Nudel.

»Es hat mir was geflüstert«, sagte er.

Als sie draußen war, dachte er, sowas kastanienbraunes Hübsches, fast tadellos, und tipptopp kam sie daher, dabei war sie die ganze Nacht auf Trab gewesen und hatte sich von jeder blöden alten Vettel schikanieren lassen müssen, wenn der ihr Buch entfallen war oder sie nicht schlafen konnte bei diesem ewigen Krach von der Merrion Row herauf. Was zum Teufel zählte alles übrige!
Ein blasses Saumband im Osten über dem Flurbereinigungsamt. Der Tag ließ sich gut an.
Die Nachtschwester kam das Tablett holen. Das war, wenn er recht zählte, ihr dritter Auftritt. Jetzt wurde sie bald abgelöst, aß dann ihr Abendessen und legte sich zu Bett. Und doch kein Schlaf. Dafür war es im Haus inzwischen viel zu laut und hell, ihr Bett ein Eiskasten. Sie konnte sich an diesen Nachtdienst nicht gewöhnen, beim besten Willen nicht. Sie fiel vom Fleisch, und ihre Bäckchen wurden hohl. Und die Verabredungen mit ihrem Verlobten klappten auch nie richtig. Ein Hundeleben!
»Bis später dann«, sagte sie.
Dem war schwer zu widersprechen. Belacqua grapschte wie wild nach einer Antwort, die ihr gefiel und ihm nicht Unrecht tat. Au plaisir war zwar das rechte Wort, aber die falsche Sprache. Er entschied sich schließlich für Wahrscheinlich schon, was er ihr, als sie bereits halb zur Tür hinaus war, halbherzig nachwarf. Da hätte er besser die Sache auf sich beruhen lassen und den Mund gehalten.
Er schalt sich lange aus für seine Dämlichkeit, und viel kostbare Zeit ging so verloren, da flog die Türe auf, und die Tagesschwester kam mit gestärkter Schürze knatternd hereingerauscht. Bis zum Abend stand er jetzt unter ihrer Fuchtel. Um ein Haar wäre sie schön gewesen, die Presbyterin aus Aberdeen. Ja, Aberdeen!
Nach etwas Small talk, wie oben schon gehabt, bemerkte Belacqua beiläufig, als wäre ihm die Frage, die ihn doch nun schon ein hübsches Weilchen quälte, gerade erst gekommen:

»Ach Schwester das WC wäre vielleicht nicht schlecht zu wissen wo.«
Genauso in einem Schwall, ohne Punkt und Komma.
Als sie mit ihrer Erklärung schließlich fertig war, wußte er so ungefähr wohin. Aber in seiner Dummheit entschied er sich dann doch dafür, mit seiner unbehaglichen Last im Bett zu bleiben, unter dem Vorwand, es sei schicklicher, auf eine Mitteilung so delikater Art seinem Bedürfnis nicht unverzüglich freien Lauf zu lassen. Um dem so entstandenen Schweigen Leben einzuhauchen, fragte er Miranda, wann er dran sei.
»Das hat Ihnen die Nachtschwester doch schon gesagt«, fuhr sie ihn an.
Die Nachtschwester hatte demnach gepfiffen. Das falsche Herzchen!
Er stand auf und machte sich auf den Weg. Miranda überließ er es, das Bett zu richten. Als er zurückkam, war sie fort. Er legte sich in das gemachte Nest.
Die Sonne, das alte Gewohnheitstier, schien jetzt durchs Fenster.
Eine kleine Zinderella, zähnebleckend und adrett, tänzelte mit Feuerholz und Kohlen herein.
»Morgen«, sagte sie.
»Ja«, sagte Belacqua. Aber er hatte sich sogleich wieder gefangen. »So ein herrliches Zimmer«, rief er, »ganz voller Morgensonne.«
Mehr war nicht nötig. Zinderella wußte, wen sie vor sich hatte.
»Ja, sakrisch herrlich«, sagte sie bitter, »mitten auf mein Feuer drauf.«
So konnte man die Sache freilich auch sehen.
»Der Alte vor Ihnen«, sagte sie, »und wenn der noch so fest geschnarcht hat, das Rollo hat er nicht runterlassen.«
Irgendein alter Knacker hatte sich quergelegt, so viel stand fest.
»Nicht ums Verrecken«, sagte sie, »und also was mach ich?«

Sie schraubte sich von dem halbaufgeschichteten Feuer in der Hocke zu ihm herum.
»Was denn?« sagte er.
Mit einem Glucksen wandte sie sich wieder ihrer Arbeit zu.
»Ich klemm das Ding am Stuhl fest«, sagte sie, »mit seinem Hemd über der Lehne.«
»Hoho«, rief Belacqua.
»Damit er mir nicht aufsteht«, frohlockte sie, »kapiert?« Sie lachte vergnügt beim Gedanken an den kleinen Winkelzug. »Da hat sichs ausgeschienen, aber sauber«, sagte sie.
Sie redete und redete, und der arme Belacqua, der noch immer mit sich im Geiste rang, mußte wohl oder übel mithalten. Irgendwie hatte er dann doch einen sehr günstigen Eindruck bei ihr geschunden.
»Also«, sagte sie schließlich in einem unbeschreiblichen Singsang, »Wiedersehn. Bis nachher.«
»Genau«, sagte Belacqua.
Zinderella wollte Kraule-Paule heiraten, seit Jahren schon. Mittlerweile machte sie ihm die Hölle heiß.
Bald prasselte das Feuer den Kamin hinauf, und Belacqua konnte seiner Verlockung nicht widerstehen. Er stand auf und setzte sich davor, nur in seinen dünnen, blauen 100000-Chemises-Pyjama gekleidet.
Das Husten über ihm hatte seit dem vorigen Mal stark nachgelassen. Der Mann legte sich allmählich zur Ruhe, dazu brauchte es keinen Sherlock Holmes. Aber an der guten alten gelblich-grünen Bammelwand bedrängte ihn von links eine Säule in kräftigerer Farbe und zog als Statthalterin der Sonne in gemächlichem Dextrorsum ihren Kreis. Dieses Zeitgetröpfel, dachte Belacqua, als ränne es in einen Kübel, die Welt braucht einen neuen Dichtungsring. Gleich wollte er das Rollo herunterziehen, nein, beide.
Aber daran hinderte ihn der Eintritt der Oberin mit dem Morgenblatt, und zwar dadurch, wenns beliebt, daß sie seinen Geist in andere Bahnen lenkte. Die Oberin zu beschreiben ist

unmöglich. Sie war in Ordnung. Ihre Art, sich durch die Gegend zu werfen, machte ihn nervös.
»Herrlicher Morgen«, haspelte er hervor, »so ein herrliches Zimmer ganz voller Morgensonne.«
Die Oberin verduftete, es gibt kein anderes Wort dafür. Die Frau war da, und im nächsten Moment weg. Bemerkenswert.
Die OP-Schwester kam herein. Wie viele Frauen es hier doch gab! Sie war ein großes rohes Rumpsteak von Weib, vergleichbar mit der Hollandkäse-Antje. Sie nahm seinen Nakken kurz in Augenschein.
»Pah!« spottete sie. »Nicht der Rede wert.«
»Von wegen«, sagte Belacqua.
»Wenn das alles ist – ?«
Belacqua konnte sich für ihren Ton nur schwer erwärmen.
»Und ein Zeh«, sagte er, »muß ab, oder vielmehr ein Teil davon.«
»Oben und unten«, wieherte sie.
Das ließ sich nicht bestreiten. Aber er hatte seine Lektion gelernt. Schwamm drüber.
Die Frau gewann bei näherer Bekanntschaft. Sie hatte eine derbe Schale, aber ein überaus sanftes Wesen. Allen nicht ganz aussichtslosen Kandidaten brachte sie das Bandagenwickeln bei. Das ordentlich zu bewerkstelligen mit der aberwitzigen kleinen Kurbel, die sie einem dazu in die Hand drückte, war gar nicht einfach. Die Rolle mißriet meist zur Spindel. Kannte man aber erst die Launen des Apparats, so konnte man ihm jene festen, schlanken Walzen und vollendeten Zylinder entlocken, die ihr Herz erfreuten. Alle willfährigen Sklaven, die sie unter Aufsicht hatte, wurden von ihr einzeln mit Schmeicheleien bedacht. »So strenge, grade Bandagen habe ich noch nie erlebt«, sagte sie dann. Aber sobald sich die auf dieser Grundlage errichtete Freundschaft zu etwas – wie soll ich sagen? – Wesentlicherem entwickeln wollte, ging es dem Betreffenden prompt wieder gut genug, daß er nach Hause durfte. Ein bösartiges Geschick verfolgte diese wunderbare

Frau. Noch Jahre später, wenn die übrige Belegschaft schon längst vergessen war, tauchte sie in der Erinnerung auf. Sie kreuzte Belacqua fürs Bandagenwickeln an.

Miranda kam zurück, diesmal mit dem Verbandstablett. Den wollüstig nach vorn geschobenen Unterkiefer, die zusammengepreßten Lippen, beinahe eine bocca romana, wie hatte er die nur übersehen können? War das denn noch dieselbe Frau?

»Alsdann«, sagte sie.

Mit Bittersäure und Äther stach sie auf die Stelle ein. Es ging ihm über den Verstand, warum sie derart unnachsichtig mit seinem Buckelchen von Lüsternheit umsprang. Es war ja seines Wissens nicht etwa brandig. Wozu also die Strenge? Bloß weil es zum zufälligen Anlaß eines Kalauers werden konnte? Sonderbar. Noch nicht einmal rasiert hatten sie es. Es sprang unter dem Kurzhaar vor wie ein Kuckucksschnabel. Er hoffte sehr, daß ihm nichts Arges zustieß. Nein, es stutzen zu lassen, das konnte er sich nicht leisten, sein Buckelchen von Lüsternheit.

Als sich sein gesamter Nacken wie im Brautschmuck darbot (von einem obszönen Buttersäurefleck einmal abgesehen), von Binden derart zugezurrt, daß ihm die Augen aus den Höhlen traten, wandte sie ihre Fürsorge den Zehen zu. Sie schrubbte die ganze Orgelpfeife, oben wie unten. Plötzlich fing sie an zu kichern. Belacqua hätte ihr fast ein Auge ausgestoßen, so sehr war er davon getroffen. Wie kam sie dazu, in seinen Vorsatz einzubrechen! Er, der, um sich dem engstirnig lokalen Kitzel zu verweigern, mit den Zähnen der Unterlippe Herr zu werden suchte, sich die Nägel in die hohlen Hände bohrte, während sie, es gab kein anderes Wort, sich gehen ließ! Auch für Demokrit, so fand er, gab es Grenzen.

»Ein Longzeh«, gickste sie.

Gott im Himmel, das Weib war zweisprachig. Ein Longzeh! Belacqua schluckte seinen Zorn hinunter.

»Fürbald im Ehedem«, sagte er mit lauter Stimme. Was seine

Erwiderung an Witz vermissen ließ, machte sie stilistisch wett. Aber an der granitenen Meduse glitt das ab.
»Ein langer Fuß«, sagte er umgänglich, »ich weiß, oder eine lange Nase. Aber ein langer Zeh, worauf deutet der hin?«
Keine Antwort. War die Frau völlig schwachsinnig? Hörte sie ihn denn nicht? Schlenzte da mit ihrer Butterpisse um sich, um nur ja ihr Schäflein ins Trockene zu bringen ... Er mußte sie nochmal auf die Probe stellen.
»Ich meine«, röhrte er, »der von Ihnen so hochgeschätzte Zeh wird bald der Vergangenheit angehören.« Deutlicher konnte man nicht sein.
Ihre Stimme nach dem Gebrüll war kaum zu hören. Sie sagte folgendes:
»Ja«, das Wort erstarb und wurde wiederholt –, »ja, der Arme hat bald ausgelitten.«
Belacqua brach vollständig zusammen, er konnte sich nicht helfen. Diese verhauchende Stimme, wie ein Englischhorn vom Abend hergeweht, und dann der *Zeh* der Arme – das war zuviel. Er vergrub das Gesicht in den Händen, gleichgültig, wer ihn so sitzen sah.
»Ich hätte gern«, schluchzte er, »daß ihn die Katze kriegt, wenns recht ist.«
Sie kam und kam mit ihrer Binde an kein Ende, sie konnte nicht kürzer als eine Viertelmeile sein. Aber man durfte freilich auch nichts dem Zufall überlassen, soviel sah er ein. Wenngleich ihre Länge unverhältnismäßig sogar zu der seiner Zehe schien. Zuletzt band sie das Ganze an seiner Wade fest. Dann räumte sie ihr Tablett zusammen und verließ ihn. Manche Leute gehen, andere verlassen einen. Belacqua kam sich vor wie derjenige der zwei Eheleute, der in der bewußten Nacht vom Bett verstoßen wird. Er vermeinte Miranda aus irgendeinem Grund gegen sich aufgebracht zu haben. War dies schon das Trostpflaster fürs wunde Schaf? Miranda, an der doch soviel hing? Merde.
Lister war an allem schuld. Diese ewig glücklichen Scheißviktorianer!

Sein Herz machte einen Satz in seiner Box, ihn durchzuckte das Gefühl von einer Fehlentscheidung: Zorn hätte ihm besser beigestanden als die andere Regung, Lachen erschien ihm schwächlich und klang wie ein Gewimmer aus. Aber bei näherer Betrachtung, nein, Zorn wich gewiß zurück, wenn es dazu kam, daß man ihn wie ein Schaf verarztete. Außerdem war es zur Umkehr ohnehin zu spät. Er probierte vorsichtig, wie sich eine Beherbergung des Gedankens wohl anließ... Nichts geschah. Er hatte den Unhold also doch erdolcht, so viel immerhin.

Daraufhin ging er hinunter aufs Kloo und erlebte eine wahrhaft militärische Abführung, heeresdienstkorpswürdig. Auf dem Rückweg zweifelte er nicht mehr an einem guten Ausgang. Vor der Schwesternstube pfiff er sich eins. Als er eintrat, war nichts mehr von seinem Zimmer übrig, außer Miranda, kinnbetonter denn je zuvor, die eine Spritze aufzog. Er versuchte, die Sache scherzhaft anzugehen.

»Was jetzt?« sagte er.

Noch ehe er merkte, was geschehen war, hatte sie die Waffe in seinen Hintern abgefeuert. Kein Schrei entfloh ihm.

»Haben Sie gehört?« sagte er. »Es ist mein Recht, darauf bestehe ich, zu wissen, was das soll, den Zweck dieser Spritze, hören Sie!«

»Die kriegt ein jeder«, sagte sie, »vor seinem Auftritt im OP-Saal.«

Seinem Auftritt! Hatten die sich zu seinem Untergang verschworen, an Leib und Seele? Die Zunge klebte ihm am Gaumen. Sie hatten ihm die Sekrete ausgedörrt. Der Profession gebührte das erste Opferblut!

Die für seinen Auftritt vorgesehenen Socken waren die nächste kleine Einlage. Die Aufführung schien sich ja reichlich ernst zu nehmen. Zum Teufel mit euren Socken, dachte er, mir liegt an eurem Hirnkasten.

Dann ging es Schlag auf Schlag. Zuerst kam ihm ein Engel des Herrn mit einem Witz zu Hilfe, einem wirklich komischen, Belacqua lachte jedesmal Tränen darüber, von einem Pfarrer, den man gebeten hatte, in einem Laientheater eine kleine Rolle zu übernehmen. Er brauchte sich darin lediglich ans Herz zu greifen, wenn der Revolver losging, zu rufen: »Bei Gott, jetzt bin ich tot!« und umzufallen. Der Pfarrer sagte, gewiß, herzlich gern, doch müsse er um Verständnis dafür bitten, daß ihm ›bei Gott‹ zu weit ging in einer so weltlichen Veranstaltung. Er wollte es mit freundlichem Einverständnis ersetzen durch ›Barmherzigkeit!‹ oder ›Ists möglich denn!‹ oder etwas in dieser Art. ›O je, jetzt bin ich tot!‹, wie wäre das?

Aber das Theater war so laienhaft, daß der Revolver tatsächlich losging und den Gottesmann durchbohrte.

»Oh«, rief er, »Ja ... Himmelherrgott! Jetzt BIN ich tot!«

Es war das reinste Glück, daß Belacqua den Hochmut der niedrigsten und lumpigsten protestantischen Niederkirche hatte und daher über den Schwachsinn lachen konnte. Gelächter! Und wie er lachte! Bis ihm die Tränen kamen.

Er stand auf und begann sich fein zu machen. Wenn er die Ohren spitzte, konnte er jetzt das Asthmaschnaufen hören. Der Tag war über den Berg, das sah der Dümmste. Ein kleiner versiegelter Karton auf dem Kaminsims fiel Belacqua ins Auge. Er las die Aufschrift: Fraisses Ferro-Ampullen zur Schockbehandlung von Anämie durch Muskeleinschuß. Eingetragenes Warenzeichen: Mozart. Der kleine Incantatore des Don Giovanni, in seiner kleinen Zelle auf ewig verlegt und unauffindbar, hier wurde er auch noch in die Blutarmut verstrickt. Wie lustig. Die Welt war heute tatsächlich groß in Form.

Noch zwei Frauen, sie nahmen gar kein Ende, die eine schon von gewissem Alter, die andere nicht, traten jetzt ein und rissen sich im Näherkommen die vorgeschriebenen Stulpen ab. Sie stürzten sich aufs Bett. Das Wachstuch für alle Fälle, das Schutzgestell ... Belacqua stapfte vor dem Feuer hin und her, seine Pyjamahosen staken wie bei einem Radfahrer in den ominösen Socken. Eine Zigarette noch, koste es, was es wolle. Erstaunlich, das kam ihm jetzt auf einmal, wie der gesamte

Tageslauf der Anstalt, bis in die klitzekleinste Einzelheit und auf den Mäusefurz genau, sich auf den einzigen Zweck ausrichtete, Leiden auf lange Sicht zu lindern. Man beachte, wie er hier auf jedes i sein Tüpfelchen setzt und jedes t kreuzigt, so gut er nur vermag. Jetzt waren die Trümpfe in seinem Blatt gefragt.

Verstohlen suchten sie in seinem grünlichen Gesicht nach Spuren von Unbehagen. Umsonst. Es war die reine Maske. Aber vielleicht bebte seine Stimme? Die eine, die über den Wechsel hinaus war, übernahm es, sich mürrisch zu beschweren:

»Schwester Beamish wird Ihnen nicht gerade um den Hals fallen, wenn Sie ihr die schönen Socken schmutzig machen.«

Schwester Beamish, und ihm nicht um den Hals fallen!

Die Stimme der Person war ein Wrack, doch wurde sie ein zweites Mal mißbraucht.

»Wollen Sie sich nicht auf die Matte stellen?«

Sein Entschluß war wie der Blitz gefaßt: Sich auf die Matte stellen wollte er. In diesem Punkt ließ er mit sich reden. Stellte er sich nämlich nicht darauf, dann war er in den Augen der beiden Frauen verloren.

»Für Schwester Beamish tu ich alles«, sagte er.

Miranda hatte heute morgen anscheinend viel zu tun. Sie trat nun zum vierten oder fünften Mal auf, genau hatte er nicht mitgezählt, mit der kompletten Schar ihrer schemenhaften Gehilfinnen. Das Zimmer schien von grauschraffierten Frauen erfüllt, wie im Traum.

»Falls Sie ein Gebiß tragen«, sagte sie, »können Sie es jetzt herausnehmen.«

Seine Stunde hatte geschlagen, dem mußte er ins Auge sehen.

Als er mit Miranda im Aufzug nach unten fuhr, spürte er seine Brille in der hohlen Hand. Ein glücklicher Zufall, wenn man so will, denn die Stille wurde unbehaglich.

»Kann ich die Ihnen anvertrauen?« sagte er.

Sie steckte sie sich in den Busen. Das himmlische Weib! Es fehlte nicht viel, daß er über sie herfiel!
»Bitte nicht rauchen«, sagte sie, »im OP-Saal.«
Der Chirurg wusch sich die unschätzbaren Hände, als Belacqua breitbeinig durch das Vorzimmer stapfte. Wer reine Hände hat, der wird obsiegen. Den Chirurgen schnitt Belacqua. Aber der Hollandkäse-Antje warf er ein strahlendes Lächeln zu, das sie so schnell gewiß nicht mehr vergaß.
Er hüpfte auf den OP-Tisch wie ein Bräutigam. Der Hausarzt war in Hochform, er hatte grade den Brautführer gespielt, trug unter seiner Schürze noch den Sonntagsstaat. Er leierte seine Mahnungen herunter und klatschte Belacqua die Maske über.
»Fehlt Ihnen auch nichts?« sagte Belacqua.
Die Mischung war zu stark, gar keine Frage. Sein Herz ging mit ihm durch, furchtbare Angstschläge zuckten ihm grünlich durch den Schädel. »Einer der besten«, hörte er jemand sagen, doch bezog sich das nicht auf ihn. Der Ausdruck beruhigte ihn. Der Brautführer fummelte an der Gaszufuhr.
Himmelherrgott! Gleich war er wirklich tot!
Denn ihn abzuhorchen hatten sie glatt verschwitzt.

Das Ende

Sie kleideten mich und gaben mir Geld. Ich wußte, wozu das Geld dienen sollte, es sollte dazu dienen, mir auf die Beine zu helfen. Sobald ich es ausgegeben hätte, müßte ich mir neues beschaffen, wenn ich weitermachen wollte. Genauso mit den Schuhen, wenn sie verschlissen wären, müßte ich sie reparieren lassen oder mir andere besorgen, oder barfuß weitermachen, wenn ich weitermachen wollte. Genauso mit dem Rock und der Hose, sie brauchten es mir nicht zu sagen, nur, daß ich in Hemdsärmeln weitermachen könnte, wenn ich wollte. Die Kleider – Schuhe, Socken, Hose, Hemd, Rock und Hut – waren nicht neu, der Tote mußte aber ungefähr meine Figur gehabt haben. Das heißt, er mußte wohl etwas kleiner gewesen sein als ich, etwas dünner, denn die Kleider paßten anfangs nicht so gut wie am Ende. Vor allem das Hemd nicht, das ich am Hals lange nicht zubekam, so daß ich den Kragen nicht anknöpfen konnte, und dessen Hemdschöße ich auch nicht mit einer Nadel zwischen meinen Beinen zusammenstecken konnte, wie meine Mutter es mir gezeigt hatte. Er mußte sich wohl schick angezogen haben, um zur Sprechstunde zu gehen, zum erstenmal vielleicht, weil er es nicht mehr aushalten konnte. Wie dem auch sei, der Hut war eine Melone, gut in Form. Ich sagte, Nehmen Sie Ihren Hut zurück und geben Sie mir meinen. Ich fügte hinzu, Geben Sie mir meinen Mantel zurück. Sie antworteten, daß sie sie verbrannt hätten, mit meinen anderen Kleidern. Da begriff ich, daß es bald zu Ende wäre, jedenfalls recht bald. Ich versuchte später, die Melone gegen eine Mütze einzutauschen, oder gegen einen Filzhut, den ich tief in mein Gesicht ziehen könnte, aber ohne viel Erfolg. Ich konnte jedoch nicht mit bloßem Kopf herumlaufen, wegen des Zustands meines Schädels. Der Hut war anfangs zu klein, dann gewöhnte er sich an mich. Sie gaben mir eine Krawatte, nach langem Hin und Her. Sie schien mir hübsch zu sein, aber ich mochte sie nicht. Als sie endlich da war, war ich zu müde, sie abzulehnen. Sie kam mir aber schließlich zustatten. Sie war blau mit so was wie Sternchen drauf. Es ging mir nicht gut, aber sie sagten mir, daß es mir gut genug gehe. Sie sagten nicht ausdrücklich, daß es mir so gut gehe, wie es mir nie mehr gehen würde, aber es klang durch. Ich lag regungslos auf dem Bett, und es bedurfte dreier Frauen, um mir die Hose anzuziehen. Sie schienen sich nicht sehr für mein Ding zu interessieren, mit dem ich offen gestanden keine Ehre einlegen konnte. Ich selbst interessierte mich auch nicht dafür. Aber sie hätten doch eine Kleinigkeit sagen können. Als sie fertig waren, stand ich auf und zog mich ganz allein weiter an. Sie sagten mir, ich solle mich aufs Bett setzen und warten. Das ganze Bettzeug war verschwunden. Es empörte mich, daß sie mich nicht lieber im vertrauten Bett hatten warten lassen als stehend in der Kälte, in diesen Kleidern, die nach Schwefel stanken. Ich sagte, sie hätten mich in meinem Bett lassen können, bis zum letzten Moment. Es kamen Männer in Kitteln herein, mit Hämmern in den Händen. Sie nahmen das Bett auseinander und trugen die Teile fort. Eine der Frauen folgte ihnen und kam mit einem Stuhl wieder, den sie vor mir hinstellte. Ich hatte gut daran getan, den Empörten zu spielen. Aber um ihnen deutlich zu zeigen, wie empört ich darüber war, daß sie mich nicht im Bett gelassen hatten, schickte ich den Stuhl mit einem Fußtritt zum Teufel. Ein Mann kam herein und bedeutete mir, ihm zu folgen. In der Diele gab er mir ein Papier zu unterschreiben. Was ist das, sagte ich, ein Ausweis? Es ist eine Quittung, sagte er, für die Kleider und das Geld, das Sie bekommen haben. Welches Geld? sagte ich. Daraufhin habe ich das Geld bekommen. Wenn ich mir vorstelle, daß ich beinahe ohne einen Pfennig in der Tasche gegangen wäre. Die Summe war nicht groß, verglichen mit anderen Summen, aber mir kam sie groß vor. Ich sah die vertrauten Gegenstände, die Gefährten so vieler erträglicher Stunden. Den Schemel, zum Beispiel, den traulichsten von allen. Die langen gemeinsamen Nachmittage in Erwartung der Stunde des Schlafengehens. Bisweilen fühlte ich sein Holzleben mich durchdringen, bis ich selbst nur noch ein altes Stück Holz war. Da war sogar ein Loch für meine Geschwulst. Dann an der Milchglasscheibe die Stelle, die blankgerieben war und an die ich in trüben Stunden mein Auge preßte, und zwar selten vergebens. Ich bin Ihnen dankbar, sagte ich, gibt es ein Gesetz, das Sie hindert, mich auf die Straße zu werfen, nackt und mittellos? Es würde uns schaden, auf die Dauer, antwortete er. Ist es nicht möglich, daß Sie mich noch ein wenig behalten, sagte ich, ich könnte mich nützlich machen. Nützlich, sagte er, Sie wären ernstlich bereit, sich nützlich zu machen? Nach einer Weile fügte er hinzu, Wenn man glaubte, daß Sie wirklich willens wären, sich nützlich zu machen, würde man Sie behalten, ich bin sicher. Wie oft hatte ich gesagt, daß ich mich nützlich machen würde, damit würde ich nicht wieder beginnen. Wie schwach ich mich fühlte! Dieses Geld, sagte ich, würde man vielleicht gerne zurücknehmen und mich noch ein wenig behalten. Wir sind eine wohltätige Einrichtung, sagte er, und das Geld ist ein Geschenk, das Ihnen zu Ihrer Entlassung gemacht wird. Wenn Sie es ausgegeben haben, werden Sie sich neues beschaffen müssen, wenn Sie weitermachen wollen. Kehren Sie jedenfalls nie hierher zurück, denn Sie würden nicht mehr zugelassen werden. Unsere Schwesteranstalten würden Sie ebenfalls abweisen. Expektorantium! rief ich aus. Aber, aber, sagte er, übrigens versteht man nicht ein Zehntel von dem, was Sie sagen. Ich bin so alt, sagte ich. So alt sind Sie gar nicht, sagte er. Darf ich noch einen Augenblick hierbleiben, sagte ich, bis der Regen aufhört? Sie dürfen im Kreuzgang warten, sagte er, der Regen wird den ganzen Tag nicht aufhören. Sie dürfen bis sechs Uhr im Kreuzgang warten. Sie hören ja die Glocke. Wenn man Sie fragt, brauchen Sie nur zu sagen, daß Sie die Erlaubnis haben, sich im Kreuzgang unterzustellen. Auf wen soll ich mich berufen? sagte ich. Weir, sagte er.

Ich war noch nicht lange im Kreuzgang, als der Regen aufhörte und die Sonne zum Vorschein kam. Sie stand niedrig, und ich folgerte daraus, daß es bald sechs Uhr sein würde, wenn man die Jahreszeit berücksichtigte. Ich blieb da und starrte unter der Wölbung die Sonne an, die hinterm Kreuzgang versank. Ein Mann kam hinzu und fragte mich, was ich machte. Sie wünschen? so sagte er. Sehr freundlich. Ich antwortete, ich hätte die Erlaubnis von Herrn Weir, bis sechs Uhr im Kreuzgang zu bleiben. Er ging weg, kam aber sofort wieder. Er mußte inzwischen mit Herrn Weir gesprochen haben, denn er sagte, Sie dürfen sich nicht länger im Kreuzgang aufhalten, da es nicht mehr regnet.

Nun bewegte ich mich quer durch den Garten voran, in jenem seltsamen Licht, das einen Dauerregentag beendet, wenn die Sonne erscheint und der Himmel sich zu spät aufklärt, um irgendwie nützen zu können. Die Erde scheint zu seufzen, und die letzten Tropfen fallen aus dem leeren, wolkenlosen Himmel. Ein kleiner Junge, der seine Hände ausstreckte und seinen Kopf zum blauen Himmel hob, fragte seine Mutter, wie so was möglich wäre. Halt den Mund, sagte sie. Es fiel mir plötzlich ein, daß ich vergessen hatte, Herrn Weir um ein Stück Brot zu bitten. Er hätte es mir sicherlich gegeben. Ich hatte wohl daran gedacht, während unseres Gesprächs, in der Diele. Ich hatte mir gesagt, Erledigen wir zunächst das, was wir uns gerade sagen, dann werde ich fragen. Ich wußte wohl, daß sie mich nicht behalten würden. Ich wäre wohl wieder zurückgekehrt, aber ich fürchtete, daß einer der Wärter mich anhielte und sagte, daß ich Herrn Weir nie mehr sehen würde. Das hätte meinen Kummer vergrößern können. Übrigens kehrte ich nie um in solchen Fällen.

Auf der Straße wußte ich nicht mehr, wo ich war. Seit langer Zeit hatte ich keinen Fuß in diesen Teil der Stadt gesetzt, und er kam mir sehr verändert vor. Ganze Gebäude waren verschwunden, die Zäune waren versetzt worden, und überall erblickte ich in großen Buchstaben die Namen von Kaufleuten, die ich sonst noch nirgends gesehen hatte und die ich nur mit Mühe hätte aussprechen können. Es gab da Straßen, wo ich mich nicht erinnerte, welche gesehen zu haben, mehrere von denen, an die ich mich erinnerte, waren verschwunden, und andere schließlich hatten vollkommen den Namen geändert. Der allgemeine Eindruck war derselbe wie früher. Ich kannte die Stadt zwar nur sehr schlecht. Es war vielleicht eine ganz andere Stadt. Ich wußte nicht, wohin ich zu gehen hatte. Ich hatte mehrmals das große Glück, nicht überfahren zu werden. Ich gab immer Anlaß zum Lachen, zu jenem robusten und arglosen Lachen, das so gut für die Gesundheit ist. Dadurch, daß ich mich immer möglichst links von der roten Hälfte des Himmels hielt, gelangte ich schließlich zum Fluß. Hier sah alles auf den ersten Blick mehr oder weniger so aus, wie ich es verlassen hatte. Aber bei näherem Hinsehen hätte ich wahrscheinlich manche Veränderungen entdeckt. Das tat ich später. Aber das allgemeine Aussehen des Flusses, der zwischen seinen Ufern und unter seinen Brücken dahinfloß, hatte sich nicht geändert. Besonders der Fluß erweckte in mir immer den Eindruck, als flösse er in die falsche Richtung. Das ist alles gelogen, ich spüre es. Meine Bank stand immer noch an ihrem Platz. Man hatte sie den Rundungen des sitzenden Körpers gemäß ausgehöhlt. Sie befand sich neben einer Tränke, der Stiftung einer Frau Maxwell für die Pferde der Stadt, laut Inschrift. Während der Zeit, die ich dort verweilte, profitierten mehrere Pferde von diesem Denkmal. Ich hörte die Hufeisen und das Klirren des Geschirrs. Dann die Stille. Das Pferd schaute mich an. Dann das Geräusch im Schlamm treibender Kieselsteine, das die Pferde beim Saufen machen. Dann wieder die Stille. Das Pferd schaute mich wieder an. Dann wieder die Kieselsteine. Dann wieder die Stille. Bis das Pferd aufgehört hatte zu saufen oder der Fuhrmann meinte, daß es genug gesoffen hätte. Die Pferde waren unruhig. Einmal, als das Geräusch verstummte, drehte ich mich um und sah das Pferd, das mich anschaute. Auch der Fuhrmann schaute mich an. Frau Maxwell wäre zufrieden gewesen, wenn sie hätte sehen können, welche Dienste ihre Tränke den Pferden der Stadt erwies. Als die Nacht nach einer sehr langen Dämmerung hereingebrochen war, nahm ich meinen Hut ab, der mir weh tat. Ich sehnte mich danach, von neuem eingesperrt zu sein, in einem verschlossenen, leeren und warmen Raum mit künstlichem Licht, einer Petroleumlampe, wenn eben möglich, mit einem Lampenschirm darüber, am liebsten rosa. Es würde von Zeit zu Zeit jemand kommen, um sich zu vergewissern, daß es mir gut gehe und ich nichts nötig hätte. Schon lange hatte ich mich nicht mehr nach irgend etwas wirklich gesehnt, und die Wirkung auf mich war entsetzlich. An den folgenden Tagen besichtigte ich mehrere Wohnhäuser, ohne viel Erfolg. Meistens machte man mir die Tür vor der Nase zu, auch wenn ich mein Geld zeigte und dabei sagte, daß ich eine Woche im voraus bezahlen würde, und auch zwei. Ich konnte noch so sehr meine besten Manieren hervorkehren, lächeln und mich deutlich ausdrücken, ich hatte meine Verslein noch nicht beendet, da schlug man mir schon die Tür vor der Nase zu. Ich vervollkommnete in dieser Periode eine zugleich höfliche und würdige Art, weder unterwürfig noch unverschämt mein Haupt zu entblößen. Ich ließ meinen Hut flink nach vorne gleiten, hielt ihn einen Moment so, daß man meinen Schädel nicht sehen konnte, dann brachte ich ihn auf dieselbe gleitende Weise wieder an seinen Platz. So was ganz natürlich zu machen, ohne einen ungünstigen Eindruck zu erwecken, ist nicht leicht. Wenn ich meinte, das Berühren meines Hutes würde genügen, dann berührte ich ihn natürlich nur. Aber seinen Hut zu berühren ist auch nicht leicht. Später löste ich dieses Problem, das in den schwierigen Zeiten von kapitaler Bedeutung war, indem ich ein altes britisches Käppi trug und militärisch grüßte, nein, falsch, kurzum, ich weiß nicht, ich hatte schließlich meinen Hut. Ich beging nie den Fehler, Orden zu tragen. Einige Frauen brauchten so dringend Geld, daß sie mich sofort hereinließen und mir das Zimmer zeigten. Aber ich konnte mich mit keiner einigen. Schließlich fand ich ein Unterkommen in einem Keller. Mit der hatte ich mich schnell geeinigt. Vor meinen Marotten, das war der Ausdruck, den sie gebrauchte, hatte sie keine Angst. Sie bestand jedoch darauf, einmal in der Woche das Bett zu machen und das Zimmer zu putzen, anstatt einmal im Monat, wie ich verlangt hatte. Sie sagte mir, daß ich während des Putzens, das schnell gehen würde, in dem Lichtschacht nebenan warten könnte. Sie fügte mit viel Verständnis hinzu, daß sie mich nie bei schlechtem Wetter hinausschicken würde. Diese Frau war Griechin, glaube ich, oder Türkin. Sie sprach nie über sich selbst. Ich dachte mir, sie sei Witwe oder zumindest verlassen. Sie hatte einen eigentümlichen Akzent. Ich jedoch auch, auf Grund meiner Gewohnheit, die Vokale zu assimilieren und die Konsonanten zu verschlucken.

Nun wußte ich nicht mehr, wo ich war. Ich hatte eine vage Vorstellung, nicht einmal das, ich sah nichts, von einem großen Haus mit fünf oder sechs Etagen. Es schien mir, daß es mit anderen Häusern einen Block bildete. Es dämmerte, als ich ankam, und ich beachtete die Umgebung nicht so sehr, wie ich es vielleicht getan hätte, wenn ich auf den Gedanken gekommen wäre, daß sie sich über mir schließen würde. Ich muß sozusagen keine Hoffnung mehr gehabt haben. Bei meinem Fortgang aus diesem Haus war zwar herrliches Wetter, aber ich schaute nie rückwärts beim Weggehen. Als ich klein war und noch las, hatte ich sicher irgendwo gelesen, es sei besser, beim Weggehen nicht rückwärts zu schauen. Und doch tat ich es manchmal. Aber auch ohne das scheint mir, daß ich etwas gesehen haben muß, als ich wegging. Aber was? Ich erinnere mich nur an meine Füße, die einer nach dem anderen aus meinen Schatten traten. Die Schuhe waren steif geworden, und die Sonne hob die Risse des Leders hervor.

Es ging mir gut in diesem Haus, das muß ich sagen. Abgesehen von einigen Ratten war ich allein im Keller. Die Frau hielt sich an unsere Vereinbarungen, so gut sie konnte. Sie brachte gegen Mittag ein Tablett mit Lebensmitteln und nahm das vom vorigen Tag wieder mit. Sie brachte gleichzeitig einen sauberen Nachttopf. Er hatte einen großen Henkel, in den sie ihren Arm schob, um für das Tragen des Tabletts beide Hände frei zu haben. Danach sah ich sie nicht mehr, es sei denn zufällig, wenn sie den Kopf hereinsteckte, um sich zu vergewissern, daß nichts geschehen war. Ich brauchte zum Glück keine Anhänglichkeit. Von meinem Bett aus sah ich die Füße, die auf dem Bürgersteig hin- und hergingen. An gewissen schönen Abenden, wenn ich gut aufgelegt war, ging ich mit meinem Stuhl in den Lichtschacht und schaute unter die Röcke der vorübergehenden Frauen. Mehr als ein Bein ist mir so wohlvertraut geworden. Einmal ließ ich eine Krokuszwiebel holen und pflanzte sie in dem dunklen Lichtschacht in einen alten Topf. Es mußte ungefähr im Frühling gewesen sein, was wahrscheinlich nicht das Richtige war. Ich ließ den Topf draußen an einer Schnur hängen, die durch das Fenster führte. Bei schönem Wetter kletterte abends ein Sonnenstrahl an der Wand hinauf. Dann setzte ich mich ans Fenster und zog an der Schnur, um den Topf im Licht zu halten und in der Wärme. Es ist sicher nicht einfach gewesen, ich kann mir nicht recht vorstellen, wie ich es zustande gebracht habe. Ich düngte sie, so gut ich konnte, und bepißte sie, sobald sie trokken war. Es war wahrscheinlich nicht das Richtige. Sie grünte, aber es kam nie eine Blume, nichts als ein welker Stengel mit bleichsüchtigen Blättern. Ich wäre froh gewesen, einen gelben Krokus zu haben, oder eine Hyazinthe, aber es sollte eben nicht sein. Sie wollte sie wegnehmen, aber ich sagte, sie solle sie dalassen. Sie wollte mir eine andere kaufen, aber ich sagte ihr, daß ich keine andere wollte. Was mich am meisten quälte, waren die Schreie der Zeitungsverkäufer. Sie rannten jeden Tag zu den gleichen Zeiten vorbei, die Absätze knallten auf den Bürgersteig, sie schrien die Namen der Zeitungen und sogar die Schlagzeilen. Der Lärm, der aus dem Hause zu mir drang, quälte mich weniger. Ein kleines Mädchen, wenn nicht ein kleiner Junge, sang jeden Abend um die gleiche Zeit, irgendwo über mir. Lange Zeit gelang es mir nicht, die Worte zu verstehen. Aber da ich sie fast jeden Abend hörte, konnte ich schließlich einige aufschnappen. Seltsame Worte für ein kleines Mädchen, oder einen kleinen Jungen. War es ein Lied tief in meinem Innern, oder kam es bloß von draußen? Es war eine Art Wiegenlied, glaube ich. Mich selbst schläferte es oft ein. Manchmal kam ein ganz kleines Mädchen. Es hatte langes

rotes Haar, das in zwei Zöpfen herunterhing. Ich wußte nicht, wer es war. Es ging ein wenig im Zimmer herum, dann lief es fort, ohne mir das geringste gesagt zu haben. Eines Tages bekam ich Besuch von einem Polizeibeamten. Er sagte, daß ich zu überwachen sei, ohne mir zu erklären warum. Verdächtig, das war's, er sagte mir, ich sei verdächtig. Ich ließ ihn reden. Er wagte nicht, mich zu verhaften. Oder er hatte vielleicht ein gutes Herz. Auch ein Priester, eines Tages bekam ich Besuch von einem Priester. Ich ließ ihn wissen, daß ich einem Zweig der reformierten Kirche angehörte. Er fragte mich, welche Art Pastor ich gern sehen möchte. In der reformierten Kirche findet man sich nie zurecht, zwangsläufig. Er hatte ein gutes Herz, glaube ich. Er sagte mir, ich solle ihm Bescheid geben, wenn ich jemals seine Hilfe brauchte. Seine Hilfe! Er nannte seinen Namen und erklärte mir, wo ich ihn finden könnte. Ich hätte es aufschreiben sollen.
Eines Tages machte die Frau mir einen Vorschlag. Sie sagte, sie brauche dringend Bargeld, und ob ich ihr einen Vorschuß für sechs Monate geben könnte, sie würde die Miete während dieser Periode um ein Viertel senken. Ich glaube nicht, daß ich mich sehr täusche. Es hatte den Vorteil, daß ich dabei sechs Wochen (?) Aufenthalt gewann, und den Nachteil, mein kleines Kapital fast zu erschöpfen. Aber konnte man das einen Nachteil nennen? Würde ich nicht in jedem Fall bis zum letzten Pfennig bleiben, und sogar noch länger, bis sie mich hinauswerfen würde? Ich gab ihr das Geld, und sie schrieb mir eine Quittung.
Eines Morgens, kurz nach dieser Transaktion, wurde ich von einem Mann geweckt, der an meiner Schulter rüttelte. Es konnte nicht später als elf Uhr sein. Er bat mich, aufzustehen und sein Haus auf der Stelle zu verlassen. Er war sehr korrekt, das muß ich sagen. Er sagte mir, sein Befremden sei ebenso groß wie das meine. Es war sein Haus. Sein Eigentum. Die Türkin sei am Tag vorher weggegangen. Ich habe sie aber gestern abend gesehen, sagte ich. Sie müssen sich irren, sagte er, denn sie hat mir die Schlüssel gebracht, in mein Büro, nicht

später als gestern morgen. Ich habe ihr aber gerade einen Vorschuß von sechs Monaten Miete gezahlt, sagte ich. Lassen Sie ihn sich zurückgben, sagte er. Ich kenne ihren Namen doch nicht, sagte ich, geschweige denn ihre Adresse. Sie kennen ihren Namen nicht? sagte er. Er meinte wohl, ich löge. Ich bin krank, sagte ich, ich kann nicht ohne weiteres von hier weggehen, ohne Vorbescheid. So krank sind Sie gar nicht, sagte er. Er schlug vor, ein Taxi holen zu lassen, sogar einen Krankenwagen, wenn mir das lieber wäre. Er sagte, daß er das Zimmer brauche, auf der Stelle, für sein Schwein, das im Begriff sei, sich zu erkälten, auf einer Karre, vor der Tür, und das nur von einem Buben bewacht werde, den er nicht einmal kenne und der möglicherweise dabei sei, es zu piesacken. Ich fragte ihn, ob er mir nicht ein anderes Plätzchen überlassen könne, nur ein Eckchen, wo ich mich eine Weile ausstrecken könnte, um mich von der Aufregung zu erholen und meine Vorkehrungen zu treffen. Er sagte, er könne es nicht. Nicht, daß ich schlecht wäre, fügte er hinzu. Ich könnte hier bei dem Schwein leben, sagte ich, ich würde mich um es kümmern. Die langen Monate der Ruhe, zerstört in einem Augenblick! Ruhe, Ruhe, sagte er, reißen Sie sich zusammen, nur Mut, los, hopp, auf, Schluß. Schließlich ging es ihn nichts an. Er war wirklich sehr geduldig gewesen. Er hatte sicher den Keller besichtigt, während ich schlief.
Ich fühlte mich schwach. Ich mußte es wohl sein. Ich stolperte im blendenden Licht. Ein Autobus beförderte mich aufs Land. Ich setzte mich auf einem Acker in die Sonne. Aber es scheint mir, daß all das viel später war. Unter meinen Hut steckte ich Blätter, rund herum, um Schatten zu machen. Die Nacht war kalt. Ich lief stundenlang über Felder. Schließlich fand ich einen Misthaufen. Am nächsten Tag machte ich mich wieder auf den Weg zur Stadt. Man warf mich aus drei Autobussen. Ich setzte mich an den Straßenrand, in die Sonne, und ließ meine Kleider trocknen. Das gefiel mir. Ich sagte mir, jetzt ist gar nichts, gar nichts zu machen, bis sie trocken sind. Als sie trocken waren, bürstete ich sie mit einer Bürste, einer

Art Striegel, glaube ich, den ich in einem Stall gefunden hatte. Die Ställe sind mir immer sehr zustatten gekommen. Anschließend ging ich bis zu dem Haus, wo ich um ein Glas Milch und ein Butterbrot bettelte. Sie gaben mir alles außer der Butter. Darf ich mich im Stall ausruhen? sagte ich. Nein, sagten sie. Ich stank immer noch, aber es war ein Gestank, der mir gefiel. Ich hatte ihn viel lieber als meinen eigenen, den zu riechen er mich übrigens hinderte, wenn ich ihn nicht ab und zu herauskannte. An den folgenden Tagen versuchte ich, mein Geld wiederzubekommen. Ich weiß nicht mehr genau, wie es ging, ob ich die Adresse nicht finden konnte oder ob die Adresse nicht existierte oder ob die Griechin nicht da war. Ich suchte die Quittung in meinen Taschen, um die Entzifferung des Namens zu versuchen. Sie war nicht da. Sie hatte sie vielleicht wieder an sich genommen, während ich schlief. Ich weiß nicht, wie lange Zeit ich so herumlief und mich mal an diesem, mal an jenem Ort ausruhte, in der Stadt und auf dem Lande. Die Stadt hatte manche Änderungen erfahren. Das Land war auch nicht mehr so, wie ich es in Erinnerung hatte. Der allgemeine Eindruck war der gleiche. Eines Tages bemerkte ich meinen Sohn. Mit einer Aktentasche unterm Arm ging er geschwind einher. Er nahm seinen Hut ab und verbeugte sich, und ich sah, daß er kahlköpfig war, wie ein Ei. Ich war fast sicher, daß er es war. Ich drehte mich nach ihm um. Er watschelte eiligst weiter, wobei er seinen Hut tief nach rechts und nach links schwenkte und andere Beweise der Unterwürfigkeit lieferte. Der unausstehliche Hurensohn.
Eines Tages traf ich einen Mann, der mir aus einer früheren Periode bekannt war. Er lebte in einer Höhle am Ufer des Meeres. Er hatte einen Esel, der an den Klippen entlang weidete, oder in den kleinen Hohlwegen, die zum Meer hinabführen. Wenn das Wetter sehr schlecht wurde, kam der Esel aus eigenem Antrieb in die Höhle und stellte sich dort unter, während der ganzen Dauer des Gewitters. Sie hatten manche Nacht zuammen verbracht, einer an den anderen gedrängt, während der Wind heulte und das Meer an den Strand don-

nerte. Dank diesem Esel konnte er den Städtern Sand, Algen und Muscheln liefern, für ihre Gärten. Er konnte davon nicht viel auf einmal transportieren, denn der Esel war alt und auch klein, und die Stadt war weit. Aber er verdiente so ein bißchen Geld, genug um sich Tabak und Streichhölzer zu kaufen und von Zeit zu Zeit ein Pfund Brot. Während einer dieser Expeditionen traf er mich, in der Vorstadt. Er war entzückt, mich wiederzusehen, der Arme. Er flehte mich an, ihn zu begleiten und die Nacht bei ihm zu verbringen. Bleiben Sie, so lange Sie wollen, sagte er. Was hat denn Ihr Esel? sagte ich. Achten Sie nicht darauf, sagte er, er kennt Sie nicht. Ich erinnerte ihn daran, daß ich nicht die Gewohnheit hätte, mit irgend jemand länger als zwei oder drei Minuten hintereinander zusammenzubleiben, und daß ich das Meer nicht ausstehen könne. Er sah untröstlich aus. Sie kommen also nicht, sagte er. Aber zu meinem Erstaunen setzte ich mich rittlings auf den Esel und vorwärts, im Schatten der roten Kastanienbäume, die links und rechts aus dem Bürgersteig emporschossen. Ich klammerte mich an die Mähne, eine Hand vor der anderen. Die kleinen Jungen schrien höhnisch hinter uns her und bewarfen uns mit Steinen, aber sie zielten schlecht, denn ich wurde nur einmal getroffen, am Hut. Ein Polizist hielt uns an, er warf uns vor, die öffentliche Ruhe zu stören. Mein Freund machte ihn darauf aufmerksam, daß wir so wären, wie die Natur uns schließlich gemacht hätte, und daß die Jungen in derselben Lage wären. Es sei unter diesen Umständen unvermeidlich, daß die öffentliche Ruhe dann und wann gestört würde. Lassen Sie uns unseren Weg fortsetzen, sagte er, und die Ruhe wird sofort wiederhergestellt sein, in Ihrem Bezirk. Wir wählten die kürzeste Strecke über friedliche Straßen des Hinterlandes, die weiß von Staub waren, mit Hagedorn- und Fuchsienhecken und mit Gräsern und Gänseblümchen an ihren Rändern. Die Nacht brach herein. Der Esel trug mich bis vor die Öffnung der Höhle, denn ich hätte in der Dunkelheit dem Pfad, der zum Meer hinabführte, nicht folgen können. Dann stieg er wieder zu seinen Weideplätzen hinauf.

Ich weiß nicht, wie lange ich dort blieb. Man fühlte sich wohl in der Höhle, das muß ich sagen. Ich behandelte meine Filzläuse mit Meerwasser und Algen, aber eine große Anzahl von Nissen haben es wohl überlebt. Ich belegte meinen Schädel mit Algenkompressen, die mir vorübergehend eine enorme Erleichterung verschafften. Ich blieb in der Höhle liegen, und ab und zu schaute ich zum Horizont. Ich sah über eine weite, zuckende Fläche, ohne Inseln oder Landzungen. Nachts wurde die Höhle von einem Licht erhellt, in regelmäßigen Abständen. Da habe ich auch mein Fläschchen wiedergefunden, in meiner Tasche. Es war nicht zerbrochen, das Glas war kein echtes Glas. Ich glaubte, daß Herr Weir mir alles abgenommen hätte. Mein Gastgeber war meistens draußen. Er gab mir Fisch. Es ist leicht für einen Mann, wenn er ein richtiger Mann ist, in einer Höhle zu leben, fern von allen. Er lud mich ein, so lange zu bleiben, wie es mir gefalle. Wenn ich vorzöge, allein zu sein, wäre es ihm ein Vergnügen, mir eine andere Höhle herzurichten, ein wenig weiter weg. Er würde mir jeden Tag zu essen bringen und von Zeit zu Zeit kommen, um sich zu vergewissern, daß es mir gut gehe und ich nichts nötig hätte. Er war gut. Ich bedurfte leider keiner Güte. Kennen Sie nicht eine Höhle am Sumpf? sagte ich. Ich kann das Meer, sein Plätschern, sein Gewoge, die Ebben und Fluten und endlosen Ekstasen nur schlecht ertragen. Der Wind legt sich zuweilen. Meine Hände und Füße kribbelten davon. Es ließ mich nicht schlafen, während langer, langer Stunden. Hier würde mir bald ein Unglück geschehen, sagte ich, und was hätte ich dann davon? Sie würden ertrinken, sagte er. Ja, sagte ich, oder ich würde mich von den Klippen stürzen. Und ich, ich könnte anderswo nicht leben, sagte er, in meiner Hütte im Gebirge war ich sehr unglücklich. Ihre Hütte im Gebirge? sagte ich. Er wiederholte die Geschichte von seiner Hütte im Gebirge, ich hatte sie vergessen, es war, als hörte ich sie zum erstenmal. Ich fragte ihn, ob er sie immer noch hätte. Er antwortete, daß er sie nicht wiedergesehen habe, seit dem Tage, an dem er von dort geflohen sei, aber daß sie wohl immer noch an derselben

Stelle stehe, ein bißchen verfallen wahrscheinlich. Aber als er auf mich einredete, doch den Schlüssel mitzunehmen, lehnte ich ab, indem ich sagte, ich hätte es mir anders überlegt. Sie werden mich immer hier finden, sagte er, wenn Sie mich irgendwann brauchen sollten. Ach, diese Leute. Er gab mir sein Messer.

Das, was er seine Hütte nannte, war eine Art Holzbaracke. Man hatte die Tür weggeholt, um sie zu verfeuern, oder zu einem anderen Zweck. Das Fenster hatte keine Scheiben mehr. Das Dach war an verschiedenen Stellen eingefallen. Das Innere war durch die Reste einer Zwischenwand in zwei verschieden große Räume unterteilt. Wenn einmal Möbel da gestanden hatten, so standen jetzt keine mehr da. Man hatte sich den gemeinsten Handlungen hingegeben, auf den Boden und an die Wände. Exkremente bedeckten den Boden, von Menschen, Kühen und Hunden, sowie Präservative und Kotze. In einen Kuhfladen hatte man ein Herz gezeichnet, durchbohrt von einem Pfeil. Es war jedoch kein Ausflugsziel. Ich sah die Reste liegengelassener Blumensträuße, die man gierig gepflückt, stundenlang herumgetragen und schließlich als zu schwer oder schon verwelkt weggeworfen hatte. Das war das Domizil, dessen Schlüssel mir angeboten worden war.

Rund herum bot sich das vertraute Bild von Größe und Trostlosigkeit.

Es war immerhin eine Bleibe. Ich legte mich auf einem Bündel Farnkraut, das ich selbst mit viel Mühe gepflückt hatte, zur Ruhe. Eines Tages konnte ich nicht aufstehen. Die Kuh rettete mich. Von eisigem Nebel getrieben, kam sie, um sich unterzustellen. Wahrscheinlich war es nicht das erste Mal.

Sie sah mich wohl nicht. Ich versuchte, an ihr zu saugen, ohne viel Erfolg. Ihre Zitze war mit Mist bekleckert. Ich nahm meinen Hut ab und begann, da hinein zu melken, indem ich meine letzte Kraft aufbot. Die Milch breitete sich auf dem Boden aus, aber ich sagte mir, Das macht nichts, es kostet nichts. Sie schleifte mich über den Boden, wobei sie nur von Zeit zu Zeit stehenblieb, um mir einen Hufschlag zu versetzen. Ich

wußte nicht, daß auch unsere Kühe so unmenschlich sein konnten. Man hatte sie wohl vor kurzem gemolken. Während ich mich mit einer Hand an der Zitze festklammerte, hielt ich mit der anderen Hand den Hut hin. Aber sie war mir am Ende überlegen. Denn sie schleifte mich über die Schwelle bis in das riesige, triefende Farnkraut, wo mir nichts anderes übrigblieb, als sie loszulassen.
Beim Trinken der Milch warf ich mir vor, was ich gerade getan hatte. Ich konnte nicht länger mit der Kuh rechnen, und sie würde die anderen warnen. Wenn ich mich besser beherrscht hätte, wäre sie vielleicht eine Freundin geworden. Sie wäre jeden Tag gekommen, andere Kühe wären ihr vielleicht gefolgt. Ich hätte gelernt, Butter zu machen und Käse. Aber ich sagte mir, Nein, so ist es am besten.
Einmal unterwegs, brauchte ich nur dem Abhang zu folgen. Karren kamen, aber alle wiesen mich ab. Wenn ich andere Kleider, ein anderes Gesicht gehabt hätte, wäre ich vielleicht mitgenommen worden. Ich mußte mich wohl verändert haben, seit meiner Vertreibung aus dem Keller. Vor allem das Gesicht mußte wohl sein Klimakterium erreicht haben. Weder das demütige, naive Lächeln kam noch darin auf, noch der Ausdruck unschuldigen Elends, voll von Sternen und Spindeln. Ich wollte sie heraufbeschwören, aber sie kamen nicht mehr. Die Maske aus altem, schmutzigem und behaartem Leder wollte nicht mehr Bitte und Danke und Verzeihung machen. Es war zum Heulen. Womit sollte ich schnorren, in Zukunft? Am Wegesrand lagernd, begann ich mich zu winden, sobald ich eine Karre kommen hörte, damit man sich nicht einbildete, ich schliefe oder ruhte mich aus. Ich versuchte zu stöhnen, Hilfe! Aber der Ton, der herauskam, war ein bloßer Unterhaltungston. Ich konnte nicht mehr stöhnen. Es war noch nicht das Ende, und ich konnte nicht mehr stöhnen. Das letzte Mal, als ich das Bedürfnis gehabt hatte zu stöhnen, hatte ich es so echt wie immer getan, und zwar ohne überhaupt ein rührbares Herz zu sehen. Was sollte aus mir werden? Ich sagte mir, Ich werde es wieder lernen. Ich legte mich quer

über die Straße, an einer Stelle, wo sie schmal war, so daß die Karren nicht vorbei konnten, ohne über meinen Körper zu fahren, mindestens mit einem Rad und zweien, wenn sie vier hätten. Aber es kam der Tag, an dem ich um mich schaute und mich wieder in der Vorstadt befand, und von dort nach den alten Pfaden war es nicht weit, jenseits der stupiden Hoffnung auf Ruhe oder geringere Mühsal.

Ich verhüllte also den unteren Teil des Gesichts mit einem schwarzen Lappen und ging, um Almosen zu betteln, in eine sonnige Ecke. Denn es schien mir, daß meine Augen nicht ganz und gar erloschen waren, vielleicht dank der schwarzen Brille, die mein Lehrer mir gegeben hatte. Er hatte mir die *Ethik* von Geulincx gegeben. Es war eine Männerbille, ich war ein Kind. Man fand ihn tot, zusammengebrochen auf dem WC, die Kleider in einer schrecklichen Unordnung, erschlagen von einem Infarkt. Ah, welche Ruhe. Die *Ethik* trug seinen Namen (Ward) auf dem Vorsatzpapier, die Brille hatte ihm gehört. Der Steg war zu der Zeit, von der ich spreche, ein Messingdraht, so wie er verwendet wird, um Gemälde und große Spiegel aufzuhängen, und zwei lange Bänder dienten mir als Bügel. Ich schlang sie um die Ohren und führte sie unters Kinn, wo ich sie zusammenknotete. Die Gläser hatten gelitten, weil sie sich in meiner Tasche aneinander und an dem anderen Zeug, das darin steckte, gerieben hatten. Ich glaubte, daß Herr Weir mir alles abgenommen hätte. Ich hatte die Brille jedoch nicht mehr nötig und setzte sie nur noch auf, um das pralle Sonnenlicht abzuschwächen. Ich hätte besser nicht darüber gesprochen. Der Lappen machte mir viel zu schaffen. Schließlich nahm ich ein Stück vom Futter meines Mantels, nein, ich hatte keinen Mantel mehr, meines Rocks also. Es war eigentlich ein grauer Lappen, oder sogar ein karierter, aber ich begnügte mich damit. Bis zum Nachmittag hielt ich das Gesicht zum südlichen Himmel, dann zum Abendhimmel bis zur Nacht. Die Schale machte mir viel zu schaffen. Ich konnte meinen Hut nicht dazu verwenden, wegen meines Schädels. Die Hand ausstrecken kam nicht in Frage. Ich besorgte mir also eine Blechbüchse und hakte sie an einen Knopf meines Mantels, was habe ich bloß, meines Rocks, in der Höhe des Schambeins. Sie hielt sich nicht gerade, sie neigte sich respektvoll dem Vorübergehenden zu, er brauchte nur sein Scherflein hineinfallen zu lassen. Aber das nötigte ihn, ganz nahe an mich heranzukommen, er riskierte, mich zu streifen. Ich besorgte mir schließlich eine größere Büchse, eine Art große Büchse, und stellte sie auf den Bürgersteig zu meinen Füßen. Aber die Leute, die ein Almosen geben, werfen es nicht gerne, diese Geste hat etwas Herablassendes, das empfindlichen Gemütern widerstrebt. Ganz abgesehen davon, daß sie zielen müssen. Man will gerne geben, aber man will nicht, daß die Spende unter die Füße der Vorübergehenden rollt, oder unter die Räder der Fahrzeuge, wo jeder x-beliebige sie aufheben kann. Also gibt man nicht. Es gibt natürlich welche, die sich bücken, aber im allgemeinen haben die Leute, die ein Almosen geben, nicht gerne, daß es sie nötigt, sich zu bücken. Sie lieben dagegen, den Bettler von weitem zu entdecken, den Penny bereitzuhalten, ihn im Vorübergehen loszulassen und das *Gott vergelt's* gedämpft durch die Entfernung zu vernehmen. Ich sagte so was nicht, ich war nicht sehr fromm, oder irgend etwas Ähnliches, aber ich machte trotzdem ein Geräusch, mit dem Mund! Schließlich besorgte ich mir eine Art Brettchen, das ich mit Bindfaden am Hals und an den Hüften befestigte. Es ragte gerade in der richtigen Höhe, in Taschenhöhe hervor, und sein Rand war weit genug von meiner Person entfernt, daß man seinen Obolus ohne Gefahr dort loswerden konnte. Man konnte dort manchmal Blumen, Blüten und Ähren sehen, sowie das Kraut, das man, glaube ich, Flohsamen-Wegerich nennt, kurz alles, was ich fand. Ich suchte nicht danach, aber alle hübschen Dinge, die mir in die Hände fielen, hob ich für das Brettchen auf. Man konnte meinen, ich liebte die Natur. Ich schaute gewöhnlich zum Himmel, ohne mich jedoch darauf einzustellen, warum sich darauf einstellen? Es war meistens eine Mischung aus Weiß, Blau und Grau, und abends kamen noch die Abendfarben hinzu. Ich fühlte, wie er sanft auf meinem Gesicht lag, ich rieb mein Gesicht daran, indem ich es hin- und herwiegte. Damit mein Nacken sich ausruhen konnte, ließ ich den Kopf hin und wieder auf die Brust sinken. Dann sah ich schimmernd in der Ferne das Brettchen, ganz verschwommen und bunt. Ich lehnte mich an die Mauer, aber ohne Lässigkeit, verlagerte mein Gewicht von einem Fuß auf den anderen und klammerte die Hände an die Rockaufschläge. Mit den Händen in den Taschen zu betteln macht einen schlechten Eindruck, es verstimmt die Arbeiter, besonders im Winter. Man soll auch nie Handschuhe tragen. Es gab Strolche, die vortäuschten, mir Geld zu geben, und dabei alles, was ich verdient hatte, klauten. Um sich Bonbons zu kaufen. Ich knöpfte mich unauffällig auf, um mich zu kratzen. Ich kratzte mich von unten nach oben, mit vier Fingernägeln. Ich zog an den Haaren, um mir Erleichterung zu verschaffen. Damit die Zeit verging, die Zeit verging, wenn ich mich kratzte. Das richtige Kratzen ist besser als das Wichsen, meiner Meinung nach. Man kann bis um die Siebzig herum wichsen und sogar weit darüber hinaus, aber das wird schließlich zu einer bloßen Gewohnheit. Um mich zu kratzen, reichten meine beiden Hände nicht aus. Ich hatte sie überall, auf meinem Ding, in den Haaren bis zum Nabel, unter den Armen, im Arsch, und dazu Stellen mit Ausschlag und Krätze, die ich zum Jucken bringen konnte, wenn ich nur daran dachte. Im Arsch fand ich die größte Befriedigung. Ich schob den Zeigefinger hinein, bis zum Handteller. Wenn ich danach scheißen mußte, tat es mir hundemäßig weh. Aber ich schiß kaum noch. Von Zeit zu Zeit flog ein Flugzeug vorbei, gar nicht schnell, wie mir schien. Es ist mir oft passiert, daß ich am Ende des Tages meine Hosen unten ganz naß fand. Das mußten Hunde gewesen sein. Ich pißte kaum noch. Wenn ich zufällig Lust dazu bekam, stillte ich sie, indem ich einen kleinen Strahl in meinen Hosenlatz schießen ließ. Wenn ich einmal auf meinem Posten war, verließ ich ihn nicht mehr bis in die Nacht. Ich aß kaum noch, Gott maß mir den Wind zu. Nach der Arbeit kaufte ich eine Flasche Milch, die ich abends im Schuppen trank. Vielmehr, ich ließ sie durch einen Jungen, immer denselben, kaufen, mich wollten sie nicht bedienen, ich weiß nicht warum. Ich gab ihm einen Penny für seine Mühe. Eines Tages wohnte ich einer seltsamen Szene bei. Gewöhnlich sah ich kaum etwas. Ich hörte auch kaum etwas. Ich gab nicht acht. Im Grunde war ich nicht da. Im Grunde glaube ich, daß ich niemals irgendwo war. Aber an jenem Tage mußte ich wohl wiederkommen. Seit einiger Zeit schon quälte mich ein Geräusch. Ich suchte nach seiner Ursache, denn ich sagte mir, Es wird aufhören. Aber da es nicht aufhörte, sah ich mich gezwungen, nach seiner Ursache zu suchen. Es war ein Mann auf dem Dach eines Autos, der auf die Vorübergehenden einredete. Jedenfalls habe ich die Sache so aufgefaßt. Er schimpfte so laut, daß Fetzen seiner Rede bis zu mir gelangten. Union . . ., Brüder . . ., Marx . . ., Kapital . . ., Beefsteak . . ., Liebe. Ich verstand nichts davon. Der Wagen stand am Bürgersteig vor mir, ich sah den Redner von hinten. Plötzlich drehte er sich um und zeigte auf mich. Schaut euch dieses Wrack an, schrie er, dieses Häufchen Elend. Wenn er nicht auf allen vieren kriecht, dann nur, weil er sich vor dem Pfandstall fürchtet. Alt, verlaust, verfault, zum Abfall damit. Und es gibt Tausende wie ihn, Schlimmere als ihn, zehntausend, zwanzigtausend –. Eine Stimme, Dreißigtausend. Der Redner fuhr fort, Täglich kommt ihr an ihnen vorbei, und wenn ihr beim Rennen gewonnen habt, fällt etwas für sie ab. Überlegt ihr? Die Stimme, Nein. Natürlich nicht, fuhr der Redner fort, das gehört nun mal dazu. Ein Penny, zwei Pence –. Die Stimme, Drei Pence. Es kommt euch nie in den Sinn, fuhr der Redner fort, daß es Versklavung, Verdummung, organisierter Mord ist, was ihr so mit euren sträflichen Gratifikationen billigt. Schaut mir diesen gequälten, verhunzten Kerl an. Ihr werdet sagen, daß es seine eigene Schuld sei. Fragt ihn nur mal, ob es seine eigene Schuld ist. Die Stimme, Tu du es doch. Er beugte sich also zu mir und brüllte mich an. Ich hatte mein Brettchen perfektioniert. Es bestand nun aus zwei durch Scharniere miteinander verbundenen Teilen, was mir gestattete, es nach getaner Arbeit zusammenzuklappen und unterm Arm zu tragen, ich bastelte ganz gerne. Ich zog also den Lappen herunter, steckte die paar Münzen, die ich verdient hatte, in meine Tasche, löste den Bindfaden von dem Brettchen, klappte es zusammen und klemmte es unter den Arm. Sag doch was, du Hungerleider! brüllte der Redner. Dann ging ich weg, obwohl es noch hell war. Aber im allgemeinen war die Ecke ruhig, belebt, ohne überlaufen zu sein, einträglich und angenehm. Es war sicher ein religiöser Fanatiker gewesen, ich fand keine andere Erklärung. Er war vielleicht aus einem Irrenhaus ausgebrochen. Er hatte einen guten Kopf, etwas rötlich.

Ich arbeitete nicht alle Tage. Ich hatte fast keine Ausgaben. Ich kam sogar dazu, ein wenig auf die Seite zu legen, für das letzte Ende. An den Tagen, an denen ich nicht arbeitete, blieb ich im Schuppen liegen. Er stand am Ufer des Flusses auf einem Privatgrundstück, oder einem ehemaligen. Dieses Grundstück, dessen Hauptzugang an einer dunklen, engen und stillen Straße lag, war mit einer Mauer umgeben, bis auf die Seite des Flusses natürlich, der auf einer Länge von ungefähr dreißig Schritten seine nördliche Begrenzung war. Gegenüber, auf dem anderen Ufer, waren wieder die Kais, dann ein Durcheinander von niedrigen Häusern, freien Plätzen, Zäunen, Schornsteinen sowie spitzen und stumpfen Türmen. Man sah dort ebenfalls eine Art Paradeplatz, auf dem Soldaten Fußball spielten, das ganze Jahr hindurch. Nur die Fenster – nein. Das Grundstück schien verlassen zu sein. Das Gitter war verschlossen. Das Unkraut überwucherte die Alleen. Nur die Fenster des Erdgeschosses hatten Läden. Die anderen leuchteten manchmal nachts auf, nur schwach, mal das eine, mal das andere, wie mir schien. Es konnten irgendwelche Spiegelungen sein. An dem Tage, an dem ich mich für diesen Schuppen entschieden hatte, fand ich dort einen Kahn mit dem Kiel nach oben. Ich drehte ihn um, verkeilte ihn mit Steinen und Holzstücken, nahm die Bänke heraus und machte ihn zu meinem Bett. Die Ratten konnten nur mit Mühe an mich herankommen wegen der Wölbung des Rumpfes. Sie hatten trotzdem große Lust dazu. Man bedenke, lebendiges Fleisch, denn ich war immerhin noch lebendiges Fleisch. Ich hatte schon zu lange in meinen behelfsmäßigen Wohnstätten unter Ratten gelebt, als daß ich vor ihnen den Ekel des gemeinen Volkes haben konnte. Ich hatte sogar eine Art Sympathie für sie. Sie kamen mit soviel Vertrauen zu mir, man hätte sagen können, ohne den geringsten Widerwillen. Sie putzten sich wie Katzen. Die Kröten, die abends stundenlang regungslos bleiben, schnappen nach Fliegen. Sie setzen sich an die Stellen, wo es von drinnen nach draußen geht, sie lieben die Schwellen. Aber es handelte sich um Wasserratten, die außerordentlich mager und blutdürstig waren. Ich konstruierte also aus verstreut herumliegenden Brettern einen Deckel. Es ist toll, was ich an Brettern in meinem Leben gefunden habe, jedesmal, wenn ich ein Brett brauchte, war es da, ich brauchte mich nur zu bücken. Ich bastelte gerne, nein, nicht zu gerne, aber ziemlich. Er bedeckte den ganzen Kahn, ich spreche nun wieder von dem Deckel. Ich schob ihn ein wenig nach hinten, ich rutschte von vorn in den Kahn hinein, ich kroch bis nach hinten, ich hob die Füße, und ich schob den Deckel nach vorn, bis er mich ganz bedeckte. Die Schubkraft wirkte auf eine vorspringende Querleiste, die ich zu diesem Zweck auf der Rückseite des Deckels befestigt hatte, ich bastelte ganz gerne. Aber es war besser, von hinten in den Kahn einzusteigen, den Deckel mit Hilfe beider Hände heranzuziehen, bis er mich ganz bedeckte, und ihn ebenso zurückzuschieben, wenn ich hinauswollte. Als Griffe für meine Hände schlug ich da, wo sie hingehörten, zwei lange Nägel ein. Diese kleinen Tischlerarbeiten, wenn ich so sagen darf, die mit zufälligen Werkzeugen und Materialien getan wurden, gefielen mir ganz gut. Ich wußte, daß es bald zu Ende wäre, also spielte ich die Komödie, nicht wahr, die Komödie des –, wie sagt man, ich weiß nicht. Es ging mir gut in dem Kahn, das muß ich sagen. Mein Deckel paßte sich so gut an, daß ich ein Loch hineinbohren mußte. Man darf nicht die Augen zumachen, man muß sie offenlassen im Dunkeln, das ist meine Meinung. Ich spreche nicht vom Schlaf, ich spreche von dem, was man, glaube ich, den Wachzustand nennt. Ich schlief übrigens sehr wenig in dieser Zeit, ich hatte keine Lust, oder ich hatte zuviel Lust, ich weiß nicht, oder ich hatte Angst, ich weiß nicht. Lang auf dem Rücken liegend, sah ich nichts, es sei denn verschwommen, genau über meinem Kopf durch winzige Ritzen das graue Licht des Schuppens. Überhaupt nichts sehen, nein, das ist zuviel. Ich hört dumpf die Schreie der Möwen, die sich ganz in der Nähe herumtrieben, rund um den Ausfluß der Abwässer. In einem, wenn ich mich recht erinnere, gelblichen Strudel vermischte sich der Unrat mit dem Fluß, die Vögel wirbelten darüber her, kreischend vor Hunger und Wut. Ich hörte das Plätschern des Wassers gegen den Landungssteg, gegen das Ufer, und das andere, so andersartige Geräusch des freien Wellenschlags, das hörte ich ebenfalls. Ich selbst war, wenn ich mich fortbewegte, weniger Boot als Welle, wie mir schien, und wenn ich stockte, war ich Strudel. Das mag unmöglich scheinen. Der Regen auch, ich hörte ihn oft, es regnete oft. Manchmal fiel ein Tropfen, der durch das Schuppendach gedrungen war, klatschend auf mich. All das war eigentlich eine flüssige Welt. Der Wind mischte sich auch mit seiner Stimme ein, das versteht sich, oder vielmehr mit den so verschiedenen seiner Spielsachen. Aber was ist das? Rauschen, Heulen, Stöhnen und Seufzen. Was ich gewollt hätte, waren Hammerschläge, peng, peng, peng, Hammerschläge in der Wüste. Ich furzte, das versteht sich, aber beschwerlich trocken, es entwich mit einem Pumpengeräusch und verhallte in dem großen Nichts. Ich weiß nicht, wie lange ich da blieb. Es ging mir gut in meinem Kasten, das muß ich sagen. Es schien mir, daß ich unabhängiger geworden war in den letzten Jahren. Daß man nicht mehr kam, daß man nicht mehr kommen konnte, um mich zu fragen, ob es mir gut gehe und ich nichts nötig hätte, das kümmerte mich kaum noch. Es ging mir gut, aber ja, bestimmt, und die Angst, daß es mir schlechter gehen könne, machte sich kaum bemerkbar. Was meine Bedürfnisse anbetraf, so waren sie gewissermaßen meinen Dimensionen angepaßt und im Hinblick auf die Qualität so raffiniert, daß jede Hilfe in dieser Hinsicht ausgeschlossen war. Zu wissen, daß ich, so wenig und falsch es sein mochte, außerhalb meiner war, das hatte mich ehemals zu rühren vermocht. Man verwildert, zwangsläufig. Man möchte sich manchmal fragen, ob man auf dem richtigen Planeten ist. Sogar die Worte lassen einen im Stich, das will viel heißen. Es ist vielleicht der Augenblick, in dem die Röhren nicht mehr kommunizieren, Sie wissen doch, die Röhren. Man ist da, immer zwischen den beiden Geräuschen, es ist wahrscheinlich immer das gleiche Lied, aber fürwahr, man sollte es nicht sagen. Es kam vor, daß ich den Deckel verschieben und aus dem Kahn hinaussteigen wollte, ohne es zu können, so faul und schwach war ich, und im Grunde so wohl da, wo ich war. Ich spürte die Nähe der eisigen und lärmenden Straßen, der erschreckenden Gesichter, der schneidenden, durchdringenden, zerreißenden, quetschenden Geräusche. Ich wartete also, bis die Lust zu scheißen, beziehungsweise zu pissen, mich beflügelte. Ich wollte nicht mein Nest beschmutzen! Es passierte mir jedoch, und zwar immer häufiger. Ich zog meine Hose herunter, indem ich eine Brücke machte, ich drehte mich ein wenig auf die Seite, gerade genug, um das Loch freizumachen. Sich ein Königreich schaffen inmitten der allgemeinen Scheiße und dann darauf scheißen, das paßte so recht zu mir. Sie waren ich, meine Exkremente, das versteht sich, aber immerhin. Schluß, Schluß, die Bilder, ich bin dabei, Bilder zu sehen, ich, der nie welche sah, außer manchmal, wenn ich schlief. Ich glaube, daß ich, genau genommen, nie welche gesehen hatte. Als ganz kleiner Junge vielleicht. Mein Mythos will es so. Ich wußte, daß es Bilder waren, da es Nacht war und ich allein in meinem Kahn war. Was konnte es anderes sein? Ich war also in meinem Kahn und glitt über Wasser. Ich brauchte nicht zu rudern, die Ebbe riß mich fort. Ich sah übrigens keine Ruder, man hatte sie wohl weggenommen. Ich hatte ein Brett, ein Stück Bank vielleicht, und ich benützte es, wenn ich mich zu sehr dem Ufer näherte oder wenn ich einen Brückenpfeiler oder einen vertäuten Schleppkahn kommen sah. Es waren Sterne am Himmel, ziemlich viele. Ich sah nicht, wie das Wetter war, mir war weder kalt noch warm, und alles schien ruhig zu sein. Die Ufer entfernten sich immer mehr, zwangsläufig, ich sah sie nicht mehr. Spärliche und schwache Lichter deuteten ihren wachsenden Abstand an. Drüben auf dem Land schliefen die Menschen, die Körper sammelten Kräfte für die Mühen und Freuden des nächsten Tages. Der Kahn glitt nicht mehr, er hüpfte, gepeitscht von den kleinen Wogen der beginnenden offenen See. Alles schien ruhig zu sein, und doch spritzte der Schaum über Bord. Die freie Luft umgab mich nun von allen Seiten. Ich hatte nur noch die Deckung des Landes, und die Deckung des Landes bedeutet nicht viel unter diesen Umständen. Ich sah die Leuchtfeuer, insgesamt vier, darunter ein Feuerschiff. Ich kannte sie gut, als ganz kleiner Junge kannte ich sie schon. Es war am Abend, ich war mit meinem Vater auf einer Höhe, er hielt mich an der Hand. Ich hätte gewünscht, daß er mich an sich zöge mit einer Geste beschützender Liebe, aber er war mit den Gedanken woanders. Er lehrte mich auch die Namen der Berge. Aber um mit diesen Bildern zu enden, ich sah ebenfalls die Lichter der Bojen, die See schien voll davon zu sein, von roten und grünen und zu meinem Erstaunen sogar gelben. Und am Abhang des Berges, der sich nun gut sichtbar hinter der Stadt erhob, gingen die Brände von gold in rot und von rot in gold über. Ich wußte wohl, was es war, es war der Ginster, der brannte. Wie oft hatte ich ihn selbst in Brand gesteckt, mit einem Streichholz, als ich noch klein war. Und viel später, wenn ich nach Hause zurückgekehrt war, sah ich vor dem Schlafengehen von meinem hohen Fenster aus das Feuer, das ich angezündet hatte. In dieser Nacht also, voll von schwachem Funkeln auf dem Lande, auf dem Wasser und am Himmel, trieb ich den Gezeiten und Strömungen preisgegeben dahin. Ich merkte, daß mein Hut wahrscheinlich mit Bindfaden an meinem Knopfloch befestigt war. Ich erhob mich von meiner Bank, hinten im Kahn, und es erklang ein lautes Klirren. Es war die Kette, die vorn befestigt war und sich um meine Hüfte schlang. Ich hatte wohl im voraus ein Loch in die Bretter des Bodens gebohrt, denn nun war ich kniend damit beschäftigt, es freizumachen, mit Hilfe des Messers. Das Loch war klein, und das Wasser stieg nur langsam. Es würde eine gute halbe Stunde dauern, alles in allem, wenn nichts dazwischen käme. Nachdem ich mich nun hinten wieder hingesetzt, die Beine lang ausgestreckt und den Rücken fest gegen den Sack voll Gras gelehnt hatte, der mir als Kissen diente, schluckte ich mein Beruhigungsmittel. Das Meer, der Himmel, das Gebirge, die Inseln zermalmten mich in einer ungeheuren Systole und strebten dann auseinander bis an die Grenzen des Raumes. Ich dachte ohnmächtig und ohne Bedauern an den Bericht, den ich beinahe gemacht hätte, einen Bericht nach dem Bilde meines Lebens, ich meine, ohne den Mut zu enden und ohne die Kraft weiterzumachen.

Erste Liebe

Ich bringe meine Heirat, zu Recht oder zu Unrecht, zeitlich in Zusammenhang mit dem Tod meines Vaters. Daß es auf anderen Ebenen andere Verbindungen zwischen diesen beiden Angelegenheiten gibt, ist möglich. Es fällt mir schon schwer, zu sagen, was ich zu wissen glaube.
Ich bin vor nicht sehr langer Zeit zum Grab meines Vaters gegangen, das weiß ich, und ich habe das Datum seines Ablebens abgelesen, nur das seines Ablebens, denn das seiner Geburt war mir einerlei, an jenem Tag. Ich ging morgens weg und kam abends zurück, nachdem ich auf dem Friedhof gevespert hatte. Aber ein paar Tage später, als ich wissen wollte, in welchem Alter er gestorben war, mußte ich mich wieder zu seinem Grab begeben, um das Datum seiner Geburt abzulesen. Diese beiden Grenzdaten habe ich auf einem Stück Papier notiert, das ich in meinem Besitz behalte. So bin ich imstande zu behaupten, daß ich ungefähr fünfundzwanzig Jahre alt gewesen sein muß, bei meiner Heirat. Denn das Datum meiner eigenen Geburt, ich betone, meiner eigenen Geburt, habe ich nie vergessen, ich bin nie genötigt worden, es aufzuschreiben, es bleibt in meinem Gedächtnis eingeprägt, seine Jahreszahl wenigstens, in Ziffern, die das Leben schwerlich zu tilgen vermag. Auch den Tag finde ich wieder, wenn ich mir Mühe gebe, und ich feiere ihn oft, auf meine Weise, ich behaupte nicht, jedesmal, wenn er wiederkehrt, nein, denn er kehrt allzu oft wieder, aber oft.
Ich persönlich habe nichts gegen Friedhöfe, ich gehe da recht gern spazieren, lieber da als anderswo, glaube ich, wenn ich schon ausgehen muß. Der Geruch der Leichen, den ich unverkennbar unter dem des Grases und des Mutterbodens herausrieche, ist mir nicht unangenehm. Etwas süßlich vielleicht und zu Kopf steigend, aber wieviel erträglicher als der Geruch der Lebenden, der Achselhöhlen, der Füße, der Gesäße, der wachsigen Präputien und der frustrierten Ovula. Und wenn

die Überreste meines Vaters dabei mitwirken, in welch bescheidenem Maße dies auch immer geschehen mag, so fehlt nicht viel, daß ich zu Tränen gerührt bin. Sie mögen sich noch so fein waschen, die Lebenden, und sich noch so fein parfümieren, sie stinken. Ja, laßt mir als Promenaden, wenn man schon ausgehen muß, die Friedhöfe, und geht ihr in den Parkanlagen oder auf dem Lande spazieren. Mein Butterbrot, um nicht von meiner Banane zu sprechen, verzehre ich mit mehr Appetit, wenn ich auf einem Grabe sitze, und wenn ich pissen muß, und das muß ich oft, so habe ich die Wahl. Entweder irre ich, die Hände auf dem Rücken, zwischen den Steinen, den geraden, den schiefen und den liegenden herum und halte eine Inschriftenlese. Sie haben mich nie enttäuscht, die Inschriften, es finden sich immer drei oder vier derart komische, daß ich mich an das Kreuz oder an die Säule oder an den Engel klammern muß, um nicht zu fallen. Meine habe ich vor langer Zeit schon verfaßt, und ich bin immer noch damit zufrieden, ziemlich zufrieden. Meine anderen Schriften sind noch nicht ganz trocken, da ekeln sie mich schon an, aber meine Grabinschrift gefällt mir immer noch. Sie wirft ein grammatisches Problem auf. Es ist leider kaum anzunehmen, daß sie sich je über dem Schädel, der sie verfaßte, erheben wird, es sei denn der Staat kümmerte sich darum. Aber um mich exhumieren zu können, wird man mich zuerst finden müssen, und ich befürchte sehr, daß der Staat ebensoviel Mühe haben wird, mich tot zu finden wie lebendig. Darum beeile ich mich, sie an dieser Stelle niederzuschreiben, ehe es zu spät ist:

Hier ruht, der vor ihm geflohen bis
zuletzt,
so daß es ihn nicht früher geflohen
als jetzt.

Es ist eine überzählige Silbe in dem zweiten und letzten Vers, aber das macht nichts, meiner Meinung nach. Man wird mir mehr als das verzeihen, wenn ich nicht mehr da sein werde.

Und mit ein wenig Glück stößt man auf eine richtige Beerdigung mit trauernden Lebenden und zuweilen einer Witwe, die sich ins Grab stürzen will, und fast immer hört man die schöne Geschichte von dem Staub, obgleich mir aufgefallen ist, daß nichts weniger staubig ist als solche Löcher, es ist fast immer recht fette Erde, und der Verstorbene droht auch noch nicht gleich zu zerstieben, wenn es sich nicht gerade um einen Verkohlten handelt. Es ist trotzdem ganz schön, das kurze Theater mit dem Staub. Aber an dem Friedhof meines Vaters lag mir nicht soviel. Er war zu weit weg, ganz weit draußen, am Hang eines Hügels, und auch zu klein, viel zu klein. Er war übrigens sozusagen voll, noch ein paar Witwen und er würde ganz ausverkauft sein. Ich zog Ohlsdorf bei weitem vor, besonders das Linnesche Friedhofsgelände, auf preußischem Boden, mit seinen vierhundert Hektar dicht übereinander geschichteter Leichen, obgleich ich dort niemand kannte, außer dem Tierbändiger Hagenbeck, nur vom Hörensagen. Auf seinem Grabmal sieht man, glaube ich, einen aus Stein gehauenen Löwen. Der Tod mußte wohl das Gesicht eines Löwen haben, für Hagenbeck. Autobusse kommen an und fahren ab; sie sind zum Bersten voll mit Witwern, Witwen und Waisen. Wäldchen, Grotten und Teiche mit Schwänen spenden den Betrübten Trost. Es war im Dezember, ich habe nie so arg gefroren, die Aalsuppe war mir nicht bekommen, ich hatte Angst vor dem Tod, ich blieb stehen, um mich zu übergeben, ich beneidete sie.

Aber um nun zu einem weniger traurigen Thema überzugehen, beim Tode meines Vaters mußte ich das Haus verlassen. Er wollte immer, daß ich zu Hause bliebe. Er war ein sonderbarer Mann. Eines Tages sagte er, Laßt ihn doch, er stört niemanden. Er wußte nicht, daß ich zuhörte. Diesen Gedanken sollte er oft äußern, aber die anderen Male war ich nicht dabei. Man hat mir nie sein Testament zeigen wollen, man hat mir nur gesagt, er habe mir soundsoviel Geld hinterlassen. Ich glaubte damals, und ich glaube es noch heute, daß er in seinem Testament verlangt hatte, mir das Zimmer, das ich zu seinen

Lebzeiten bewohnte, zu lassen und Essen für mich dorthin zu bringen wie vorher. Das war vielleicht sogar die Bedingung, von der er alles übrige abhängig machte. Denn das Gefühl, daß ich zu Hause war, mußte ihm lieb sein, sonst hätte er nichts dagegen gehabt, daß man mich hinauswerfen wollte. Vielleicht hatte er nur Mitleid mit mir. Aber ich glaube es nicht. Er hätte mir das ganze Haus vermachen sollen, dann wäre ich ruhig gewesen, die anderen übrigens auch, denn ich hätte zu ihnen gesagt, So bleibt doch, ihr seid hier zu Hause! Es war ein riesiges Haus. Ja, mein armer Vater war allerdings auf dem Holzweg, wenn er wirklich die Absicht hatte, mich weiterhin zu beschützen, von Jenseits-des-Grabes aus. Was das Geld betrifft, so seien wir gerecht, sie händigten es mir prompt aus, am Morgen nach dem Begräbnis schon. Vielleicht war es ihnen faktisch unmöglich, es anders zu machen. Ich sagte zu ihnen, Behaltet dieses Geld und laßt mich weiter hier leben, in meinem Zimmer, wie zu Papas Lebzeiten. Ich fügte hinzu, Gott sei seiner Seele gnädig, in der Hoffnung, ihnen Freude zu machen. Aber sie wollten nicht. Ich schlug ihnen vor, mich zu ihrer Verfügung zu stellen, ein paar Stunden pro Tag, für die kleinen Hausarbeiten, deren jedes Haus bedarf, wenn man nicht möchte, daß es zu Staub zerfällt. Instandsetzungsarbeiten wäre auch noch eine Möglichkeit, ich weiß nicht warum. Ich bot ihnen insbesondere an, mich um das Treibhaus zu kümmern. Darin hätte ich gerne drei oder vier Stunden täglich verbracht, in der Wärme, mit der Pflege der Tomaten, Nelken, Hyazinthen und Sämlinge. Nur mein Vater und ich verstanden etwas von Tomaten, in diesem Hause. Aber sie wollten nicht. Eines Tages, als ich von der Toilette zurückkehrte, stellte ich fest, daß die Tür meines Zimmers abgeschlossen war und meine Sachen aufgestapelt vor der Tür standen. So daß Sie sich vorstellen können, wie verstopft ich war, in jener Zeit. Die Angst war der Grund für meine Verstopfung, glaube ich. War ich denn wirklich verstopft? Ich glaube es nicht. Mal langsam! Mal langsam! Und doch mußte ich es sein, denn wie waren sonst jene langen, qualvollen Sitzungen auf dem Klosett, auf dem Abort zu erklären? Ich las nie, weder dort noch anderswo, ich träumte nicht und überlegte auch nicht, ich betrachtete unbeteiligt den Kalender, der an einem Nagel vor meinen Augen hing, man sah darauf das farbige Bild eines bärtigen jungen Mannes umgeben von Schafen, das mußte Jesus sein, ich zog meine Arschbacken mit den Händen auseinander und drückte, eins! hm! zwei! hm!, mit Ruderbewegungen, und ich hatte nur eins im Sinn, schnell wieder in mein Zimmer zurückzukehren und mich hinzulegen. Das war doch wohl eine Verstopfung, nicht wahr? Oder verwechsele ich es mit Durchfall? In meinem Kopf gerät alles durcheinander, Friedhöfe und Hochzeiten und die verschiedenen Arten des Stuhlgangs. Ich hatte nicht viele Sachen, sie hatten sie auf dem Boden an der Tür aufgestapelt, ich sehe noch den kleinen Stapel, den sie im Dunkel einer Art Nische bildeten, die den Gang von meinem Zimmer trennte. In diesem kleinen, dreiseitig begrenzten Raum mußte ich mich umziehen, ich meine meinen Schlafrock und mein Nachthemd ausziehen und meine Reisekleidung anziehen, ich meine: Socken, Schuhe, Hose, Hemd, Jacke, Mantel und Hut, ich hoffe, daß ich nichts vergesse. Ich versuchte, andere Türen zu öffnen, indem ich den Knopf herumdrehte und drückte, ehe ich das Haus verließ, aber keine einzige gab nach. Wenn ich ein offenes Zimmer gefunden hätte, so hätte ich mich vermutlich darin verbarrikadiert, nur die Gase hätten mich da hinausgebracht. Ich fühlte, daß das Haus voller Leute war, wie gewöhnlich, aber ich sah niemanden. Ich glaube, daß jeder sich in seinem Zimmer eingesperrt hatte, mit lauschenden Ohren. Dann schnell, alle an die Fenster, unauffällig, hinter den Vorhängen versteckt, beim Geräusch der sich hinter mir schließenden Haustür, ich hätte sie offen lassen sollen. Und schon öffnen sich die Türen, und alle kommen heraus, Männer, Frauen und Kinder, ein jeder aus seinem Zimmer, und die Stimmen, die Seufzer, das Lächeln und Händeklatschen, mit den Schlüsseln in den Händen, ein lautes Uff, und dann das Wiederkäuen der Losungen, wenn

dies, dann das, aber wenn das, dann dies, eine echte, festliche Stimmung, jeder hat es begriffen, zu Tisch, zu Tisch, das Zimmer kann warten. Das alles ist natürlich frei erfunden, da ich nicht mehr da war. Die Dinge spielten sich vielleicht ganz anders ab, aber was bedeutet schon die Art, wie die Dinge sich abspielen, solange sie sich abspielen? Und all die Lippen, die mich geküßt hatten, die Herzen, die mich geliebt hatten (man liebt doch mit dem Herzen, nicht wahr, oder verwechsele ich es mit etwas anderem?), die Hände, die mit den meinen gespielt hatten, und die Geister, die mich beinahe besessen hätten! Die Leute sind wahrhaftig sonderbar. Armer Papa, er mußte arg in Verlegenheit sein an jenem Tag, wenn ich mich sehen, uns sehen konnte, in Verlegenheit wegen meiner, meine ich. Es sei denn, daß er in seiner großen Weisheit eines Entkörperten weiter blickte als sein Sohn, dessen Leiche noch nicht ganz reif war.
Aber um nun zu einem lustigeren Thema überzugehen, der Name der Frau, mit er ich mich wenig später vereinigte, ihr Vorname war Lulu. Das behauptete sie wenigstens mir gegenüber, und ich weiß nicht, was sie im Sinne gehabt haben mochte, um mich zu belügen, diesbezüglich. Freilich, man kann nie wissen. Da sie keine Französin war, sagte sie Lulu, nicht Lülü. Auch ich sagte, da ich auch kein Franzose war, Lulu, wie sie. Beide sagten wir, Lulu. Sie ließ mich auch ihren Familiennamen wissen, aber ich habe ihn vergessen. Ich hätte ihn notieren sollen, auf einem Stück Papier, es ist mir unangenehm, die Eigennamen zu vergessen. Ich machte ihre Bekanntschaft auf einer Bank, am Ufer des Kanals, eines der Kanäle, denn in unserer Stadt gibt es zwei, aber ich habe sie nie auseinanderhalten können. Es war eine Bank, an einer sehr guten Stelle, sie lehnte an einem Haufen aus Erde und hart gewordenem Schutt, so daß ich Rückendeckung hatte. Auch meine Flanken waren teilweise in Deckung, dank zwei ehrwürdigen und sogar toten Bäumen, welche die Bank beiderseits flankierten. Wahrscheinlich hatten diese Bäume eines Tages, als sie mit all ihren Blättern rauschten, jemandem den

Gedanken an die Bank zugeraunt. Wenige Meter davor floß der Kanal, wenn die Kanäle überhaupt fließen, ich habe davon keine Ahnung, so daß ich auch nicht zu fürchten brauchte, von dieser Seite überrascht zu werden. Und doch überraschte sie mich. Ich hatte mich hingelegt, es war mild, ich schaute zu, wie zwischen den entblößten Ästen, mit denen die beiden Bäume einander über meinem Kopf stützten, und zwischen den Wolken, die keine Decke bildeten, ein Stück bestirnten Himmels erschien und wieder verschwand. Lassen Sie mir einen Platz, sagte sie. Im ersten Moment wollte ich weggehen, aber wegen meiner Müdigkeit und der Tatsache, daß ich nicht wußte wohin, wurde nichts daraus. Ich zog meine Füße also ein wenig unter mich zurück, und sie setzte sich. Es kam zu nichts zwischen uns, an jenem Abend, und sie ging bald weg, ohne noch ein Wort zu mir gesagt zu haben. Sie hatte nur ein paar alte Volkslieder vor sich hingesummt, zum Glück ohne die Worte, und zwar auf eine sonderbar bruchstückhafte Weise, da sie von einem Lied zum anderen hinüberwechselte und zu dem gerade unterbrochenen wieder zurückkehrte, ehe das, was sie letzterem vorgezogen hatte, zu Ende war. Sie hatte eine falsch klingende, aber angenehme Stimme. Ich ahnte die Seele, die sich schnell langweilt und die nie etwas vollendet, und die einen vielleicht am wenigsten von allen belemmert. Sogar von der Bank hatte sie schnell genug, und was mich betrifft, so hatte ihr ein kurzer Blick gereicht. In Wirklichkeit war sie eine äußerst starrsinnige Frau. Sie kam am nächsten und am übernächsten Tag wieder, und alles spielte sich beinahe in der gleichen Weise ab. Ein paar Worte wurden vielleicht gewechselt. Am darauffolgenden Tag regnete es, und ich glaubte, meine Ruhe zu haben, aber ich täuschte mich. Ich fragte sie, ob sie die Absicht hätte, mich jeden Abend zu stören. Störe ich Sie? sagte sie. Wahrscheinlich betrachtete sie mich. Sie konnte vermutlich nicht viel sehen. Zwei Augenlider vielleicht, und ein wenig Nase und Stirn, nur dunkel, wegen der Dunkelheit. Ich glaubte, es täte uns gut, sagte sie. Sie stören mich, sagte ich, ich kann mich nicht hinlegen, wenn Sie da sind. Ich sprach es in meinen Mantelkragen hinein, und sie verstand es trotzdem. Liegt Ihnen soviel daran, sich hinzulegen? sagte sie. Es ist eben ein Fehler, die Leute anzusprechen. Sie brauchen Ihre Füße nur auf meine Knie zu legen, sagte sie. Ich ließ mich nicht bitten. Ich fühlte unter meinen kümmerlichen Waden ihre runden Schenkel. Sie begann, meine Knöchel zu streicheln. Wenn meine Ferse ihr einen Tritt zwischen die Beine versetzte, sagte ich mir. Man spricht vor anderen vom Hinlegen, und sofort sehen sie einen ausgestreckten Körper. Was mich, meine Wenigkeit, in meinem Königreich ohne Untertanen interessierte, war etwas, von dem die Lage meiner Knochen nur der entfernteste und belangloseste Abglanz war, es war die zerebrale Rückenlage, das Einschläfern der Ich-Idee und der Idee von jenem kleinen Rest lästiger Kleinigkeiten, die man das Nicht-Ich, ja sogar die Welt nennt, aus Faulheit. Aber mit fünfundzwanzig Jahren strotzt der moderne Mann noch von Spannkraft, sogar von sexueller von Zeit zu Zeit, das ist jedermanns Los, auch mir selber blieb das nicht erspart, wenn man sowas überhaupt von Spannkraft strotzen nennen kann. Sie merkte es natürlich, die Frauen wittern einen stehenden Phallus schon, wenn sie noch über zehn Kilometer von ihm entfernt sind und fragen sich dabei, Wie hat der mich überhaupt sehen können? Man ist nicht mehr man selber, unter diesen Umständen, und es ist peinlich, nicht mehr man selber zu sein, noch peinlicher, als es zu sein, was man auch darüber sagen mag. Denn wenn man es ist, weiß man, was man zu tun hat, um es weniger zu sein, wohingegen man, wenn man es nicht mehr ist, irgendwer ist und keine Möglichkeit mehr hat, sich unkenntlich zu machen. Was man Liebe nennt, ist Verbannung, und von Zeit zu Zeit eine Postkarte aus der Heimat, das ist mein Eindruck heute Abend. Als sie fertig war, und als mein eigenes Ich, das gezähmte, sich mit Hilfe einer kurzen Bewußtlosigkeit wiederhergestellt hatte, fand ich mich allein. Ich frage mich, ob das alles nicht frei erfunden ist, ob die Dinge sich in Wirklichkeit nicht ganz anders abgespielt haben, gemäß einem Schema, das ich wohl vergessen haben muß. Und doch bleibt ihr Bild verbunden mit dem der Bank, für mich, nicht der Bank in der Nacht, sondern der Bank am Abend, so daß von der Bank sprechen, so wie sie mir am Abend zu sein schien, von ihr sprechen bedeutet, für mich. Das beweist nichts, aber ich will nichts beweisen. Was die Bank am Tage betrifft, so lohnt es sich nicht, darüber zu sprechen, ich war nie dort, ich verließ sie recht früh und kehrte erst am späten Nachmittag dorthin zurück. Ja, am Tage besorgte ich mir zu essen, und ich machte die Zufluchtsorte ausfindig. Sollten Sie mich fragen, und das möchten Sie sicherlich, was ich mit dem Geld gemacht hatte, das mir von meinem Vater vererbt worden war, so würde ich Ihnen sagen, daß ich nichts damit gemacht hatte, ich behielt es in meiner Tasche. Denn ich wußte, daß ich nicht immer jung bleiben würde und daß der Sommer nicht ewig dauert, und nicht einmal der Herbst, meine bürgerliche Seele sagte es mir. Schließlich sagte ich ihr, daß ich es satt hätte. Sie störte mich nachhaltig, selbst in ihrer Abwesenheit. Sie stört mich übrigens immer noch, aber nicht anders als das Übrige. Übrigens macht es mir jetzt nichts mehr aus, gestört zu werden, oder so wenig, was soll das bedeuten, gestört werden, ich muß es sogar, ich habe das System gewechselt, meine Spielweise, ich kenne den richtigen Trick, er ist der neunte oder zehnte, es ist ohnehin bald alles vorbei, die Störungen, die Klärungen, bald wird man nicht mehr darüber sprechen, weder über Lulu noch über andere, weder über den Dreck noch über den Himmel. Sie wollen also nicht mehr, daß ich komme? sagte sie. Es ist unglaublich, wie gern die Leute wiederholen, was man ihnen gerade gesagt hat, als drohte ihnen der Scheiterhaufen, wenn sie ihren Ohren trauten. Ich sagte ihr, sie sollte von Zeit zu Zeit wiederkommen. Ich kannte die Frauen schlecht, zu jener Zeit. Ich kenne sie übrigens immer noch schlecht. Die Männer auch. Die Tiere auch. Am wenigsten schlecht kenne ich meine Leiden. Ich denke ihrer jeden Tag, aller, es ist schnell geschehen, das Denken geht so schnell, aber sie kommen nicht alle vom Denken. Ja, es gibt Stunden, vor allem nachmittags, da ich mich für einen Synkretisten Reinholdscher Art halte. Welch ein Gleichgewicht. Meine Leiden kenne ich übrigens auch nur schlecht. Das muß daran liegen, daß ich nicht nur Leiden bin. Das ist der ganze Witz. Dann entziehe ich mich ihm und wundere mich über es, bewundere es, wie von einem fernen Planeten aus. Selten, aber das genügt. Gar nicht dumm, das Leben. Nur Leiden zu sein, wie das alles vereinfachen würde! All-Leid zu sein! Aber das liefe auf einen Wettbewerb hinaus, auf einen unlauteren. Ich werde sie euch trotzdem eines Tages nennen, wenn ich daran denke, und wenn ich es kann, meine seltsamen Leiden, in allen Einzelheiten, sie gut auseinanderhaltend, der Klarheit halber. Ich werde euch die des Verstandes nennen, die des Herzens oder die affektiven, die der Seele (entzückend, die der Seele), und dann die des Körpers, die inneren oder verborgenen zuerst, dann die an der Oberfläche, beginnend mit den Haaren und methodisch, ohne Hast, weiter von oben nach unten, bis zum Fuß, dem Ort der Hühneraugen, Krämpfe, Hornhäute, eingewachsenen Nägel, Frostbeulen, Mykosen und anderer Absonderlichkeiten. Und denjenigen, die freundlich genug sind, mir zuzuhören, werde ich bei der gleichen Gelegenheit gemäß einem System, dessen Erfinder ich vergessen habe, die Momente nennen, in denen man, ohne betäubt oder betrunken oder beschwingt zu sein, gar nichts fühlt. Daraufhin wollte sie natürlich wissen, was ich unter von Zeit zu Zeit verstand, solchen Fragen setzt man sich aus, wenn man den Mund aufmacht. Alle acht Tage? Alle zehn Tage? Ich sagte ihr, seltener, viel seltener, überhaupt nicht mehr zu kommen, falls es möglich wäre, und wenn es nicht möglich wäre, so selten wie möglich zu kommen. Übrigens, am nächsten Morgen gab ich die Bank auf, weniger ihretwegen, muß ich sagen, als wegen der Bank, deren Platz meinen immerhin bescheidenen Ansprüchen nicht mehr genügte, denn die erste Kälte war von Nacht zu Nacht empfindlicher zu spüren, und auch aus anderen Gründen, die vor Schlappschwänzen, wie Sie es sind, zu erwähnen, müßig wäre, und ich suchte in einem verlassenen

Kuhstall Zuflucht, den ich im Laufe meines Herumlaufens ausfindig gemacht hatte. Er befand sich im Winkel eines Feldes, dessen Oberfläche mehr Brennesseln als Gras und mehr Schlamm als Brennesseln aufwies, aber dessen Untergrund womöglich bemerkenswerte Eigenschaften besaß. In diesem Stall voller trockener und hohler Kuhfladen, die mit einem Seufzer in sich zusammensanken, wenn ich mit dem Finger hineinstach, mußte ich mich zum ersten Mal in meinem Leben und, wie ich gerne sagen würde, wenn ich nur ein wenig Morphium zur Hand hätte, zum letzten Mal gegen ein Gefühl wehren, das sich nach und nach in meinem eisigen Geist den scheußlichen Namen Liebe zulegte. Unser Land ist, wenn mein freilich von der Tatsache absieht, daß es, trotz der Unmöglichkeit, sich dort das primitivste Präservativ zu beschaffen, nur dünn bevölkert ist, darum so reizvoll, weil dort alles verwahrlost ist, außer den alten Exkrementen der Geschichte. Diese rafft man eifrig zusammen, man stopft sie aus und trägt sie in feierlichem Aufzuge herum. Wo immer die Zeit vor Ekel einen schönen Haufen Dreck gemacht hat, werdet ihr unsere Patrioten hocken und mit hochroten Gesichtern schnüffeln sehen. Es ist das Paradies der Obdachlosen. Das erklärt schließlich mein Glück. Alles lädt zur Bauchlage ein. Ich erkenne keinen Zusammenhang zwischen diesen Beobachtungen. Aber daß es einen gibt, und sogar mehrere, darüber besteht kein Zweifel, bei mir. Aber welche? Ja, ich liebte sie, denn so nannte ich, so nenne ich leider immer noch, was ich tat, zu jener Zeit. Ich hatte keine festen Vorstellungen davon, da ich vorher nie geliebt hatte, aber ich hatte natürlich darüber sprechen hören, zu Hause, in der Schule, im Bordell und in der Kirche, und ich hatte Romane gelesen, in Prosa und in Versen, unter der Leitung meines Hauslehrers, englische, französische, italienische und deutsche, in denen davon ausführlich die Rede war. Ich war folglich immer imstande, was ich tat, zu benennen, als ich mich plötzlich das Wort Lulu auf einen alten Färsenfladen schreiben sah, oder als ich beim Mondschein im Dreck liegend versuchte, die Brennesseln auszureißen, ohne ihre Stengel zu zerbrechen. Es waren Riesenbrennesseln, einige davon waren einen Meter hoch, ich riß sie aus, es verschaffte mir Erleichterung, und doch ist es nicht meine Art, Unkraut auszureißen, ganz im Gegenteil, ich überhäufte es noch und noch mit Mist, wenn ich welchen hatte. Die Blumen sind was anderes. Die Liebe macht einen grausam, das steht fest. Aber um welche Liebe handelte es sich eigentlich? Um leidenschaftliche Liebe? Ich glaube nicht. Denn die leidenschaftliche Liebe ist doch die Satyriasis, nicht wahr? Oder verwechsle ich sie mit einer anderen Spielart? Es gibt so viele davon, nicht wahr? Die einen sind noch schöner als die anderen, nicht wahr? Die platonische Liebe, zum Beispiel, das ist auch so eine, die mir gerade wieder einfällt. Sie ist uneigennützig. Vielleicht war meine Liebe zu ihr platonisch? Es fällt mir schwer, es zu glauben. Hätte ich ihren Namen in alte Kuhscheiße geschrieben, wenn meine Liebe zu ihr rein und uneigennützig gewesen wäre? Und dazu noch mit meinem Finger, den ich nachher ablutschte? Ach wo, ach wo. Ich dachte an Lulu, und wenn das nicht alles sagt, so sagt es genug, meiner Meinung nach. Ich habe übrigens die Nase voll von diesem Namen Lulu, und ich werde ihr sofort einen anderen geben, einen einsilbigen diesmal, zum Beispiel Anne, er ist nicht einsilbig, aber das macht nichts. Also dachte ich an Anne, ich, der gelernt hatte, an nichts zu denken, es sei denn an meine Leiden, sehr schnell, und dann an die Maßnahmen, die zu ergreifen sind, um nicht vor Hunger zu sterben, oder vor Kälte, oder vor Scham, aber niemals und unter keinerlei Vorwand an Lebewesen als solche (ich frage mich, was das bedeuten soll), was ich auch immer habe sagen mögen, oder womöglich sagen werde, diesbezüglich. Denn ich habe immer von Dingen gesprochen und ich werde immer von Dingen sprechen, die nie existiert haben, oder, wenn Sie wollen, die existiert haben und die vermutlich immer existieren werden, aber nicht so, wie ich es mir denke. Die Käppis, zum Beispiel, existieren ja doch, und es besteht wenig Hoffnung, daß sie je verschwinden, aber ich habe nie ein Käppi getragen. Ich habe irgendwo geschrieben, Sie gaben mir ... einen Hut. Und doch gaben »sie« mir nie einen Hut, ich habe meinen eigenen Hut immer behalten, denselben, den mein Vater mir gegeben hatte, und ich habe nie einen anderen Hut gehabt als eben diesen. Er ist mir übrigens in den Tod gefolgt. Also ich dachte an Anne, viel, viel, zwanzig Minuten, fünfundzwanzig Minuten, ja bis zu einer halben Stunde pro Tag. Ich erhalte diese Zahlen, indem ich andere, kleinere Zahlen zusammenzähle. Das mußte meine Art zu lieben sein. Ist daraus zu schließen, daß meine Liebe zu ihr jene intellektuelle Liebe war, die mir schon so viele Dummheiten abgenötigt hat, an einer anderen Stelle? Ich kann es nicht glauben. Denn wenn meine Liebe zu ihr von dieser Art gewesen wäre, hätte ich mich dann damit vergnügt, das Wort Anne in uralten Rinderkot zu kratzen? Und mit beiden Händen Brennesseln auszureißen? Und hätte ich unter meinem Schädel ihre Schenkel beben fühlen, wie zwei besessene Kopfpolster? Um dieser Lage ein Ende zu bereiten, um zu versuchen, ihr ein Ende zu bereiten, begab ich mich eines Abends an die Stelle, wo die Bank stand, um die gleiche Stunde, da sie einst zu mir zu stoßen pflegte. Sie war nicht da, und ich wartete vergebens auf sie. Es war schon Dezember, wenn nicht Januar, und die Kälte war jahreszeitgemäß, das heißt sehr gut, sehr richtig, einwandfrei, wie alles, was jahreszeitgemäß ist. Aber ich war kaum wieder im Stall, als ich auch schon Argumente zusammenstellte, die mir eine ausgezeichnete Nacht verhießen und sich auf die Tatsache gründeten, daß die amtliche Zeit ebensoviel Arten und Weisen, sich in die Luft, am Himmel und auch ins Herz einzuzeichnen hat, wie das Jahr Tage. Am nächsten Tage also begab ich mich früher zur Bank, viel früher, just zu Beginn des eigentlichen Dunkels der Nacht, aber gleichwohl zu spät, denn sie war schon da, auf der Bank, unter den vor Frost knarrenden Ästen, vor dem eiskalten Wasser. Ich habe Ihnen schon gesagt, daß sie eine übertrieben starrsinnige Frau war. Der Haufen war weiß vom Rauhreif. Ich empfand nichts. Was mochte sie im Sinne haben, mir so nachzustellen? Ohne mich hinzusetzen, fragte ich es sie, während ich trampelnd hin- und herging. Die Kälte hatte den Weg holperig gemacht. Sie antwortete mir, sie wisse es nicht. Was mochte sie wohl in mir sehen? Ich bat sie, es mir zu sagen, falls sie es könnte. Sie antwortete mir, sie könne es nicht. Sie schien warm angezogen zu sein. Sie hielt ihre Hände tief verborgen in einem Muff. Mir fällt wieder ein, daß ich beim Anblick dieses Muffs zu weinen begann. Und doch habe ich dessen Farbe vergessen. Es ging schlecht. Ich habe immer leicht geweint, ohne je den geringsten Nutzen daraus zu ziehen, bis vor kurzem. Wenn ich jetzt auf der Stelle weinen müßte, wäre ich nicht Manns genug, das kleinste Tröpfchen hervorzupressen, das glaube ich wahrhaftig. Es geht schlecht. Die Dinge brachten mich zum Weinen. Und doch hatte ich keinen Verdruß. Und wenn ich überrascht bemerkte, daß ich ohne triftigen Grund weinte, so hatte ich irgend etwas gesehen, unbewußt. So daß ich mich frage, ob es wirklich der Muff war, der mich zum Weinen brachte, an jenem Abend, und ob es nicht vielmehr der Pfad war, dessen Härte und Holperigkeit mich an die Pflastersteine erinnert hätten oder noch etwas anderes, irgend etwas anderes, das ich gesehen hätte, unbewußt. Ich sah sie sozusagen zum ersten Mal. Sie saß mit hängendem Kopf ganz gekrümmt und eingemummelt da. Der Muff mit den Händen lag in ihrem Schoß, die Beine waren aneinandergepreßt, die Absätze hochgehoben. Es war ohne Form, ohne Alter, fast ohne Leben, es konnte eine alte Frau oder ein kleines Mädchen sein. Und ihre Art zu antworten, Ich weiß nicht, Ich kann nicht. Ich allein wußte nicht und konnte nicht. Sind Sie meinetwegen gekommen? sagte ich. Ja, sagte sie. So, so, hier bin ich, sagte ich. War ich denn nicht ihretwegen gekommen? Hier bin ich, hier bin ich, sagte ich mir. Ich setzte mich neben sie, sprang aber sofort wieder auf, wie unter der Einwirkung eines heißen Eisens. Ich hatte Lust wegzugehen, um zu wissen, ob es vorbei sei. Aber sicherheitshalber bat ich sie vor dem Weggehen, mir ein Lied zu singen. Ich glaubte zuerst, sie würde es ablehnen, ich meine schlechtweg nicht singen, aber nein, nach einer Weile begann sie zu singen, und sie sang eine ganze Weile, immer das gleiche Lied, glaube ich, ohne ihre Haltung zu ändern. Ich kannte das Lied nicht, ich hatte es nie gehört und werde es nie mehr hören. Es fällt mir nur wieder ein, daß darin Zitronen vorkamen, oder Orangen, ich weiß nicht mehr welche Früchte, und für mich ist es eine Leistung, behalten zu haben, daß Zitronen oder Orangen darin vorkamen, denn von anderen Liedern, die ich in meinem Leben gehört habe, und ich habe wer weiß wie viele gehört, denn es ist praktisch unmöglich, sagen wir, zu leben, selbst so wie ich lebte, ohne singen zu hören, wenn man nicht taub ist, habe ich nicht das geringste behalten, kein Wort, keinen Ton, oder so wenige Wort, so wenige Töne, daß, daß was, daß nichts, dieser Satz hat lange genug gedauert. Dann zog ich mich zurück, und während ich mich zurückzog, hörte ich sie ein anderes Lied singen, oder vielleicht die Fortsetzung desselben, mit leiser Stimme, die um so leiser wurde, je weiter ich mich zurückzog, und die schließlich verstummte, sei es, daß sie zu singen aufgehört hatte, sei es, daß ich zu weit davon entfernt war, um sie hören zu können. Ich beließ es nicht gerne bei solcher Ungewißheit, zu jener Zeit, ich lebte natürlich in der Ungewißheit, von der Ungewißheit, aber diese kleinen Ungewißheiten physischer Art, wie man sagt, die wollte ich doch gerne sofort loswerden, sie konnten mich wie Viehfliegen peinigen, wochenlang. Ich ging also ein paar Schritte zurück und blieb stehen. Zuerst hörte ich nichts, dann hörte ich die Stimme, aber kaum, so leise drang sie zu mir. Ich hörte sie nicht, dann hörte ich sie, ich mußte demnach in einem bestimmten Zeitpunkt anfangen, sie zu hören, und doch war es nicht so, es gab keinen Anfang, dermaßen weich war sie aus der Stille erklungen und so sehr glich sie ihr. Als die Stimme endlich verstummte, ging ich noch ein paar Schritte auf sie zu, um sicher zu sein, daß sie verstummt war und nicht nur leiser geworden. Indem ich mir dann verzweifelnd sagte, Wie soll man es wissen, wenn man nicht neben ihr, über sie gebeugt ist, machte ich kehrt und ging weg, allen Ernstes, voller Ungewißheit. Aber einige Wochen später kehrte ich mehr tot als lebendig wieder zur Bank zurück, es war das vierte oder fünfte Mal, seitdem ich sie verlassen hatte, zur gleichen Stunde ungefähr, ich meine, ungefähr unter dem gleichen Himmel, nein, das stimmt auch nicht, denn es ist immer der gleiche Himmel, und es ist nie der gleiche Himmel, wie soll man dies ausdrücken, ich werde es nie ausdrücken, bitte sehr. Sie war nicht da. Aber auf einmal war sie da, ich weiß nicht wie, ich hatte sie weder kommen sehen noch kommen hören, und doch war ich auf der Lauer. Sagen wir, daß es regnete, das soll eine Abwechslung für uns sein, eine kleine. Sie spannte einen Regenschirm über sich auf, sie mußte eine tolle Garderobe haben. Ich fragte sie, ob sie jeden Abend käme. Nein, sagte sie, nur von Zeit zu Zeit. Die Bank war zu feucht, als daß man wagte, sich darauf zu setzen. Wir gingen hin und her, ich nahm ihren Arm, weil ich wissen wollte, ob es mir Spaß machte, aber es machte mir gar keinen Spaß, also ließ ich ihn los. Aber warum diese Einzelheiten? Um die Frist zu verlängern. Ich sah ihr Gesicht etwas besser. Ich fand es normal, ihr Gesicht, ein Gesicht, wie es Millionen haben. Sie schielte, aber das merkte ich erst später. Es schien weder jung noch alt zu sein, ihr Gesicht, es war wie in der Schwebe zwischen der Frische und dem Verwelken. Nur schlecht ertrug ich zu jener Zeit diese Art Zweideutigkeit. Ich gebe zu, daß ich gar nicht fähig war herauszufinden, ob ihr Gesicht schön war, ob es schön gewesen war oder ob es schön zu werden versprach. Ich habe auf Fotos Gesichter gesehen, die ich vielleicht schön hätte nennen können, wenn ich einige Grundbegriffe der Schönheit gekannt hätte. Und das Gesicht meines Vaters auf seinem Totenbett hatte mich die Möglichkeit einer Ästhetik des Menschlichen ahnen lassen. Aber die Gesichter der Lebenden, mit ihren unaufhörlichen Grimassen und ihrer blutgeröteten Haut, sind das Gegenstände? Ich bewunderte trotz der Dunkelheit und meiner Unruhe die Weise des regungslosen oder langsam dahinfließenden Wassers, wie verdurstend zu dem herabfallenden hinaufzustreben. Sie fragte mich, ob sie mir noch etwas vorsingen solle. Ich antwortete, das solle sie nicht tun, ich wolle vielmehr, daß sie mir etwas sage. Ich glaubte, sie würde mir sagen, daß sie mir nichts zu sagen hätte, das hätte gut zu ihrem Wesen gepaßt. Ich war darum angenehm überrascht, sie sagen zu hören, daß sie ein Zimmer hätte, sehr angenehm überrascht. Ich vermutete es übrigens. Wer hat nicht sein Zimmer? Ah, ich höre die Empörung. Ich habe zwei Zimmer, sagte sie. Wieviel Zimmer haben Sie genau? sagte ich. Sie antwortete, sie hätte zwei Zimmer und eine Küche. Die Zahl wuchs von einem Mal zum andern. Sie würde sich schließlich noch an ein Badezimmer erinnern. Sagten Sie zwei Zimmer? sagte ich. Ja, sagte sie. Nebeneinander liegende? sagte ich. Endlich ein ergiebiger Gesprächsstoff. Die Küche liegt dazwischen, sagte sie. Ich fragte sie, warum sie mir das nicht früher gesagt hätte. Zweifellos war ich außer mir, zu jener Zeit. Ich fühlte mich nicht wohl neben ihr, abgesehen davon, daß ich mich frei fühlte, an etwas anderes als an sie zu denken, und das war schon großartig, an die alten vertrauten Dinge, nacheinander, und so nach und nach an nichts, wie über Stufen, die zu einem tiefen Wasser hinabführen. Und ich wußte, daß ich bei einem Abschied von ihr diese Freiheit verlieren würde.

Es waren tatsächlich zwei Zimmer, die durch eine Küche voneinander getrennt waren, sie hatte mich nicht belogen. Sie sagte mir, daß ich meine Sachen hätte holen sollen. Ich erklärte ihr, daß ich keine Sachen hatte. Wir waren oben in einem alten Haus, und durch die Fenster konnte man die Berge sehen, jedenfalls wer es wollte. Sie zündete eine Petroleumlampe an. Haben Sie keinen Strom? sagte ich. Nein, sagte sie, aber ich habe fließendes Wasser und Gas. So, sagte ich, Sie haben Gas. Sie begann, sich auszuziehen. Wenn sie nicht mehr wissen, was sie tun sollen, ziehen sie sich aus, und das ist wahrscheinlich das Beste, was sie tun können. Sie legte alles ab, mit einer Langsamkeit, die einen Elefanten aufgereizt hätte, alles, außer den Strümpfen, die wahrscheinlich meine Erregung auf die Spitze treiben sollten. In dem Augenblick sah ich, daß sie schielte. Es war zum Glück nicht das erste

Mal, das ich eine nackte Frau sah, ich konnte also bleiben, ich wußte, daß sie nicht platzen würde. Ich sagte ihr, daß ich Lust hätte, das andere Zimmer zu sehen, denn ich hatte es noch nicht gesehen. Wenn ich es schon gesehen hätte, hätte ich ihr gesagt, daß ich Lust hätte, es wiederzusehen. Ziehen Sie sich nicht aus? sagte sie. Oh, wissen Sie, sagte ich, ich ziehe mich nicht oft aus. Es stimmte, ich bin nie jemand gewesen, der sich bei jeder Gelegenheit auszog. Ich zog oft meine Schuhe aus, wenn ich mich hinlegte, ich meine, wenn ich mich zusammenriß (zusammenriß!), um zu schlafen, und dann das Oberzeug, je nach der Temperatur. Sie war also, wenn sie nicht unhöflich erscheinen wollte, genötigt, sich mit einem Morgenrock zu bedecken und mich mit der Lampe in der Hand zu begleiten. Wir gingen durch die Küche. Wir hätten ebensogut über den Flur gehen können, wie mir später bewußt wurde, aber wir gingen durch die Küche, ich weiß nicht warum. Es war vielleicht der kürzere Weg. Ich betrachtete das Zimmer mit Grauen. Eine solche Möbeldichte geht über jede Vorstellungskraft. Ich muß dieses Zimmer also bestimmt irgendwo gesehen haben. Was ist das für ein Raum? rief ich. Das ist der Wohnraum, sagte sie. Der Wohnraum. Ich begann, die Möbel durch die Tür zum Flur hinauszubefördern. Sie schaute mir dabei zu. Sie war traurig, das nehme ich wenigstens an, denn ich weiß eigentlich nichts davon. Sie fragte mich, was ich machte, aber ohne mit einer Antwort zu rechnen, glaube ich. Ich beförderte eins nach dem anderen, ja sogar zwei auf einmal hinaus und stapelte sie auf dem Flug an der hinteren Wand. Es waren Hunderte, große und kleine. Sie reichten schließlich bis an die Tür, so daß man auf diesem Wege nicht mehr aus dem Zimmer und erst recht nicht ins Zimmer gehen konnte. Man konnte die Tür öffnen und schließen, daß sie nach innen aufging, aber die Schwelle war unüberschreitbar geworden. Ein recht großes Wort, unüberschreitbar. Nehmen Sie wenigstens Ihren Hut ab, sagte sie. Ich werde Ihnen ein andermal vielleicht etwas über meinen Hut erzählen. Im Zimmer blieben schließlich nur eine Art Sofa und ein paar Regale an der Wand. Das Sofa zerrte ich hinten ins Zimmer, in die Nähe der Tür, und die Regale machte ich am nächsten Tag ab und stellte sie auf den Flur, zu dem anderen. Beim Abmachen, welch sonderbare Erinnerung, hörte ich das Wort Fibrom oder Fibron, ich weiß nicht welches, ich habe es nie gewußt, ich wußte nicht, was es bedeutete, und ich bin nie wißbegierig genug gewesen, es herauszufinden. An was man sich nicht alles erinnert. Und was man nicht alles erwähnt! Als alles in Ordnung war, ließ ich mich auf das Sofa fallen. Sie hatte keinen Finger gerührt, um mir zu helfen. Ich bringe Ihnen Laken und Decken, sagte sie. Aber die Laken wollte ich überhaupt nicht. Wollen Sie nicht die Vorhänge schließen? sagte ich. Das Fenster war mit Eisblumen bedeckt. Es war nicht weiß, wegen der Nacht, aber es leuchete doch ein wenig. Wenn ich mich auch mit den Füßen zur Tür hingelegt hatte, mich störte diese schwache, kalte Helle nichtsdestoweniger. Auf einmal stand ich auf und stellte das Sofa um, das heißt, ich schob die breite Rückenlehne, mit der ich es zuerst an die Wand gestellt hatte, an die Außenseite. Die offene Seite, der Ladeplatz, war nun an der Wand. Dann kletterte ich hinein, wie ein Hund in seinen Korb. Ich lasse Ihnen die Lampe, sagte sie, aber ich bat sie, die Lampe mitzunehmen. Und wenn Sie etwas brauchen in der Nacht? sagte sie. Sie wollte mit einem Wortgeplänkel beginnen, ich spürte es. Wissen Sie, wo die Toilette ist? sagte sie. Sie hatte recht, ich hatte nicht mehr daran gedacht. Sich in seinem Bett erleichtern, ist mit einem prompten Vergnügen verbunden, aber nachher ist man in Verlegenheit. Geben Sie mir einen Nachttopf, sagte ich, eine vase de nuit. Die Wörter vase de nuit waren mir sehr lieb, nun ja, recht lieb, während recht langer Zeit, sie brachten mich auf Racine oder Baudelaire, ich weiß nicht mehr auf welchen, auf beide vielleicht, ja, ich bedaure, ich war belesen, und durch sie kam ich dahin, wo das Wort aufhört, das könnte von Dante sein. Aber sie hatte keinen Nachttopf. Ich habe eine Art Nachtstuhl, sagte sie. Ich sah Großmutter darauf sitzen, steif wie eine Bohnenstange und stolz, sie hatte ihn gerade erstanden, Verzeihung, erworben, bei einem Wohltätigkeitsfest, bei einer Tombola womöglich, er war eine Antiquität, sie benutzte ihn zum ersten Mal, vielmehr sie probierte ihn aus, sie hätte beinahe gewollt, daß man sie sähe. Nicht so schnell! Nicht so schnell! Geben Sie mir doch einen einfachen Behälter, sagte ich, ich habe keinen Durchfall. Sie kam mit einer Art Kasserolle wieder, es war keine echte Kasserolle, denn sie hatte keinen Stiel, sie war oval und hatte zwei Henkel und einen Deckel. Das ist der Schmortopf, äußerte sie. Ich brauche den Deckel nicht, sagte ich. Sie brauchen den Deckel nicht? sagte sie. Wenn ich gesagt hätte, daß ich den Deckel brauchte, hätte sie gesagt, Sie brauchen den Deckel? Ich steckte das Gerät unter die Decken, ich halte gerne etwas in der Hand, wenn ich schlafe, ich habe dann weniger Angst, mein Hut war noch ganz naß. Ich drehte mich zur Wand. Sie nahm die Lampe vom Kaminsims, auf den sie sie abgestellt hatte, ausführlicher, ausführlicher, über mir fuchtelte ihr Schatten, ich glaubte, sie würde mich verlassen, aber nein, sie kam, um sich über mich zu beugen, von über der Rückenlehne her. Das alles sind Familienstücke, sagte sie. An ihrer Stelle wäre ich verschwunden, auf Zehenspitzen. Aber sie rührte sich nicht. Die Hauptsache war, daß ich schon begann, sie nicht mehr zu lieben. Ja, ich fühlte mich schon besser, beinahe in Form für das langsame Hinab zu den langen Versenkungen, die mir seit so langer Zeit versagt gewesen waren, durch ihre Schuld. Und ich war gerade erst angekommen. Aber zuerst mal schlafen. Versuchen Sie jetzt, mich vor die Tür zu setzen, sagte ich. Mir schien damals, daß mir der Sinn dieser Worte und sogar ihr geringes Geräusch erst einige Sekunden, nachdem ich sie ausgesprochen hatte, bewußt wurden. Ich war so wenig gewohnt zu sprechen, daß mir von Zeit zu Zeit immer mal wieder Sätze durch den Mund hinausrutschten, die vom grammatischen Gesichtspunkt aus fehlerlos, jedoch aller ich sage nicht Bedeutung bar waren, denn bei näherer Betrachtung hatten sie eine, und zuweilen mehrere, aber jedes Grundes. Aber das Geräusch pflegte ich immer zu hören, so lange ich es machte. Es war wirklich das erste Mal, daß meine Stimme dermaßen langsam zu mir gelangte. Ich legte mich wieder auf den Rücken, um zu sehen, was geschah. Sie lächelte. Kurze Zeit darauf ging sie weg, mit der Lampe. Ich hörte, wie sie durch die Küche ging und die Tür ihres Zimmers hinter sich zumachte. Ich war endlich allein, endlich im Dunkeln. Ich werde mich nicht darüber verbreiten. Ich glaubte schon an eine gute Nacht für mich, dem sonderbaren Ort zum Trotz, aber nein, die Nacht war äußerst unruhig. Ich wurde am nächsten Morgen wie gerädert wach, meine Kleidungsstücke waren in Unordnung, die Decken ebenfalls, und Anne lag neben mir, natürlich nackt. Wie hatte sie sich verausgaben müssen! Ich hielt immer noch den Schmortopf in der Hand. Ich schaute hinein. Ich hatte ihn nicht benützt. Ich schaute mir mein Geschlecht an. Wenn es wenigstens hätte sprechen können. Ich werde mich nicht darüber verbreiten. Das war meine Liebesnacht.

Nach und nach lebte ich mich ein in diesem Haus. Sie brachte mir meine Mahlzeiten zu den Stunden, die ich ihr angegeben hatte, sie schaute von Zeit zu Zeit nach, ob es mir gut ging und ich nichts nötig hätte, sie leerte den Schmortopf einmal pro Tag, und sie putzte das Zimmer einmal pro Monat. Sie widerstand nicht immer der Versuchung, mit mir zu sprechen, aber im allgemeinen konnte ich mich nicht über sie beklagen. Ich hörte sie von Zeit zu Zeit in ihrem Zimmer singen, ihr Lied durchdrang die Tür ihres Zimmers, dann die Küche, dann die Tür meines Zimmers und gelangte so bis zu mir, leise, aber unüberhörbar. Es sei denn, daß sie durch den Flur kam. Es störte mich nicht übermäßig, von Zeit zu Zeit Singen zu hören. Eines Tages bat ich sie, mir eine Hyazinthe zu bringen, eine lebende in einem Topf. Sie brachte sie mir und stellte sie auf das Kaminsims. Es gab in meinem Zimmer nur noch das Kaminsims, auf das man etwas stellen konnte, es sei denn, man stellte es auf den Boden. Ich betrachtete sie alle Tage, meine Hyazinthe. Sie war rosa. Mir wäre eine blaue lieber gewesen. Anfangs gedieh sie gut, sie hatte sogar ein paar Blüten, dann gab sie auf, sie war nur noch ein schlaffer Stengel zwischen trauernden Blättern. Die Zwiebel, die sich halb aus der Erde hervorgewölbt hatte, als ob sie Sauerstoff suchte, roch schlecht. Anne wollte sie wegnehmen, aber ich sagte ihr, sie sollte sie stehenlassen. Sie wollte mir eine andere kaufen, aber ich sagte ihr, daß ich keine andre haben wollte. Was mich mehr störte, waren andere Geräusche, wiederholtes leises Gelächter und Gestöhn, das die Wohnung zu gewissen Stunden dumpf erfüllte, sowohl bei Tage als auch bei Nacht. Ich dachte nicht mehr an Anne, nein, gar nicht mehr, aber ich brauchte doch Ruhe, um mein Leben leben zu können. Ich mochte mir noch so oft beschwichtigend sagen, daß die Luft dazu da ist, um die Geräusche der Welt zu tragen, und daß Gelächter und Gestöhn sich da unausbleiblich in starkem Maße einmischen, ich nahm es mir nichtsdestoweniger zu Herzen. Es gelang mir nicht, auszumachen, ob es immer derselbe Kerl war oder ob es mehrere waren. Ein leises Gelächter und Gestöhn unterscheidet sich so wenig vom anderen. Mir graute damals so sehr vor solchen elenden Ratlosigkeiten, daß ich jedesmal auf den Leim kroch, ich meine, daß ich versuchte, mir Klarheit zu verschaffen. Ich habe lange Zeit, sozusagen das ganze Leben dazu gebraucht, um zu begreifen, daß die Farbe eines flüchtig erblickten Auges oder der Ursprung eines leisen, fernen Geräuschs Giudecca im Inferno der Unwissenheit näher sind als die Existenz Gottes oder die Entwicklungsgeschichte des Protoplasmas oder die Existenz des eigenen Selbst, und der Weisheit strenger befehlen, sich von ihnen abzuwenden. Es ist etwas viel, ein ganzes Leben, um zu dieser tröstlichen Schlußfolgerung zu gelangen, es bleibt einem kaum Zeit, es auszunutzen. Ich war also, da ich sie verhört hatte, schon ziemlich weit gekommen, als sie mir sagte, daß es sich um Kunden handelte, die sie der Reihe nach empfing. Ich hätte freilich aufstehen und zum Schlüsselloch gehen können, um hindurchzuschauen, vorausgesetzt, daß es nicht zugestopft gewesen wäre, aber was kann man schon sehen, durch solche Löcher? Sie leben also von der Prostitution? sagte ich. Wir leben von der Prostitution, antwortete sie. Könnten Sie sie nicht darum bitten, etwas weniger Lärm zu machen? sagte ich, so als glaubte ich, was sie mir gerade gesagt hatte. Ich fügte noch hinzu, Oder eine andere Art Lärm? Sie müssen japsen, sagte sie. Ich werde genötigt sein, wegzugehen, sagte ich. Sie suchte Wandbehänge in ihrer Familien-Rumpelkammer und hängte sie vor unseren Türen auf, vor meiner und vor ihrer. Ich fragte sie, ob es nicht möglich wäre, von Zeit zu Zeit eine Pastinake zu essen. Eine Pastinake? rief sie, als hätte ich den Wunsch geäußert, ein Judenbaby zu kosten. Ich machte sie darauf aufmerksam, daß die Pastinakenzeit sich ihrem Ende zuneigte und daß, wenn sie mir bis dahin nur Pastinaken zu essen geben könnte, ich ihr dankbar sein würde. Nur Pastinaken! rief sie. Die Pastinaken schmecken nach Veilchen, in meinem Munde. Ich mag die Pastinaken, weil sie nach Veilchen schmecken, und die Veilchen, weil sie nach Pastinaken duften. Wenn es keine Pastinaken auf der Erde gäbe, möchte ich keine Veilchen, und wenn keine Veilchen existierten, wären mir die Pastinaken ebenso gleichgültig wie die Rübchen oder die Radieschen. Und selbst im jetzigen Zustand ihrer Flora, ich meine in jener Pflanzenwelt, wo Pastinaken und Veilchen die Möglichkeit der Koexistenz finden, würde ich leicht, sehr leicht auf sie verzichten, sowohl auf die einen als auch auf die anderen. Eines Tages hatte sie die Stirn, mir anzukündigen, daß sie schwanger sei, und zwar seit vier oder fünf Monaten, durch mein Zutun. Sie zeigte sich im Profil und forderte mich auf, ihren Bauch zu betrachten. Sie zog sich sogar aus, wahrscheinlich um mir zu beweisen, daß sie kein Kissen unter ihrem Rock versteckte, und dann freilich auch aus reiner Freude am Sichausziehen. Es ist vielleicht nur eine Aufblähung, sagte ich, um sie zu trösten. Sie schaute mich mit ihren großen Augen, deren Farbe ich vergessen habe, an, vielmehr mit ihrem großen Auge, denn das andere war allem Anschein nach auf die Überbleibsel der Hyazinthe gerichtet. Je weniger sie anhatte, um so mehr schielte sie. Sehen Sie nur, sagte sie, sich über ihre Brüste neigend, die Warzenhöfe werden schon dunkler. Ich raffte meine letzten Kräfte zusammen und sagte ihr,

Abtreiben, abtreiben, dann werden sie nicht mehr dunkler. Sie hatte die Vorhänge geöffnet, um nichts von ihren verschiedenen Rundungen verlorengehen zu lassen. Ich sah die Berge, die regungslosen, höhlenreichen, verschwiegenen Berge, wo ich von morgens bis abends nichts anderes hören würde als den Wind, die Brachvögel und, aus der Ferne, das leise, silbrige Hämmern der Granithauer. Ich ginge tagsüber hinaus ins warme Heidekraut, ins würzige, wilde Gilbkraut, und des Nachts sähe ich die entrückten Lichter der Stadt, wenn ich wollte, und die anderen Lichter, die der Leuchttürme und der Leuchtschiffe, deren Namen mir mein Vater genannt hatte, als ich klein war, und deren Namen ich wiederfand, in meinem Gedächtnis, wenn ich wollte, das wußte ich. Von jenem Tage an ging alles schlecht in dem Haus, für mich, immer schlechter, nicht daß sie mich vernachlässigte, sie hätte mich nie genug vernachlässigen können, aber insofern, als sie alle Augenblicke kam, um mich mit *unserem* Kind zu piesacken, indem sie mir ihren Bauch und ihre Brüste zeigte und mir sagte, daß es jeden Moment geboren werden könne, sie fühle es schon springen. Wenn es springt, sagte ich, ist es nicht von mir. Ich hatte es nicht allzu schlecht gehabt in jenem Haus, das war sicher, es war freilich nicht ideal, aber ich unterschätzte die Vorteile nicht. Ich zögerte, aufzubrechen, die Blätter fielen schon, ich fürchtete mich vor dem Winter. Man soll sich nicht vor dem Winter fürchten, auch er hat seine guten Seiten, sein Schnee hält warm und dämpft das Getöse, und seine blassen Tage sind schnell vorbei. Aber ich wußte zu jener Zeit noch nicht, wieviel die Erde gern denjenigen zu gewähren vermag, die nur sie haben, und wie viele Stätten ein Lebender dort finden kann, wie viele Grabstätten. Umgebracht hat mich dann die Geburt. Ich wurde davon wach. Was es nicht alles durchmachen mußte, das Kind. Ich glaube, es war eine Frau bei ihr, ich meinte, von Zeit zu Zeit Schritte in der Küche zu hören. Es ekelte mich an, ein Haus zu verlassen, ohne daß man mich hinauswarf. Ich kroch leise über die Rückenlehne des Sofas, zog die Jacke und meinen Mantel an, setzte meinen Hut auf, ich vergaß nichts, knüpfte meine Schnürsenkel und öffnete die Tür zum Flur. Ein Haufen Gerümpel hinderte mich am Durchkommen, aber ich kam doch durch, indem ich holterdiepolter darüber hinwegkletterte. Ich habe von Heirat gesprochen, es war immerhin eine Art Zusammensein. Es wäre dumm von mir gewesen, mir Zwang anzutun, die Schreie waren lauter als jeder andere Krach. Es mußte ihr erstes sein. Sie verfolgten mich bis auf die Straße. Ich blieb vor der Haustür stehen und lauschte. Ich hörte sie immer noch. Wenn ich nicht gewußt hätte, daß man Schreie im Haus ausstieß, hätte ich sie vielleicht nur gehört. Aber da ich es wußte, hörte ich sie gut. Ich wußte nicht genau, wo ich war. Ich suchte zwischen den Sternen und Konstellationen die Wagen, aber ich konnte sie nicht finden. Sie mußten jedoch da sein. Mein Vater hatte sie mir zuerst gezeigt. Er hatte mir auch andere gezeigt, aber allein und ohne ihn habe ich nie etwas anderes finden können als die Wagen. Ich begann mit den Schreien zu spielen, beinahe so, wie ich mit dem Lied gespielt hatte, indem ich weiterging, stehenblieb, weiterging, stehenblieb, wenn man das spielen nennen kann. Solange ich voranschritt, hörte ich sie nicht, dank dem Geräusch meiner Schritte. Aber sobald ich stehengeblieben war, hörte ich sie wieder, jedesmal leiser zwar, aber was ändert das schon, ob ein Schrei leise ist oder laut? Wichtig ist, daß er aufhört. Jahrelang glaubte ich, daß sie aufhören würden. Nun glaube ich es nicht mehr. Ich hätte anderer Lieben bedurft, vielleicht. Aber Liebe gibt es nicht auf Verlangen.

Der Ausgestoßene

Die Freitreppe war nicht hoch. Ich hatte ihre Stufen tausendmal gezählt, sowohl beim Hinaufgehen als auch beim Hinuntergehen, aber die Zahl habe ich nicht mehr im Gedächtnis. Ich habe nie gewußt, ob man eins mit dem Fuß auf dem Bürgersteig sagen sollte und zwei mit dem folgenden Fuß auf der ersten Stufe und so weiter, oder ob der Bürgersteig nicht mitzählte. Auf der obersten Stufe angekommen, stand ich vor dem selben Dilemma. Umgekehrt, ich meine von oben nach unten, war es das gleiche, das Wort ist nicht zu stark. Ich wußte weder wo ich anfangen, noch wo ich aufhören sollte, sagen wir die Dinge, wie sie sind. Ich bekam also drei ganz verschiedene Zahlen heraus, ohne je zu wissen, welche die richtige war. Und wenn ich sage, daß ich die Zahl nicht mehr im Gedächtnis habe, meine ich, daß ich keine der drei Zahlen mehr im Gedächtnis habe. Es ist wahr, daß ich, wenn ich in meinem Gedächtnis, wo sie sich sicher befindet, eine einzige dieser Zahlen wiederfände, nur sie wiederfände, ohne von ihr auf die beiden anderen schließen zu können. Und selbst wenn ich zwei davon ausfindig machte, würde ich die dritte nicht wissen. Nein, ich müßte sie alle drei wiederfinden, im Gedächtnis, um sie alle drei kennen zu können. Sie bringen einen um, die Erinnerungen. Man soll also nicht an gewisse Dinge denken, an die Dinge, die einem am Herzen liegen, oder vielmehr, man soll doch daran denken, denn wenn man nicht daran denkt, riskiert man, sie nach und nach in seinem Gedächtnis wiederzufinden. Das heißt, man soll eine Weile daran denken, eine ganze Weile, jeden Tag und mehrmals am Tage, bis der Schlamm sie mit einer undurchdringlichen Schicht bedeckt. Keine Widerrede!

Schließlich tut die Zahl der Stufen nichts zur Sache. Behalten mußte man die Tatsache, daß die Freitreppe nicht hoch war, und das habe ich behalten. Auch für das Kind war sie nicht hoch, neben den anderen Freitreppen, die es kannte, weil es sie täglich sah, sie hinauf- und hinunterging, und auf ihren Stufen spielte, mit Klickern und anderen Spielsachen, deren Namen es sogar vergessen hat. Was mußte sie also für den fertigen Mann sein, den fix und fertigen Mann?

Der Sturz war demnach nicht so gefährlich. Beim Stürzen hörte ich die Tür knallen, was mir Trost verschaffte, sogar mitten im Sturz. Denn es bedeutete, daß man mich nicht bis auf die Straße verfolgte, mit einem Prügel, um mich zu verprügeln, vor den Augen der Passanten. Denn wenn es ihre Absicht gewesen wäre, hätten sie nicht die Tür zugemacht, sondern sie offengelassen, damit die in der Diele versammelten Personen die Zurechtweisung genießen und eine Lehre daraus hätten ziehen können. Sie hatten sich also für diesmal damit begnügt, mich lediglich hinauszuwerfen. Ich hatte, bevor ich in der Rinne zur Ruhe kam, Zeit, mit Erfolg diesen Schluß zu ziehen.

Unter diesen Umständen zwang mich nichts, sofort wieder aufzustehen. Ich stützte mich, welch sonderbare Erinnerung, auf den Bürgersteig, legte mein Ohr in die Höhlung meiner Hand und begann, über meine immerhin vertraute Lage nachzudenken. Aber das schwächere, jedoch unverkennbare Geräusch der von neuem zugeknallten Tür riß mich aus meiner Träumerei, wo sich schon eine bezaubernde, höchst traumhafte Landschaft mit Hagedorn und wilden Rosen arrangiert hatte, und ließ mich den Kopf aufrichten, wobei ich die Hände flach auf den Bürgersteig legte und die Knie durchdrückte. Aber es war nur mein Hut, der, sich um sich selbst drehend, durch die Lüfte auf mich zuschwebte. Ich erwischte ihn und setzte ihn auf. Sie waren sehr korrekt, gemäß den Geboten ihres Gottes. Sie hätten den Hut behalten können, aber er gehörte nicht ihnen, sondern mir, also gaben sie ihn mir zurück. Aber die Stimmung war verdorben.

Wie soll ich den Hut beschreiben? Und warum? Als mein Kopf seine, ich will nicht sagen definitiven, aber maximalen Dimensionen erreicht hatte, sagte mein Vater zu mir, Komm, mein Sohn, wir werden deinen Hut kaufen, als wenn er seit

Ewigkeiten präexistiert hätte, an einem prädeterminierten Ort. Er ging geradewegs auf den Hut zu. Ich hatte kein Einspruchsrecht, der Huthändler auch nicht. Ich habe mich oft gefragt, ob mein Vater nicht beabsichtigte, mich zu demütigen, ob er nicht eifersüchtig war auf mich, der jung und schön, sagen wir frisch aussah, während er schon alt, ganz aufgedunsen und purpurn war. Es war mir von jenem Tage an nicht mehr gestattet, barhäuptig auszugehen, mit meinem hübschen, kastanienbraunen Haar im Wind. Manchmal nahm ich ihn auf einer entlegenen Straße ab und hielt ihn in der Hand, aber zitternd. Ich mußte ihn morgens und abends bürsten. Die jungen Leute meines Alters, mit denen ich trotz allem genötigt war, von Zeit zu Zeit zu verkehren, machten sich über mich lustig. Aber ich sagte mir, Es liegt nicht so sehr am Hut, daran hängen sie ihre Einfälle nur auf, weil er ihnen als besonders lächerlich auffällt, denn es fehlt ihnen an Feingefühl. Ich habe mich immer über den Mangel an Feingefühl bei meinen Zeitgenossen gewundert, ich, dessen Seele sich vom Morgen bis zum Abend abquälte, nur um sich zu suchen. Aber sie waren vielleicht nur leutselig, so wie jene, die den Buckligen wegen seiner langen Nase verspotten. Beim Tode meines Vaters hätte ich mich dieses Hutes entledigen können, dem stand nichts mehr im Wege, es wurde jedoch nichts daraus. Wie soll ich ihn aber beschreiben? Ein andermal, ein andermal.

Ich stand wieder auf und setzte mich in Bewegung. Ich weiß nicht mehr, wie alt ich damals gewesen sein mag. Das, was mir gerade widerfahren war, konnte keinen Markstein in meiner Existenz bilden. Es war weder die Wiege noch das Grab von irgendwas. Es glich vielmehr soviel anderen Wiegen, soviel anderen Gräbern, daß ich mich darin verliere. Aber ich glaube nicht zu übertreiben, wenn ich sage, daß ich in den besten Jahren war, was man, glaube ich, auch im Vollbesitz seiner Fähigkeiten nennt. O ja, die besaß ich, die wenigstens. Ich überquerte die Straße und drehte mich nach dem Hause um, das mich gerade ausgestoßen hatte, ich, der sich nie umkehrte beim Weggehen. Wie schön es war! Es standen Geranien an den Fenstern. Ich habe mich den Geranien zugewandt, jahrelang. Sie sind durchtrieben, die Geranien, aber ich hatte schließlich mit ihnen machen können, was ich wollte. Die Tür des Hauses, ganz oben auf der kleinen Freitreppe, habe ich immer sehr bewundert. Wie soll ich sie beschreiben? Sie war massiv, grün gestrichen, und im Sommer wurde sie mit einer Art grün und weiß gestreifter Hülle überzogen, mit einem Loch, aus dem ein Mordstürklopfer aus geschmiedetem Eisen ragte, und mit einem Schlitz, der dem des Briefkastens entsprach, den ein mit einer Feder versehener Kupferdeckel gegen Staub, Insekten und Meisen schützte. Ja, das wär's. Sie wurde von zwei Pilastern in der gleichen Farbe flankiert, von denen der rechte die Klingel trug. Die Gardinen zeugten von dem sichersten Geschmack. Sogar der Rauch, der aus einem der Rohre des Kamins aufstieg, nämlich dem der Küche, schien sich melancholischer und blauer auszudehnen und in der Luft aufzulösen als der von den Nachbarn. Ich sah im dritten und letzten Stockwerk mein abscheulich offenes Fenster. Die gründliche Säuberung war in vollem Gange. In wenigen Stunden würde man das Fenster wieder schließen, man würde die Vorhänge zuziehen und die Desinfektion vornehmen. Ich kannte sie. Ich wäre gerne in diesem Hause gestorben. Ich sah, in einer Art Erscheinung, die Tür sich öffnen und meine Füße herauskommen.

Ich blickte unbefangen hin, denn ich wußte, daß sie mich nicht hinter den Gardinen belauerten, wie sie es hätten tun können, wenn sie gewollt hätten. Aber ich kannte sie. Sie waren alle in ihre Waben zurückgekehrt, und jeder ging seiner Arbeit nach.

Und dabei hatte ich ihnen nichts getan.

Ich kannte die Stadt schlecht, den Ort meiner Geburt und meiner ersten Schritte, ins Leben, und dann aller anderen, die meine Spur so schlecht verwischten. Ich ging so selten aus! Von Zeit zu Zeit begab ich mich ans Fenster, schob die Gardinen auseinander und blickte nach draußen. Ich kehrte jedoch

eiligst wieder zurück ins Innere des Zimmers, wo das Bett stand. Ich fühlte mich gar nicht wohl, mit all der Luft um mich herum, und verloren an der Schwelle unzähliger, verwirrender Perspektiven. Aber ich konnte noch handeln, in dieser Periode, wenn es sein mußte. Zuerst erhob ich jedoch die Augen zum Himmel, von dannen die sagenhafte Hilfe kommen wird, wo es keine Wege gibt, wo man frei herumlaufen kann, wie in einer Wüste, wo nichts den Blick hemmt, wohin man auch schauen mag, wenn nicht die Grenzen der Sicht. Aus diesem Grunde hebe ich die Augen, wenn alles schlecht geht, es ist zwar langweilig, aber daran kann ich nichts ändern, zum Himmel, der einen sogar bewölkt, sogar bleischwer oder von Regen verschleiert, von dem Wirrwarr und Blendwerk der Stadt, des Landes und der Erde ausruhen läßt. Als ich noch jünger war, glaubte ich, es sei gut, inmitten einer Ebene zu leben, ich ging in die Lüneburger Heide. Mit einer Ebene im Sinn ging ich in die Heide. Es gab andere Heiden, gar nicht so weit weg, aber eine Stimme sagte mir, die Lüneburger Heide ist das, was Sie brauchen, ich habe mich selten geduzt. Auf den Klang von *lune* mußte es auch wohl zurückzuführen sein. Nun ja, die Lüneburger Heide gefiel uns gar nicht, ganz und gar nicht. Ich kam enttäuscht und zugleich erleichtert wieder zurück. Ja, ich weiß nicht warum, ich bin nie enttäuscht gewesen, und ich war es oft in der ersten Zeit, ohne zugleich oder sofort danach eine unverkennbare Erleichterung zu spüren.
Ich machte mich auf den Weg. Welch ein Gang. Steifheit der unteren Gliedmaßen, als ob die Natur mir Knie vorenthalten hätte, außergewöhnliche beiderseitige Abweichung der Füße von der Kurslinie. Der Rumpf hatte dagegen, als würde es durch einen ausgleichenden Mechanismus bewirkt, die Weichheit eines schlampig mit Lumpen gefüllten Sacks und plumpste heftig, je nach den unvorhersehbaren Stößen des Beckens, hin und her. Ich habe oft versucht, diese Mängel zu beheben, die Brust vorzuwölben, die Knie zu beugen und einen Fuß richtig vor den anderen zu setzen, denn ich hatte mindestens fünf oder sechs, aber es endete immer in der glei-

chen Weise, ich meine, mit einer Gleichgewichtsstörung und folgendem Sturz. Man muß gehen, ohne an das, was man tut, zu denken, so wie man seufzt, und wenn ich ging, ohne an das, was ich tat, zu denken, dann ging ich so, wie ich gerade sagte, und wenn ich anfing, mich zu beobachten, machte ich ein paar passable Schritte, und dann stürzte ich. Ich faßte also den Entschluß, mich gehen zu lassen. Diese Gangart ist meiner Ansicht nach wenigstens zum Teil einem gewissen Hang zuzuschreiben, von dem ich mich niemals ganz zu befreien wußte, und der sich natürlich übel auf meine zarten, die Formung des Charakters beherrschenden Jugendjahre ausgewirkt hat, ich spreche von der Periode, die sich unabsehbar zwischen den ersten Gehversuchen hinter einem Stuhl und der dritten Klasse, dem Abschluß meiner Studien erstreckt. Ich hatte also die unangenehme Gewohnheit, nachdem ich meine Hose bepißt oder beschissen hatte, was mir ziemlich regelmäßig vormittags gegen zehn Uhr, zehn Uhr dreißig passierte, unbedingt weitermachen und meinen Tag beenden zu wollen, als ob nichts los wäre. Der bloße Gedanke, mich umzuziehen, oder mich meiner Mama anzuvertrauen, die nichts lieber getan hätte, als mir zu helfen, war mir unausstehlich, ich weiß nicht warum, und bis zum Schlafengehen schleppte ich mich mit dem Ergebnis meiner Zügellosigkeit herum, das brennend, verkrustet und stinkend zwischen meinen kleinen Oberschenkeln oder an meinen Arschbacken klebte. Daher die behutsamen, steifen und auseinanderstrebenden Bewegungen der Beine und das verzweifelte Hin und Her des Oberkörpers, das wahrscheinlich ausgleichen und glauben machen sollte, ich sei sorglos, ganz vergnügt und munter, und das meine Erklärungen hinsichtlich der Ungelenkigkeit unten, die ich auf das Konto ererbten Rheumas schob, wahrscheinlich machen sollte. Mein jugendlicher Eifer, sofern ich sowas überhaupt hatte, ging dabei drauf, ich wurde etwas vorzeitig mürrisch und mißtrauisch und sehnte mich nur nach dem Versteck und der waagerechten Lage. Armselige Jugendlösungen, die nichts besagen. Man braucht sich also keinen

Zwang anzutun. Räsonieren wir ohne Furcht, der Nebel wird sich schon halten.

Es war schönes Wetter. Ich ging auf der Straße voran, wobei ich mich möglichst nahe am Bürgersteig hielt. Der breiteste Bürgersteig ist für mich nie breit genug, wenn ich mich in Bewegung setze, und ich verabscheue es, Unbekannten lästig zu fallen. Ein Polizist hielt mich an und sagte, Die Straße den Fahrzeugen, der Bürgersteig den Fußgängern. Es klang nach Altem Testament. Ich stieg also auf den Bürgersteig, indem ich mich fast entschuldigte, und hielt mich dort in einem unbeschreiblichen Durcheinander gute zwanzig Schritte lang bis zu dem Moment, in dem ich mich auf den Boden werfen mußte, um nicht ein Kind zu zertreten. Es trug ein Pferdegeschirr für Kinder, es fällt mir wieder ein, mit Glöckchen, es mußte sich für ein Pony halten, oder für ein Percheron, warum nicht. Ich hätte es mit Freuden zertreten, ich verabscheue die Kinder, ich hätte ihm damit übrigens einen Dienst erwiesen, aber ich fürchtete die Repressalien. Alle sind Eltern, das ist es, was einem die Hoffnung nimmt. Man sollte in den verkehrsreichen Straßen Streifen für diese dreckigen, kleinen Wesen reservieren, für ihre Sportwagen, Laufreifen, Riesenlutscher, Rollschuhe, Rodelschlitten, Opas, Omas, Frolleins, Luftballons und Bälle, kurz für all ihr schmieriges bißchen Glück. Ich stürzte also, und mein Sturz zog den einer alten, mit Pailletten und Spitze bedeckten Dame nach sich, die an die hundert Kilo wiegen mußte. Ihr Gekreisch beschwor im Nu eine Menschenansammlung herauf. Ich hatte die Hoffnung, daß sie sich den Femur gebrochen hätte, die alten Damen brechen sich leicht den Femur, aber nicht leicht genug, nicht leicht genug. Ich nützte die Verwirrung aus, um stiften zu gehen, wobei ich unverständliche Flüche ausstieß, als wäre ich das Opfer gewesen, ich war es auch, aber ich hätte es nicht beweisen können. Die Kinder, die Babys werden nicht gelyncht, was sie auch anstellen mögen, sie sind im voraus freigesprochen. Ich für meinen Teil, ich würde sie herzlich gerne lynchen, ich sage nicht, daß ich handgreiflich werden würde, nein, ich bin nicht gewalttätig, aber ich würde die anderen anfeuern und ihnen eine Runde spendieren, wenn es erledigt wäre. Aber ich hatte meinen Zickzackkurs, bei dem ich nach den Seiten ausschlug, kaum wieder begonnen, als ich von einem zweiten Polizisten angehalten wurde, der dem ersten in allen Punkten und zwar dermaßen glich, daß ich mich fragte, ob es nicht derselbe sei. Er machte mich darauf aufmerksam, daß der Bürgersteig für alle da sei, als wenn es offensichtlich wäre, daß ich dieser Kategorie nicht zugeordnet werden könnte. Wünschen Sie etwa, sagte ich, ohne nur einen Augenblick an Heraklit zu denken, daß ich in die Rinne hinabsteige? Sie können hinabsteigen, wo Sie wollen, aber nehmen Sie nicht allen Platz in Anspruch. Wenn Sie zu schusselig sind, sich wie alle anderen voranzubewegen, sagte er, sollten Sie besser zu Hause bleiben. Es war ganz und gar meine Meinung. Und daß er mir ein Zuhause zutraute, konnte mir nur gefallen. In diesem Augenblick kam ein Leichenzug vorbei, wie das zuweilen vorkommt. Es hob ein großes Hutabnehmen an mit gleichzeitigem Flattern von tausend und aber tausend Fingern. Persönlich würde mir am Herzen liegen, wenn ich zu meinem Unglück genötigt wäre, mich zu bekreuzigen, es korrekt zu tun, Nasenwurzel, Nabel, linke Brust, rechte Brust. Aber sie mit ihren überstürzten, ungenau streifenden Bewegungen sahen wie auf eine Kugel gekreuzigt aus, ohne die mindeste Haltung, die Knie unterm Kinn und die Hände irgendwie. Die Allereifrigsten blieben stehen und gaben ein Gemurmel von sich. Was den Polizisten anbetraf, so erstarrte er mit geschlossenen Augen und der Hand an der Mütze. In den Kutschen des Leichenzuges konnte ich Leute erblicken, die in angeregter Unterhaltung waren, sie beschworen wohl Szenen aus dem Leben des Verstorbenen herauf, oder der Verstorbenen. Ich meine gehört zu haben, das Geschirr des Leichenwagens sei nicht dasselbe in beiden Fällen, aber ich habe nie erfahren können, worin der Unterschied besteht. Die Pferde furzten und schissen, als gingen sie zum Markt. Ich sah niemand auf den Knien.

Aber das geht schnell bei uns, die letzte Reise, man kann seine Schritte noch so sehr beschleunigen, die letzte, für das Personal reservierte Kutsche hängt einen ab, Ende der Pause, die Leute leben wieder auf, jetzt heißt es wieder aufpassen. So sehr, daß ich zum dritten Male, diesmal aus freien Stücken anhielt und eine Kutsche nahm. Die Kutschen, die ich gerade vollgeladen mit angeregt diskutierenden Leuten hatte vorbeifahren sehen, mußten einen großen Eindruck auf mich gemacht haben. Es ist ein großer, schwarzer Kasten, der auf seinen Federn hin- und herwippt, die Fenster sind klein, man kauert sich in eine Ecke, es riecht muffig. Ich spürte, wie mein Hut die Decke streifte. Wenig später beugte ich mich nach vorn und zog die Scheiben hoch. Dann nahm ich meinen Platz wieder ein, mit dem Rücken zur Fahrtrichtung. Ich war gerade im Begriff einzuschlummern, als eine Stimme mich aufschreckte, die des Kutschers. Er hatte den Schlag geöffnet, weil er wahrscheinlich verzweifelt versucht hatte, sich durch die Scheibe verständlich zu machen. Ich sah nur seinen Schnurrbart. Wohin ? sagte er. Er war eigens vom Bock heruntergestiegen, um mir das zu sagen, mir, der schon glaubte, weit weg zu sein ! Ich dachte nach und suchte in meinem Gedächtnis den Namen einer Straße oder eines Monuments. Ist Ihre Kutsche zu verkaufen ? sagte ich. Ich fügte hinzu, Ohne das Pferd. Was sollte ich mit einem Pferd anfangen ? Was sollte ich denn mit einer Kutsche anfangen ? Würde ich mich wenigstens darin ausstrecken können ? Wer würde mir zu essen bringen ? Zum Zoo, sagte ich. Hauptstädte ohne Zoo sind selten. Ich fügte hinzu, Fahren Sie nicht zu schnell. Er lachte. Die Idee, daß er zu schnell zum Zoo fahren könnte, amüsierte ihn wohl. Es sei denn, daß es die Aussicht darauf war, ohne Kutsche zu sein. Es sei denn, daß nur ich, meine Person es war, deren Anwesenheit in der Kutsche ihn so verwandeln mußte, daß er sich bei meinem Anblick, den Kopf im Dunkel des Wagendaches und die Knie an der Scheibe, vielleicht gefragt hatte, ob es wirklich seine Kutsche wäre, ob es wirklich eine Kutsche wäre. Er schaut schnell nach dem Pferd und überzeugt sich. Aber weiß man selbst überhaupt, warum man lacht? Sein Lachen war jedenfalls kurz, so daß es mich nicht zu betreffen schien. Er klappte den Schlag zu und stieg wieder auf den Bock. Kurze Zeit darauf legte das Pferd sich in die Siele.

Aber ja, ich hatte noch etwas Geld in jener Zeit. Die geringe Summe, die mein Vater mir hinterlassen hatte, als Geschenk, ohne Auflagen, bei seinem Tode, ich frage mich noch, ob man sie mir nicht gestohlen hat. Danach hatte ich keines mehr. Mein Leben ging nichtsdestoweniger weiter, sogar so, wie ich es mir gedacht hatte, bis auf einen gewissen Punkt. Der große Nachteil dieses Zustandes, den man als die absolute Unmöglichkeit zu kaufen bezeichnen könnte, ist, daß er einen zwingt, sich zu bewegen. Es kommt, zum Beispiel, wenn man ganz ohne Geld ist, selten vor, daß man sich Essen bringen lassen kann, von Zeit zu Zeit, in sein Versteck. Man ist also gezwungen, hinauszugehen und sich zu bewegen, mindestens einen Tag pro Woche. Man hat ja kaum eine Adresse unter diesen Umständen, zwangsläufig. Ich erfuhr infolgedessen mit einer gewissen Verspätung, daß man mich suchte, wegen einer mich betreffenden Angelegenheit. Ich weiß nicht, auf welchem Wege. Ich las keine Zeitungen und kann mich auch nicht mehr daran erinnern, mit irgend jemandem während dieser Jahre gesprochen zu haben, außer vielleicht drei- oder viermal, wegen eines Nahrungsproblems. Kurzum, ich muß auf die eine oder andere Weise Wind von der Sache bekommen haben, sonst hätte ich mich nie beim Notar Nidder vorgestellt, komisch, daß man gewisse Namen nicht vergessen kann, und er hätte mich nie empfangen. Er stellte meine Identität fest. Das dauerte eine Weile. Ich zeigte ihm meine Blechinitialen im Innern meines Hutes, sie bewiesen nichts, aber sie stützten die Wahrscheinlichkeit. Unterschreiben, sagte er. Er spielte mit einem runden Lineal, mit dem man einen Ochsen hätte erschlagen können. Nachzählen, sagte er. Eine vielleicht käufliche junge Frau wohnte diesem Gespräch bei, wahrscheinlich als Zeugin. Ich stopfte das Bündel in meine Tasche.

Das sollten Sie nicht tun, sagte er. Ich dachte darüber nach, daß er mich zum Nachzählen hätte auffordern können, bevor er mich unterschreiben ließ, das wäre korrekter gewesen. Wo kann ich Sie erreichen, sagte er, gegebenenfalls? Unten an der Treppe dachte ich an etwas. Kurz darauf stieg ich wieder hinauf, um ihn zu fragen, woher ich dieses Geld bekommen hätte, wobei ich hinzufügte, daß ich das Recht hätte, es zu erfahren. Er nannte mir einen Frauennamen, den ich vergessen habe. Vielleicht hatte sie mich in ihren Schoß gelegt, als ich noch in den Windeln steckte, und ich hatte vielleicht mit ihr geschmust. Das genügt manchmal. Ich betone in den Windeln, denn später wäre es zu spät gewesen, zum Schmusen. Dank diesem Geld hatte ich nun also noch ein wenig. Sehr wenig. Geteilt durch mein zukünftiges Leben existierte es gar nicht, es sei denn, daß meine Vermutungen ungebührlich pessimistisch wären. Ich klopfte an die Wagenwand, neben meinem Hut, genau gegen den Rücken des Kutschers, wenn ich recht kalkuliert hatte. Eine dichte Staubwolke erhob sich aus der Polsterung. Ich nahm einen Stein aus meiner Tasche und klopfte mit dem Stein, bis die Kutsche anhielt. Ich merkte, daß es zu keiner Verlangsamung kam, so wie sie sich bei den meisten Wagen einstellt, bevor sie stehenbleiben. Nein, wir hielten auf der Stelle an. Ich wartete. Die Kutsche zitterte. Der Kutscher auf seinem hohen Bock lauschte sicherlich. Ich sah das Pferd wie mit meinen fleischlichen Augen. Es war nicht in sich zusammengesunken wie gewöhnlich bei jedem kurzen Halt, es blieb aufmerksam, mit gespitzten Ohren. Ich blickte durchs Fenster, wir waren wieder in Fahrt. Ich schlug wieder gegen die Wand, bis die Kutsche wieder anhielt. Der Kutscher kletterte fluchend vom Bock. Ich schob die Scheibe herunter, damit er nicht auf den Gedanken käme, den Schlag zu öffnen. Schneller, schneller. Er war noch röter im Gesicht, sozusagen violett. Der Zorn oder der Fahrtwind. Ich sagte ihm, daß ich ihn für den ganzen Tag in Dienst nähme. Er antwortete, daß er um drei Uhr eine Beerdigung hätte. Ach, diese Toten. Ich sagte ihm, daß ich nicht mehr zum Zoo fahren wolle. Fahren wir nicht mehr zum Zoo, sagte ich. Er antwortete, daß es ihm einerlei sei, wo wir hinführen, unter der Bedingung, daß es nicht zu weit wäre, wegen seines Tieres. Und da redet man über die Genauigkeit der Spache der Primitiven. Ich fragte ihn, ob er ein Restaurant kenne. Ich fügte hinzu, Sie essen mit mir. Ich bin lieber mit einem Stammgast in solchen Lokalen. Es stand da ein langer Tisch, flankiert von zwei Bänken, die genauso lang waren. Über den Tisch erzählte er mir von seinem Leben, von seiner Frau, von seinem Tier, dann wieder von seinem Leben, von dem grausamen Leben, das er hatte, vor allem wegen seines Charakters. Er fragte mich, ob mir klar sei, was es bedeutet, immer draußen zu sein, bei Wind und Wetter. Ich erfuhr, daß es noch Kutscher gab, die den ganzen Tag schön im Warmen in ihren parkenden Kutschen verbrachten, wo sie darauf warteten, daß der Fahrgast sie wachrüttle. Das sei ehemals möglich gewesen, heute müsse man anders verfahren, wenn man zurechtkommen wolle, am Ende seiner Tage. Ich schilderte ihm meine Lage, was ich verloren hatte und was ich suchte. Wir taten beide unser Mögliches, um zu begreifen, um zu erklären. Er begriff, daß ich mein Zimmer verloren hatte, und daß ich ein anderes brauchte, aber alles übrige entging ihm. Er hatte sich in den Kopf gesetzt, aus dem es nichts mehr herausbringen könnte, daß ich auf der Suche nach einem möblierten Zimmer wäre. Aus seiner Tasche zog er eine Abendzeitung vom Vorabend oder vielleicht vom Abend davor, und er machte sich zur Aufgabe, die Anzeigen durchzusehen, von denen er fünf oder sechs mit einem winzigen Bleistift, demselben, der über den zukünftigen Siegerpferden zitterte, unterstrich. Er unterstrich wahrscheinlich solche, die er unterstrichen hätte, wenn er an meiner Stelle gewesen wäre, oder vielleicht solche, die auf dasselbe Viertel verwiesen, wegen seines Tieres. Ich hätte ihn nur in Verwirrung gebracht, wenn ich gesagt hätte, daß ich als Möbel in meinem Zimmer nur das Bett dulden würde, und daß alles andere, sogar der Nachttisch, herausgestellt werden müßte, bevor ich einwilligen würde, einen Fuß da hineinzusetzen. Gegen drei Uhr weckten wir das Pferd und machten uns wieder auf den Weg. Der Kutscher schlug mir vor, auf den Bock zu steigen, an seine Seite, aber seit geraumer Zeit sehnte ich mich schon nach dem Innern der Kutsche, und ich nahm meinen Platz darin wieder ein. Wir besuchten nacheinander, ich hoffe methodisch, die Adressen, die er unterstrichen hatte. Der kurze Wintertag neigte sich seinem Ende zu. Es scheint mir manchmal, dies wären die einzigen Tage, die ich erlebt habe, und vor allem der überaus entzückende Augenblick, der ihrem nächtlichen Verfall vorangeht. Die Adressen, die er unterstrichen oder vielmehr angekreuzt hatte, wie die einfachen Leute es tun, bezeichnete er mit einem diagonalen Strich, sofern sie sich als schlecht erwiesen. Er zeigte mir später die Zeitung und redete mir dabei zu, sie nicht aus der Hand zu legen, damit ich sicher sein könne, nicht von neuem da zu suchen, wo ich schon vergebens gesucht hätte. Trotz den geschlossenen Fenstern, der knirschenden Kutsche und den Geräuschen des Verkehrs hörte ich, wie er sang, ganz allein da oben auf seinem hohen Bock. Er hatte mich einer Beerdigung vorgezogen, das war eine Tat, die ewig dauern würde. Er sang, *Sie ist fern von dem Land, wo ihr junger Held schläft*, das sind die einzigen Worte, an die ich mich erinnere. Bei jedem Halt stieg er von seinem Bock herunter und half mir dann beim Aussteigen. Ich klingelte an der Tür, die er mir zeigte, und manchmal verschwand ich ins Innere des Hauses. Es kam mir ganz komisch vor, ich erinnere mich daran, von neuem ein Haus um mich herum zu fühlen, nach so langer Zeit. Er erwartete mich auf dem Bürgersteig und half mir beim Einsteigen in die Kutsche. Ich fing an, die Nase voll zu haben von diesem Kutscher. Er kletterte wieder auf seinen Bock, und wir fuhren weiter. Auf einmal geschah folgendes. Er hielt an. Ich schüttelte meine erstarrten Glieder und schickte mich an auszusteigen. Aber er kam nicht, um den Schlag zu öffnen und mir den Arm zu reichen, so daß ich genötigt war, ganz allein auszusteigen. Er zündete die Laternen an. Ich liebe die Petroleumlampen, obwohl sie neben den Kerzen, und von den Sternen abgese-

hen, die ersten Lichter sind, die ich erlebt habe. Ich fragte ihn, ob ich die zweite Laterne anzünden dürfte, da er die erste schon selbst angezündet hatte. Er gab mir seine Streichholzschachtel, ich öffnete das kleine, vorgewölbte, mit Scharnieren versehene Fensterchen, zündete an und schloß es sofort wieder, damit der Docht ruhig und hell, warm und windgeschützt in seinem kleinen Haus brannte. Diese Freude wurde mir zuteil. Wir sahen nichts im Licht dieser Laternen, außer den undeutlichen Umrissen des Pferdes, aber die anderen sahen sie von weitem, zwei langsam in der Luft schwebende, gelbe Scheiben. Wenn das Gespann die Richtung änderte, sah man ein Auge, rot oder grün, je nachdem, eine vorgewölbte, wie in einer Glasmalerei grell glänzende Raute.
Nach der Überprüfung der letzten Adresse schlug der Kutscher mir vor, mich in einem ihm bekannten Hotel vorzustellen, wo ich gut aufgehoben wäre. Das klingt echt, Kutscher, Hotel, das klingt wahrscheinlich. Von ihm empfohlen, würde es mir an nichts mangeln. Bequem in jeder Beziehung, sagte er, mit den Augen zwinkernd. Ich verlege diese Unterhaltung auf den Bürgersteig vor dem Haus, aus dem ich gerade gekommen war. Ich erinnere mich daran, unter der Laterne die hohle, etwas feuchte Flanke des Pferdes und auf der Klinke des Wagenschlags die Hand des Kutschers in einem wollenen Handschuh. Ich überragte mit meinem ganzen Kopf das Dach der Kutsche. Ich schlug ihm vor, zusammen ein Glas zu heben. Das Pferd hatte den ganzen Tag nichts gesoffen und nichts gefressen. Ich machte den Kutscher darauf aufmerksam, der mir antwortete, sein Pferd würde sich erst nach seiner Rückkehr in den Stall stärken. Wenn es das Geringste, und sei es auch nur ein Apfel oder ein Stück Zucker, während der Arbeit zu sich nähme, würde es Bauchweh und Koliken bekommen, die es am Weitergehen hindern und sogar töten könnten. Darum war er gezwungen, ihm mit einem Riemen das Maul festzubinden, sobald er es aus dem einen oder anderen Grund aus den Augen lassen mußte, damit es nicht unter der Gutmütigkeit der Passanten zu leiden hätte. Nach einigen

Gläsern bat der Kutscher mich, ihnen, ihm und seiner Frau, die Ehre zu erweisen, die Nacht bei ihnen zu verbringen. Es war nicht weit. Wenn ich jetzt, da mir der berühmte nötige Abstand zugute kommt, darüber nachdenke, glaube ich, daß er an jenem Tage nur um seine Wohnung herumgefahren ist. Sie wohnten über einem Schuppen, hinten in einem Hof. Sehr hübsche Lage, ich hätte mich damit begnügt. Nachdem er mich seiner Frau vorgestellt hatte, die einen außerordentlich dicken Hintern hatte, verließ er uns. Ihr war so allein mit mir nicht wohl zumute, das sah man. Ich verstand sie, ich geniere mich nicht in solchen Fällen. Es gibt keinen Grund, Schluß zu machen oder weiterzumachen. Also Schluß damit. Ich sagte, daß ich in den Schuppen hinuntergehen und mich schlafen legen würde. Der Kutscher protestierte. Ich bestand darauf. Er lenkte die Aufmerksamkeit seiner Frau auf eine Pustel, die ich oben auf dem Schädel hatte, denn ich hatte meinen Hut abgenommen, aus Schicklichkeit. Müßte er wegmachen lassen, sagte sie. Der Kutscher nannte mir einen Arzt, den er überaus schätzte, und der ihn von einer Verhärtung am Gesäß befreit hatte. Wenn er im Schuppen schlafen will, sagte die Frau, soll er im Schuppen schlafen. Der Kutscher nahm die Lampe vom Tisch und ging mir voran die Treppe hinunter, die zum Schuppen führte, es war vielmehr eine Leiter, seine Frau ließ er im Dunkeln. Er breitete in einer Ecke am Boden auf Stroh eine Pferdedecke aus und hinterließ mir eine Streichholzschachtel für den Fall, daß ich es nötig hätte, in der Nacht klar zu sehen. Ich erinnere mich nicht daran, was das Pferd während dieser Zeit getan hat. In der Dunkelheit ausgestreckt, hörte ich das Geräusch, das es beim Saufen machte, es ist ganz eigenartig, die plötzlichen Galoppaden der Ratten und über mir die gedämpften Stimmen des Kutschers und seiner Frau, die dabei waren, mich zu kritisieren. Ich hielt die Streichholzschachtel in der Hand, eine große schwedische Schachtel. Ich stand in der Nacht auf und machte ein Streichholz an. Seine kurze Flamme gestattete mir, die Kutsche ausfindig zu machen. Ich bekam und verlor dann wieder die Lust, den Schuppen in Brand zu stecken. Ich fand die Kutsche in der Finsternis, ich öffnete den Schlag, Ratten sprangen heraus, ich stieg hinein. Beim Platznehmen merkte ich sofort, daß die Kutsche nicht mehr waagrecht stand, zwangsläufig, da die Deichsel auf dem Boden lag. Es war besser so, es gestattete mir, mich richtig hinzuhauen, und die Füße, höher als den Kopf, auf die andere Bank zu legen. Mehrmals im Laufe der Nacht spürte ich das Pferd, das mich durchs Fenster anschaute, und den Atem aus seinen Nüstern. Ausgeschirrt mußte ihm meine Anwesenheit in der Kutsche sonderbar vorkommen. Mir war kalt, da ich vergessen hatte, die Decke mitzunehmen, aber noch nicht kalt genug, um sie holen zu können. Durch das Fenster der Kutsche sah ich das Schuppenfenster immer besser. Ich stieg aus der Kutsche. Es war nicht mehr so dunkel in dem Schuppen, ich konnte die Futterkrippe erkennen, die Heuleiter, das aufgehängte Zaumzeug, was noch, Eimer und Bürsten. Ich ging zur Tür, konnte sie aber nicht öffnen. Das Pferd schaute mir nach. Schlafen sie eigentlich nie, die Pferde? Mir schien, daß der Kutscher es hätte anbinden müssen, an der Futterkrippe zum Beispiel. Ich war also gezwungen, durch das Fenster auszusteigen. Es war nicht leicht. Aber was ist leicht? Ich steckte zuerst meinen Kopf hindurch, meine Hände lagen flach auf dem Boden des Hofes, als meine Hüften sich noch im Fensterrahmen eingezwängt drehten und wanden. Ich erinnere mich an die Grasbüschel, an denen ich mit beiden Händen zog, um mich herauszureißen. Ich hätte meinen Mantel ausziehen und durchs Fenster werfen sollen, aber daran hätte ich eher denken müssen. Als ich den Hof kaum verlassen hatte, dachte ich an etwas. Die Müdigkeit. Ich steckte einen Geldschein in die Streichholzschachtel, ich ging wieder in den Hof und legte die Schachtel auf die Fensterbank, über die ich soeben hinausgerutscht war. Das Pferd stand am Fenster. Nach ein paar Schritten auf der Straße kehrte ich jedoch wieder in den Hof zurück und nahm meinen Geldschein wieder an mich. Die Streichhölzer ließ ich liegen, sie gehörten mir nicht. Das Pferd stand immer noch am

Fenster. Ich hatte die Nase voll von diesem Pferd. Die Dämmerung hatte kaum begonnen. Ich wußte nicht, wo ich war. Ich ging blindlings gen Osten, um so bald wie möglich ins Helle zu kommen. Ich hätte einen Meeres- oder Wüstenhorizont gewünscht. Wenn ich draußen bin, morgens, gehe ich der Sonne entgegen, und abends, wenn ich draußen bin, folge ich ihr, bis in die Welt der Toten. Ich weiß nicht, warum ich diese Geschichte erzählt habe. Ich hätte ebensogut eine andere erzählen können. Ein andermal werde ich vielleicht eine andere erzählen können. Wie sehr sie sich gleichen, das werdet ihr sehen, ihr lebenden Seelen.

Das Beruhigungsmittel

Ich weiß nicht mehr, wann ich gestorben bin. Es schien mir immer, ich sei alt gestorben, um die neunzig Jahre, und was für Jahre, und daß mein Körper es bewies, von Kopf bis Fuß. Doch heute abend, allein in meinem eiskalten Bett, fühle ich, daß ich älter sein werde als an dem Tag, in der Nacht, da der Himmel mit all seinen Lichtern auf mich fiel, derselbe, den ich so genau betrachtet hatte, seit ich auf der fernen Erde irrte. Denn heute abend hab' ich zuviel Angst, mich verwesen zu hören, auf die mächtigen Blutstürze des Herzens und die Zukkungen des ausweglosen Caecums zu harren, und darauf, daß es in meinem Kopf mit den langwierigen Morden, dem Sturm auf die unerschütterlichen Pfeiler, der Liebe mit den Kadavern vorbei sei. Ich werde mir also eine Geschichte erzählen, ich werde also versuchen, mir noch eine Geschichte zu erzählen, um zu versuchen, mich zu beruhigen, und ich fühle, daß ich darin alt sein werde, alt, noch älter als an dem Tage, da ich fiel, um Hilfe rief, und als die Hilfe auch kam. Oder bin ich vielleicht in dieser Geschichte wieder zur Erde hinaufgestiegen, nach meinem Tode. Nein, das sieht mir nicht ähnlich, wieder zur Erde hinaufzusteigen, nach meinem Tode.
Warum soll ich gegangen sein, da ich bei niemandem war? Warf man mich hinaus? Nein, es war niemand da. Ich sehe eine Art Höhle, deren Boden mit Konservenbüchsen bedeckt ist. Es ist aber nicht auf dem Lande. Es sind vielleicht nur Ruinen, es sind vielleicht die Ruinen eines Lustschlößchens, am Rande der Stadt, auf einem Feld, denn die Felder reichten bis an unsere Stadtmauern, ihre Stadtmauern, und nachts legten die Kühe sich im Schutz der Basteien schlafen. Ich habe auf meiner Flucht so oft das Versteck gewechselt, daß ich schon Höhlen und Trümmerhaufen verwechsele. Aber es war noch immer dieselbe Stadt. Es ist wahr, daß man oft in einem Traum einhergeht, die Luft wird schwarz von Häusern und Fabriken, man sieht Trambahnen vorbeifahren, und unter den Fü-

ßen, die eben das Gras noch netzte, hat man plötzlich Pflastersteine. Ich kenne nur die Stadt meiner Kindheit, ich mußte die andere wohl mal gesehen haben, aber ohne daran glauben zu können. Alles, was ich sage, hebt sich auf, ich werde nichts gesagt haben. Hatte ich wenigstens Hunger? Lockte mich das Wetter? Es war bewölkt und frisch, ich will es so, aber nicht so sehr, daß es mich nach draußen zog. Ich konnte weder beim ersten Versuch aufstehen noch, sagen wir, beim zweiten, und als ich endlich aufrecht stand und an der Wand lehnte, fragte ich mich, ob ich so bleiben könnte, ich meine aufrecht, an die Wand gelehnt. Hinaus- und fortgehen, unmöglich. Ich rede darüber, als sei es gestern gewesen. Gestern ist ja noch nicht lange her, aber schon zu lange. Denn das, was ich heute abend erzähle, geht heute abend vor sich, in dieser Stunde, die gerade vergeht. Ich bin nicht mehr bei den Mördern in diesem grauenvollen Bett, sondern in meinem fernen Versteck, mit zusammengefalteten Händen, mit geneigtem Kopf, schwächlich, keuchend, ruhig, frei, und älter als ich je gewesen sein werde, wenn meine Berechnungen stimmen. Ich werde meine Geschichte nichtsdestoweniger in der Vergangenheit spielen lassen, als handelte es sich um einen Mythos oder um eine antike Fabel, denn ich brauche heute abend ein anderes Alter, damit das, in dem ich wurde, was ich gewesen bin, ein anderes Alter werde. Ach, ich werde euch schon Zeiten vorsetzen, ihr Ekel eurer Zeit.
Aber nach und nach gelangte ich hinaus und ging los, Schrittchen für Schrittchen, inmitten von Bäumen, nanu, Bäumen. Eine wilde Vegetation überwucherte die Pfade von ehemals. Ich lehnte mich an die Stämme, um wieder zu Atem zu kommen, oder ich ergriff einen Ast und zog mich voran. Von meinem letzten Pfad war keine Spur übriggeblieben. Es waren die sterbenden Eichen von d'Aubigné. Es war nur ein Wäldchen. Die Lichtung war nicht weit, ein weniger grünes und wie zerfetztes Licht sagte es mir, ganz leise. Ja, wo man sich auch aufhielt in diesem Wäldchen, und wäre es in der tiefsten Tiefe seiner kümmerlichen Geheimnisse gewesen, von allen Seiten sah

man dieses bleichere Licht schimmern, als Verheißung, ich weiß nicht welcher albernen Ewigkeit. Sterben ohne zu starke Schmerzen, gelinde, die lohnen sich, selber vor dem blinden Himmel die Augen schließen, die nicht in ihren Höhlen bleiben werden, dann schnell zu Aas verwesen, damit die Raben sich nicht vergreifen. Das ist der Vorteil des Todes durch Ertrinken, einer der Vorteile, die Krabben kommen nämlich nie zu früh. Das alles ist Sache der Organisation. Sonderbarerweise begann ich aber, als ich endlich aus dem Wald herausgekommen war, geistesabwesend den ihn umgebenden Graben überschritten hatte, über die Grausamkeit, die lächelnde, nachzudenken. Vor mir breitete sich ein fetter Weideplatz aus, vielleicht Luzerne, was soll's, der von abendlichem Tau oder frischem Regen troff. Jenseits dieser Wiese waren, das wußte ich, ein Weg, dann ein Feld, dann endlich die Stadtmauern als Abschluß der Perspektive. Sie sahen mit ihren zyklopischen Zinnen, die sich schwach von einem Himmel abhoben, der kaum heller war als sie, nicht wie Ruinen aus, von den meinen aus gesehen, aber sie waren es, das wußte ich. Das war das Bild, das sich mir nutzlos bot, denn ich kannte es und fand es abscheulich. Was ich sah, war ein kahlköpfiger Mann in kastanienbraunem Anzug, ein Humorist. Er erzählte eine lustige Geschichte, von einem Fiasko. Ich begriff nichts davon. Er sprach zur allgemeinen Erheiterung das Wort Schnecke aus, oder aber Nacktschnecke. Die Frauen schienen sich noch mehr zu amüsieren als ihre Kavaliere, wenn es möglich war. Ihr kreischendes Gelächter zerriß den Applaus und brach, kaum beruhigt, immer wieder mal hier, mal dort hervor, und zwar so schallend, daß es die Einleitung der folgenden Geschichte störte. Sie dachten dabei vielleicht an den akkreditierten Penis, der womöglich neben ihnen saß, und von diesem seligen Festland stießen sie ihre Freudenschreie in das komische Gewitter, wie talentvoll. Mir aber, mir muß heute abend etwas geschehen, meinem Körper, dem nie etwas geschehen ist, oder so wenig, der nie etwas getroffen, nichts geliebt, nichts gewollt hat in seinem mit Folie, mit schlechter

Folie belegten Universum, nichts gewollt, es sei denn, daß alle Spiegel, die flachen, hohlen, vergrößernden und verkleinernden Spiegel zersplitterten, und daß er bei der Zerschmetterung seiner Bilder verschwände. Ja, es muß heute abend so sein wie in der Geschichte, die mein Vater mir vorlas, Abend für Abend, als ich klein war, und er noch gesund, um mich zu beruhigen, Abend für Abend, jahrelang, wie mir heute abend scheint, und von der ich nicht viel behalten habe, außer daß es sich um Abenteuer eines gewissen Joe Breem handelte, oder Breen, Sohn eines Leuchtturmwärters, ein junger, sehniger Kerl von fünfzehn Jahren, so hieß es wörtlich, der nachts mit einem Messer zwischen den Zähnen meilenweit schwimmend einen Walfisch verfolgte, ich weiß nicht mehr warum, aus bloßem Heldenmut. Diese Geschichte hätte er mir ohne weiteres erzählen können, er kannte sie auswendig, ich auch, aber das hätte mich nicht beruhigt, er mußte sie mir vorlesen, Abend für Abend, oder so tun, als ob er sie mir vorläse, indem er die Seiten umblätterte und mir die Bilder erklärte, die schon ich waren, Abend für Abend dieselben Bilder, bis ich an seiner Schulter einschlummerte. Wenn er ein einziges Wort des Textes überschlagen hätte, so hätte ich ihn mit meiner kleinen Faust geboxt, in seinen dicken Bauch, der hervorquoll aus der Strickjacke und der aufgeknöpften Hose, die seine Erholung von der Bürokleidung waren. Mir stehen nun der Auszug, der Kampf und vielleicht die Wiederkehr bevor, diesem Greis, der ich heute abend bin, der älter ist, als mein Vater je gewesen, und älter, als ich je sein werde. Da bin ich schon in die Enge des Futurums getrieben. Ich ging über die Wiese, mit kurzen, steifen und zugleich weichen Schritten, den einzigen, die ich machen konnte. Von meinem letzten Pfad gab es keine Spur mehr, er lag weit zurück, mein letzter Pfad. Und die kurzen, geknickten Stengel richten sich schnell wieder auf, da sie Luft und Licht brauchen, und was die zerquetschten angeht, so werden sie schnell ersetzt. Ich betrat die Stadt durch das sogenannte Schäfertor, ohne jemanden gesehen zu haben, nur die ersten Fledermäuse, die wie fliegende Kruzifixe aussehen, ohne etwas gehört zu haben, außer meinen Schritten, meinem Herzen in meiner Brust und dann schließlich, als ich unter der Wölbung hindurchschritt, dem Heulen einer Eule, diesem so sanften und doch so wilden Schrei, der nachts, in meinem Wäldchen und in den anderen ringsherum, rufend und antwortend wie eine Sturmglocke bis in meine Hütte drang. Die Stadt frappierte mich durch ihr verlassenes Aussehen, je mehr ich mich in sie hineinwagte. Sie lag in hellem Licht, wie gewöhnlich, mehr als gewöhnlich, obwohl die Warenhäuser geschlossen waren. Aber ihre Schaufenster blieben beleuchtet, wahrscheinlich um den Kunden anzulocken und ihn sagen zu lassen, Nanu, das ist schön und nicht teuer, ich werde morgen wieder vorbeikommen, wenn ich noch lebe. Ich hätte mir beinahe gesagt, Nanu, es ist Sonntag. Die Trambahnen rollten, die Autobusse auch, aber nicht so zahlreich, ganz langsam, leer und geräuschlos wie unter Wasser. Ich sah kein einziges Pferd! Ich trug meinen großen grünen Mantel mit Samtkragen, eine Art Autofahrermantel von 1900, den meines Vaters, er hatte jedoch an jenem Tag keine Ärmel mehr, er war nur noch ein weiter Umhang. Aber es lastete immer noch, tot und wärmelos, dasselbe schwere Gewicht auf mir, und die Schöße fegten den Boden, harkten ihn vielmehr, so steif waren sie geworden, so zusammengesunken war ich. Was würde mir, was könnte mir in dieser leeren Stadt geschehen? Ich fühlte jedoch, daß die Häuser zum Bersten mit Leuten gefüllt waren, die, hinter den Vorhängen hockend, in die Straßen blickten, oder, hinten im Zimmer sitzend, sich mit dem Kopf in den Händen dem Traum überließen. Da oben, auf dem Dach, mein Hut, stets derselbe, ich reichte nicht weiter. Ich durchquerte die Stadt von einem Ende zum anderen und gelangte ans Meer, nachdem ich dem Fluß bis zu seiner Mündung gefolgt war. Ich sagte, Ich werde heimkehren, ohne zu fest daran zu glauben. Die im Hafen ankernden Schiffe, die von Trossen an der Mole gehalten wurden, schienen mir nicht weniger zahlreich zu sein als zu normalen Zeiten, als ob ich etwas von normalen Zeiten wüßte. Aber die Kais waren verlassen, und nichts verriet eine baldige Schiffsbewegung, weder eine Ausfahrt noch eine Ankunft. Aber alles konnte sich von einem Augenblick zum anderen ändern, sich vor meinen Augen im Handumdrehen verwandeln. Und es würde das große Durcheinander der See, ihrer Leute und Dinge geben, das kaum merkbare Schwanken des Mastwerks der großen Schiffe und das tänzelnde der kleinen, ich will es so, und ich würde den schrecklichen Schrei der Möwen und vielleicht auch den der Matrosen hören, diesen blinden Schrei, von dem man nicht genau weiß, ob er traurig oder fröhlich ist, und der Entsetzen und Wut enthält, denn sie gehören nicht nur dem Meer, die Matrosen, sondern auch der Erde. Und ich könnte mich vielleicht unbemerkt an Bord eines bald auslaufenden Frachters schleichen und weit weg fahren und in der Weite einige gute Monate verbringen, vielleicht sogar ein Jahr oder zwei, in der Sonne, in Frieden, vor dem Sterben. Selbst ohne so weit zu gehen, wäre es doch des Teufels, wenn es mir nicht gelänge, in dieser wimmelnden und abgestumpften Menge eine kleine Begegnung herbeizuführen, die mich ein wenig beruhigen würde, oder ein paar Worte zu wechseln, mit einem Schiffer zum Beispiel, Worte, die ich mitnehmen würde, in meine Hütte, um sie meiner Sammlung einzuverleiben. Ich wartete also, auf einer Art Schiffswinde ohne Spakenkranz sitzend, und sagte mir, Alles, sogar die Schiffswinden sind heute abend außerstande, zu etwas zu dienen. Und ich suchte die See jenseits der Wellenbrecher ab, ohne auch nur ein winziges Ruderboot zu sehen. Es war schon dunkel, oder beinahe, ich sah Lichter, dicht überm Wasserspiegel. Die hübschen Leuchtfeuer an der Hafeneinfahrt sah ich auch und in der Weite noch andere, die auf den Ufern, den Inseln und Landzungen blinkten. Da ich aber sah, daß es zu keinerlei Belebung kam, schickte ich mich an, fortzugehen, mich traurig abzuwenden von diesem toten Hafen, denn es gibt Szenen, die einen zu seltsamen Abschieden zwingen. Ich brauchte nur den Kopf sinken zu lassen und den Boden unter meinen Füßen, vor meinen Füßen anzuschauen, denn in dieser Haltung schöpfte ich stets die Kraft zum, wie sagt man, ich weiß nicht, und von der Erde ward mir, mehr noch als vom Himmel, der doch höher im Kurs steht, in schwierigen Augenblicken Hilfe zuteil. Und da, auf der Steinplatte, die ich nicht anstarrte, denn warum sollte ich sie anstarren, sah ich den Hafen in der Weite, wo die schwarzen Wogen am wildesten tobten, und rund um mich herum Sturm und Schiffbruch. Ich werde nie mehr hierher zurückkehren, sagte ich. Als ich mich aber wieder aufgerichtet hatte, wobei ich mich mit beiden Händen auf den Rand der Schiffswinde stützte, sah ich einen jungen Burschen vor mir, der eine Ziege an den Hörnern hielt. Ich setzte mich wieder hin. Er schwieg, wobei er mich augenscheinlich ohne Furcht und ohne Ekel anschaute. Es war wohl düster. Daß er schwieg, kam mir natürlich vor, ich, der Ältere, hatte zuerst zu sprechen. Er war barfuß und in Lumpen. Mit dem Ort vertraut, war er von seinem Wege abgewichen, um nachzusehen, was diese dunkle, verlassene Masse auf dem Rand des Beckens wäre. So machte ich es mir klar. Es war unmöglich, daß er jetzt, ganz in meiner Nähe, mit dem scharfen Blick eines Gassenjungen nicht begriffen hätte. Er blieb jedoch. Ist dies wirklich von mir, diese Gemeinheit? Gerührt, denn schließlich mußte ich gewissermaßen deswegen ausgegangen sein, und indem ich mir nur einen geringen Nutzen von dem versprach, was sich daraus ergeben könnte, entschied ich mich dafür, ihn anzusprechen. Ich legte also meinen Satz zurecht und öffnete den Mund in der Annahme, ihn zu hören, aber ich hörte nur eine Art Röcheln, das sogar für mich, der ich meine Absichten kannte, unverständlich war. Aber es war nichts, nichts als die durch langes Schweigen entstandene Aphonie, wie in dem Wäldchen, wo sich die Hölle auftut, erinnern Sie sich daran, ich kaum. Er setzte sich, ohne die Ziege loszulassen, dicht vor mir hin und bot mir einen Bonbon an, in einer Papiertüte, wie man sie für einen Penny bekommen konnte. Es waren mindestens achtzig Jahre vergangen, während der man mir keinen Bonbon angeboten hatte, aber ich griff gierig danach und steckte ihn in den Mund, ich entdeckte die alte Geste wieder, wobei ich mehr und mehr gerührt war, denn ich wollte es so. Die Bonbons klebten aneinander, und ich hatte mit meinen zitternden Händen Mühe, den ersten besten, einen grünen, von den anderen zu trennen, aber er half mir dabei, und seine Hand streifte die meine. Danke, sagte ich. Und da er sich einige Augenblicke später entfernte, wobei er die Ziege nach sich zog, gab ich ihm mit einer großen Bewegung des ganzen Körpers ein Zeichen, zu bleiben, und ich sagte in einem hastigen Gemurmel, Wohin gehst du denn, mein kleines Männchen, mit deinem Zicklein? Ich hatte diesen Satz kaum ausgesprochen, als ich vor Scham mein Gesicht bedeckte. Es war jedoch derselbe, den ich kurz vorher hatte aussprechen wollen. Wohin gehst du, mein kleines Männchen, mit deinem Zicklein! Wenn ich hätte erröten können, hätte ich es getan, aber mein Blut drang nicht mehr bis in die Extremitäten. Wenn ich einen Penny in der Tasche gehabt hätte, hätte ich ihn ihm gegeben, damit mir verziehen würde, aber ich hatte weder einen Penny in der Tasche noch irgend etwas Ähnliches, irgend etwas, das einen kleinen Unglücklichen an der Schwelle des Lebens erfreuen könnte. Ich glaube, daß ich an diesem Tage, an dem ich sozusagen ohne Vorbedacht ausgegangen war, nur meinen Stein bei mir hatte. Von seiner kleinen Person stand geschrieben, daß ich nur das krause, dunkle Haar und die hübsche Schwellung der langen, dreckigen, sehnigen Beine sehen würde. Auch die frische, flinke Hand würde ich nicht so bald vergessen. Ich suchte nach einem anderen Satz, um ihn ihm zu sagen. Ich fand ihn zu spät, er war schon weit, oh, nicht weit, aber weit. Außerhalb meines Lebens auch, ging er ruhig von dannen, nie mehr würde auch nur einer seiner Gedanken für mich sein, es sei denn, vielleicht, wenn er alt wäre und wenn er, seine frühe Jugend erforschend, diese fröhliche Nacht wiederfinden und wieder die Ziege an den Hörnern halten und wieder eine Weile vor mir stehenbleiben würde, dann womöglich mit einem Gran Zärtlichkeit, ja sogar Eifersucht, aber damit rechne ich nicht. Arme, teure Tiere, ihr werdet mir geholfen haben. Was ist dein Papa von Beruf? Das hätte ich ihm gesagt, wenn er mir die Zeit dazu gelassen hätte. Ich folgte mit dem Blick den knochigen, gespreizten hinteren X-Beinen der Ziege, die von brüskem Bocken geschüttelt wurden. Bald waren sie nur noch eine kleine, verschwommene Masse, die ich unvoreingenommen für einen jungen Zentaur hätte halten können. Ich hätte die Ziege beinahe köteln lassen, dann eine Handvoll von den kleinen, so schnell kalten, harten Kügelchen aufgehoben, daran geschnuppert und sie sogar probiert, ach was, das würde mir heute abend nicht helfen. Ich sage heute abend, als ob es immer derselbe Abend wäre, aber gibt es zwei Abende? Ich ging los mit der Absicht, schleunigst heimzukehren, denn ich kehrte nicht ganz unverrichteter Dinge heim, indem ich wiederholte, Ich werde nie mehr hierher zurückkehren. Meine Beine taten mir weh, gerne wäre jeder Schritt der letzte gewesen. Aber die schnellen, wie verstohlen auf die Schaufenster geworfenen Blicke ließen mich einen großen Zylinder wahrnehmen, der in höchster Eile dahinbrauste und über den Asphalt zu gleiten schien. Ich mußte tatsächlich schnell vorankommen, denn ich holte mehr als einen Fußgänger ein, sieh da, die ersten Menschen, ohne mich anzustrengen, mich, den die Parkinsonschen gewöhnlich abhängten, und mir war dabei, als hielten die Schritte hinter mir an. Und doch wäre jeder meiner kurzen Schritte gerne der letzte gewesen. So gerne, daß ich beim Erreichen eines Platzes, den ich beim Kommen nicht bemerkt hatte und in dessen Hintergrund eine Kathedrale emporragte, beschloß, da hineinzugehen, wenn sie offen wäre, und mich dort zu verstecken, wie im Mittelalter, eine Zeitlang. Ich sage Kathedrale, aber davon weiß ich nichts. Es würde mir aber leid tun, wenn ich mich in dieser Geschichte, die die letzte sein will, in eine simple Kirche geflüchtet hätte. Mir fiel der sächsische Stützenwechsel auf, der zauberhaft wirkte, mich aber nicht bezauberte. Das a giorno beleuchtete Schiff schien verlassen zu sein. Ich machte mehrmals die Runde, ohne eine Menschenseele zu sehen. Man versteckte sich vielleicht unterm Chorgestühl, oder indem man wie Baumspechte um die

Säulen kreiste. Plötzlich fingen ganz in meiner Nähe, und ohne daß ich die langen, knirschenden Vorbereitungen gehört hätte, die Orgeln an zu blöken. Ich erhob mich flink von dem Läufer, auf dem ich mich vor dem Altar ausgestreckt hatte, und rannte zum anderen Ende des Schiffs, als wollte ich hinaus, aber es war nicht das Schiff, es war nur ein Nebenschiff, und die Tür, die mich verschluckte, war nicht die richtige. Denn anstatt der Nacht ausgeliefert zu sein, befand ich mich am Fuße einer Wendeltreppe, die ich unter Aufbietung aller meiner Kräfte zu erklimmen begann, ungeachtet meines Herzens, wie einer, dem ein mörderischer Irrer auf den Fersen ist. Der ich weiß nicht wie, vielleicht durch Luftlöcher, schwach beleuchteten Treppe folgte ich keuchend bis zu der vorspringenden Plattform, auf der sie endete, und die, nach der Leere zu mit einer zynischen Brüstung versehen, wie ein Gang um eine glatte, runde Mauer herumführte, die mit einer kleinen Kuppel gekrönt war, aus Blei oder grün gewordenem Kupfer, uff, wenn das nur klar ist. Man stieg sicherlich dort hinauf, um die Aussicht zu genießen. Die von dieser Höhe hinunterfallen, sind tot, bevor sie unten ankommen, das weiß man. Indem ich mich an die Mauer preßte, unternahm ich einen Rundgang im Uhrzeigersinn. Aber kaum hatte ich ein paar Schritte getan, als ich auf einen Mann traf, der in der anderen Richtung herumging, äußerst umsichtig. Wie wünschte ich, ihn hinunterzustürzen, oder daß er mich hinunterstürzte. Er starrte mich eine Weile mit verstörten Augen an und kehrte mir dann, da er nicht wagte, vor mir an der Seite der Brüstung vorbeizugehen und mit Recht voraussah, daß ich mich nicht ihm zuliebe von der Mauer trennen würde, plötzlich den Rücken, vielmehr den Hinterkopf zu, denn der Rücken blieb an die Wand geschmiegt, und zog wieder in die Richtung, aus der er gekommen war, was ihn in kurzer Zeit zu einer linken Hand reduzierte. Diese zögerte einen Moment, bis sie gleitend verschwand. Es blieb mir nur das Bild zweier hervorquellender, entzündeter Augen unter einer karierten Mütze. Was ist das für eine höllische Dingwelt, in die ich mich verirrt habe?

Mein Hut flog weg, kam aber nicht weit dank der Kordel. Ich drehte den Kopf zur Treppe und lauschte. Nichts. Dann tauchte ein kleines Mädchen auf, hinter ihm ein Mann, der es an der Hand hielt, beide an die Mauer gepreßt. Er schob es auf die Treppe, ging selber hinunter, drehte sich um und streckte mir ein Gesicht zu, vor dem ich zurückschreckte. Ich sah nur sein bloßes Haupt, über der letzten Stufe. Später, als sie weg waren, rief ich. Ich machte schnell eine Runde auf der Plattform. Niemand. Ich sah am Horizont, da, wo Gebirge, Meer und Ebene den Himmel berühren, einige niedrige Sterne, nicht zu verwechseln mit den Lichtern, die von Menschen angezündet werden, nachts, oder die sich von selber entzünden. Genug. Von neuem auf der Straße, suchte ich meinen Weg, am Himmel, dessen Wagen mir wohlbekannt waren. Wenn ich jemand gesehen hätte, hätte ich ihn angerempelt, der grausigste Anblick hätte mich nicht davon abgehalten. Ich hätte ihm mit der Hand am Hut gesagt, Verzeihung, mein Herr, Verzeihung, das Schäfertor, ich bitte Sie. Ich glaubte, nicht mehr vorankommen zu können, aber kaum hatte der Impuls die Beine erreicht, so kam ich voran, Gott ja, sogar ziemlich schnell. Ich kehrte nicht ganz unverrichteter Dinge heim, ich brachte quasi die Gewißheit mit, noch in dieser, irgendwie auch in jener Welt zu sein, aber ich zahlte auch dafür. Ich hätte die Nacht besser in der Kathedrale verbracht, auf dem Läufer vorm Altar, ich hätte mich in der Frühe wieder auf den Weg gemacht, oder man hätte mich ausgestreckt gefunden, stocksteif, tot im echten leiblichen Tode, unter den blauen Augen, aus denen soviel Hoffnung quillt, und man hätte in den Abendzeitungen von mir gesprochen. Aber, sieh da, ich ging eine breite, etwas vertraut anmutende Straße hinunter, auf die ich jedoch zu Lebzeiten bestimmt nie einen Fuß gesetzt hatte. Aber da ich das Gefälle bald bemerkte, machte ich kehrt und brach wieder in die andere Richtung auf, denn ich fürchtete, hinabgehend wieder zum Meer zurückzukehren, von dem ich gesagt hatte, daß ich nicht mehr dahin zurückkehren würde. Ich machte kehrt, aber in Wirklichkeit hatte ich einen weiten

Bogen beschrieben, ohne Geschwindigkeit einzubüßen, denn ich fürchtete, wenn ich anhielte, nicht mehr aufbrechen zu können, ja, das fürchtete ich auch. Und auch an diesem Abend wage ich nicht mehr anzuhalten. Der Kontrast zwischen dem hellen Licht der Straßen und ihrem verlassenen Anblick frappierte mich mehr und mehr. Nicht daß ich dadurch geängstigt worden wäre, aber ich sage es nichtsdestoweniger in der Hoffnung, mich zu beruhigen. Nicht daß niemand auf der Straße gewesen wäre, soweit will ich nicht gehen, denn ich bemerkte mehrere Silhouetten, von Frauen wie auch von Männern, die seltsam, aber nicht seltsamer als gewöhnlich waren. Was die Stunde betraf, die mögliche, so hatte ich nicht die geringste Ahnung, außer daß es irgendeine Stunde der Nacht sein mußte. Aber es konnte ebensogut drei oder vier Uhr morgens sein wie zehn oder elf Uhr abends, es hing wahrscheinlich davon ab, ob man sich über die spärlichen Passanten oder den außergewöhnlichen Glanz wunderte, den die Straßenlaternen und die Verkehrsampeln verbreiteten. Denn über das eine oder das andere dieser beiden Phänomene mußte man sich wundern, wenn man nicht den Verstand verloren haben wollte. Kein einziger Privatwagen, dagegen wohl von Zeit zu Zeit ein öffentliches Verkehrsmittel, als langsamer Wirbel leisen, leeren Lichts. Ich würde es mir nicht verzeihen, auf diese Antinomien näher einzugehen, denn wir befinden uns natürlich in einem Kopf, aber ich bin gehalten, die folgenden wenigen Bemerkungen hinzuzufügen. Alle Sterblichen, die ich sah, waren allein und wie in sich selbst ertrunken. Man sieht sowas sicher alle Tage, nur vermengt mit anderen Dingen, stelle ich mir vor. Das einzige Paar bildeten zwei Männer, die Körper an Körper mit verschränkten Beinen miteinander rangen. Ich sah nur einen einzigen Radfahrer! Er hatte dieselbe Richtung wie ich. Alle bewegten sich in derselben Richtung wie ich, auch die Fahrzeuge, das wird mir jetzt erst klar. Er fuhr langsam mitten auf der Fahrbahn, wobei er eine Zeitung las, die er mit beiden Händen aufgeschlagen vor seinen Augen hielt. Von Zeit zu Zeit klingelte er, ohne seine Lektüre zu unterbrechen. Ich schaute ihm nach, bis er nur noch ein Punkt am Horizont war. Es kam der Moment, in dem eine junge, vielleicht übel beleumundete Frau mit zerzaustem Haar und in unordentlicher Kleidung über die Fahrbahn huschte, wie ein Kaninchen. Das ist alles, was ich hinzufügen wollte. Aber noch etwas Seltsames, ich hatte nirgendwo Schmerzen, nicht einmal in den Beinen. Die Schwäche. Eine gute Nacht Alpdrücken und eine Büchse Sardinen würden mir die Empfindlichkeit wiedergeben. Mein Schatten, einer meiner Schatten, streckte sich vor mir aus, schrumpfte zusammen, glitt unter meine Füße, folgte mir, wie Schatten es tun. Daß ich in diesem Maße undurchsichtig war, fand ich bezeichnend. Aber, sieh da, vor mir geht ein Mann, auf demselben Bürgersteig und in dieselbe Richtung, denn man muß immer dasselbe wiederkauen, damit man es nicht vergißt. Der Abstand zwischen uns war groß, mindestens siebzig Schritte, und aus Furcht, daß er mir entwischte, beschleunigte ich meine Schritte, was mich voranschießen ließ wie auf Schlittschuhen. Das bin ich nicht, sagte ich, aber so was muß man ausnützen. Als ich im Nu bis auf etwa zehn Schritte an ihn herangekommen war, ging ich langsamer, um nicht durch mein plötzliches Auftauchen die Abneigung zu steigern, die meine Person selbst in ihren unscheinbarsten und schlichtesten Haltungen hervorrief. Und kurz darauf sagte ich ihm, Verzeihung, mein Herr, wobei ich mich demütig auf seiner Höhe hielt, das Schäfertor, um des Himmels willen. Von nahem besehen kam er mir eigentlich normal vor, na ja, abgesehen von dieser augenscheinlichen Flucht in sein Innerstes, die ich schon angedeutet habe. Ich verschaffte mir einen kleinen Vorsprung, ein paar Schritte, drehte mich um, verbeugte mich, berührte meinen Hut und sagte, Die genaue Zeit, ich bitte sehr. Ich hätte ebensogut nicht existieren können. Aber was sollte dann der Bonbon? Feuer! schrie ich. In Anbetracht meiner Hilfsbedürftigkeit frage ich mich, warum ich ihm nicht den Weg versperrte. Ich hätte es nicht gekonnt, das ist es, ich hätte ihn nicht berühren können. Ich sah eine Bank am

Rande des Bürgersteigs, setzte mich darauf und schlug die Beine übereinander, wie Walther. Ich mußte wohl eingeschlummert sein, denn da saß plötzlich ein Mann neben mir. Während ich ihn von oben bis unten anschaute, öffnete er die Augen und richtete sie auf mich, man hätte sagen können, zum ersten Mal, denn er wich ganz natürlich zurück. Wo kommen Sie her? sagte er. Daß man mich nach so kurzer Zeit wieder ansprach, machte einen starken Eindruck auf mich. Was haben Sie? sagte er. Ich versuchte, so zu tun wie einer, der nur das hat, was er von Natur aus hat. Verzeihung, mein Herr, sagte ich, indem ich meinen Hut leicht lüftete und mich mit einer sofort wieder unterdrückten Bewegung erhob. Die genaue Zeit, ich bitte Sie! Er sagte mir eine Zeit, ich weiß nicht mehr welche, eine Zeit, die nichts besagte, das ist alles, was ich weiß, und die mich nicht beruhigte. Aber welche hätte es tun können? Ich weiß, ich weiß, eine wird kommen, die es tun wird, aber bis dahin? Sie sagten? sagte er. Leider hatte ich nichts gesagt. Aber ich fing mich wieder, indem ich ihn fragte, ob er mir helfen könnte, meinen Weg wiederzufinden, den ich verloren hatte. Nein, sagte er, denn ich bin nicht von hier, und wenn ich auf diesem Stein sitze, dann darum, weil die Hotels belegt sind oder weil sie mich nicht beherbergen wollten, ich, ich habe keine Meinung. Erzählen Sie mir doch Ihr Leben, danach werden wir sehen. Mein Leben! rief ich aus. Ganz recht, sagte er, Sie wissen doch, diese Art von – wie soll ich sagen? Er überlegte lange, wobei er wahrscheinlich danach suchte, wovon das Leben eine Art sein könnte. Schließlich fuhr er mit gereizter Stimme fort, Nun ja, das kennt doch jeder. Er stieß mich mit dem Ellbogen an. Keine Einzelheiten, sagte er, die großen Linien, die großen Linien. Aber da ich immer noch schwieg, sagte er, Wollen Sie, daß ich Ihnen meines erzähle, dann werden Sie es begreifen. Der Bericht, den er erstattete, war kurz und bündig, Tatsachen, ohne Erläuterungen. So was nenne ich ein Leben, sagte er, sind Sie jetzt im Bilde? Sie war gar nicht übel, seine Geschichte, sogar stellenweise märchenhaft. Sie sind dran, sagte er. Und diese Pauline, sagte ich, sind

Sie immer noch mit ihr zusammen? Ja, sagte er, aber ich werde sie verlassen und mich mit einer anderen, jüngeren und fetteren einigen. Sie reisen viel, sagte ich. Oh, enorm viel, enorm viel, sagte er. Die Worte und die Art, sie auszusprechen, fielen mir nach und nach wieder ein. Das alles ist für Sie wahrscheinlich vorbei, sagte er. Gedenken Sie lange unter uns zu weilen? sagte ich. Dieser Satz schien mir besonders gut gelungen zu sein. Ohne indiskret zu sein, sagte er, wie alt sind Sie? Ich weiß nicht, sagte ich. Sie wissen es nicht! rief er aus. Nicht genau, sagte ich. Denken Sie oft an Hintern, Arschlöcher, Fotzen und so weiter? sagte er. Ich begriff es nicht. Wird er nicht mehr natürlich steif? sagte er. Steif werden, sagte ich. Der Pinn, sagte er, Sie wissen doch, was das ist, der Pinn? Ich wußte es nicht. Da, sagte er, zwischen den Beinen. Ach das, sagte ich. Er wird dicker, länger, steif und streckt sich, sagte er, nicht wahr? Das waren nicht die Ausdrücke, die ich gebraucht hätte. Ich stimmte ihm jedoch bei. Das nennen wir steif werden, sagte er. Er sammelte sich und rief dann aus, Phänomenal! Finden Sie nicht? Es ist sonderbar, sagte ich, in der Tat. Da liegt übrigens alles drin, sagte er. Was wird nun aber aus ihr? sagte ich. Aus wem? sagte er. Aus Pauline, sagte ich. Sie wird altern, sagte er mit ruhiger Gewißheit, zuerst langsam, dann immer schneller, in Schmerz und Gram, wobei es ihr verteufelt schlecht gehen wird. Das Gesicht war nicht fett, aber ich konnte ihn anschauen, solange ich wollte, es blieb von seinem Fleisch bedeckt, anstatt kreidig und so zu werden, als wäre es mit dem Hohlmeißel bearbeitet worden. Selbst das Nasenbein behielt seine Polsterung. Die Diskussionen haben sich übrigens nie für mich gelohnt. Ich sehnte mich nach der saftigen Luzerne, ich hätte sie sanft, mit den Schuhen in der Hand, niedergetreten, und nach dem Schatten meines Waldes, weit weg von diesem schrecklichen Licht. Was sollen Ihre Grimassen? sagte er. Er hielt auf seinen Knien eine große, schwarze Tasche, man hätte sagen können ein Geburtshelferbesteck, wie mir schien. Er öffnete sie und sagte mir, ich solle hineinschauen. Sie war voller Fläschchen. Sie glitzerten. Ich fragte ihn, ob sie alle gleich wären. Oho, nein, sagte er, je nachdem. Er nahm eins und reichte es mir. Einen Schilling, sagte er, sechs Pence. Was wollte er von mir? Daß ich es kaufte? Von dieser Hypothese ausgehend, sagte ich ihm, daß ich kein Geld hätte. Kein Geld! rief er aus. Blitzschnell schlug seine Hand auf meinen Nacken, seine kräftigen Finger zogen sich zusammen, und mit einem Ruck ließ er mich gegen sich kippen. Aber anstatt mich umzubringen, fing er nun an, so süßes Zeug zu murmeln, daß ich mich gehen ließ und mein Kopf rollte in seinen Schoß. Zwischen dieser einschmeichelnden Stimme und den Fingern, die meinen Hals bearbeiteten, war ein auffälliger Kontrast. Aber nach und nach verschmolzen die beiden Dinge zu einer überwältigenden Hoffnung, wenn ich das zu sagen wage, und ich wage es. Denn an diesem Abend habe ich nichts zu verlieren, soviel ich erkennen kann. Und wenn ich an dem Punkt angelangt bin, wo ich bin (in meiner Geschichte), ohne daß sich etwas geändert hat, denn wenn sich etwas geändert hätte, meine ich, wüßte ich es, so steht doch fest, daß ich hier angelangt bin, das ist schon viel, und daß sich nichts geändert hat, das ist schon etwas. Es ist kein Grund, die Dinge zu überstürzen. Nein, man muß langsam sterben, nicht schleppend, aber langsam, wie die Schritte des Geliebten auf der Treppe sterben, der nicht lieben konnte und der nicht mehr wiederkehren wird und dessen Schritte sagen, daß er nicht lieben konnte und daß er nicht mehr wiederkehren wird. Er stieß mich plötzlich von sich und zeigte mir von neuem das Fläschchen. Da liegt alles drin, sagte er. Das mußte wohl nicht dasselbe alles sein wie soeben. Wollen Sie, sagte er. Nein, aber ich sagte ja, um ihn nicht zu verstimmen. Er schlug mir einen Tausch vor. Geben Sie mir Ihren Hut, sagte er. Ich weigerte mich. Wie ungestüm! sagte er. Ich habe nichts, sagte ich. Suchen Sie in Ihren Taschen, sagte er. Ich habe nichts, sagte ich, ich bin ohne irgend etwas ausgegangen. Geben Sie mir einen Schuhriemen, sagte er. Ich weigerte mich. Langes Schweigen. Und wenn Sie mir einen Kuß gäben, sagte er schließlich. Ich wußte, daß Küsse in der Luft lagen.

Können Sie Ihren Hut abnehmen? sagte er. Ich nahm ihn ab. Setzen Sie ihn wieder auf, sagte er, so sehen Sie besser aus. Er dachte nach, er war ein Bedächtiger. Los, sagte er, geben Sie mir einen Kuß, und die Sache ist erledigt. Fürchtete er nicht, daß ich ihm die kalte Schulter zeigte? Nein, ein Kuß ist kein Schuhriemen, und er hatte wohl auf meinem Gesicht lesen müssen, daß mir noch ein Rest an Temperament geblieben war. Los, sagte er. Ich wischte meinen von Haaren überwucherten Mund und streckte ihn seinem entgegen. Einen Moment, sagte er. Ich bremste meinen Schwung. Wissen Sie, was das ist, ein Kuß? sagte er. Ja, ja, sagte ich. Ohne Indiskretion, sagte er, wann war es, Ihr letzter? Es ist eine Weile her, sagte ich, aber ich weiß noch, wie man es macht. Er nahm seinen Hut ab, eine Melone, und tippte mitten auf die Stirn. Er beugte sich vor, wobei er die Augenlider niederschlug. Schnell, sagte er. Ich formte den Mund zu einem Hühnerpopo, wie Mama es mir beigebracht hatte, und drückte ihn auf die angedeutete Stelle. Genug, sagte er. Er hob die Hand nach der Stelle, aber er vollendete die Geste nicht. Er setzte seinen Hut wieder auf. Ich wandte mich ab und betrachtete den anderen Bürgersteig. Dabei bemerkte ich, daß wir gegenüber einer Pferdemetzgerei saßen. Da, sagte er, nehmen Sie. Ich dachte nicht mehr daran. Er stand auf. Stehend war er ganz klein. Eine Liebe ist der anderen wert, sagte er, mit einem strahlenden Lächeln. Seine Zähne glänzten. Ich hörte, wie seine Schritte sich entfernten. Als ich meinen Kopf wieder hob, war niemand mehr da. Wie soll ich das Folgende sagen? Aber es ist doch das Ende. Oder habe ich etwa geträumt, träume ich? Nein, nein, nur das nicht, das ist meine Antwort, denn der Traum ist nichts, eine Spielerei. Und auch noch bedeutungsvoll! Ich sagte, Bleib hier, bis der Tag anbricht. Warte schlafend darauf, daß die Lampen erlöschen und die Straßen sich beleben. Du wirst nach deinem Weg fragen, wenn es sein muß einen Stadtpolizisten, er wird gezwungen sein, dir Auskunft zu erteilen, wenn er nicht eidbrüchig werden will. Aber ich stand auf und ging fort. Meine Schmerzen waren wiedergekommen, aber mit irgend etwas Ungewöhnlichem, das mich hinderte, mich in ihnen zusammenzukauern. Aber ich sagte mir, Nach und nach kommst du wieder zu dir. Beim bloßen Anblick meines Ganges, der bei jedem Schritt ein noch nicht dagewesenes statodynamisches Problem zu lösen schien, hätte man mich wiedererkannt, wenn man mich gekannt hätte. Ich ging auf die andere Seite und blieb vor der Metzgerei stehen. Hinter dem Gitter waren die Vorhänge geschlossen, grobe, gestreifte Tuchvorhänge, blau und weiß, Farben der Jungfrau, die mit großen rosa Flecken befleckt waren. Aber sie stießen in der Mitte kaum aneinander, und durch einen Spalt konnte ich die traurigen Gerippe ausgenommener Pferde sehen, die mit dem Kopf nach unten an Haken hingen. Begierig nach Schatten, streifte ich an den Mauern entlang. Wenn ich daran denke, daß bald alles gesagt ist, alles wieder von vorne zu beginnen ist. Und was war eigentlich mit den Turmuhren los, die mir durch die Luft bis in meinen Wald harte, kalte Schläge versetzten? Was noch? Ach ja, meine Beute. Ich versuchte, an Pauline zu denken, aber sie entwischte mir, wie ein Blitz erschien sie und verschwand, wie die junge Frau von vorhin. Selbst über die Ziege schweifte mein trostloser Gedanke, der nicht anhalten konnte. So ging ich in der grausamen Helligkeit, in meinem alten Fleisch verborgen, gespannt auf einen Ausweg zu, wobei ich rechts und links alle überholte, im Geiste nach diesem und jenem lechzte und stets dahin verwiesen wurde, wo es nichts gab. Es gelang mir nichtsdestoweniger, mich kurz an das kleine Mädchen zu klammern, gerade um es ein wenig besser zu erkennen als soeben, um zu erkennen, daß es eine Art Haube trug und in seiner freien Hand ein Buch, vielleicht ein Gebetbuch preßte, und um zu versuchen, ihr ein Lächeln zu entlocken, aber sie lächelte nicht, sondern wurde von der Treppe verschlungen, ohne mir ihr kleines Gesicht dargeboten zu haben. Ich mußte anhalten. Zunächst nichts, dann allmählich, ich meine außerhalb der Stille anschwellend und sogleich anhaltend, so was wie dichtes Geflüster, das vielleicht aus dem Hause drang, das mich gerade stützte. Es erinnerte mich daran, daß die Häuser voll von Leuten waren, von Belagerten, nein, ich weiß nicht. Nachdem ich zurückgetreten war, um die Fenster zu betrachten, konnte ich mich trotz der Fensterläden, Stores und Gardinen davon überzeugen, daß zahlreiche Zimmer beleuchtet waren. Es war ein so schwaches Licht verglichen mit dem, das den Boulevard überflutete, daß man, wenn man nicht vom Gegenteil unterrichtet war oder es vermutete, hätte annehmen können, daß alles schliefe. Das Geräusch war nicht gleichmäßig, es wurde vielmehr von wahrscheinlich bestürztem Stillschweigen unterbrochen. Ich faßte den Plan, an der Tür zu klingeln und um Obdach und Schutz bis zum Morgen zu bitten. Aber plötzlich war ich wieder unterwegs. Allmählich wurde es jedoch infolge eines zugleich jähen und sanften Sturzes schwarz um mich herum. Ich sah in einer hinreißenden Kaskade verwaschener Farbtöne eine enorme Masse prächtiger Blumen verblassen. Ich sah voller Erstaunen an den ganzen Fassaden entlang das Aufleuchten der gestreiften und ungemusterten, je nach den Vorhängen und Gardinen gelben, grünen oder rosaroten Quadrate und Rechtecke und fand das hübsch. Dann befand ich mich schließlich, bevor ich wie die Ochsen zunächst auf die Knie und dann flach auf den Bauch fiel, inmitten einer Menge. Ich verlor nicht das Bewußtsein, wenn ich das Bewußtsein verlöre, dann nicht, um es wiederzugewinnen. Man achtete nicht auf mich, obwohl man vermied, auf mich zu treten, eine Rücksicht, die mich rühren mußte, ich war darum ausgegangen. Durchdrungen von Finsternis und Stille ging es mir gut zu Füßen der Sterblichen, in der Tiefe des tiefen Tags, wenn es Tag war. Aber die Wirklichkeit, zu müde, um das richtige Wort zu suchen, zögerte nicht, sich wieder einzurenken, die Menge flutete zurück, das Licht kam wieder, und ich brauchte nicht den Kopf vom Asphalt zu heben, um zu wissen, daß ich mich wieder in derselben blendenden Leere befand wie soeben. Ich sagte, Bleib hier, ausgebreitet auf diesen freundlichen oder zumindest neutralen Steinplatten, öffne nicht die Augen, warte, bis der Samariter kommt, oder bis der Tag kommt und mit ihm die Stadtpolizisten oder, wer weiß, ein Heilsarmist. Aber plötzlich war ich wieder auf den Beinen, wieder fortgerissen von dem Weg, der nicht meiner war, am Boulevard entlang, der stets anstieg. Gut, daß er nicht auf mich wartete, der arme Vater Breem oder Breen. Ich sagte, Das Meer ist im Osten, also nach Westen gehen, links vom Norden. Vergeblich aber hob ich hoffnungslos die Augen zum Himmel, um dort die Wagen zu suchen. Denn das Licht, in dem ich schmachtete, löschte die Sterne aus, vorausgesetzt, daß sie da waren, was ich eingedenk der Wolken bezweifelte.

Texte um Nichts

I

Jählings, nein, allmählich, endlich konnte ich nicht mehr, nicht mehr weiter. Jemand sagte, Sie können da nicht bleiben. Ich konnte da nicht bleiben, und ich konnte nicht weiter. Ich werde den Ort beschreiben, das ist unwichtig. Die recht flache Kuppe eines Berges, nein, eines Hügels, aber so wild, so wild, genug. Morast, kniehohes Heidekraut, kaum erkennbare Schafspfade, tiefe Ausfurchungen. In einer solchen Vertiefung, da lag ich, windgeschützt. Schönes Panorama, ohne den Nebel, der alles verhüllte, Täler, Seen, Ebene, Meer. Wie weiter? Man sollte gar nicht erst anfangen, doch, man sollte es. Jemand, vielleicht derselbe, sagte, Warum sind Sie gekommen? Ich hätte in meiner Ecke bleiben können, im Warmen, im Trocknen, in Deckung, ich konnte nicht. Meine Ecke, ich werde sie beschreiben, nein, ich kann nicht. Es ist einfach, ich kann nichts mehr, das sagt man so. Ich sage zum Körper, Los, auf, und ich fühle die Mühe, die er sich gibt, um zu gehorchen, wie eine auf die Straße gefallene alte Mähre, die er sich nicht mehr gibt, die er sich noch gibt, bevor er aufgibt. Ich sage zum Kopf, Laß ihn in Ruhe, bleib ruhig, er hört auf zu atmen, dann schnappt er von neuem nach Luft. Ich bin weit weg von all diesen Geschichten, ich sollte mich nicht darum kümmern, ich brauche nichts, weder weiterzugehen, noch zu bleiben, wo ich bin, all das ist mir wirklich gleichgültig. Ich sollte mich davon abwenden, vom Körper, vom Kopf, sie zurechtkommen lassen, sie enden lassen, ich kann nicht, ich, ich müßte enden. O ja, wir scheinen mehr als einer zu sein, lauter Taube, nicht mal das, vereint für das Leben. Ein anderer sagt oder derselbe oder der erste, sie haben alle die gleiche Stimme, alle die gleichen Gedanken, Sie brauchten nur zu Hause zu bleiben. Zu Hause. Man wollte, daß ich nach Hause zurückkehrte. Meine Bleibe. Ohne den Nebel, mit guten Augen, mit einem Fernrohr sähe ich sie von hier aus. Es ist nicht bloß Müdigkeit, ich bin nicht bloß müde, trotz des Aufstiegs. Es ist auch nicht so, daß ich hierbleiben möchte. Ich hatte gehört, ich hatte wohl von der Aussicht sprechen hören, da unten das ferne Meer aus getriebenem Blei, die Ebene, die golden genannte, so oft besungene, die Doppeltäler, die Gletscherseen, die Hauptstadt in ihrem Dunst, es war in aller Munde. Was sind das, was sind das eigentlich für Leute? Sind sie gefolgt, vorausgegangen, mitgekommen? Ich bin in der Grube, die Jahrhunderte gegraben haben, Jahrhunderte schlechten Wetters, platt auf dem bräunlichen Boden liegend, wo ein langsam gesoffenes, safranfarbenes Wasser stagniert. Sie sind da oben, ringsherum, wie auf dem Friedhof. Ich kann die Augen nicht zu ihnen erheben, leider. Ich sähe ihre Gesichter nicht. Vielleicht die in Heidekraut getauchten Beine. Sehen sie mich, was können sie von mir sehen? Es ist vielleicht niemand mehr da, vielleicht sind sie angeekelt weggegangen. Ich lausche, und es sind die gleichen Gedanken, die ich höre, ich meine die gleichen wie immer, sonderbar. Wenn man bedenkt, daß im Tal die Sonne glänzt, himmelabwärts unter zerfetzten Wolken. Wie lange bin ich schon hier? Welche Frage, ich habe sie mir oft gestellt. Und oft habe ich antworten können, Eine Stunde, einen Monat, ein Jahr, ein Jahrhundert, je nachdem, was ich unter hier, unter ich, unter sein verstand, und darin habe ich nie etwas Außergewöhnliches gesucht, darin habe ich nie viel geändert, da war fast nur das Hier, das tat, als ändere es sich. Oder ich sagte, Ich kann noch nicht lange hier sein, ich hätte nicht durchgehalten. Ich höre die Brachvögel, was bedeutet, daß der Tag sinkt, daß die Nacht sinkt, denn die Brachvögel sind so, sie schweigen den ganzen Tag und schreien beim Nahen der Nacht. Ja, so ist es bei diesen wilden Kreaturen, deren Leben so kurz ist, gemessen an meinem. Und die andere Frage, der ich auch so wohlvertraut bin, Warum gekommen sein, auf die es keine Antwort gibt, so daß ich antwortete, Zur Abwechslung, oder, Ich bin es nicht, oder, Ein Zufall, oder aber, Um mal zu sehen, oder endlich, in den Jahren mit langem Sommer, Es ist das Schicksal, ich fühle sie kommen, laß sie nur kommen, sie wird mich nicht unversehens überfallen. Alles ist Rauschen, schwarzer, übersättigter Torf, der noch mehr saufen muß, Woge aus riesigem Farn, Heidekraut mit Schlünden aus Stille, wo der Wind ertrinkt, mein Leben und seine alte Leier. Um mal zu sehen, zur Abwechslung, nein, es ist gesehen, alles gesehen, daß man den Star davon bekommt, auch nicht aus Budenübel, das Übel ist geschehen, das Übel geschah eines Tages, als ich ausging, im Schlepp meiner Füße, die zum Gehen bestimmt sind, zum Schrittemachen, die ich habe gehen lassen, die mich hierher geschleppt haben, ja, deswegen bin ich gekommen. Und was ich tue, vornehmlich, ich atme, wobei ich mir mit Worten wie Rauch sage, Ich kann nicht bleiben, ich kann nicht weg, mal sehen, was geschieht. Und als Empfindung? Mein Gott, ich kann mich nicht beklagen, ja, das ist er, aber leise, wie unterm Schnee, ohne die Wärme, ohne den Schlaf, ich kann ihnen gut folgen, all diesen Stimmen, allen Partien, recht gut, die Kälte durchdringt mich, die Nässe ebenfalls, ich vermute es wenigstens, ich bin weit weg. An mein Rheuma denke ich jedenfalls nicht mehr, es läßt mich nicht mehr leiden als das meiner Mutter, wenn es sie leiden ließ. Geduldiges, starres Auge am hageren Kopf des Aasjägers, treues Auge, es ist seine Stunde, es ist vielleicht seine Stunde. Ich bin dort oben und ich bin hier unten, so wie ich mich sehe, verschlampt, mit geschlossenen Augen, das Ohr an das saugende Moor gepreßt, wir sind uns einig, alle einig, im Grunde, schon immer, wir haben uns gern, wir beklagen uns gern, wir können eben nichts ändern. Sicher ist, daß es in einer Stunde zu spät sein wird, in einer halben Stunde wird es Nacht, und das ist noch gar nicht sicher, was denn, was ist nicht sicher, ganz sicher, daß die Nacht verbietet, was der Tag erlaubt, denen, die fertigzuwerden wissen, die fertigwerden wollen, und die es können, die noch versuchen können. Ja, es wird Nacht, der Nebel löst sich auf, ich kenne ihn, man kann noch so zerstreut sein, der Wind frischt auf, wenn es einmal Nacht ist, und auf dem Berge wird der ganze nächtliche Himmel lasten, mit seinen Lichtern, unter ihnen die Bären, um mir als Führer zu dienen, noch einmal, als Führer meiner Schritte, erwarten wir die Nacht. Alles verschlingt sich, die Zeiten verschlingen sich, zuerst war ich hier nur gewesen, jetzt bin ich immer hier, gleich werde ich noch nicht hier sein, während ich mich auf halbem Hang abmühe, oder im dichten Farn am Rande des Waldes, es sind Lärchen, ich versuche nicht mehr zu begreifen, ich werde nie mehr versuchen zu begreifen, das sagt man so, zur Zeit bin ich hier, seit jeher, für immer, ich werde keine Angst mehr vor großen Worten haben, sie sind nicht groß. Ich erinnere mich nicht, gekommen zu sein, ich werde nie weg können, meine ganze kleine Welt, ich habe die Augen geschlossen, und ich fühle an meiner Wange den herben, feuchten Humus, mein Hut ist gefallen, er ist nicht weit gefallen, oder der Wind trug ihn weit weg, ich hing daran. Mal ist es das Meer, mal das Gebirge, oft war es der Wald, die Stadt, auch die Ebene, ich habe mich auch in die Ebene gewagt, ich habe mich überall tot gestellt, aus Hunger, aus Altersschwäche, ermordet, ertrunken und dann unbegründet, oft unbegründet, aus Überdruß, das stärkt, so ein letzter Seufzer, und dann die Zimmer, meines sanften Todes, im Bett, wo ich unter meinen Penaten erstickte, immer murmelnd, die gleichen Worte, die gleichen Geschichten, die gleichen Fragen und Antworten, arglos, ziemlich arglos, an der äußersten Spitze meiner Welt voll Unwissender, niemals eine Verwünschung, bin nicht so dumm, oder aber ich vergesse. Ja, bis zum Schluß, mit leiser Stimme, mich wiegend, mir Gesellschaft leistend, und stets gespannt, gespannt auf alte Geschichten, wie zu der Zeit, da mein Vater mir, auf seinen Knien, die von Joe Breem oder Breen vorlas, dem Sohn eines Leuchtturmwärters, Abend für Abend, den ganzen langen Winter. Es war eine Erzählung, eine Erzählung für Kinder, es spielte auf einem Felsen, mitten im Sturm, die Mutter war tot, und die Möwen prallten gegen das Leuchtfeuer, Joe stürzte sich ins Wasser, das ist alles, was mir wieder einfällt, mit einem Messer zwischen den Zähnen, tat das Nötige und kehrte zurück, das ist alles, was mir heute abend wieder einfällt, es endete gut, es begann schlecht und endete gut, jeden Abend, eine Komödie, für Kinder. Ja, ich war mein Vater und ich war mein Sohn, ich habe mir Fragen gestellt, und ich habe so gut es ging geantwortet, ich habe mir Abend für Abend dieselbe Geschichte von neuem aufsagen lassen, die ich auswendig konnte, ohne daran glauben zu können, oder wir gingen, Hand in Hand, stumm, in unsere Welten versunken, jeder in seine Welten, mit ineinander vergessenen Händen. So habe ich durchgehalten, bis jetzt. Und auch heute abend scheint es zu gehen, ich bin in meinen Armen, ich halte mich in meinen Armen, ohne viel Zärtlichkeit, aber getreulich, getreulich. Schlafen wir, verschlungen wie unter jener fernen Lampe, nach allem Reden, allem Lauschen, aller Mühe, allem Spiel.

II

Dort oben ist das Licht, sind die Elemente, eine Art Licht, genug, um darin zu sehen, die Lebenden gehen ihrer Wege, schlecht und recht, sie meiden sich, vereinigen sich, vermeiden die Hindernisse, schlecht und recht, suchen mit den Augen, schließen die Augen, stehenbleibend, ohne stehenzubleiben, inmitten der Elemente, die Lebenden. Wenn es sich nicht geändert hat, wenn es nicht geendet hat. Auch die Dinge müssen noch da sein, etwas abgenützter, noch etwas verschlissener, viele an derselben Stelle wie zur Zeit ihrer Indifferenz. Das hier ist eine andere Haube, auch bald unwohnlich, man wird sie verlassen müssen. Man ist da, überall, wo man sein wird, wird es unwohnlich sein, das ist es. Also aufbrechen, nein, besser bleiben. Denn wohin aufbrechen, jetzt, da man Bescheid weiß? Wieder nach oben? Das fehlte noch. In diese Art Licht. Die Klippen wiedersehen, wieder zwischen Meer und Klippen sein, sich nach rechts und nach links werfen, mit eingezogenem Kopf, an die Ohren gepreßten Händen, eilig, unschuldig, verdächtig, schädlich. In dem übermäßigen Licht der Nacht einen dem Angebot entsprechenden Bedarf suchen, und sich verkriechen, unverrichteter Dinge, am frühen Tag, am neuen Tag. Madame Calvet wiedersehen, wie sie den Abfall abschäumt, bevor der Müllkarren kommt. Madame Calvet. Sie muß noch da sein. Mit ihrem Hund und ihrem klapprigen Kinderwagen. Gibt es etwas Erträglicheres. Sie sprach leise mit sich selbst, sie murmelte, Mein Präsident, mein Prinz. Sie trug eine Art Dreizack. Der Hund machte Männchen, hängte sich an den Rand der Mülleimer und wühlte zusammen mit ihr darin herum. Er hinderte sie, sie ließ ihn gewähren und sagte, Mistvieh. Das ist eine gute Erinnerung. Madame Calvet. Sie wußte, was sie wollte, vielleicht sogar, was sie gewollt hätte. Und die Schönheit, die Kraft, die Intelligenz, des Tages, jeden Tag, die Tätigkeit, die Poesie, nach Wahl, für alle. Wenn es nur ein Mittel gäbe, es nicht mehr zu wissen. Welche Dummheit, unter jenem kümmerlichen Licht gelitten zu haben. Es zeigte nichts, nichts Schreckliches, nichts zeigte sich darin, nichts von dem wahren Sachverhalt, es wäre darüber erloschen. Und jetzt hier, welches Jetzt hier, eine unermeßliche Sekunde, wie im Paradies, und der träge, träge, fast erstarrte Geist. Aber es ändert sich, etwas ändert sich, es muß im Kopf sein, langsam im Kopf die Puppe, die verschleißt, und wenn man in einem Kopf wäre, es ist dunkel wie in einem Kopf, bevor sich die Würmer daranmachen. Elfenbeinverlies. Auch die Wörter träge, träge, das Subjekt stirbt, bevor es das Verbum erreicht, auch die Wörter erstarren. Also besser als in redseliger Zeit? Das ist es, das ist es, das Gute daran. Und die Abwesenheit der anderen, ist das nichts? Ach was, die anderen, das gibt es nicht, die anderen, das hat nie jemanden gestört. Es muß übrigens welche geben, andere andere, unsichtbare, stumme, es ist unwichtig. Man versteckte sich jedoch vor ihnen, man schlich an ihren Mauern entlang, das ist wahr, es fehlt hier, die Derivantia fehlen, hier ist das Übel, ach was, das sagte man dort oben, lebendes Senfpflaster. Solange die Worte mir einfallen, wird sich nichts ändern, schon wieder die alten, losgelassenen Worte. Sprechen, es ist das einzige Mittel, sprechen, sich aussprechen, hier wie jederzeit, das einzige. Aber sie versiegen, das ist wahr, das ändert alles, sie kommen nur schlecht, schlimm, schlimm. Oder es ist die Angst, zu den letzten zu gelangen, sein Letztes gesagt zu haben, vor dem Ende, nein, denn das wird das Ende sein, das letzte, nicht sicher. Zu stöhnen haben, ohne es zu können, o weh, es ist besser, sich einzuschränken, die echte Agonie abzupassen, sie ist trügerisch, man glaubt, soweit zu sein, man beginnt zu brüllen, man lebt wieder auf, wohltuendes Gebrüll, besser schweigen, es ist das einzige Mittel, wenn man krepieren will, sich nicht mucksen, vor verschluckten Flüchen berstend krepieren, stumm zerplatzen, alles ist möglich, und dann. Es ist nicht der Tod, es ist nicht das Grab, weit gefehlt, es kann nicht das Grab sein, es wäre zu stark. Dort oben ist vielleicht Sommer, da ist vielleicht Sonntag, ein Sommersonntag. Monsieur Joly ist im Turm, er hat die Uhr aufgezogen, jetzt läutet er die Glocken. Monsieur Joly. Sein linkes Bein endete am Knie. Sonntag. Er hätte nicht ausgehen sollen. Die Straßen waren schwarz, die oft so freundlichen Straßen. Hier gibt es wenigstens nichts von alledem, keine Rede von einem Schöpfer, und was die Natur betrifft, so ist sie unbestimmt. Trockenes, das ist möglich, oder Flüssiges, oder Schlamm, wie vor dem Leben. Ist es Luft, dank der man noch erstickt, oft beinahe laut, es ist möglich, eine Art Luft. Was ist genau geschehen, genau, ach, altes Sauerlachen, so was, nein, weg damit, ein Glück, es ist nie heiter gewesen. Nein, aber eine letzte Erinnerung, die letzte, sie kann dazu beitragen, wieder zu scheitern. Piers, der seine Ochsen durch die Ebene trieb, nein, denn am Ende der Furche hob er, bevor er kehrtmachte, die Augen zum Himmel und sagte, Das schöne Wetter ist vorbei. Und siehe, in der Tat, kurz darauf, Schnee. Schwarze Nacht also, endlich hereingebrochen, eben nicht, trotz des verhüllten Himmels. Der Weg war lang, der zum Unterschlupf führte, quer durch die Felder, holperig, er muß noch da sein. Am Rand der Steilküste angelangt wirft er sich, man möchte sagen wie wild, ach was, geschickt, wie eine

Ziege, in brüsken Windungen hinab zum Strand. Nie hatte das Meer aus so weiter Ferne gedröhnt, das Meer im Schnee, wenngleich Superlative kaum noch Reiz ausüben. Der Tag war nicht ergiebig gewesen, nicht mehr als recht, in Anbetracht der Jahreszeit, der des allerletzten Winterlauchs. Es war gleichwohl die Rückkehr, nicht so wichtig wohin, die Wiederkehr, heil, man kam aus dem Staunen nie heraus. Was geschehen ist? Ein Zusammentreffen? Peng!? Nein. Auf der Höhe des Hofes der Brüder Graves kurzer Halt, gegenüber dem beleuchteten Fenster. Ein Schein, rot, in der Ferne, die Nacht, der Winter, es lohnt sich, es mußte sich lohnen. So, es ist vollbracht, es endet hier, ich ende hier. Eine ferne Erinnerung, weit von den letzten entfernt, das ist möglich, man scheint noch sehr rüstig zu sein. Schade, daß die Hoffnung tot ist. Nein. Wie man hoffte dort oben, zuweilen. Wie verschiedenartig.

III

Laß, ich hätte beinahe gesagt, laß das alles. Was liegt daran wer spricht, jemand hat gesagt, was liegt daran wer spricht. Es wird einen Aufbruch geben, ich werde dabei sein, nicht ich werde es sein, ich werde hier sein, ich werde mir sagen, ich sei weit weg, nicht ich werde es sein, ich werde nichts sagen, es wird eine Geschichte geben, jemand wird versuchen, eine Geschichte zu erzählen. Ja, Schluß mit den Dementis, alles ist falsch, es ist niemand da, das ist klar, es ist nichts da, Schluß mit den Phrasen, wir wollen betrogen sein, von den Zeiten betrogen, von allen Zeiten, beim Warten, bis es vorübergeht, bis alles vorüber ist, bis die Stimmen verstummen, es sind nur Stimmen, nur Lügen. Hier, weg von hier und anderswohin, oder hier bleiben, aber hin- und hergehend. Bewege dich erst mal, du brauchst einen Körper, wie einst, ich sage nicht nein, ich werde nicht mehr nein sagen, ich werde mir sagen, ich hätte einen Körper, einen Körper, der sich bewegt, nach vorn, nach hinten, und der hinauf- und hinabgeht, je nach den Notwendigkeiten. Mit einer Menge von Gliedern und Organen, etwas zum Leben, noch einmal, zum Durchhalten, einen kurzen Moment, ich werde das Leben nennen, ich werde sagen, daß ich es sei, ich werde aufstehen, ich werde nicht mehr denken, es wird mich zu sehr beschäftigen, auf zu sein, mich aufrecht zu halten, den Platz zu wechseln, durchzuhalten, bis zum nächsten Morgen auszuhalten, zur nächsten Woche, das wird genügen, acht Tage werden genügen, acht Tage im Frühling, das ist erquicklich. Es genügt zu wollen, ich werde wollen, einen Körper haben wollen, einen Kopf haben wollen, ein wenig Kraft, ein wenig Mut, ich werde mich daran machen, acht Tage sind schnell vorbei, dann die Rückkehr, dieser unentwirrbare Ort, fern von den Tagen, die Tage sind fern, das wird nicht ganz von selbst gehen. Und warum eigentlich, nein nein, laß, fang nicht wieder an, hör nicht alles, sag nicht alles, es ist alles schon dagewesen, es ist alles dasselbe, das ist sicher. Du stehst also, ich bins, der dies sagt, ich schwöre es, setz deine Hände in Bewegung, betaste deinen Schädel, da steckt der Verstand, ohne den nee, und dann, was dann kommt, die unteren Partien, es bedarf ihrer, und sag, wie du bist, sag es auf gut Glück, welche Art Mann, es bedarf eines Mannes oder einer Frau, taste nach zwischen den Beinen, es bedarf weder der Schönheit noch der Spannkraft, acht Tage sind schnell vorbei, man wird dich nicht lieben, hab keine Angst. Nein, nicht so, das geht zu schnell, ich habe mir Angst gemacht. Und hör zuerst einmal auf zu bibbern, man wird dich nicht umbringen, o nein, man wird dich nicht lieben und man wird dich nicht umbringen, du kannst auf die Hochebene von Gobi geraten, du wirst dich dort heimisch fühlen. Ich werde dich hier erwarten, ganz unbesorgt, unbesorgt um dich, nein, ich bin allein, allein bin ich, ich bins, der weggehen wird, diesmal bin ichs. Ich weiß, wie ich es machen werde, ich werde ein Mann sein, es muß sein, eine Art Mann, eine Art altes Kind, ich werde eine Gouvernante haben, sie wird mich gern haben, sie wird mir die Hand geben, zum Überqueren der Straße, sie wird mich in den Anlagen loslassen, ich werde mich gut benehmen, ich werde mich in eine Ecke stellen und mir den Bart kämmen, ich werde ihn glatt streichen, um schöner zu sein, etwas schöner, wenn es sich so abspielen könnte. Sie wird mir sagen, Komm, mein Jesus, es ist Zeit heimzukehren. Ich werde keine Verantwortung tragen, sie wird die ganze Verantwortung tragen, sie wird sich Nanny nennen, ich werde sie Nanny nennen, wenn es sich so abspielen könnte. Komm, mein Häschen, es ist Zeit für die Mili. Wer hat mir alles beigebracht, was ich weiß, ich ganz allein, als ich noch herumirrte, ich habe alles gefolgert, aus der Natur, mit Hilfe eines Allbuchs, ich weiß, daß es nicht stimmt, aber es ist zu spät, zu spät, es zu leugnen, die Kenntnisse sind da, sie leuchten nacheinander auf, nahe und ferne, sie blinzeln über dem Abgrund, Komplizen. Laß, man muß aufbrechen, man muß es jedenfalls sagen, es ist an der Zeit, man weiß nicht warum. Was macht das schon, ob man sagt, man sei hier oder anderswo, unverrückbar oder beweglich, formlos oder länglich wie die Menschen, ohne Licht oder in dem des Himmels, ich weiß nicht, es scheint wichtig zu sein, es wird nicht von selbst gehen. Wenn ich da wieder anfinge, wo alles erloschen ist, nein, das kann nichts ergeben, das hat nie etwas ergeben, die Erinnerung ist dabei auch erloschen, eine große Flamme und dann das Dunkel, ein großer Krampf und dann kein Gewicht und kein durchschreitbarer Raum mehr, ich weiß nicht. Ich habe versucht, mich von der Steilküste fallen zu lassen, auf die Straße, unter die Sterblichen, das hat nichts ergeben, ich habe aufgegeben. Den Weg noch einmal machen, der mich hierher verschlagen hat, bevor ich ihn in umgekehrter Richtung antrete oder noch weiter gehe, weiser Rat. Dies, damit ich mich nie mehr rühre, damit ich hier sabbere, bis zum Ende der Zeiten, indem ich alle zehn Jahrhunderte murmele, Das bin nicht ich, das ist nicht wahr, das bin nicht ich, ich bin weit weg. Nein nein, ich werde von der Zukunft sprechen, ich werde im Futurum sprechen, wie damals, als ich mir in der Nacht sagte, Morgen werde ich meine blaue Krawatte anlegen, mit den Sternen, und ich sie anlegte, nachdem die Nacht vorüber war. Schnell schnell, bevor ich weine. Ich werde einen Freund haben, meines Jahrgangs, einen Landsmann, einen alten Kameraden, wir werden unsere Feldzüge noch einmal erleben, indem wir unsere Schrammen vergleichen. Schnell schnell. Er hatte in der Marine gedient, vielleicht unter Jellicoe, während ich, in Dekkung hinter einem Guinness-Faß liegend, mit der Armbrust dem Eindringling ein Loch ins Fell brannte. Es bleibt uns nicht mehr viel, das ists, im Präsens, nicht mehr viel Zeit, es ist unser allerletzter Winter, hallelujah. Man fragt sich, was uns am Ende dahinraffen wird. Er geht am Brustkasten ein, ich eher an der Prostata. Wir beneiden uns, er beneidet mich, ich beneide ihn, mitunter. Ich kathetere mich ganz allein, mit zitternder Hand, in den Pissoirs stehend, vornübergebeugt, unter meinem Umhang, man hält mich für ein altes Ekel. Unterdessen erwartet er mich auf einer Bank, von Hustenanfällen geschüttelt, in eine Tabaksdose speiend, die er kurz vorm Überlaufen im Kanal leert, aus Bürgersinn. Wir haben den Dank des Vaterlandes verdient, es wird uns schließlich in ein Hospiz einliefern. Wir verbringen unser Leben, es gehört uns, indem wir versuchen, im gleichen Moment einen Sonnenstrahl und eine Gratis-Bank in einer Oase öffentlicher Grünanlagen zusammenzuhalten, wir sind darauf gekommen, die Natur zu lieben, mit Verspätung, sie gehört jedwedem, stellenweise. Er liest mir, um Atem ringend, leise vor, aus der Zeitung vom Vortage, er wäre besser der Blinde gewesen. Die Pferderennen begeistern uns, auch die Windhundrennen, wir haben keine politische Meinung, wenngleich wir laue Republikaner sind. Aber wir interessieren uns auch für die Windsors, für die Hannoveraner, ich weiß nicht mehr, für die Hohenzollern vielleicht auch noch. Nichts Menschliches ist uns fremd, wenn wir einmal die Pferde- und Hundenachrichten verdaut haben. Nein, allein, allein wird es mir besser gehen, wird es schneller gehen. Er würde mir zu essen geben, er kannte einen Fleischer, er würde mir die Seele mit Mortadella wieder in den Hals hineintreiben. Er würde mit seinem Trost, seinen Anspielungen auf Krebs und Erinnerungen an unvergeßliche Trunkenheiten die Entmutigung hindern, ihren Stein wegzutragen. Und ich würde, anstatt ganz auf meine eigenen Aussichten bedacht zu sein, was mir vielleicht gestattet hätte, sie unter einen Lastwagen zu werfen, mich durch seine davon ablenken lassen. Ich würde ihm sagen, Komm, Alter, laß das, denk nicht mehr daran, und ich wäre es, der, vor Brüderlichkeit abgestumpft, nicht mehr daran dächte. Und die Verpflichtungen, ich denke vor allem an die Treffen um zehn Uhr morgens, bei jedem Wetter, vor Duggan, wo schon viel Betrieb war, Sportler, die herbeigerannt waren, um ihre Wetten unter Dach und Fach zu bringen, vor der Öffnung der Kneipen. Wir waren, sieh da, schon vorbei, um so besser, um so besser, höchst pünktlich, das muß ich sagen. Unter peitschendem Regen die Reste von Vinzenz in der unfreiwillig komischen Auftakelung eines alten Seebären ankommen sehen, seinen mit einem blutigen Lappen umwickelten Kopf und den scharfen Blick, das war, für einen, der klar sehen konnte, beispielhaft dafür, wozu der Mensch in seiner Genußsucht fähig ist. Mit einer Hand stützte er sein Brustbein, mit dem Rücken der anderen seine Wirbelsäule, nein, das sind alles Erinnerungen, vorsintflutliche Ausflüchte. Sehen was hier geschieht, wo niemand ist, wo nichts geschieht, machen, daß hier etwas geschehe, daß hier jemand sei, dem ein Ende bereiten, für Stille sorgen, in der Stille gehen oder in einem anderen Geräusch, einem Geräusch von anderen Stimmen als denen des Lebens und des Todes, von Leben und von Toden, die nicht meine sein wollen, in meiner Geschichte gehen, um ihr entgehen zu können, nein, das ist alles Gefasel. Kann es sein, daß mir endlich ein eigener Kopf wächst, in dem ich Gifte mischen kann, die meiner würdig sind, und Beine, um herumzuschlendern, ich würde endlich da sein, ich könnte weggehen, das ist alles, was ich verlange, nein, ich kann nichts verlangen. Nichts als den Kopf und die beiden Beine, oder nur eins, in der Mitte, ich würde mich hüpfend davonmachen. Oder nichts als den Kopf, schön rund, schön glatt, er braucht keine Gesichtszüge, ich würde rollen, den Abhängen folgen, fast als reiner Geist, nein, das würde nicht gehen, von hier aus steigt alles an, es bedarf des Beins, oder eines Äquivalents, ein paar Ringe vielleicht, zusammenziehbare, damit kommt man weit. Von vor Duggan aus aufbrechen, an einem Frühlingsmorgen mit Regen und Sonnenschein, in der Ungewißheit, bis zum Abend gehen zu können, was geht daran nicht? Es wäre so leicht. In diesem Fleisch hier versteckt sein oder in einem anderen, in diesem Arm, den eine Freundeshand drückt, und in dieser Hand, ohne Arme, ohne Hände, und ohne Seele in diesen zitternden Seelen, mitten durch die Menge, zwischen den Reifen, den Luftballons, was geht daran nicht? Ich weiß nicht, ich bin hier, das ist alles, was ich weiß, und daß noch immer nicht ich es bin, damit muß man sich abfinden. Es gibt nirgends Fleisch oder etwas zum Sterben. Laß das alles, das alles lassen wollen, ohne zu wissen, was das heißen soll, das alles, das ist schnell gesagt, das ist schnell getan, vergebens, es hat sich nichts gerührt, niemand hat gesprochen. Hier, hier wird nichts geschehen, hier wird niemand sein, so bald nicht. Die Aufbrüche, die Geschichten, sie sind noch nicht spruchreif. Und die Stimmen, woher sie auch kommen mögen, sind ganz tot.

IV

Wohin ginge ich, wenn ich gehen könnte, was wäre ich, wenn ich sein könnte, was sagte ich, wenn ich eine Stimme hätte, wer spricht so und nennt sich ich? Einfach antworten, jemand möge einfach antworten. Es ist derselbe Unbekannte wie immer, der einzige, für den ich existiere, in der Höhle meiner Inexistenz, seiner, unserer, das ist eine einfache Antwort. Denkend wird er mich nicht finden, aber was kann er machen, lebendig und ratlos, ja, lebendig, was er auch sagen mag. Mich vergessen, mich ignorieren, ja, es wäre das Klügste, er kennt sich aus. Warum diese plötzliche Freundlichkeit nach soviel Vernachlässigung, das ist leicht zu begreifen, das ist es, was er sich sagt, aber er begreift nicht. Ich bin nicht in seinem Kopf, nirgends in seinem alten Körper, und doch bin ich da, für ihn bin ich da, bei ihm, daher das ganze Durcheinander. Das müßte ihm genügen, mich abwesend wiedergefunden zu haben, aber nein, er will mich da haben, mit einer Gestalt und einer Welt, wie er, trotz ihm, ich, der ich alles bin, wie er, der nichts ist. Und wenn er fühlt, daß ich ohne Existenz bin, will er, daß ich der seinen beraubt sei, und umgekehrt, verrückt, verrückt, er ist verrückt. Eigentlich sucht er mich, um mich zu töten, damit ich tot sei wie er, tot wie die Lebenden. Er weiß das alles, aber es dient zu nichts, es zu wissen, ich aber weiß es nicht, ich aber weiß nichts. Er bestreitet, daß er überlegt, aber er tut nichts anderes als überlegen, falsch, als wenn das helfen könnte. Er glaubt zu stammeln, er glaubt stammelnd mein Schweigen aufzufangen, mit meinem Schweigen zu schweigen, er möchte, daß ich es sei, der ihn stammeln läßt, freilich stammelt er. Er erzählt seine Geschichte alle fünf Minuten, wobei er sagt, es sei nicht seine, merkwürdige Schläue. Er möchte, daß ich es sei, der ihn hindert, eine Geschichte zu haben, freilich hat er keine Geschichte, ist das ein Grund, mir eine andrehen zu wollen? So überlegt er, daran vorbei, das ist klar, aber woran vorbei, eben das ist zu prüfen. Er läßt mich sprechen, wobei er sagt, daß ich es nicht sei, geniale Idee, er läßt mich sagen, daß ich es nicht sei, ich, der nichts sagt. Das alles ist wirklich plump. Wenn er mir noch die dritte Person zuerkennte, wie seinen anderen Schimären, aber nein, er will nur mich, für sein Ich. Als er mich hatte, als er ich war, beeilte er sich, mich fallenzulassen, ich existierte nicht, er mochte das nicht, das war kein Leben, freilich existierte ich nicht, er auch nicht, freilich war das kein Leben, er hat es jetzt, sein Leben, auf daß er es verliere, wenn er den Frieden will, und selbst dann. Sein Leben, sprechen wir darüber, das mag er nicht, er hat begriffen, nämlich daß es nicht seines ist, es ist nicht er, was für ein Gedanke, ihm so was anzutun, das ist gut für Molloy, für Malone, das sind die Sterblichen, die glücklichen Sterblichen, aber er, kein Gedanke daran, so was durchzumachen, er, der sich nie gerührt hat, er, der ich ist, wenn man alles in Betracht zieht, und was alles und wie in Betracht zieht, er brauchte nur nicht dahin zu gehen. So spricht er, heute abend, so läßt er mich sprechen, so spricht er zu sich, so spreche ich, es gibt nur mich, mit meinen Schimären, heute abend, hier, auf Erden, und eine Stimme, die kein Geräusch macht, weil sie niemanden angeht, und einen Kopf voller Kriegsmüder und sofort wieder aufgestandener Toter, und einen Körper, ich hätte ihn beinahe vergessen. Heute abend, ich sage heute abend, es ist vielleicht Morgen. Und alle diese Dinge, welche Dinge, um mich herum, ich will sie nicht mehr leugnen, es lohnt sich nicht mehr. Wenn es die Natur ist, sind es vielleicht Bäume und Vögel, sie gehören zusammen, Wasser und Luft, damit alles weitergehen kann, ich brauche die Einzelheiten nicht zu kennen. Ich sitze vielleicht unter einer Palme. Oder es ist ein Zimmer, mit seinen Möbeln, alles Nötige, um das Leben bequemer zu machen, nur wenig Licht, wegen der Mauer vor dem Fenster. Was ich tue, ich spreche, ich lasse meine Schimären sprechen, das kann nur ich sein. Ich muß auch schweigen und lauschen und dann die Geräusche des Ortes hören, die Geräusche der Welt, na, bemühe ich mich nicht, vernünftig zu sein. Das ist mein Leben, warum nicht, es ist eines, wenn man will, wenn man absolut darauf besteht, ich sage nicht nein, heute abend. Es bedarf dessen, wie es scheint, sobald Sprache da ist, es ist keine Geschichte erforderlich, eine Geschichte ist nicht unerläßlich, nur ein Leben, das ist der Fehler, den ich gemacht habe, einer der Fehler, eine eigene Geschichte gewollt zu haben, wo das bloße Leben genügt. Ich mache Fortschritte, es wurde Zeit, ich werde schließlich mein dreckiges Maul halten können, wenn nichts Vorhergesehenes eintritt. Aber jener, der kommt und geht, der es schafft, den Ort zu wechseln, ganz allein, selbst wenn ihm nichts geschieht, eben, jener da. Ich, ich bleibe hier sitzen, wenn ich sitze, oft fühle ich mich sitzen, manchmal stehen, es ist das eine oder das andere, oder liegen, das ist noch eine Möglichkeit, oft fühle ich mich liegen, es ist eins von den dreien, oder knien. Auf der Welt zu sein, das ist die Hauptsache, die Positur ist nicht so wichtig, wenn man nur auf Erden ist. Atmen, mehr wird nicht verlangt, Herumirren ist keine Pflicht, Gastfreundlichsein auch nicht, man kann sich sogar für tot halten, vorausgesetzt, daß man es bemerkbar macht, kann man sich ein milderes Reglement erträumen, ich weiß nicht, ich träume nicht. Es nützt unter solchen Bedingungen nichts, zu sagen, ich sei woanders, ein anderer, wie ich bin, habe ich alles Nötige bei der Hand, um was zu tun, ich weiß nicht, das, was ich zu tun habe, endlich bin ich wieder allein, welche Erleichterung muß das sein. Ja, es gibt Momente, wie in diesem Moment, wie heute abend, da es beinahe den Anschein hat, als sei ich dem Reich des Möglichen wieder anheimgegeben. Dann geht es vorbei, alles geht vorbei, ich bin wieder weit weg, ich habe noch eine Geschichte in weiter Ferne, ich erwarte mich in der Ferne, damit meine Geschichte beginne, damit sie ende, und wieder kann diese Stimme nicht meine sein. Dahin ginge ich, wenn ich gehen könnte, der dort wäre ich, wenn ich sein könnte.

V

Ich führe das Protokoll, ich führe die Feder, bei den Verhandlungen ich weiß nicht welcher Sache. Warum wollen, daß es meine sei, mir liegt nichts daran. Da gehts schon wieder los, das ist die erste Frage heute abend. Richter und Partei sein, Zeuge und Anwalt, und der Aufmerksame, der Gleichgültige, der das Protokoll führt. Es ist ein Bild in meinem kraftlosen Kopf, wo alles schläft, alles tot ist, noch ungeboren, ich weiß nicht, oder vor meinen Augen, sie sehen die Szene, einen Augenblick, sie zwängt sich zwischen die Lider, ein Augenzwinkern lang. Schnell schließen sie sich wieder, um in den Kopf zu blicken, um zu versuchen, darin zu sehen, um mich darin zu suchen, um irgend jemand darin zu suchen, im Schweigen einer ganz anderen Justiz, in den Netzen jener unergründlichen Instanz, wo Sein Schuldigsein heißt. Eben darum zeigt sich nichts, schweigt alles, hat man Angst, geboren zu werden, nein, man will es wohl, um mit dem Sterben zu beginnen. Man, das heißt ich, das ist nicht dasselbe, dort, wo ich mich abmühe, sehen zu wollen, kann es kein Wollen geben. Ich könnte aufstehen, eine Runde machen, ich sehne mich danach, aber ich werde es nicht tun. Ich weiß, wohin ich ginge, ich ginge in den Wald, ich würde versuchen, den Wald zu erreichen, es sei denn, ich wäre schon drin, ich weiß nicht, wo ich bin. Jedenfalls bleibe ich. Ich weiß was es ist, ich suche, wie der zu sein, den ich suche, in meinem Kopf, den mein Kopf sucht, den blindlings in seinen Tiefen zu ertasten ich meinem Kopf gebiete. Nein, gib nicht vor zu suchen, gib nicht vor zu denken, bleib nur auf der Lauer, mit hinter den Lidern gespannten Augen, und einer Stimme lauschend, die nicht einem Dritten gehört, und sei es nur einen Moment, eine neue Lüge lang. Ich höre sagen, das muß schon wieder die Stimme der Vernunft sein, das Warten sei vergeblich, ich sollte lieber eine Runde machen, wie man einen Bleisoldaten verschiebt. Und es ist ohne Zweifel immer sie, die antwortet, ich könne nicht, ich, der es soeben noch zu können schien, wenn es nicht das Gefühl ist, das sein Wort anbringt, es ist ja so unberechenbar, abgetan. Pozzo, warum ist er aufgebrochen, er hatte doch ein Schloß und Diener. Verfängliche Frage, damit ich nicht vergesse, daß ich der Angeklagte bin. Manchmal höre ich Dinge, die einen Moment richtig scheinen, einen Moment bedaure ich, daß sie nicht von mir sind. Welche Erleichterung dann, welche Erleichterung, mich auf ewig stumm zu wissen, wenn ich nur nicht darunter litte. Und taub, mir scheint, wenn ich taub wäre, litte ich weniger darunter, stumm zu sein, man höre sich das an, welche Erleichterung, das nicht auf dem Gewissen zu haben. Ja, ja, ich höre sagen, daß ich eine Art Gewissen habe, und damit eine Art Empfindungsvermögen, hoffentlich vergißt der Redner nichts, und daß es mir beim Zuhören und Kritzeln leid tut, ich habe es gehört, es ist notiert. Die Sitzung ist heute abend ruhig, es herrscht manchmal langes Schweigen, während alle mich anschauen, damit wollen sie mich aus der Fassung bringen, ich fühle wirre Schreie in mir aufkommen, es ist notiert. Aus dem Augenwinkel beobachte ich die schreibende Hand, die ganz verschwommen aussieht wegen – wegen des Gegenteils von Entferntsein. Wer sind all diese Leute, es ist der Gerichtshof, dem Bilde nach, aber nur nach diesem, es gibt noch andere, es wird noch andere geben, andere Bilder, andere Leute. Werde ich nie mehr den Himmel sehen, werde ich nie mehr kommen und gehen können, in der Sonne, im Regen, die Antwort lautet nein, alle antworten nein. Es ist ein Glück, daß ich nichts gefragt habe, um solchen Irrsinn beineide ich sie geradezu, ein Echo lang. Der Himmel, ich habe – der Himmel und die Erde, ich habe davon viel reden hören, ich gebe es Wort für Wort wieder, ich erfinde nichts. Ich habe es notiert, ich habe viele Geschichten, die sie zum Hintergrund hatten, notieren müssen, sie erzeugen die Stimmung. Um den Helden herum lassen sie einen großen Abstand, wobei sie sich ringsum zusammenschließen, so daß er sich sozusagen unter einer Haube befindet, unter der er sich doch endlos in alle Richtungen bewegen kann, das verstehe, wer kann, ich bin dafür nicht zuständig. Auch das Meer, ich bin auch über das Meer auf dem laufenden, es gehört zu demselben Bild, ich habe mich sogar wiederholt darin ertränkt, unter verschiedenen falschen Bezeichnungen, daß ich nicht lache, wenn ich nur lachen könnte, alles würde verschwinden, was, wer weiß, alles, ich, abgetan. Ja, ich sehe die Szene, ich sehe die Hand, sie kriecht langsam aus dem Schatten, dem des Kopfes, kehrt dann mit einem Ruck wieder zurück, das geht mich nichts an. Wie ein kurzbeiniges Tierchen rückt sie ein Stückchen ins Freie und zieht sich wieder zurück, was man nicht alles zu hören kriegt, ich gebe es wieder, wie ich es höre. Es ist die Hand des Protokollführers, steht ihm eine Perücke zu, ich weiß nicht, früher vielleicht. Was ich tue, wenn Stille eintritt, die einen rednerischen Effekt deutlich macht oder die Wirkung des Überdrusses, der Ratlosigkeit, der Bestürzung, ich streiche mit dem Mittelglied des Zeigefingers zwischen meinen Lippen hin und her, vielmehr der Kopf bewegt sich, die Hand ruht, mit solchen Kleinigkeiten glaubt man, die Leute zu täuschen. Heute abend ist es so, morgen wird es anders sein, ich werde vielleicht vor dem Konzil erscheinen, es wird das Gericht der höchsten Liebe sein, streng, wie es sich gehört, doch zuweilen zu sonderbaren Nachsichten geneigt, es wird sich um meine Seele handeln. Das ist mir lieber, man wird vielleicht Mitleid für meine Seele erbitten, das darf man nicht versäumen, ich werde nicht da sein, Gott auch nicht, das macht nichts, wir werden vertreten sein. Ja, das wird sicher bald sein, es ist wohl eine Ewigkeit her, daß ich nicht mehr verdammt wurde, ja, jeder Tag hat seine Plage, heute abend führe ich die Feder. Heute abend, es ist immer Abend, man spricht immer vom Abend, sogar wenn es Morgen ist, damit ich glaube, daß die Nacht kommt, die Ruhe bringt. Ich müßte zunächst glauben, ich sei da, dann würde ich alles schlucken, es würde keinen Gutgläubigeren geben als mich, wenn ich da wäre. Ich bin aber da, es ist nicht anders möglich, eben, es ist nicht möglich, es braucht nicht möglich zu sein. Das ist so eine Sache, da sein, wenn man es nicht glauben kann. Es ist ermüdend, in einem Zuge zu gewinnen und zu verlieren, mit den dazugehörigen Emotionen, man ist ja nicht aus Holz, das Urteil fällen, das Barett aufsetzen und aus den Latschen kippen, das ist ermüdend, auf die Dauer, ich bin es müde, ich wäre es müde, an meiner Stelle. Es ist ein Spiel, es wird ein Spiel, ich werde aufstehen, ich werde gehen, wenn nicht ich, dann irgendein anderer, ein Phantom, hoch sollen sie leben, die Phantome, die der Toten, die der Lebenden und die der Ungeborenen. Ich werde ihm nachschauen, mit geschlossenen Augen, es braucht keine Tür, braucht keinen Gedanken, um hinauszugelangen, aus diesem imaginären Kopf, sich mit der Luft zu mischen, mit der Erde, sich davon aufsaugen zu lassen, nach und nach, im Exil. Es spukt ja in mir, sie sollen sich wegscheren, eines nach dem anderen, auch die letzten sollen mich verlassen, und mich leer lassen, leer und still. Sie sind es, die meinen Namen murmeln, die mir von mir erzählen, von einem Ich erzählen, sie sollen gehen, anderen davon erzählen, die ihnen nicht glauben werden, oder die ihnen glauben werden. Sie gehören ihnen, all diese Stimmen, wie ein Geräusch von Ketten in meinem Kopf, sie knirschen mir zu, daß ich einen Kopf habe. Darin ist heute abend Gericht, in der Tiefe dieser gewölbten Nacht, da führe ich das Protokoll, ohne zu verstehen, was ich höre, ohne zu wissen, was ich schreibe. Da wird morgen das Konzil sein, es wird für meine Seele gebetet werden, wie für die eines Toten, wie für die eines in seiner toten Mutter gestorbenen Kindes, damit sie nicht in den Limbus komme, so ist sie, die Theologie. Es wird an einem anderen Abend sein, alles geschieht abends, aber es wird dieselbe Nacht sein, auch sie hat ihre Abende, ihre Morgen und ihre Abende, das ist eine hübsche Vorstellung, damit ich glaube, daß der Tag kommt, der die Phantome verscheucht. Und da sind jetzt Vögel, die ersten Vögel, was ist denn das schon wieder für eine Geschichte, vergiß nicht das Fragezeichen. Es muß das Ende der Sitzung sein, sie ist alles in allem ruhig gewesen. Ja, das kommt vor, da sind plötzlich Vögel, und alles schweigt, einen Moment. Aber die Phantome kommen wieder, sie können noch so weit weggehen, sich unter die Sterbenden mischen, sie kommen wieder, um in den Sarg zu schlüpfen, der so klein wie eine Streichholzschachtel ist, von ihnen habe ich alles, was ich weiß, über die Dinge von droben, und alles, was ich über mich wissen sollte, sie wollen mich erschaffen, sie wollen mich machen, wie die Vogelmutter das Vögelchen, mit Larven, die sie von weither holt, unter Einsatz – ich hätte fast gesagt, unter Einsatz ihres Lebens! Aber jeder Tag hat seine Plage, das da ist ein anderes Protokoll. Ja, man beginnt recht müde zu werden, recht müde von seiner Mühe, recht müde vom Führen der Feder, sie fällt, es ist notiert.

VI

Was geschieht zwischen diesen Erscheinungen? Und wenn es geschähe, daß meine Wärter sich ausruhen und schlafen, bevor sie mich von neuem vornehmen, wenn das geschähe? Es wäre natürlich, daß sie sich erholen. Alle zusammen? Karten sie, ein wenig, kegeln sie, um den Kopf auszuruhen, haben sie Recht auf Erholung? Ich würde, wenn ich Sitz und Stimme hätte, nein sagen, keine Erholung, nur ein wenig Ruhe, eine Brotzeit, aus Vernunftgründen, wegen der Gesundheit. Sie lieben diese Arbeit, ich fühle es! Nein, ich meine in mir, es handelt sich nicht um sie. Schlechte Akustik heute abend, lauter Fetzen, wirklich. Die Neuigkeiten, erinnerst du dich an die letzten Neuigkeiten, vom Abend, die allerletzten, in langsamen, leuchtenden Buchstaben überm Piccadilly Circus, im Nebel? Wo standst du, auf der Schwelle des kleinen geschlossenen Tabakladens an der Ecke der Glasshouse Street, nein, es fällt dir nicht mehr ein, und das nicht ohne Grund. Das ist mitunter so, ein wenig, mitunter ist es das Auge, das anstrengt, und das Schweigen, die Seufzer, wie aus einer des Schreiens müden oder plötzlich alten Traurigkeit, die sich plötzlich alt vorkommt und über sich selbst seufzt, über die schönen Tage, die langen Tage, an denen sie sich unvergänglich schrie, aber das ist eigentlich selten. Meine Wärter, warum Wärter, ich riskiere nicht, fortzugehen, ah, ich verstehe, damit ich mich für einen Gefangenen halte, von Anwesenheit so aufgebläht, daß die Wände, die Mauern, die Grenzen ihr weichen müßten. Zu anderen Zeiten sind es Pfleger, weiß vom Kopf bis zu den Füßen, sogar die Schuhe sind weiß, und dann ist es eine andere Sprache, was aber auf das gleiche hinausläuft. Zu anderen Zeiten sind es koboldartige Wesen, weich und nackt wie Würmer, sie kriechen glucksend auf der Leiche herum, aber gestorben habe ich ebensowenig Erfolg wie sterbend. Zu anderen Zeiten sind es große, tanzende, wie Kastagnetten klappernde Knochenbündel, sauber, und fröhlich wie Neger. Ich ginge wohl mit ihnen, wenn es sogleich sein könnte, warum kann so was nie und nimmer sogleich sein. Hier einige Beispiele. Es ist wechselvoll, mein Leben ist wechselvoll, ich werde zu nichts kommen. Ich weiß wohl, es ist niemand hier, weder ich noch irgend jemand, aber so was sagt man nicht, also sage ich nichts. Anderswo, das sage ich nicht, anderswo, kann es ein Anderswo für dies unendliche Hier geben? Ich weiß, wenn ich nur etwas im Kopf hätte, würde ich entkommen, in meinem Kopf, wie so viele andere, und Schlimmerem als diesem hier, es würde von neuem die Welt sein, in meinem Kopf, und ich in der Tiefe, wie in alten Zeiten. Ich wüßte, daß sich nichts gerührt hat, daß das Wollen genügt, um unterm veränderlichen Himmel auf und ab zu gehen, auf der beweglichen Erde, wie die langen Sommertage lang, die zu kurz für all die Spiele waren, man nannte das Spiele, wenn ich etwas im Kopf hätte. Es wären da von neuem die Luft, die Sonne, die über die Erde gleitenden Schatten des Himmels und diese Ameise, diese Ameise, nur gut, daß ich nichts mehr im Kopf habe. Laß, laß, nichts führt irgendwohin, nichts von alledem, mein Leben ist wechselvoll, man kann nicht alles bekommen, ich werde zu nichts kommen, wann bin ich denn zu irgend etwas gekommen? Als ich arbeitete, den ganzen Tag, und einen Teil der Nacht, das hätte ich fast vergessen, als ich glaubte, daß ich mit Ausdauer dazu käme, mich zu finden? Nun ja, da bin ich, ein kleines Staubkorn in einem kleinen Winkel, das ein aus dem verlorenen Draußen kommender Hauch hochhebt und das der nächste wieder niederschlägt. Ja, ich bin für immer hier, mit den Spinnen und den toten Fliegen, tanzend zum Schwirren ihrer verstrickten Flügel, und ich bin ganz froh darüber, ganz froh, daß ich damit fertig bin, keuchend hinter mir herzulaufen, durch ihr beträntes Tempetal. Mitunter kommt ein Schmetterling, ganz warm von den Blumen, wie schwach er ist, und schnell gestorben, mit ausgebreiteten Flügeln, wie beim Ausruhen in der Sonne, mit grauen Schuppen. Zu streichen, die Wörter lassen sich streichen, und die irrsinnigen Gedanken, die sie erfinden, die Sehnsucht nach jenem Schlamm, wo der Geist des Ewigen wehte und sein Sohn sehr viel später, zu Füßen der Ehebrecherin, mit seiner armseligen göttlichen Fingerspitze schrieb, auszuwischen, nur sagen, nichts gesagt zu haben, auch das ist nichts sagen. Aber was mag wohl daraus geworden sein, in diesem Falle, die Gewebe, die ich war, ich sehe sie nicht mehr, ich fühle sie nicht mehr, um mich herum hängend, in mir, bah, sie werden sich wohl noch irgendwo herumtreiben, wobei sie sich als mich ausgeben. Habe ich jemals daran geglaubt, habe ich mich jemals darin geglaubt, such lieber dort herum, such dort herum lieber, du bist vielleicht immer schon da, ganz simpel, nur vom Gegenteil überzeugt. Die Augen, ja, wenn diese Erinnerungen meine sind, ich habe daran glauben müssen, einen Moment, glauben müssen, mich darin zu sehen, dunkel, in der Tiefe ihrer Perspektiven. Ich sehe mich mit diesen von hier, den seit langem versiegelten, mit denen von damals forschen, ich war wohl zwölf Jahre alt, wegen des runden Spiegels, eines Rasierspiegels mit zwei Seiten, einer vergrößernden und einer getreuen, ein einziges der anderen erforschen, der echten, der echten von damals, und mich darin sehen, mir einbilden, mich darin zu sehen, zusammengekauert weit hinter bläulichen Schleiern, wie ich mich betrachtete, ohne mich zu sehen, mit zwölf Jahren, wegen des Spiegels, des drehbaren, wegen meines Vaters, wenn es mein Vater war, im Badezimmer, von wo aus man das Meer sah, und die Feuerschiffe nachts, und das rote Signal des Hafens, wenn diese Erinnerungen mich angehen, mit zwölf Jahren, oder mit vierzig, denn der Spiegel ist geblieben, mein Vater ist gegangen, aber der Spiegel ist geblieben, worin er sich so sehr verändert hatte, meine Mutter frisierte sich darin, mit zitternden Händen, in einem anderen Haus, von wo aus man nicht das Meer sah, von wo aus man das Gebirge sah, wenn es meine Mutter war, welch ein guter Happen Leben auf Erden. Ich war, ich war, sagen die im Purgatorium, auch die in den Höllen, herrliche Mehrzahl, wunderbare Gewißheit. In Eis getaucht, bis zu den Nasenlöchern, mit von gefrorenen Tränen verklebten Augenlidern, seine Feldzüge noch einmal erleben, welche Ruhe, und sich am Ende seiner Überraschungen wissen, nein, ich habe es wohl schlecht verstanden. Wieviel Stunden noch, bis zur folgenden Stille, es sind keine Stunden, es wird keine Stille sein, wieviel Stunden noch bis zur nächsten Stille? Ah, Bescheid wissen, dies Etwas endlos wissen, dies Etwas, dies Etwas, diesen Wirrwarr aus Stille und Worten, aus Stillen, die keine sind, aus Worten, die nur Raunen sind. Oder wissen, daß es noch Leben ist, eine Form von Leben, geweiht zu enden, wie andere haben enden können, wie andere werden enden können, bevor das Leben endet, in allen seinen Formen. Worte, Worte, meines war immer nur das, wirr, das Babel aus Stillen und Worten, meines, mein Leben, das ich beendet nenne, oder künftig, oder immer noch im Gange, je nach den Worten, je nach den Stunden, wenn es nur noch andauert, in dieser seltsamen Weise. Erscheinungen, Wärter, welche Kinderei, und Kobolde, wenn ich bedenke, daß ich Kobolde sagte, weiß ich überhaupt, was das bedeutet, natürlich weiß ich es nicht, und das, was geschieht, in der Zwischenzeit, als ob ich es nicht wüßte, als ob es zwei Etwas gäbe, etwas anderes als dieses Etwas, was ist das, dieses unnennbare Etwas, das ich nenne, nenne, nenne, ohne es zu verschleißen, und so was heiße ich Worte. Ich bin eben nicht auf die rechten gestoßen, die, welche töten, aus der Säure dieses ekelhaften Breis sind sie mir noch nicht aufgestoßen, aus diesem Wortbrei, mit welchen Worten soll man sie nennen, meine unnennbaren Worte. Ich hoffe jedoch, das schwöre ich, eines Tages eine Geschichte erzählen zu können, noch eine, mit Menschen, Arten von Menschen, wie damals, als ich an nichts zweifelte, an beinahe nichts. Aber zunächst muß ich den Mund schließen und weiter weinen, mit weit geöffneten Augen, damit das kostbare Naß sich frei verliert, ohne die Augenlider zu ätzen, oder die Kristallinse, ich weiß nicht mehr, was es ätzt. Nanu, sollte dies der Ton und Tenor sein, ganz simple Schluchzer? Es wäre zu schön. Übrigens, keine Träne, keine einzige, ich könnte eher noch lachen. Auch nicht. Ernst, ich werde ernst sein, ich werde nicht mehr zuhören, ich werde den Mund schließen und ernst sein, die Stunde ist gekommen, sie ist wiedergekommen. Und würde er wieder geöffnet, wer weiß, so nur um eine Geschichte zu sagen, im wahren Sinne der Worte, des Wortes sagen, des Wortes Geschichte, ich hoffe es, eine kleine Geschichte, mit lebenden Wesen, die auf einer bewohnbaren, mit Toten vollgepfropften Erde hin und hergehen, eine kurze Geschichte, im Kommen und Gehen von Tag und Nacht, wenn sie so lange reichen, die übriggebliebenen Worte, ich hoffe es, ich schwöre es.

VII

Habe ich alles versucht, gut überall herumgespürt, leise, geduldig lauschend, ohne Lärm zu machen? Ich meine es ernst, wie so oft, ich möchte wissen, ob ich alles getan habe, bevor ich mich abschrieb und aufgab. Überall, ich meine an den Orten, wo ich sein konnte, wo ich mich einst aufhielt und darauf wartete, hinauszukönnen, an den bewährten Orten, das ist alles, was ich meinte, als ich überall sagte. Einst, ich meine, als ich mich noch bewegte, als ich fühlte, daß ich mich bewegte, mühsam, kaum, wobei ich im ganzen doch unleugbar den Platz wechselte, was die Bäume, die Sandflächen, die Gipfelluft und die Straßenpflaster bewiesen. Dieser Ton ist verheißungsvoll, er ist eher der vom Vorjahr, der Tage und Nächte, während deren ich ruhig war, trotz allem, während deren ich den unnützen Weg immer wieder zurücklegte, wissend, daß er kurz war und sanft, vom Sirius aus gesehen, und ruhig wie der Tod, im Herzen meines Wahns. Meine Frage, ich hatte eine Frage, ach ja, ob ich alles versucht habe, ich sehe sie noch, aber sie schwindet dahin, leichter als Luft, wie eine Wolke, in einer Mondnacht, vor dem Dachfenster, vor dem Mond, wie der Mond, vor dem Dachfenster. Nein, auf ihre Art, ich kenne sie gut, wie ein Schatten, dem man abends nachschaut, während man an etwas anderes denkt, geistesabwesend, ja, das ists, geistesabwesend, und mit abwesenden Augen, ja, auch mit abwesenden Augen. Ah, wenn man sprechen muß, dann alles ohne Seele sagen, wie in einem Salon, nein, ich habe nur einen einzigen Wunsch, wenn ich ihn noch habe. Aber noch etwas, bevor es ernst wird, ich habe gerade noch Zeit, wenn ich mich beeile, gerade noch Zeit, in der Öde all dieser Zeit. Etwas anderes, ich nenne es etwas anderes, dieses alte Etwas, das ich zu verschweigen mich abmühe, während ich die Momente enteilen sehe, mit Wonne, ich nenne es Wonne, ich spreche von Wonne, anstatt die Gelegenheit auszunützen, sie kehrt so bald nicht wieder, wenn ich mich recht erinnere, doch, kehrt wieder, das ist mein Trost, mit ihrer Fantasia von Momenten. Ich bin es übrigens nicht, ich spreche nicht von mir, ich habe es hunderttausendmal gesagt, sinnlos, mich dafür zu entschuldigen, zu entschuldigen, daß ich von mir spreche, wo es doch X gibt, als Paradigma des menschlichen Geschlechts, das sich beliebig bewegt, mit Freuden und Schmerzen, vielleicht mit Frau und Kindern, bestimmt mit Vorfahren, ein Gerippe nach dem Ebenbild Gottes und ein zeitgemäßer Kopf, vor allem aber zur Bewegung befähigt, vor allem das ist erstaunlich, mit einem so bildhaften Äußeren und einer so lehrreichen Seele, daß fürwahr, von sich zu sprechen, wo es X gibt, nein, zum Glück spreche ich nicht von mir, hör auf, gemeiner Papagei, ich bring dich um. Und wenn ich während dieser ganzen Zeit, die ganze Zeit lang im Wartesaal dritter Klasse des Südostbahnhofs geblieben wäre, ich wagte nie beim Warten auf die Abfahrt die Klasse zu wechseln, wenn ich dort immer noch auf die Abfahrt wartete, nach dem Südosten, richtiger nach dem Süden, im Osten war das Meer, längs der ganzen Schienen, und mich dabei fragte, wo, wo ich nur aussteigen sollte, oder in Gedanken weit weg, woanders. Die letzte Abfahrt war um dreiundzwanzig Uhr dreißig, danach schloß man den Bahnhof, für die Nacht. Was für Erinnerungen, um mich glauben zu lassen, ich sei tot, ich habe es hunderttausendmal gesagt. Aber dieselben kommen immer wieder, wie die Speichen eines drehenden Rades, immer dieselben, die sich alle gleichen, wie Speichen. Und doch frage ich mich, jedesmal, wenn die Stunde wiederkehrt, in der ich es mich fragen muß, ob sich das Rad in meinem Kopf dreht, das frage ich mich, so sehr denke ich mit meinem Blut, und ob es sich nicht hin und her bewegt, wie die Unruhe in ihrem Gehäuse, und zwar nur mühsam in Anbetracht der zu zählenden Unermeßlichkeit und der Tatsache, daß Köpfe sich nur einmal aufziehen lassen, so sehr denke ich mit meinem Atem. Verflixt, da bin ich schon wieder weit weg von der Endstation mit dem hübschen klassizistischen Säulengang, und von dem Klumpen aus Fleisch, Speck, Knochen und Borsten, der auf die Abfahrt wartet, nach er weiß nicht wohin, es sei denn, daß es nach Süden geht, vielleicht eingeschlafen, wobei er seine Fahrkarte, um sich eine Haltung zu verleihen, in der Hand hält, wenn sie nicht zwischen seine Füße gefallen ist, weil der Schlaf alles entkrampft hat, vielleicht träumend, er sei im Himmel, im Himmel ausgestiegen, oder vielmehr auf die Morgendämmerung, der vielmehr auf die Morgendämmerung wartet und auf die Freude, sich sagen zu können: Ich habe den ganzen Tag, um mich zu irren, um mich wieder zu fangen, um mich zu beruhigen, um aufzugeben, ich habe nichts zu fürchten, meine Fahrkarte gilt auf Lebenszeit. Habe ich da haltgemacht, bin ich es schon wieder, der da gerade und steif auf dem Rand der schmalen Bank sitzt, mit den Händen auf den Oberschenkeln, eingedenk der Gefahren des Sichgehenlassens, mit der Fahrkarte zwischen Daumen und Zeigefinger, in diesem Saal, den eine spärlich verglaste, mit einem Groom gewappnete Tür nur mit dem trüben Tageslicht der Bahnsteige beleuchtet, eingesperrt, in der Dunkelheit, da ist es, das bin ich. In diesem Falle ist die Nacht lang und ungewöhnlich still für den, der sich an die Geräusche der Stadt zu erinnern glaubt, trüb, es ist nur noch ein einziges Geräusch, nur noch die unmögliche Erinnerung an ein einziges trübes Geräusch, das die ganze Nacht dauerte, anschwellend und verebbend, aber keinen einzigen Augenblick durch eine Stille gestört, die mit dieser betäubenden Stille vergleichbar wäre. Woraus folgen sollte, aber dem ist nicht so, daß der Wartesaal dritter Klasse des Südostbahnhofs aus der Anzahl der zu besuchenden Orte zu streichen ist, siehe weiter oben, Jahrhunderte weiter oben, daß dieses Denkmal nicht mehr ich ist, und daß man anderswo suchen muß, wenn man es nicht aufgibt, und dafür wäre ich. Aber leise, alle Städte sind nicht ewig, sie ist vielleicht tot, die Stadt dieses Pensums, und der Bahnhof stillgelegt, wo ich mit aufrecht gestrafftem Oberkörper, mit den Händen auf den Oberschenkeln, mit der Ecke der Fahrkarte zwischen Daumen und Zeigefinger auf einen Zug warte, der nie ankommen wird, der nie wieder abfahren wird, in die Natur, oder auf den Anbruch des Tages, hinter der verschlossenen Tür mit der trümmerstaubschwarzen Scheibe. Darum sollte man sich nicht beeilen, Schlüsse zu ziehen, die Gefahr eines Irrtums ist zu groß. Und mich anderswo suchen, da wo das Leben andauert, während ich da bin, von wo sich alles Leben zurückgezogen hat, mit Ausnahme des meinen, wenn ich lebe, nein, das hieße seine Zeit verlieren. Und ich persönlich habe keine Zeit mehr zu verlieren, ich höre es sagen, und daß dies alles sein wird, für heute abend, daß die Nacht naht und es Zeit wird, zu beginnen.

VIII

Nur die Worte zerreißen die Stille, alles andere schweigt nun. Wenn ich schwiege, würde ich nichts mehr hören. Aber wenn ich schwiege, würden die anderen Geräusche wieder beginnen, für die mich die Worte taub machten, oder die wirklich aufhörten. Ich schweige aber, das kommt vor, nein, nie, nicht eine Sekunde. Ich weine auch, unaufhörlich. Es ist eine ununterbrochene Flut von Worten und Tränen. Das alles ohne Überlegung. Aber ich spreche leiser, jedes Jahr etwas leiser. Mag sein. Auch langsamer, jedes Jahr etwas langsamer. Mag sein. Es fällt mir schwer, es zu beurteilen. Die Pausen wären demnach länger, zwischen den Worten, den Sätzen, den Silben, den Tränen, ich verwechsele sie, Worte und Tränen, meine Worte sind meine Tränen, meine Augen mein Mund. Und ich müßte bei jeder kurzen Pause hören, ob es die Stille ist, wie ich sage, indem ich sage, daß nur die Worte sie zerreißen. Eben nicht, es ist immer das gleiche rauschende Raunen, ohne Pause, wie ein einziges endloses und folglich sinnloses Wort, denn das Ende verleiht den Worten ihren Sinn. Mit welchem Recht also, nein, diesmal merke ich, wohin es führt, und ich halte inne, indem ich sage, Mit gar keinem, mit gar keinem. Aber ich setze sie fort, die alte dumme Klage, und stelle mir bis zur Antwort eine neue Frage, die älteste, nämlich, ob das immer so war. Nun ja, ich werde mir etwas sagen (wenn ich es kann), das hoffentlich verheißungsvoll für die Zukunft ist, nämlich, daß ich beginne, überhaupt nicht mehr zu wissen, wie es sich ehemals abspielte (ich habe es gekonnt), und unter ehemals verstehe ich anderswo, die Zeit ist Raum geworden, und es wird keine mehr geben, solange ich hier nicht raus sein werde. Ja, meine Vergangenheit hat mich hinausgeworfen, ihre Gitter haben sich geöffnet, oder ich bin selbst ausgebrochen, vielleicht unterirdisch. Um mich eine Weile frei in einem Traum von Tagen und Nächten herumzuschleppen, träumend, ich ginge, von Jahreszeit zu Jahreszeit, auf eine letzte zu, wie ein Lebender, bevor ich plötzlich hier wäre, ohne Erinnerung. Von da an nichts mehr als Einbildungen und die Hoffnung, mir eine Geschichte zu ersinnen, von irgendwoher gekommen zu sein und dahin zurückkehren oder eines Tages fortfahren zu können, oder aber ohne Hoffnung. Ohne welche Hoffnung, ich habe es gerade gesagt, die, mich lebendig zu sehen, und nicht nur in einem eingebildeten Kopf, ein dem Sand geweihter Kieselstein, unter wechselndem Himmel, und ein wenig den Platz wechselnd, jeden Tag, jede Nacht, als ob das helfen könnte, weniger zu werden, immer weniger, ohne jemals zu verschwinden. Nein wahrhaftig, einfach irgend etwas, ich sage einfach irgend etwas, in der Hoffnung, eine Stimme zu verschleißen, einen Kopf zu verschleißen, oder ohne Hoffnung, ohne Grund, einfach irgend etwas, ohne Grund. Aber das wird enden, es wird eine Endung kommen, oder, noch besser, der Atem wird ausgehen, es wird die Stille sein, ich werde wissen, ob es eine Stille gibt, nein, ich werde niemals etwas wissen. Aber hier rauskommen, das wenigstens. Ich weiß nicht. Und daß die Zeit wiederkehre, der Himmel, die Schritte auf der Erde, die Nacht, die man dummerweise in der Frühe herbeiruft, und der Morgen, den man abends beschwört, nicht mehr anzubrechen. Ich weiß nicht, ich weiß nicht, was das alles heißen soll, der Tag und die Nacht, die Erde und der Himmel, die Rufe und die Beschwörungen. Und ich kann sie ersehnen? Wer sagt denn, daß ich sie ersehne, die Stimme sagt es, und daß es unmöglich sei, daß ich etwas ersehne, das scheint sich zu widersprechen, ich für mein Teil habe keine Meinung. Ich, hier, wenn sie sich auftun könnten, diese kleinen Worte, mich verschlingen und sich wieder schließen könnten, das ist es vielleicht, was gerade geschehen ist. Sie sollen sich also von neuem auftun und mich hinauslassen, in den Wirbel des Lichts, das meine Augen versiegelte, und der Menschen, damit ich versuche, von neuem einer zu sein. Oder man soll mich begnadigen, wenn ich schuldig bin, und mich sühnen lassen, in der Zeit, auf und ab gehend, jeden Tag etwas reiner, etwas abgestorbener. Denken zu wollen, das ist mein Fehler, einer meiner Fehler, selbst auf diese Weise, so wie ich bin, dürfte ich es nicht können, auch auf diese Weise nicht. Wen habe ich nur so schwer beleidigen können, daß ich auf diese unbegreifliche Weise bestraft werde, alles ist unbegreiflich, Raum und Bewußtsein, falsch und unbegreiflich, Leiden und Tränen, bis zu dem alten, paroxysmalen Schrei, Ich bin es nicht, ich kann es nicht sein. Leide ich eigentlich, ob ich es nun bin oder nicht, Hand aufs Herz, gibt es Leiden? Nun ist hier, und hier gibt es doch keine Freimütigkeit, was ich auch sagen mag, es wird falsch sein, und es wird übrigens nicht von mir sein, ich bin hier nur eine Bauchrednerpuppe, ich fühle nichts, ich sage nichts, er hält mich in seinen Armen und bewegt meine Lippen mit einer Schnur, mit einem Angelhaken, nein, Lippen sind nicht nötig, alles ist dunkel, es ist niemand da, wo habe ich bloß den Kopf, ich habe ihn in Irland lassen müssen, in einer Kneipe, er muß noch dort sein, mit der Stirn auf der Theke, mehr hatte er nicht verdient. Aber der andere, der ich bin, blind, taub und stumm, Grund dafür, daß ich hier bin, in dieser schwarzen Stille, ohne mich bewegen und glauben zu können, diese Stimme sei meine. In ihm muß ich mich bis zu meinem Tode verstellen, für ihn bis dahin versuchen, nicht mehr zu leben, in dieser grabähnlichen Gruft, die seine sein soll. Wobei ich doch weiß, daß ich vor Sterblichkeit platze, dort oben, irgendwo in Europa wahrscheinlich, unterm saugenden und drückenden Himmel, jeden Tag etwas mürber, wie gestern in der Pumpe der Gebärmutter. Nein, es gesagt zu haben, überzeugt mich vom Gegenteil, ich habe nie das Licht der Welt erblickt, ebensowenig wie er, das ist eben die ganz negative Schönheit der Sprache, deren Negationen leider das gleiche Schicksal erleiden, was eben ihre Häßlichkeit ist. Den Moment gut wählen und schweigen, sollte dies das einzige Mittel sein, Dasein und Heimat zu haben? Aber ich bin hier, das zumindest ist gewiß, ich kann es noch so oft sagen und wiederholen, es bleibt wahr. Ja? Es fällt mir schwer, es zu beurteilen. Weniger wahr und weniger gewiß, als wenn ich sage, ich sei auf Erden, zur Welt gekommen und mir sei zugesagt, sie zu verlassen, darum sage ich es geduldig variierend, versuchend zu variieren, denn man kann nie wissen, es handelt sich vielleicht nur darum, auf das richtige Aggregat zu stoßen. Um endlich nicht mehr hier zu sein, niemals hier gewesen zu sein, sondern seit all der Zeit dort oben, mit einem Namen wie ein Hund, damit man mich rufen kann und mit besonderen Kennzeichen, damit man mich ausfindig machen kann, während die Brust sich von selbst füllt und leert und nach der großen Apnoe lechzt. Das richtige Aggregat, davon gibt es doch vier Millionen mögliche, besser wahrscheinliche, nach Aristoteles, der alles wußte. Aber was sehe ich, und womit, ein weißer Stock und ein Hörrohr, wo denn, auf der Place de la République, zur Pernodstunde, das wollen wir uns mal näher ansehen, ich bin es vielleicht endlich. Der in Ohrhöhe schwebende Schalltrichter gleicht plötzlich einer Dampfsirene, wie jene, die meinen steamers gestattet, in den Nebel zu stechen, mit halber Fahrt, das dürfte die Epoche bestimmen, auf etwa fünfzig Jahre genau. Der Stock tastet sich vor und stößt mit seinem beschlagenen Ende an die edlen Grundmauern der Magasins Réunis, es ist wahrscheinlich Winter, jedenfalls nicht Sommer. Ich erblicke, wenn ich mich etwas anstrenge, ebenfalls verschwommen, eine Melone, die man leider eine lächerliche Synthese von all denen nennen könnte, die mir nie gestanden haben, und an der anderen Extremität, ebenfalls verdächtige, zerrissene und klaffende gelbe Halbschnürstiefel. Diese Insignien, wenn ich so sagen darf, bewegen sich, wie durch das althergebrachte menschliche Bindemittel verbunden, gleichzeitig voran, halten an und ziehen, durch die breiten Schaufenster bestätigt, weiter. Das Niveau des Hutes, und folglich des Hörrohrs, verheißt mir ein wenig Zukunft als Zwerg oder zumindest als Buckligem. All das steht mir frei, all das ist verlokkend. Werde ich da hineinschleichen, werde ich versuchen, meine Traumgebrechen noch einmal davon profitieren zu lassen, damit sie Fleisch werden und, sich verschlimmernd, um diesen grandiosen Platz kreisen, den ich vielleicht mit dem Bastille-Platz verwechsele, bis sie würdig für den nahen Père-Lachaise-Friedhof befunden werden, oder, besser noch, beim Versuch, die Straße zur Vesperstunde zu überqueren, vorzeitig Linderung finden. Nein, die Antwort lautet nein, denn beim Kreisen, und sogar im höchst pathetischen Moment des Ausstreckens der Hand, oder des Hutes, ohne vorherigen Gesang oder irgendein anderes Zugeständnis an die Eigenliebe, auf der Terrasse eines Cafés oder in einem Metroschacht, wüßte ich, daß ich es nicht bin, wüßte ich mich hier, bettelnd in anderer Finsternis, in anderer Stille, um ein anderes Almosen, nämlich das, zu sein oder aber, noch besser, aufzuhören, ohne gewesen zu sein. Und die vergebens alte Hand würde den Obolus fallen lassen, und die alten Füße würden wieder weitergehen, zu einem noch vergeblicheren Tod als dem von irgendwem.

IX

Wenn ich sagte, Dort gibt es einen Ausweg, dort irgendwo gibt es einen Ausweg, der Rest würde sich finden. Worauf warte ich nur, um es zu sagen, um es zu glauben? Und was bedeutet der Rest? Werde ich antworten, versuchen zu antworten, oder aber weitermachen, als ob ich nichts gefragt hätte? Ich weiß nicht, ich kann nichts wissen, weder im voraus, noch nachher, noch gleichzeitig, die Zukunft wird es lehren, ein naher oder ferner Moment, ich werde nicht hören, ich werde nicht verstehen, so sehr stirbt alles, kaum geboren. Und die Ja und Nein bedeuten nichts in diesem Munde, sie sind wie Mühsal skandierende Seufzer, oder sie sind Antworten auf eine nicht begriffene Frage, auf eine stumme Frage, in den Augen eines Stummen, eines Zurückgebliebenen, der nicht begreift, der nichts begriffen hat, der sich in einem Spiegel erblickt, der vor sich blickt, in die Wüste, mit aufgesperrten Augen, ja seufzend, nein seufzend, dann und wann. Es tut sich ja was im Kopf, das kommt vor, was heißt, daß dieselben Dinge wiederkehren, die einander mitreißen oder vorantreiben, man braucht nicht zu wissen welche. Es geht mechanisch, wie die großen Kälten, die großen Hitzen, die langen Tage, die langen Nächte, des Mondes, das ist meine Überzeugung, denn ich habe Überzeugungen, wenn sie an der Reihe sind, dann habe ich keine mehr, so ist das, man muß es glauben, das heißt, man muß es sagen, da ich es gerade sagte. Der Ausweg, heute abend ist der Ausweg an der Reihe, könnte man es nicht für ein Duo halten, oder für ein Trio, ja, mitunter hört es sich so an, dann geht es vorüber und hört sich nicht mehr so an, hat sich niemals so angehört, hört sich wie nichts an, gleicht nichts, die Frage erhebt sich nicht, die Frage nach dem, was es ist. Welche Mannigfaltigkeit und zugleich welche Monotonie, wie mannigfaltig es ist und zugleich wie, wie soll man sagen, wie monoton. Wie bewegt es ist und wie ruhig zugleich, welche Wechselfälle im Herzen welches Unveränderlichen. Momente des Zögerns, eher seltene als häufige, wenn man wählen müßte, und schnell überwundene, zugunsten der alten Crux, von der zunächst alles abhängt, dann viel, dann wenig, dann nichts. Das ist es, Wortschwall, umhülle mich, Wortlawine, damit von niemandem mehr die Rede sei, weder von einer zu verlassenden Welt noch von einer zu erreichenden, auf daß es damit zu Ende sei, mit den Welten, den Personen, den Worten, dem Elend, dem Elend. Und kaum ist das gesagt, Ah, sage ich mir, damit hätte man rechnen müssen, wenn ich nur sagen könnte, Dort gibt es einen Ausweg, dort irgendwo gibt es einen Ausweg, wäre alles gesagt, es wäre der erste Schritt auf dem langen, gangbaren Weg, Endstation Grab, schweigend zu gehen, Schrittchen für Schrittchen, nicht wieder rückgängig zu machende, in den langen Gängen zuerst, dann in tödlicher frischer Luft, durch Tage und Nächte, immer schneller, nein, immer langsamer, aus leicht begreiflichen Gründen, und dabei doch immer schneller, aus anderen leicht begreiflichen Gründen, oder aus denselben, anders begriffenen, oder genauso begriffenen, aber in einem anderen Moment, einem früheren Moment, einem späteren Moment, oder im selben Moment, es gibt ihn nicht, es würde ihn nicht geben, ich fasse zusammen, unmöglich. Wüßte ich, woher ich gekommen bin, nein, ich hätte eine Mutter, ich hätte eine Mutter gehabt, und woraus ich hervorgegangen bin, mit welcher Mühe, nein, ich hätte es vergessen, alles vergessen, was läßt mich dies sagen, was mich jenes sagen läßt, was mich alles sagen läßt, und das ist nicht sicher, nicht so sicher wie es die Mutter wäre, wie es das Grab wäre, wenn es einen Ausweg gäbe, wenn ich sagte, daß es einen Ausweg gäbe, laßt es mich sagen, Dämonen, nein, ich werde nichts verlangen. Ja, ich hätte eine Mutter, ich hätte ein Grab, ich wäre nicht hieraus hervorgegangen, man geht hieraus nicht hervor, das ist hier mein Grab und meine Mutter, heute abend ist das alles hier, ich bin tot und in Geburt begriffen, ohne geendet zu haben, ohne beginnen zu können, das ist mein Leben. Wie vernünftig dies ist, und worüber beklage ich mich nur, nicht mehr auf und ab zu gehen, vor dem Friedhof, indem ich mir sage, Wenn diese Komödie nur solange dauert, daß ich enden kann, sollte dies meine Klage sein, es ist möglich. Ich hatte recht, besorgt zu sein, und mich dabei zu fragen worüber, und ich suchte auf und ab gehend, was es wohl sein könnte, und ich fand es, indem ich mir sagte, Das bin ich nicht, ich habe noch nicht begonnen, man hat mich noch nicht gesehen, und indem ich mir sagte, Doch, doch, das bin ich, und zwar, was mehr ist, im Begriff, nicht mehr zu sein, und den Schritt beschleunigend, um vor der folgenden Bedrängnis anzukommen, als liefe ich auf der Zeit, und indem ich mir sagte, und und so weiter. Ich blieb sicherlich nicht unbemerkt, seit all der Zeit, und doch hätte man nicht gesagt, daß ich nicht unbemerkt blieb. Ich meine nicht das Guten-Tag-Sagen, es hätte niemanden so verwirrt wie mich, fast ebenso wie ein Zeichen mit dem Kopf, oder mit der Hand. Aber die anderen Zeichen, die nicht zu unterdrückenden, Zuckungen und Grimassen, durch die man unwillkürlich von den Leuten bestätigt wird, auch die nicht, scheint mir, wenn nicht vielleicht seitens der immerhin gut abgerichteten, mit Scheuklappen versehenen Pferde, die die Leichenwagen zogen, und auch da maß ich mir vielleicht zuviel Ehre an. Fürwahr, ich finde kein einziges Gesicht wieder, das ist doch der Beweis dafür, daß ich nicht da war, nein, das beweist nichts. Die Tatsache aber, nicht belästigt worden zu sein, ist es möglich, daß ich dafür unempfindlich geblieben bin. Leider glaube ich, daß sie sich bei mir zu den verbindlichsten Roheiten hätten hinreißen lassen können, ich sage nicht, ohne daß ich es gemerkt hätte, aber ich sage, ohne daß es mir geholfen hätte, mich mehr dort zu fühlen als anderswo. Und ich habe vielleicht die Hälfte meines Lebens in den Gefängnissen ihres Arkadiens verbracht, um für die Delikte der anderen Hälfte zu büßen, ohne daß mir mein problematisches Wacheschieben, in der Freiheit, vor dem Friedhofstor, durch einen einzigen Augenblick Rast erleichtert zu werden schien. Und wenn sie aus Überdruß, zu sehen, wie ich mich nach jeden Zwangsferien erhob und wieder zum Friedhofstor zurückkehrte, sich erlaubt hätten, ihren Schlägen ein wenig Nachdruck zu verleihen, gerade genug, um den Tod zu vergönnen, ohne sich im geringsten über die Leiche herzumachen, dort, am Friedhofstor, wo ich erschienen war, am gleichen Morgen, nachdem man mich nach bezahlter Schuld, an die Gesellschaft, kaum wieder losgelassen hatte, und meinem alten Vergehen wieder frönte, hin und her, bald mit langsamen, bald mit hastigen Schritten, gleich denen des Verschwörers Catilina, als er auf den Ruin des Vaterlandes sann, wobei ich mir sagte, Das bin ich nicht, doch ich bins, und wobei ich mir sagte, Dort gibt es einen Ausweg, nein, nein, ich verwechsele etwas, ich muß hier und dort verwechseln, jetzt und damals, genauso wie ich sie damals verwechselte, das Hier von damals, das Damals von dort, mit anderen Räumen und anderen Zeiten, schlecht wahrgenommen, aber nicht schlechter als jetzt, jetzt, da ich hier bin, wenn ich hier bin, und nicht mehr dort, vor dem Friedhof, ratlos auf und ab gehend. Oder habe ich mich nur hingesetzt, am Ende, mit dem Rücken an die Mauer, vor mir die lange Nacht, während der die Toten im Totenhemd auf ihrem Totenbett oder im Sarg liegend darauf warten, daß die Sonne aufgeht. Was mache ich bloß, ich versuche, festzustellen, wo ich bin, um gegebenenfalls anderswohin gehen oder mir sagen zu können, Nur warten, man möge mich abholen, das ist mein Eindruck, mitunter. Dann vergeht er und, nein, ich merke, daß es nicht so ist, es ist etwas anderes, schwer zu Fassendes, das ich nicht fasse, oder fasse, je nachdem, und das läuft auf das gleiche hinaus, denn das ist es auch nicht, sondern noch etwas anderes, oder das erste, das wiederkehrt, oder es ist immer dasselbe, dieselbe Sache, die sich meiner Ratlosigkeit anbietet und verschwindet, bevor sie sich ihr von neuem anbietet, meiner ungestillten oder vorübergehend verhungerten Ratlosigkeit. Der Friedhof, ja, dorthin werde ich zurückkehren, heute abend dorthin, von meinen Worten getragen, wenn ich hier raus könnte, das heißt, wenn ich sagen könnte, Dort gibt es einen Ausweg, dort irgendwo gibt es einen Ausweg, genau zu wissen wo, wäre eine einfache Frage der Zeit, und der Geduld, und des folgerichtigen Denkens, und des treffenden Ausdrucks. Aber der Körper, um dorthin zu gehen, wo ist der Körper? Das ist nebensächlich, das ist nebensächlich. Und ich bin ruhig, ich würde dorthin gehen, zum Ausweg, früher oder später, wenn ich sagte, er sei dort, irgendwo, die anderen Worte würden mir einfallen, früher oder später, und das Nötige, um dorthin gehen zu können, und dorthin zu gehen, und hindurchzugehen, und die schönen Dinge zu sehen, die der Himmel trägt, und die Sterne wiederzusehen.

X

Aufgeben, es ist doch alles aufgegeben, das ist nichts Neues, ich bin nichts Neues. Es hat also einmal etwas gegeben. Man muß glauben, es sei wahr, aber wissen, daß es falsch ist und es nie etwas anderes gab als Aufgeben. Da man aufgeben gesagt hat, sagt man das Aufgeben, ohne es zu meinen. Aber angenommen, es sei nicht so, das heißt, angenommen es sei so, daß es einmal etwas gegeben hat, in einem Kopf, in einem Herzen, in den Händen, bevor sich alles öffnete, leerte, wieder schloß erhärtete. Jetzt sind wir wieder ruhig, nachdem es uns heiß geworden ist, und imstande weiterzumachen, noch einmal. Aber das ist nicht die Stille. Nein, es spricht, irgendwo spricht man. Um nichts zu sagen, gewiß, aber genügt es, um irgend etwas zu bedeuten? Ich sehe, was es ist, der Kopf ist hinter dem Rest zurückgeblieben, sowie sein Anus, der Mund, oder er macht ganz allein weiter, ganz allein auf seinen alten Irrpfaden, seine alte Scheiße scheißend und wieder hinunterschlingend, von den Hängelippen wieder erfaßt wie damals, als er glaubte, ein Ganzes zu sein. Nur das Herz ist nicht mehr dabei, der Appetit auch nicht. Und da ist sie, da ist sie wieder, unverfälscht, auf meinem Aktivposten, diese alte, niemals gleiche, aber für immer beendete, für immer endende Vergangenheit, und alles, was sie an Verheißungen für morgen und an Trost für sofort enthält. Und ich bin wieder in guten Händen, sie halten mir den Kopf, von hinten, sonderbare Einzelheit, wie beim Friseur, und mit ihren Zeigefingern halten sie mir die Augen zu und mit ihren Mittelfingern die Nasenlöcher und mit ihren Daumen die Ohren, aber schlecht, damit ich höre, aber schlecht, und mit den vier anderen behandeln sie Kiefer und Zunge, damit ich ersticke, aber schlecht, und zu meinem Besten sage, was ich sagen muß, zu meinem künftigen Besten, das alte Lied, und zwar in diesem Moment, daß es nur ein schlechter Moment ist, der durchzumachen ist, ein Moment der Rast, der sich ohne sie fatal auf mich hätte auswirken können, und daß ich eines Tages wieder wissen werde, daß ich war, und ungefähr wer, und wie ich weitermachen und für mich allein sprechen soll, freundlich, über meine Wenigkeit und über die bleichen Ihresgleichen. Und es mag sein, denn ich darf es noch nicht zu laut behaupten, es würde mir nichts einbringen, daß noch andere Finger, mag sein, daß noch andere Finger, andere Fühler, so ist es, andere gute Schröpfköpfe, aber wir wollen uns nicht mit solchen Kleinigkeiten aufhalten, meine Erklärungen notieren, damit ich mir am Ende des unendlichen Deliriums, wenn es jemals wieder von neuem beginnt, nicht den Vorwurf zuziehe, einmal schlapp gemacht zu haben. Es geht schlecht, schlecht, aber es geht, das ist schon etwas. Und nebenan, mag sein, daß man nebenan und rundherum andere Seelen massiert, in Ohnmacht gefallene Seelen, die krank sind, weil sie zuviel gedient haben, oder nicht dienen konnten, aber noch geeignet zum Dienst sind, oder bestimmt zum Wegwerfen, bleiche Seelen, die meiner gleichen. Oder ist es der Ort und die Stunde unserer endlichen Übergabe an die Körper, wie die der Körper an die Erde in der Stunde ihres endlichen Todes, und zwar dort, wo sie sterben, um zusätzliche Kosten zu vermeiden, oder einer neuen Verwendung von Seelen, Seelen gestorbener Kinder, oder von vor dem Körper gestorbenen, oder jung gebliebenen, inmitten der Trümmer, oder von solchen, die nicht gelebt haben, nicht zu leben wußten, aus dem einen oder anderen Grunde, oder von unsterblichen Seelen, so was muß es auch geben, die sich immer im Körper getäuscht haben, die jedoch vom richtigen inmitten der zu gebärenden Scharen erwartet werden, vom richtigen Grabeskörper, denn die lebenden sind alle bedient. Nein, keine Seelen, keine Körper, weder Geburt noch Leben, noch Tod, man muß ohne all das weitermachen, all das ist an Worten gestorben, all das ist zuviel Worte, sie können nichts anderes sagen, sie sagen, es gäbe nichts anderes, daß hier nichts anderes sei, aber sie werden es nicht mehr sagen, sie werden es nicht immer sagen, sie werden etwas anderes finden, ganz gleich was, und ich werde weitermachen können, nein, ich werde aufhören können, oder ich werde beginnen können, eine brühwarme Lüge, und die meine Zeit mitmachen wird, die mir eine Zeit machen wird, die mir einen Ort machen wird, und eine Stimme und eine Stille, eine Stimme aus Stille, die Stimme meiner Stille. Mit solchen Aussichten wollen sie einen geduldig stimmen, wo man doch geduldig ist, und ruhig, irgendwo ist man ruhig, welche Ruhe hier, fein, ich werde sie sagen, die Ruhe von hier, und wie wohl ich mich fühle, und wie still, ich werde mich daranmachen, die Ruhe und die Stille, die nichts jemals gestört hat, die nichts jemals stören wird, die ich, indem ich es sage, nicht stören werde und auch nicht, indem ich sage, sie sagen zu müssen, ich werde das alles morgen abend sagen, ja, morgen abend, kurzum, an einem anderen Abend, nicht heute abend, heute abend ist es zu spät, um es gut zu machen, ich werde schlafen, um mir sagen zu können, mich sagen zu hören, ein wenig später, Ich habe geschlafen, er hat geschlafen, aber er wird nicht geschlafen haben, oder aber er schläft, er wird nichts getan haben, nichts als weiterzumachen, was weiterzumachen, das, was er macht, ohne Pause, das heißt, ich weiß nicht, aufgeben, ich werde weiter aufgegeben haben, ohne irgend etwas gehabt zu haben, ohne da zu sein.

Wenn ich denke, nein, das geht nicht, wenn die kommen, die mich gekannt haben, und die mich sogar noch kennen, vom Sehen natürlich, oder am Geruch, wenn ich daran denke, ist es, als ob, was denn, ich weiß nicht, ich weiß nicht mehr, ich hätte nicht beginnen sollen. Wenn ich wieder begönne und dabei achtgäbe, es führt manchmal zu guten Ergebnissen, man muß es versuchen, ich werde es versuchen, an einem der nächsten Tage, einem der nächsten Abende oder heute abend, bevor ich verschwinde, von dort oben, von hier unten, von den uralten Worten weggefegt. Ach was, eben nicht, eben nicht, ich dachte nicht mehr daran, ich war nicht mehr ganz dabei, eben nicht. Denn ich bin noch unterwegs, über Ja und über Nein, nach einem noch zu Nennenden, damit er mich in Frieden läßt, damit er den Frieden hat, damit er nicht mehr ist, damit er nie gewesen ist. Nennen, nein, nichts ist nennbar, sagen, nein, nichts ist sagbar, was denn, ich weiß nicht, ich hätte nicht beginnen sollen. Ihn dem Repertoire hinzufügen, das ists, und ihn verhunzen, wie ich mich verhunze, totes Stück für totes Stück, Abend für Abend, und Nacht für Nacht, und die ganzen Tage lang, aber es bleibt Abend, wie kommt es, daß es immer Abend ist, ich werde es sagen, um es gesagt zu haben, um es hinter mir zu haben, ein Augenblickchen. Die Zeit ist es nämlich, die in der Abendständchenstunde nicht mehr kann, es sei denn, es wäre die Morgenröte, nein, ich bin nicht draußen, ich bin unter der Erde, oder irgendwo in meinem Körper, oder in einem anderen Körper, und die Zeit frißt immer weiter, aber nicht mich, das ists, darum bleibt es eben Abend, damit ich das Beste vor mir habe, die lange, schwarze Nacht, um darin zu schlafen, das ists, ich habe geantwortet, ich habe auf etwas geantwortet. Oder es ist im Kopf, wie eine Minutenuhr, eine Sekundenuhr, oder es ist wie ein Stückchen Meer, unter dem vorbeiziehenden Leuchtturm, vorbeiziehendes Meer unter dem vorbeiziehenden Leuchtturm. Leidige Worte, um mich glauben zu machen, daß ich da sei, und daß ich einen Kopf habe, und eine Stimme, einen Kopf, der dieses glaubt, der jenes glaubt, der nicht mehr glaubt, weder an sich selbst, noch an etwas anderes, aber einen Kopf, und eine dazugehörige Stimme, oder die Stimme anderer, anderer Köpfe, als wenn es zwei Köpfe gäbe, als wenn es einen Kopf gäbe, oder eine hohle, eine hohle Stimme, aber eine Stimme. Doch ich lasse mir nichts weismachen, in diesem Moment lasse ich mir nichts weismachen, in diesem Moment bin ich nicht da, und mehr noch, ich bin nicht woanders, weder als Kopf, noch als Stimme, noch als Hode, schade, schade, daß ich nirgendwo als Hode bin, oder als Fotze, da irgendwo jedenfalls, ein Härchen im Vlies, es kriegt tolle Dinge zu sehen, und von oben herab, na ja, so ist es. Und ich lasse sie sagen, meine Worte, die nicht mir gehören, mir, diesem Wort, diesem Wort, das sie sagen, aber vergebens sagen. Es geht voran, es geht voran, und wenn die kommen, die mich gekannt haben, schnell, schnell, es ist als ob, nein, zu früh. Aber ich schaffe es, kuckuck, da bin ich wieder, um der Sache willen, wie die Quadratwurzel von minus eins, ich, hochschulreif, sehen wir uns das mal an, diesen bleichen, mit Tinte und Marmelade beschmierten Kopf, ein caput mortuum einer fleißigen Jugend, mit abstehenden Ohren, schielenden Augen, spärlichem Haar, schäumendem Munde und kauend, was kaut er, Schleim, ein Gebet, eine Lektion, von allem etwas, ein für jeden Zweck gelerntes Gebet, vor dem Ende der Seele, und das ganz verkehrt auftaucht, in dem alten Mund, der am Ende seiner Worte ist, in dem alten Kopf, der nicht mehr zuhört, schon bin ich alt, das geht schnell, eine alte Rotznase, hochschulreif, im Zwei-Personen-Pissoir der Rue d'Assas, wo das Spülwasser genauso zischt wie vor sechzig Jahren, meinem liebsten, wegen der Reizwirkung, es hört sich an, wie wenn Mama pfeift, mit der Stirn an der Trennungswand, inmitten von Graffiti, mit der Prostata drückend, hüstelnd die Jungfrau anflehend, bei zugeknöpftem Schlitz, ich erfinde nichts, aus Zerstreuung, oder Erschöpfung, oder Gleichgültigkeit, oder mit Absicht, damit es feuchter würde, ich versteh mich, oder als Krüppel, das ist besser, ohne Hände, ohne Arme, es ist vorzuziehen, alt wie die Welt, verrottet wie die Welt, überall amputiert, auf meinen treuen Stümpfen stehend, vor alter Pisse, alten Gebeten und alten Lektionen platzend, Gerippe, Seele und Schädel eng aneinander, ohne vom Spucken zu sprechen, sprechen wir nicht davon, von schleimgewordenen Schluchzern, direkt aus dem Herzen, jetzt ist das Herz dran, jetzt habe ich ein Herz, jetzt bin ich komplett, abzüglich einiger hochschulreifer Gliedmaßen, einiger ausgedienter, dabei gar nicht stolz, nichts fordernd, von Stoßgebeten geschüttelt, Jesus, Jesus. Abende, Abende, welche Abende denn, woraus bestehend, und wann, ich weiß nicht, aus freundlichem Schatten, freundlichen Himmeln, einer gesättigten Zeit, einer rastenden Zeit, vor der Medianoche, ich weiß es nicht, nicht besser als damals, als ich mir sagte, von drinnen, oder von draußen, von der Nacht, die nahte, oder von unter der Erde, von weitem jedenfalls, Wo bin ich, um nur vom Ort zu sprechen, und wie gemacht, und seit wann, um von der Zeit zu sprechen, und bis wann, und wer ist der Trottel, der nicht weiß, wohin er gehen soll, der nicht anhalten kann, der sich für mich hielt und für den ich mich hielt, ganz gleich was, immer der alte Singsang. Abende von damals, aber woraus besteht dieser Abend, der gar nicht endet, wo ich allein bin, da ist es, wo ich bin, wo ich damals war, wo ich immer gewesen bin, von wo ich zu mir sprach, von wo ich zu ihm sprach, und wo ist er hin, er, den ich sah, immer noch auf der Straße, wahrscheinlich, es ist möglich, der nicht weiß, wohin er gehen soll, der nicht anhalten kann, ohne Stimme, die zu ihm spricht, ich spreche nicht mehr zu ihm, ich spreche nicht mehr zu mir, ich habe niemand mehr zum Sprechen, und ich spreche, eine Stimme spricht, die nur meine sein kann, weil nur ich da bin. Ja, ich habe ihn verloren, und er hat mich verloren, aus den Augen verloren, aus den Ohren verloren, das wollte ich ja, ist es möglich, daß ich es gewollt habe, daß ich dies gewollt habe, und er, was wollte er, er wollte anhalten, vielleicht hat er angehalten, ich habe angehalten, aber ich habe mich doch nie bewegt, vielleicht ist er tot, ich bin tot, aber ich habe doch nie gelebt. Er aber ging auf und ab, Beweis für die Lebendigkeit, durch die Abende von damals, die sich auch bewegten, Abende mit Enden, Abende mit Nächten, ohne ein Wort zu sagen, ohne ein Wort sagen zu können, nicht wissend wohin, nicht anhalten könnend, meinen Schreien lauschend, schreien hörend, dies sei kein Leben, als ob er es nicht wüßte, als ob es sich um seines handelte, das eins war, das ist eben der große Unterschied, es war die gute Zeit, ich wußte weder, wo ich war, noch wie ich gemacht war, noch seit wann, noch bis wann, wogegen jetzt, das ist eben der große Unterschied, jetzt weiß ich es, es ist nicht wahr, aber ich sage es, das ist eben der große Unterschied, ich bin im Begriff, es zu sagen, ich werde es sagen, ich werde es endlich sagen, dann enden, ich werde enden können, ich werde nicht mehr sein, es wird der Mühe nicht wert sein, es wird nicht mehr nötig sein, es wird nicht mehr möglich sein, aber es ist der Mühe nicht wert, es ist nicht nötig, es ist nicht möglich, so denkt es sich fort. Nein, man muß etwas anderes finden, einen besseren Grund, damit es aufhört, ein anderes Wort, eine bessere Idee, im Negativ zu benützen, ein neues Nein, das alle anderen annulliert, alle die alten Neins, die mich hier hineingetaucht haben, in die Tiefe dieses Ortes, der keiner ist, der nur eine Zeit ist, eine vorläufig ewige, der Hier heißt, und dieses Wesens, das Ich heißt und keines ist, und dieser unmöglichen Stimme, all die alten Neins, die in der Finsternis hängen und wie eine Leiter aus Rauch schwanken, ja, ein neues Nein, das sich nur einmal sagen läßt, das seine Falltür öffnet und mich, den Schatten und das Geschwätz, in eine Abwesenheit verschlingt, die nicht so vergeblich ist wie die der Existenz. Oh, ich weiß, daß es nicht so geschehen wird, daß nichts geschehen wird, daß nichts geschehen ist, und daß ich immer noch, und besonders seitdem ich es nicht mehr glauben kann, bin, was man lebendig nennt, im Fleische irgendwo dort oben in ihrem tripperig tropfenden Licht, im Begriff, mich totzureden. Und eben darum ist es, wenn die Stunde jener, die mich kannten, kommt, diesmal wirds gehen, wenn die Stunde jener, die mich kennen, kommt, als ob ich unter ihnen wäre, das hatte ich eben zu sagen, unter ihnen mich kommen sehend, und mir dann kopfschüttelnd nachschauend und sagend, Ist er es wirklich, ist es möglich, bevor ich mit ihnen wieder einen Weg beschreite, der nicht meiner ist, und der mich mit jedem Schritt von jenem anderen entfernt, der es auch nicht sein kann, oder allein zurückbleibe, zwischen zwei auseinanderstrebenden Träumen, niemanden kennend, von niemandem gekannt, das ist im Grunde das, was ich zu sagen hatte, alles, was ich wohl zu sagen hatte, heute abend.

XII

Es ist eine Winternacht, dort wo ich war, sein werde, erinnert, eingebildet, ganz gleich, an mich glaubend, glaubend, daß ich es sei, nein, nicht der Mühe wert, da es die anderen gibt, wo denn, in der Welt der anderen, der langen tödlichen Strecken, unterm Himmel, mit einer Stimme, nein, nicht der Mühe wert, und das Nötige zum Bewegen, von Zeit zu Zeit, auch nicht, da die anderen vorbeigehen, die wirklichen, aber auf Erden, sicherlich auf Erden, für die Dauer eines neuen Todes, eines neuen Erwachens, bis es hier anders wird, bis etwas anders wird, das besser geboren werden, besser sterben, oder aber wiederauferstehen läßt, in die, aus der Tiefe dieses Raunens von Erinnerung und Traum. Eine Winternacht, ohne Mond, ohne Sterne, aber hell, er sieht seinen Körper, die ganze vordere Seite, einen Teil der vorderen Seite, was erhellt sie, diese unmögliche Nacht, diesen unmöglichen Körper, es ist in ihm meine Erinnerung, an die wirkliche Nacht, es ist mein Traum, von der Nacht ohne Morgen, und morgen, wie wird er es morgen machen, um morgen zu ertragen, die Dämmerung, den Tag, er wird es wie gestern machen, wie er es gestern machte, um gestern zu ertragen. Es ist wahr, ich bin es nicht, noch nicht, jetzt nicht mehr, es ist ein Veteran, der Tage und Nächte, aber er vergißt, er träumt von mir, zuviel von mir, und die Dämmerung ist noch weit, sie hat vielleicht Zeit, endlich nicht mehr anzubrechen. Das sagt er, mit seiner Stimme, die ihn verläßt, vielleicht diese Nacht, und er sagt, Wie hell ist es, wie werde ich es morgen machen, wie machte ich es gestern, bah, es ist das Ende, morgen ist weit, und wer spricht so zu mir, und wer verleugnet mich so, als hätte ich seinen Platz eingenommen, als hätte ich sein Leben usurpiert, alte Scham, die mich hinderte, zu leben, die Scham, mich lebend am Leben gehindert zu haben, und so weiter, den alten Nonsens brummelnd, mit dem Kinn auf dem Herzen, mit schlenkernden Armen, geknickten Knien, in der Nacht. Wird es ihnen gelingen, mich in ihn hineinzuschieben, die Erinnerung und den Traum von mir, in ihn, der noch lebt, und bin ich nicht schon, seit jeher, wie eine Reue in ihm ausgebreitet, und ist das nicht meine Nacht und mein Nichterscheinen, im Geheimsten dieses Sterbenden, und dessen Tod meine letzte Frist, um gelebt zu haben, und wer redet so irre, bah, es gibt überall Stimmen, überall Ohren, einer, der spricht und fragt, indem er spricht, Wer spricht, und worüber, und einer, der hört, stumm, ohne zu begreifen, fern von allen, und überall zusammengesunkene, erstarrte Körper, in denen ich ebenso viele Chancen haben muß, ebenso wenige, wie in diesem ersten besten. Und keiner wird warten, er ebensowenig wie die anderen, keiner hat je gewartet mit dem Sterben, bis ich in ihm lebte, um mit ihm sterben zu können, sondern sie sterben alle schnell schnell und sagen sich: Sterben wir schnell, ohne ihn, wie im Leben, solange es Zeit ist, bevor wir nicht gelebt haben. Und jener andere, natürlich, was soll man von jenem anderen sagen, der so irre redet, von einem zu versehenden Ich und einem unversehenen Er, jener andere ohne Numerus noch Person, dessen verlassenes Sein wir heimsuchen, nichts. Das ist ein hübsches Trio, und wenn man bedenkt, daß das alles nur eins ist, und daß dieses Eine gar nichts ist, und was für ein Nichts, es taugt nichts. Also, sollte ich sagen, sollte ich jetzt sagen, das ist also die Erde, dieses gerade noch lebendige Gewebe, das mir bestimmt war, und das, wieder zurückgenommen, einem andern bestimmt würde, danke, und lachen, das lange, stille Lachen des selbstbewußten Nichtexistierenden, so große Worte mir in den Mund legen zu hören, welch ein Humor, geben Sie zu, daß Sie weich werden, bald werden Sie sogar radfahren. Da, der Chor der Arithmetiker, sie stimmen zu, wie ein einziger Mann, noch einer, und es ist noch nicht zu Ende, alle Völker würden nicht genügen, am Ende der Billionen wäre ein Gott nötig, der Zeugen Zeuge ohne Zeugen, gut, daß es mißlungen ist, daß es nichts Begonnenes gegeben hat, nichts niemals gegeben hat als niemals und nichts, es ist ein wahres Glück, nichts und nimmer als tote Worte.

XIII

Sie wird noch schwächer, die alte, schwache Stimme, die mich nicht zu machen verstand, sie entfernt sich noch mehr, um zu sagen, daß sie geht, um anderswo zu versuchen, oder sie wird leiser, wie soll man das wissen, um zu sagen, daß sie aufhören, nicht mehr versuchen wird. Es hat nur sie gegeben, sagt sie, als Stimme in meinem Leben, wenn man von mir sprechend von Leben sprechen kann, und sie kann es, sie kann es noch, wenn nicht von Leben, hier erlischt sie, wenn nur dieses, wenn nur jenes, hier erlischt sie, wenn sie von mir sprechend, hier erlischt sie, aber wer soviel kann, kann auch dies, worüber kann der nicht sprechen, der über mich sprechen kann, bis zu einem gewissen Punkt, bis zu dem Moment, wo, sie erlischt, sie kann es nicht mehr, über mich sprechen, hier, anderswo, sagt sie, murmelt sie. Wer, es ist niemand, es ist niemand da, es ist eine Stimme ohne Mund, und ein Gehör irgendwo, etwas, das hören muß, und eine Hand irgendwo, sie nennt das eine Hand, sie will eine Hand machen, kurz, irgend etwas, irgendwo, das Spuren hinterläßt, von dem, was geschieht, von dem, was gesagt wird, es ist wirklich das Minimum, nein, es ist wie im Roman, immer noch wie im Roman, nur die Stimme ist, raunend und Spuren hinterlassend. Spuren, sie will Spuren hinterlassen, ja, wie die Luft sie im Laub hinterläßt, im Gras, im Sand, damit will sie ein Leben machen, aber es ist bald vorbei, es wird kein Leben geben, es wird kein Leben gegeben haben, es wird Stille sein, die Luft, die noch einen Augenblick bebt, bevor sie für immer erstarrt, ein Stäubchen, das ein Weilchen herabsinkt. Luft, Staub, es gibt hier weder Luft, noch irgend etwas, das stauben könnte, und von Augenblicken, Weilchen zu sprechen, das will nichts heißen, aber das ist es ja eben, dies sind die Worte, die sie braucht, die immer gesprochen hat, die immer sprechen wird, von Dingen, die nicht existieren, oder die anderswo existieren, wenn man will, wenn das existieren ist, aber das ist es ja eben, es handelt sich eben nicht um anderswo, es handelt sich um hier, ah, sie ist endlich so weit, so weit wie immer, man hätte hier hinausgelangen, woanders hingehen müssen, dahin, wo die Zeit vergeht, und die Atome sich sammeln, ein Weilchen, dahin, wo sie vielleicht herkommt, woher sie manchmal sagt gekommen sein zu müssen, um über soviel Schimären sprechen zu können. Ja, hier hinausgelangen, aber das ist es ja eben, es ist leer, kein Stäubchen, kein Hauch, nur der ihre, er kann sich noch so viel bewegen, es entsteht nichts. Wenn ich da wäre, wenn sie mich hätte machen können, wie würde ich sie beklagen, soviel vergebens gesprochen zu haben, nein, das geht nicht, sie würde nicht vergebens gesprochen haben, wenn ich da wäre, und ich würde sie nicht beklagen, wenn sie mich gemacht hätte, ich würde sie verfluchen, oder ich würde sie segnen, sie würde in meinem Munde sein, fluchend, segnend, wen, was, sie würde es nicht sagen können, sie würde nicht mehr viel sagen können, in meinem Munde, sie, die soviel vergebens zu sagen wußte. Was für Versuchsballons, sie mögen verschwinden, es sind die letzten. Aber dies Erbarmen, dies Erbarmen trotz allem, das in der Luft liegt, obgleich es hier keine Luft gibt, die Erbarmen tragen könnte, aber es ist eine Redensart, muß man dabei innehalten, sich fragen, woher sie kommt, sie fragt es sich, und ob es nicht eine kleine Hoffnung ist, die boshaft in der trügerischen Asche glimmt, eine andere

Redensart, die kleine Hoffnung eines kleinen Wesens immerhin, menschlichen Geschlechts, Tränen in den Augen, bevor es irgend etwas gesehen hat, nein, man muß nicht, ebensowenig wie beim Rest, man muß bei nichts mehr innehalten, nichts darf sie mehr anhalten, bei ihrem Sturz, oder bei ihrem Aufstieg, sie wird sich vielleicht gellend oder brüllend vollenden. Es war zwar nicht oft die Rede vom Herzen, im wörtlichen und übertragenen Sinne, aber das ist kein Grund zu hoffen, was, daß es jemals eins geben wird, nach oben zu schicken, auf daß es zwischen den Schattenrissen platze, leider, leider. Aber worauf wartet sie eigentlich noch, da es entschieden ist, da es unausbleiblich ist, um ihre große, tote Klappe zu halten, wieder eine Redewendung, vielleicht bis sie alle ihre Albernheiten versammelt hat, in einer dem Übrigen würdigen Kadenz. Letzte, uralte Fragen, Kleinmädchenposen in den allerletzten Laken, letzte Bilder, Ende der Träume, des Seins, das kommt, des Seins, das vergeht, des Seins, das war, Ende der Lügen. Ist es möglich, ist dies endlich, was möglich ist, daß dieses schwarze Nichts samt seinen unmöglichen Schatten erlischt, dies endlich, was zu machen ist, daß das Nicht-zu-machende ein Ende nimmt und daß die Stille schweigt, sie fragt es sich, diese Stimme, die Stille ist, oder ich, wie soll man es wissen, mit meinem Ich aus drei Buchstaben, das alles sind Träume, Stillen, die einen soviel wert wie die anderen, sie und ich, sie und er, ich und er, und all die unsern, und all die ihren, und all die ihren, aber von wem, Träume von wem, Stillen von wem, alte Fragen, letzte Fragen, von uns, die Traum und Stille sind, aber es ist vorbei, wir sind vorbei, die nie gewesen sind, es wird da nichts mehr geben, wo es nie etwas gab, letzte Bilder. Und wer schämt sich bei jedem stummen Millionstel einer Silbe, mit einer unauslöschlichen Unendlichkeit von sich Biß auf Biß vertiefenden Gewissensbissen, diesseits vom mindesten Gemurmel, soviel Lügen hören zu müssen, sagen zu müssen, so oft dieselbe lügnerisch geleugnete Lüge, wer, dessen brüllende Stille Wunde des Ja und Messer des Nein ist, sie fragt es sich. Aber der Wunsch zu wissen, was ist aus ihm geworden, sie fragt es sich, er ist nicht dabei, das Herz ist nicht dabei, der Kopf ist nicht dabei, niemand fühlt etwas, fragt etwas, sucht etwas, sagt etwas, hört etwas, es ist die Stille. Es ist nicht wahr, doch, es ist wahr, es ist wahr und es ist nicht wahr, es ist die Stille und es ist nicht die Stille, es ist niemand da und es ist jemand da, nichts verhindert nichts. Und wenn die Stimme, die alte, schwächer werdende Stimme endlich schwiege, so wäre es nicht wahr, wie es nicht wahr ist, daß sie spricht, sie kann nicht sprechen, sie kann nicht schweigen. Und wenn es eines Tages an diesem Ort, wo es keine Tage gibt, der kein Ort ist, hervorgegangen aus der unmöglichen Stimme das nicht zu machende Sein gäbe und einen Beginn von Tageslicht, so wäre alles still und leer und schwarz wie jetzt, wie bald, wenn alles zu Ende, alles gesagt sein wird, sagt sie, murmelt sie.

Aus einem aufgegebenen Werk

Auf, frisch und früh an jenem Tage, ich war noch jung, fühlte mich gräßlich, und raus, Mutter hing in ihrem Nachthemd aus dem Fenster, weinend und winkend. Schöner, frischer Morgen, zu früh hell wie so oft, fühlte mich wirklich gräßlich, voller Grimm. Der Himmel würde sich bald verdunkeln, und es würde regnen und immerfort regnen, den ganzen Tag, bis zum Abend. Dann Blau und Sonne wieder, einen Augenblick, dann Nacht. Da ich dies alles fühlte, wie grimmig ich und was für ein Tag es war, blieb ich stehen und kehrte um. So zurück, mit gesenktem Kopf und offenen Augen für eine Schnecke, einen Schnegel oder einen Wurm. Dabei in meinem Herzen viel Liebe für alles, was ruhig und verwurzelt, Büsche, Felsbrocken und dergleichen, zu zahlreich, um sie zu nennen, sogar die Blumen auf dem Felde, um nichts in der Welt würde ich je bei vollem Verstand eine berühren, um sie zu pflücken. Wohingegen ein Vogel etwa, oder ein Schmetterling, der herumflattert und mir in den Weg kommt, alles, was sich bewegt und mir in die Bahn kommt, ein Schnegel etwa, der mir unter die Füße kommt, nein, kein Erbarmen. Nicht daß ich von meinem Wege abwiche, um ihnen beizukommen, nein, von weitem gesehen schienen sie oft regungslos zu sein, aber im nächsten Augenblick fielen sie über mich her. Vögel habe ich mit meinem durchdringenden Blick so hoch, so fern fliegen sehen, daß sie sich nicht zu rühren schienen, aber in der nächsten Minute waren sie alle um mich herum, Krähen haben das getan. Enten sind vielleicht am schlimmsten, plötzlich inmitten von Enten oder Hühnern oder anderem Federvieh herumzustapfen und zu -stolpern, etwas Schlimmeres gibt es kaum. Ich will auch nicht von meinem Wege abgehen, um solche Dinge zu vermeiden, wenn sie vermeidbar sind, nein, ich will einfach nicht von meinem Weg abgehen, obwohl ich in meinem Leben nie irgendwohin unterwegs, sondern einfach nur unterwegs war. Und auf diesem Wege bin ich durch große

Dickichte gegangen, blutend, und tief in Sümpfe, auch ins Wasser, sogar ins Meer in gewissen Stimmungen, und von meiner Richtung abgedrängt oder zurückgetrieben worden, um nicht zu ertrinken. Und so werde ich vielleicht am Ende sterben, wenn sie mich nicht fangen, ich meine ertrinkend, oder im Feuer, ja, so werde ich es vielleicht am Ende schaffen, ungestüm kopfüber ins Feuer stürzen und zu Bröckeln verbrannt sterben. Dann hob ich den Blick und sah meine Mutter noch immer winkend am Fenster, mich zurückwinkend oder mich wegwinkend, ich weiß es nicht, oder einfach winkend, in trauriger, hilfloser Liebe, und ich hörte leis ihr Schreien. Der Fensterrahmen war grün, blaßgrün, die Hauswand grau und meine Mutter weiß und so schmal, daß ich an ihr vorbeisehen konnte (einen durchdringenden Blick hatte ich damals), an ihr vorbei in das Dunkel des Zimmers, und prall auf alledem die gerade aufgegangene Sonne, und alles klein wegen der Entfernung, das Ganze wirklich sehr hübsch, ich sehe es vor mir, das alte Grau und den schmalen grünen Rahmen und das schmale Weiß vor dem Dunkel, hätte sie nur ruhig sein können und mich alles betrachten lassen. Nein, das eine Mal, da ich stehenbleiben und etwas betrachten wollte, konnte ich es nicht, so wie sie da am Fenster winkte, wankte und vor- und zurückschwang, als ob sie Freiübungen machte, und, was weiß ich, sie tat es womöglich und kümmerte sich gar nicht um mich. Keine Zielstrebigkeit, das war auch etwas, das ich an ihr nicht leiden konnte. Eine Woche waren es Freiübungen und die nächste Beten und Bibellesen und die nächste Gartenarbeit und die nächste Klavierspielen und Singen, das war gräßlich, und dann nur Herumliegen und Ruhen, immer etwas anderes. Nicht daß es mir etwas ausmachte, ich war immer außer Hause. Aber nun weiter mit dem Tag, auf den ich verfiel, um damit zu beginnen, jeder andere hätte es ebensogut sein können, ja, weiter und aus dem Weg damit, und weiter zu einem anderen, genug von meiner Mutter, einstweilen. Nun denn, für eine Weile war alles gut, kein Arger, keine Vögel um mich herum, nichts, das meine Bahn kreuzte, abgesehen von einem weißen Pferd in weiter Ferne, gefolgt von einem Knaben, oder es kann auch ein kleiner Mann oder eine kleine Frau gewesen sein. Dies ist das einzige vollkommen weiße Pferd, an das ich mich erinnere und das die Deutschen, glaube ich, einen Schimmel nennen, oh, ich war als Knabe sehr helle und schnappte viel Wissenswertes auf, Schimmel, schönes Wort für englische Zungen. Prall auf ihm die Sonne, wie kurz zuvor auf meiner Mutter, und mir schien, daß er einen roten Gurt oder Riemen um seine Flanke hatte, ich dachte, vielleicht ein Bauchgurt, vielleicht war das Pferd unterwegs, um irgendwo angespannt zu werden, an ein Wägelchen oder dergleichen. Es kreuzte meine Bahn weit weg von mir, dann verschwand es hinter Grün, nehme ich an, alles, was ich bemerkte, war das plötzliche Erscheinen des Pferdes, dann sein Verschwinden. Es war hell weiß, mit der Sonne darauf, ich hatte noch nie ein solches Pferd gesehen, wenn auch oft von ihnen gehört, und sah ein solches nie wieder. Ich muß sagen, daß Weiß mich immer stark beeindruckt hat, alles Weiße, Laken, Wände und so weiter, sogar Blumen, und dann das bloße Weiß, der Gedanke an Weiß, mehr nicht. Aber weiter mit dem Tag, und ihn hinter mich bringen. Dann eine Weile alles gut, nur der Grimm und dann dieses weiße Pferd, als mich plötzlich eine ganz wilde Wut packte, die mich blind machte. Warum nun diese plötzliche Wut, ich weiß es wirklich nicht, diese plötzlichen Wutanfälle, sie machten mein Leben zu einer Misere. Vieles andere auch, mein rauher Hals zum Beispiel, ich habe nie gewußt, wie es ist, keinen rauhen Hals zu haben, aber die Wutanfälle waren das schlimmste. Wie ein heftiger, plötzlich in mir aufkommender Wind, nein, ich kanns nicht beschreiben. Es war jedenfalls nicht der Grimm, der schlimmer wurde, es hatte nichts damit zu tun, an manchen Tagen war ich den ganzen Tag grimmig und hatte doch keinen Wutanfall, an anderen, für mich ganz ruhigen Tagen, hatte ich vier oder fünf. Nein, es ist unberechenbar, alles ist unberechenbar für einen Verstand, wie ich ihn immer hatte, immer auf der Hut vor sich selbst, ich werde vielleicht darauf zurückkommen, wenn ich mich nicht so schwach fühle. Es gab eine Zeit, da ich Erleichterung zu finden versuchte, indem ich meinen Kopf an irgend etwas schlug, aber ich gab es auf. Ich fand, daß es am besten sei, loszulaufen. Vielleicht sollte ich hier erwähnen, daß ich sehr langsam zu Fuß war. Ich bummelte oder schlenderte nicht etwa, ich ging nur sehr langsam, mit kurzen Schrittchen und sich ganz langsam durch die Luft bewegenden Füßen. Andererseits muß ich einer der schnellsten Läufer gewesen sein, die die Welt je gesehen hat, auf kurzen Strecken, fünf oder zehn Meter, im Nu war ich da. Aber ich konnte solche Geschwindigkeit nicht beibehalten, nicht aus Atemnot, es war geistig, alles ist geistig, Gespinste. Und andererseits war mir das Trotten ebensowenig möglich wie das Fliegen. Nein, alles an mir war langsam, und dann die Ausbrüche oder Aufwallungen, Mach dir Luft, das waren so Worte, die ich zu sagen pflegte, immer wieder, während ich einherging, Mach dir Luft, Mach dir Luft. Glücklicherweise starb mein Vater, als ich noch ein Knabe war, sonst wäre ich womöglich Professor, er hatte es sich von Herzen gewünscht. Ich war auch kein schlechter Schüler, kein Denker, aber ein famoses Gedächtnis. Eines Tages erzählte ich ihm etwas über Miltons Kosmologie, wir waren weit oben in den Bergen, lehnten an einem riesigen Felsblock zur See hin, das beeindruckte ihn sehr. Auch an Liebe dachte ich oft als Knabe, doch nicht soviel wie andere, sie ließ mich nicht schlafen, fand ich. Nie jemand geliebt, glaube ich, ich würde es noch wissen. Außer in meinen Träumen, und da waren es Tiere, Traumtiere, gar nicht mit denen zu vergleichen, die man im Lande herumlaufen sieht, ich könnte sie nicht beschreiben, liebliche Geschöpfe waren es, meistens weiße. In gewisser Hinsicht ist es vielleicht schade, eine gute Frau wäre vielleicht das Richtige für mich gewesen, ich würde mich nun in der Sonne rekeln, meine Pfeife schmauchen und die Hintern der dritten Generation tätscheln, angesehen und respektiert, mich fragen, was es wohl zum Abendessen gibt, anstatt bei jedem Wetter über die Straßen zu stromern, über dieselben alten Straßen, ich war nie ein Freund von unerforschtem Gelände. Nein, ich bedaure nichts, ich bedaure nur, geboren zu sein, Sterben ist eine so lange, mühselige Sache, fand ich immer. Aber nun weiter, von da ab, wo ich abgeschweift war, das weiße Pferd und dann die Wut, kein Zusammenhang, nehme ich an. Aber warum weiter mit alledem, ich weiß es nicht, eines Tages muß ich zu einem Ende kommen, warum nicht jetzt? Aber das sind so Gedanken, nicht meine, macht nichts, ich sollte mich schämen. Nun bin ich alt und schwach, qualvoll und schwächlich murmele ich, Warum, und halte inne, und die alten Gedanken wallen in mir auf und dringen in meine Stimme, die alten mit mir geborenen und mit mir gewachsenen und unterdrückten Gedanken, das ist wieder einer. Nein, zurück zu dem fernen Tag, irgendeinem fernen Tag, und von dem trüben gegebenen Boden die Augen zu seinen Dingen und seinem Himmel erhoben und wieder gesenkt, wieder erhoben und wieder gesenkt, und die Füße, nirgendwohin gehend, nur irgendwie nach Hause, morgens von zu Hause fort und abends wieder zurück nach Hause. Und das Geräusch meiner Stimme, den ganzen Tag dieselben alten Dinge brummelnd, auf die ich nicht höre, nicht einmal meine war es am Ende des Tages, wie ein Seidenäffchen mit buschigem Schwanz auf meiner Schulter, das mir Gesellschaft leistete. All dieses Gerede, sehr leise und heiser, kein Wunder, daß ich einen rauhen Hals hatte. Vielleicht sollte ich hier erwähnen, daß ich nie zu irgend jemandem sprach, ich glaube, mein Vater war der letzte, zu dem ich sprach. Meine Mutter war genauso, sprach nie, antwortete nie, seit meines Vaters Tod. Ich bat sie um das Geld, ich kann es jetzt nicht leugnen, das müssen meine letzten Worte zu ihr gewesen sein. Manchmal schrie sie mich laut an oder flehte, aber nie lange, nur ein paar Schreie, wenn ich dann aufblickte, preßten sich die armen alten dünnen Lippen fest zusammen, und der Körper wandte sich ab, und nur noch die Augenwinkel auf mir, aber das war selten. Manchmal nachts hörte ich sie sprechen, zu sich selbst, nehme ich an, oder laut beten, oder laut lesen, oder ihre Hymnen hersagen, arme Frau. Nun denn, nach dem

Pferd und der Wut, ich weiß nicht, einfach weiter, dann die langsame Umkehr, nehme ich an, mehr und mehr nach der einen oder anderen Seite schwenkend, bis ich das Haus wieder vor mir hatte, dann nach Hause. Ah, mein Vater und meine Mutter, wenn ich bedenke, daß sie wahrscheinlich im Paradies sind, so gut waren sie. Laßt mich in die Hölle, das ist alles, worum ich bitte, und sie dort weiter verfluchen, und laßt sie herunterschauen und mich hören, das könnte den Glanz ihrer Seligkeit ein wenig trüben. Ja, ich glaube all ihr Geschwätz über das zukünftige Leben, es muntert mich auf, und ein Elend wie meines, das läßt sich nicht aus der Welt schaffen. Ich war natürlich verrückt und bin es noch, aber harmlos, ich galt als harmlos, ein guter Witz. Ich war natürlich nicht wirklich verrückt, nur seltsam, etwas seltsam, und mit jedem dahingehenden Jahr etwas seltsamer, es können nur wenige seltsamere Geschöpfe herumlaufen heutzutage. Mein Vater, habe ich auch ihn umgebracht ebenso wie meine Mutter, in gewisser Weise habe ich es vielleicht getan, aber ich kann jetzt nicht darauf eingehen, viel zu alt und schwach. Die Fragen tauchen auf, während ich einhergehe, und lassen mich sehr verwirrt zurück, zugrunde gehe ich. Plötzlich sind sie da, nein, sie tauchen auf, aus einer alten Tiefe, und schweben und verweilen, ehe sie sterben, Fragen, die, wenn ich bei vollem Verstand wäre, keine Sekunde überlebt hätten, nein, sie wären vielmehr zersprengt worden, kaum daß sie sich erhoben hätten, zersprengt. Sie kamen oft zu zweit, eine hart hinter der anderen, so, Wie soll ich noch einen Tag weitermachen? und dann, Wie habe ich je noch einen Tag weitermachen können? Oder, Habe ich meinen Vater umgebracht? und dann, Habe ich je irgend jemanden umgebracht? Solcher Art, zum Allgemeinen vom Besonderen, wird man sagen, nehme ich an, gewissermaßen auch Frage und Antwort, sehr zermürbend. Ich ringe mit ihnen, so gut ich kann, beschleunige meinen Schritt, wenn sie nahen, werfe meinen Kopf hin und her, auf und nieder, starre gequält auf dies und das, steigere mein Gemurmel zu einem Schrei, das sind Hilfen. Aber sie sollten nicht nötig sein, irgend etwas stimmt hier nicht, wenn es das Ende wäre, würde ich mir nicht so viel daraus machen, aber wie oft habe ich in meinem Leben gesagt, vor irgend etwas neuem Gräßlichem, Es ist das Ende, und es war nicht das Ende, und doch kann das Ende nun nicht mehr weit sein, ich werde fallen, während ich einhergehe, und liegenbleiben oder mich zusammenrollen für die Nacht wie gewöhnlich, zwischen den Felsen, und vor dem Morgen dahin sein. Oh, ich weiß, auch ich werde aufhören und sein wie als ich noch nicht war, nur daß alles vorbei sein wird, anstatt noch bevorzustehen, das macht mich glücklich, oft gerät nun mein Gemurmel ins Stocken und stirbt, und ich weine vor Glück, während ich einhergehe, und vor Liebe zu dieser alten Erde, die mich so lange getragen hat und deren Klaglosigkeit bald meine sein wird. Nur wenig unter der Oberfläche werde ich sein, alles zusammen zuerst, dann getrennt, und treiben durch die ganze Erde und vielleicht am Ende durch eine Klippe ins Meer, irgend etwas von mir. Eine Tonne Würmer pro Morgen, das ist ein wunderbarer Gedanke, eine Tonne Würmer, meinetwegen. Wo habe ich ihn her, aus einem Traum oder aus einem Buch, das ich als Knabe in einem Winkel gelesen, oder ist es ein Wort, das ich unterwegs aufschnappte, oder war er vielleicht in mir, die ganze Zeit, unterdrückt, bis er mich erfreuen könnte, gegen solche schrecklichen Gedanken muß ich ankämpfen, so wie ich sagte. Ist nun nichts mehr zu sagen zu diesem Tag mit dem weißen Pferd und der weißen Mutter im Fenster, man möge meine Beschreibungen davon nachlesen, bevor ich zu irgendeinem anderen Tag weitergehe, zu einer späteren Zeit, nichts mehr zu sagen, bevor ich weiterrücke in der Zeit, Hunderte und sogar Tausende von Tagen überspringend so, wie ich es nicht konnte seinerzeit, sie vielmehr durchmachen mußte, irgendwie, bis ich zu dem Tag kam, zu dem ich jetzt komme, nein, nichts, alles ist dahin, außer Mutter im Fenster, Grimm, Wut und Regen. So weiter zu dem zweiten Tag und ihn hinter mich bringen und aus dem Weg damit, und weiter zum nächsten. Da geschah es, daß ich von einer Marderfamilie oder

-horde, ich weiß es nicht, angefallen und verfolgt wurde, etwas höchst Ungewöhnliches, ich glaube, es waren Marder. Tatsächlich, wenn ich so sagen darf, glaube ich, Glück gehabt zu haben, mit dem Leben davongekommen zu sein, seltsame Ausdrucksweise, es klingt irgendwie nicht richtig. Jeder andere wäre gebissen worden und verblutet, vielleicht weißgesaugt worden wie ein Kaninchen, da ist das Wort weiß wieder. Ich konnte zwar nie denken, aber hätte ich es gekonnt, und es damals getan, so hätte ich mich einfach hingelegt und mich vertilgen lassen, wie ein Kaninchen. Aber laßt mich wie immer mit dem Morgen beginnen und mit dem Aufbruch. Wenn einem ein Tag aus irgendeinem Grunde wieder einfällt, dann sind auch sein Morgen und sein Abend wieder da, wenngleich an sich nicht bemerkenswert, das Fortgehen und Heimkehren, das ist sehr bemerkenswert, finde ich. Also, auf denn im Morgengrauen, sehr schwach und zerschlagen, nach einer grauenhaften Nacht, keine Ahnung von dem, was vor mir lag, raus und davon. Welche Jahreszeit, ich weiß es wirklich nicht, was tut's. Nicht naß eigentlich, aber es tropfte, alles tropfte, es konnte sich aufhellen, hellte es sich auf, nein, tropf, tropf, den ganzen Tag, keine Sonne, keine Veränderung des Lichts, trüb den ganzen Tag, und still, kein Lüftchen bis zum Abend, dann schwarz und ein wenig Wind, ich sah ein paar Sterne, als ich mich dem Hause näherte. Mein Stock freilich, dank einer gnädigen Vorsehung, ich sage es nicht noch einmal, wenn mein Stock nicht erwähnt wird, habe ich ihn bei mir, während ich einhergehe. Meinen langen Mantel jedoch nicht, nur meinen Rock, ich konnte den langen Mantel nie ertragen, der um meine Beine herumschlotterte, oder vielmehr eines Tages hatte ich plötzlich etwas gegen ihn, eine plötzliche grimmige Abneigung. Oft, wenn ich ausgehfertig dastand, nahm ich ihn heraus und zog ihn an, stand dann mitten im Zimmer, unfähig, mich zu bewegen, bis ich ihn schließlich ausziehen und wieder auf seinen Bügel hängen konnte in den Schrank. Aber kaum war ich die Treppe hinunter und draußen an der Luft, als mir der Stock aus der Hand fiel und ich einfach auf meine

Knie auf den Boden sank, und dann vornüber auf mein Gesicht, etwas höchst Ungewöhnliches, und dann nach einem Weilchen auf meinen Rücken, ich konnte nie längere Zeit auf meinem Gesicht liegen, so gern ich es auch mochte, es machte mich krank, und lag da, eine halbe Stunde vielleicht, die Arme an meinen Seiten und die Handflächen auf den Kieseln und meine Augen weit geöffnet, über den Himmel schweifend. Ob dies nun mein erstes Erlebnis dieser Art war, ist die Frage, die sich einem sofort aufdrängt. Stürze habe ich oft erlebt, von denen man sich, wenn kein Glied gebrochen, wieder aufrafft und dann, Gott und die Welt verfluchend, weitergeht, ganz andere als diesen. Bei so viel dem Wissen verlorengegangenem Leben, wie soll man da wissen, wann alles begann, alle die Varianten des einzigen, die mit immer schaler werdendem Gift aufeinander folgen, das ganze Leben lang, bis man erliegt. So sind gewissermaßen alte Dinge jedesmal erstmalige Dinge, kein Atemzug gleicht dem anderen, alles eine unendliche Wiederkehr, und alles einmal und nie mehr. Doch laßt mich nun aufstehen und weitergehen und diesen gräßlichen Tag hinter mich bringen, und zum nächsten übergehen. Aber was hat es für einen Sinn, mit alledem weiterzumachen, es gibt keinen. Einen unerinnerlichen Tag nach dem anderen, bis zu meiner Mutter Tod, dann an einem neuen Ort, der bald alt, bis zu meinem eigenen. Und wenn ich zu dieser Nacht hier komme, zwischen den Felsen, mit meinen beiden Büchern und dem hellen Sternenlicht, wird sie an mir vorübergegangen sein und der vorhergehende Tag, meine beiden Bücher, das kleine und das große, alles vorüber und vorbei, oder vielleicht nur noch Momente, hier und da, vielleicht nun dieses kleine Geräusch, das ich nicht verstehe, so daß ich meine Sachen zusammenraffe und in mein Loch zurückkehre, so vorbei, daß man sie erzählen kann. Vorbei, vorbei, ich habe eine Schwäche für alles, was vorbei ist, nein, für das Vorbei-Sein, ich liebe das Wort, Worte waren meine einzigen Lieben, nicht viele. Oft sagte ich es den ganzen Tag, während ich einherging, und manchmal sagte ich womöglich beivor beivor. Oh, wäre nicht diese gräßliche Unruhe, die ich immer gehabt habe, so hätte ich mein Leben in einem großen, leeren, hallenden Raum mit einer großen alten Standuhr verbracht, nur lauschend und dösend, bei offenem Gehäuse, so daß ich, meine Augen hin- und herbewegend, das Schwingen hätte beobachten können und die tiefer und tiefer sinkenden Bleigewichte, bis ich aus meinem Sessel aufgestanden wäre und sie wieder aufgezogen hätte, einmal in der Woche. Der dritte Tag war der Blick, den mir der Straßenarbeiter zuwarf, plötzlich sehe ich es jetzt vor mir, den zerlumpten alten Grobian, ganz gekrümmt im Graben, gestützt auf seinen Spaten oder was es immer war, und um sich und zu mir hinaufschielend unter dem Rand seines Schlapphuts, den roten Mund, wie ist es möglich, daß ich ihn überhaupt sah, vielmehr so, der Tag, an dem ich den Blick sah, den Balfe mir zuwarf, als Kind erschrak ich immer vor ihm. Nun ist er tot, und ich gleiche ihm. Aber laßt uns weiterkommen und jene alten Szenen beiseite lassen und zu diesen übergehen und zu meinem Lohn. Dann wird es nicht so sein wie jetzt, Tag für Tag, raus, weiter, herum, zurück, hinein, wie blätternde Blätter, oder die herausgerissen und zusammengeknüllt weggeworfen werden, sondern eine lange, ununterbrochene Zeit, ohne Vorher und Nachher, Hell oder Dunkel, Von oder Nach oder Bei, das alte Halbwissen von Wann und Wo gegangen, und von Was, aber immer noch so etwas wie Dinge, alle auf einmal, alle dahingehend, bis nichts mehr, es gab nie etwas, kann nie etwas geben, Leben und Tod alles nichts, so etwas, nur eine Stimme, die weiterträumt und -dröhnt ringsherum, das ist etwas, die Stimme, die man einst im Munde hatte. Nun, erst einmal auf der Straße und weit weg vom Grundstück, was dann, ich weiß es wirklich nicht, das Nächste, ich war oben im Farnkraut und schlug wild mit meinem Stock um mich, daß die Tropfen zerstoben, und fluchte, schmutzige Ausdrücke, dieselben Worte immer wieder, ich hoffe, daß niemand mich hörte. Sehr schlimmer Hals, das Schlucken war eine Qual, und etwas stimmte nicht mit einem Ohr, ich stocherte immer wieder darin herum, ohne Erleichterung, altes Schmalz vielleicht, das auf das Trommelfell drückte. Ungewöhnliche Stille über dem Lande, und auch in mir alles ganz still, zufälliges Zusammentreffen, warum die Flüche aus mir hervorbrachen, weiß ich nicht, nein, es ist töricht, so was zu sagen, und das Herumschlagen mit dem Stock, was überkam mich Sanften und Schwachen, so was zu tun, während ich mich einherschleppte. Sind es die Marder nun, nein, vorerst sinke ich wieder einfach nieder und verschwinde im Farn, bis zu meiner Hüfte reichte er, als ich einherging. Hart, dieser hohe Farn, wie gestärkt, sehr holzig, schreckliche Stengel, reißen die Haut von den Beinen, durch die Hose hindurch, und dann die Löcher, die sie verbergen, man könnte ein Bein brechen, wenn man nicht aufpaßt, was für ein Wirrwarr, fallen und von der Bildfläche verschwinden, da wochenlang liegen und von keinem gehört werden, ich habe oft daran gedacht, oben in den Bergen, nein, es ist töricht, so was zu sagen, ich ging einfach weiter, und mein Körper tat sein Bestes ohne mich.

Das Bild

Die Zunge nimmt Dreck auf dann hilft nur eins sie einziehen und im Mund drehen den Dreck drehen ihn runterschlucken oder ausspucken Frage ob er nahrhaft ist und Aussichten ohne wegen vielen Trinkens dazu genötigt zu sein ich nehme einen Mundvoll es ist einer meiner Notbehelfe behalte ihn ein Weilchen im Mund Frage ob er runtergeschluckt für mich nahrhaft wäre und was für Aussichten sich eröffnen es sind keine schlechten Momente mich verausgaben darauf kommt es an die Zunge streckt sich wieder rosig vor in den Dreck was machen die Hände während dieser Zeit man muß immer sehen was die Hände machen also die Linke hält wie wir gesehen haben immer noch den Sack und die Rechte also die Rechte sehe ich kurz danach da hinten an ihrem maximal in der Achse des Schlüsselbeins ausgestreckten Arm wenn man das sagen oder richtiger machen kann sie öffnet und schließt sich im Dreck öffnet und schließt sich das ist ein anderer meiner Notbehelfe diese kleine Geste hilft mir ich weiß nicht warum ich habe solche kleinen Kniffe die sehr hilfreich sind auch an den Mauern entlangschleichen bei wechselndem Himmel ich war wohl schon damals recht helle sie kann nicht weit weg sein kaum einen Meter aber mir scheint es weit eines Tages wird sie fortgehen ganz allein auf ihren vier Fingern den Daumen mitgerechnet denn einer fehlt nicht der Daumen und wird mich verlassen ich sehe wie sie ihre vier Finger vorstreckt wie Klettereisen die Spitzen krallen sich fest ziehen und so entfernt sie sich mit kurzen waagerechten Klimmzügen das gefällt mir weggehen Stückchen für Stückchen und die Beine was machen die Beine oh die Beine und die Augen was machen die Augen gewiß geschlossen aber nein denn auf einmal da unter dem Dreck sehe ich mich ich sage mich wie ich ich sage wie ich er sagen würde weil es mir so gefällt ich bin schätzungsweise sechzehn und es ist zu allem Glück zauberhaftes Wetter eiblauer Himmel und Kavalkaden vorübereilender Wölkchen ich kehre mir den Rücken zu und das Mädchen das ich an der Hand halte ebenfalls was für einen Arsch ich habe nach den Blumen zu urteilen mit denen das smaragdgrüne Gras gesprenkelt ist haben wir April oder Mai keine Ahnung und heilfroh darüber woher ich diese Geschichten von Blumen und Jahreszeiten habe ich habe sie punktum nach gewissen Requisiten zu urteilen darunter eine weiße Planke und eine bildschöne rote Tribüne sind wir auf einem Rennplatz den Kopf im Nacken schauen wir wie ich mir einbilde geradeaus vor uns hin starr wie Statuen abgesehen von den Armen mit den verschränkten Händen die hin und herschwingen in meiner freien oder linken Hand ein undefinierbarer Gegenstand und demzufolge in ihrer Rechten das Ende einer kurzen Leine die zu einem mittelgroßen aschgrauen Terrier führt der mit gesenktem Kopf schräg zu uns dasitzt Reglosigkeit der Hände und der entsprechenden Arme Frage warum eine Leine in diesem unermeßlichen Grün und Flecken graue und weiße die sich nach und nach bilden und die ich ohne Zögern Lämmer nenne inmitten ihrer Mütter keine Ahnung woher ich diese Geschichten von Tieren habe ich habe sie punktum an guten Tagen kann ich vier oder fünf Hunde ganz verschiedener Rassen benennen ich sehe sie versuchen wir nicht es zu begreifen vor allem im Hintergrund der Landschaft vier oder fünf Meilen entfernt übern Daumen gepeilt die bläuliche Masse eines langen Gebirgszugs geringer Höhe unsere Köpfe überragen den Kamm wie von ein und derselben Feder oder zwei synchronisierten Federn bewegt wir lassen uns los und machen kehrt ich rechtsherum sie linksherum sie nimmt die Leine in die linke Hand und ich im selben Moment den Gegenstand in meine rechte ein kleines weißliches Paket jetzt von der Größe eines Ziegelsteins wahrscheinlich Butterbrote wohl um unsere Hände wieder verschränken zu können was wir auch tun die Arme schwingen der Hund hat sich nicht gerührt ich habe das absurde Gefühl daß wir mich anschauen ich ziehe die Zunge ein schließe den Mund und lächle von vorne gesehen ist das Mädchen weniger häßlich sie ist für mich ohne Interesse ich farbloses Haar, Bürste pickeliges dickes rotes Gesicht vorquellender Bauch über klaffendem Hosenschlitz spindelförmige an den Knien eingeknickte X-Beine auseinandergestellt wegen besseren Halts Füße in stumpfem Winkel mindestens hundertfünfunddreißig Grad blödes Grinsen am hinteren Horizont eine Figur aus dem Leben die sich aufrichtet grüner Tweed gelbe Stiefeletten Himmelschlüssel oder ähnliches im Knopfloch wieder Kehrtwendung nach innen so daß wir uns flüchtig nicht Hintern zu Hintern sondern Auge in Auge gegenüberstehen nach neunzig Grad Wechsel wieder Hand in Hand schwingende Arme Reglosigkeit des Hundes was für einen Hintern ich habe drei zwei eins links rechts da gehen wir wieder Nase im Wind schwingende Arme Hund folgt mit gesenktem Kopf Schwanz auf den Hoden unabhängig von uns er hatte die gleiche Idee im selben Moment Malebranche in weniger rosig wie ich mich auskannte in der Literatur damals wenn er pissen muß wird er es tun ohne stehenzubleiben ich möchte am liebsten rufen laß sie sausen und schneid dir schleunigst die Venen auf drei Stunden im Gleichschritt und da sind wir auf dem Gipfel der Hund setzt sich schräg zu uns ins Heidekraut senkt die Schnauze auf seinen schwarz-rosa Pimmel keine Kraft ihn zu lecken wir hingegen Kehrtwendung nach innen Wechsel wieder Händefassen schwingende Arme stummer Genuß von Meer und Inseln die Köpfe drehen sich wie ein einziger zu den Dünsten der Stadt stummes Herausfinden der Bauwerke die Köpfe drehen sich wie durch eine Achse verbunden wieder nach vorn kurzes Blackout und da sind wir wieder wir essen unsere Butterbrote beißen abwechselnd hinein jeder in seines süßes Worte wechselnd Liebste ich beiße ab sie schluckt runter Liebster sie beißt ab ich schlucke runter wir girren noch nicht mit vollem Mund mein Herz ich beiße ab sie schluckt mein Schatz sie beißt ab ich schlucke kurzes Blackout und da sind wir wieder entfernen uns von neuem querfeldein Hand in Hand mit schwingenden Armen erhobenem Kopf zu den immer kleiner werdenden Gipfeln ich sehe den

Hund nicht mehr ich sehe uns nicht mehr der Platz ist geräumt ein paar Tiere Schafe wie ausblühender Granit ein Pferd das ich nicht gesehen hatte regungslos dastehend gekrümmtes Rückgrat gesenkter Kopf die Tiere wissen Blau und Weiß des Himmels Aprilmorgen unterm Dreck Schluß jetzt erledigt es verlischt der Schauplatz bleibt leer ein paar Tiere dann verlischt es kein Blau mehr ich bleibe da da hinten rechts im Dreck die Hand öffnet und schließt sich wieder das hilft sie mag fortgehen ich merke daß ich immer noch lächle es ist nicht mehr der Mühe wert schon lange nicht mehr die Zunge streckt sich wieder vor in den Dreck ich bleibe da keinen Durst mehr die Zunge zieht sich wieder zurück der Mund schließt sich zu einem geraden Strich Schluß jetzt da ist es ich habe das Bild.

Falsch anfangen

1

Kein Lebenszeichen mehr, sagt ihr, sagte ich, ach was, daran soll es nicht liegen, es fehlt nicht an Phantasie, und gleich nochmal, lauter, viel zu laut, Es fehlt nicht an Phantasie, und schloß mich am selben Abend unter Buhrufen ein und machte mich dran, nur auf Jollys und Draegers Satzlehren gestützt.
Das Besondere an meinem Zimmer, oder besser an mir, ist, daß ich dort eine Box nach meinen Maßen einbauen ließ. Darin, ganz hinten, mit dem Gesicht zur Wand, im Halbdunkel, da habe ich Phantasie, bald sitzend, bald stehend, notfalls kniend.
Muß ich mich vorstellen? Ach was.

2

Kein Lebenszeichen mehr, sagst du, sagte ich, ach was, es fehlt nicht an Phantasie. Die Box, ein Meter breit, drei Meter lang. Da. Auf dem Boden: die Wörterbücher von Jolly und Draeger. Ich lösche das Licht. Da, hintendrin, mit der Nase zur Wand. Stehend, sitzend, kniend, je nachdem. Die ganze Erdennacht. Mich vorstellen? Ach was. Wir wirbeln dem Winter entgegen, ich und mein Fleckchen Erde. Wenn das endlich alles über mich sein könnte. Und allein hinfort die andere Leere, die Stille, das lückenlose Dunkel.

3

Das alte Ich ist wiedergekehrt, ohne zu wissen woher, ohne zu wissen wohin, ohne jeden Sinn, unverändert.

Mehr oder weniger Silben, Kommas zum Atemholen, einen Punkt für die Atempause.

Kurze, eilige Schritte, der Fuß, der auftritt, kommt von allzuweit her, und der, tiefer unten, steht, hat allzuweit zu gehen, es gab keinen Weg.

Er spricht zu sich selbst in der letzten Person, er sagt sich, Er ist wiedergekehrt, er weiß nicht woher, er weiß nicht wohin, er hatte keinen Weg.

Der Fuß tritt ein letztes Mal auf, der andere hebt sich, holt ihn ein, er ist angelangt.

Er kann seinen weißen Stock loslassen, es gibt keine Guten und keine Bösen mehr, und sich hinlegen.

4

Keine Phantasie mehr, das muß man sich vorstellen.

Sich einen Ort vorstellen, schon wieder.

Nie mehr was anderes fragen.

Sich einen Ort vorstellen, dann jemanden dort, schon wieder.

Aus dem muffigen Sterbebett kriechen und es an einen Ort schleppen, um dort zu sterben.

Zur Tür hinaus und die Straße hinab mit dem alten Hut und Mantel wie nach dem Krieg, nein, nicht schon wieder.

Ein umschlossener Raum, fünf Fuß im Quadrat, sechs Fuß hoch, es da mit ihm versuchen.

Hätte nicht reingekonnt, kann nicht raus, konnte rein, wird rauskönnen, schon gut.

Schemel, nackte Wände, wenn das Licht kommt, Frauengesichter an den Wänden, wenn das Licht kommt.

In einer Ecke, wenn das Licht kommt, die abgegriffenen Satzlehren von Jolly und Draeger Praeger Draeger, schon gut.

Licht aus und ihn sein lassen, auf dem Schemel sitzend und zu sich selbst in der letzten Person sprechend.

Sagend, Wo ist er nun, nein, Nun ist er hier.

Es nicht nur sitzend versuchen, auch stehend, gehend, kniend, kriechend, schleichend, im Dunkel und im Licht.
Sich Licht vorstellen.
Sich Licht vorstellen.
Keine sichtbare Quelle, grell bei vollem Schein, über alles gebreitet, keinen Schatten, alle sechs Flächen gleich hell, langsam angehend, zehn Sekunden bis zum vollen Schein, langsam ausgehend, das versuchen.
Steht er still, stößt sein Schädel an die Decke, bewegt er sich, nicht.
Sagen: ein Leben lang gekrümmt gehen und sich aufrichten, wenn er zum Stehen gebracht worden ist.
Wenn es ausgeht, keine Bedeutung, von neuem beginnen, ein anderer Ort, jemand dort, hinstarren, nie sehen, nie finden, kein Ende, keine Bedeutung.

Ausgeträumt träumen

Nirgends eine Spur von Leben, sagt ihr, hm, daran soll's nicht liegen, noch nicht ausgeträumt, doch, gut, ausgeträumt träumen. Inseln, Wasser, Blau, Grünes, aufpassen, pfft, futsch, eine Ewigkeit, schweigen. Bis auf den Rundbau, ganz weiß im Weißen. Kein Eingang, hinein, messen. Durchmesser 80 Zentimeter, gleicher Abstand vom Boden bis zum Scheitel der Wölbung. Zwei sich rechtwinklig schneidende Durchmesser AB CD teilen den weißen Boden in die Halbkreise ACB BDA. Auf dem Boden liegend zwei weiße Körper, jeder in seinem Halbkreis. Weiß auch die Wölbung und die 40 Zentimeter hohe, runde Wand, auf der sie ruht. Hinaus, ein Rundbau ohne Zierat, ganz weiß im Weißen, wieder hinein, klopfen, massiv überall, es tönt, wie Bein in den Träumen tönt. Vom Licht, das alles so weiß macht, keine Quelle zu sehen, alles strahlt in gleichmäßig weißem Glanz, Boden, Wand, Wölbung, Körper, keinerlei Schatten. Große Wärme, Flächen fühlen sich heiß an, ohne glühend zu sein, Körper in Schweiß. Wieder hinaus, zurück, er verschwindet, drüber weg, er verschwindet, ganz weiß im Weißen, hinunter, wieder hinein. Leere, Stille, Wärme, Weiße, warten, das Licht wird schwächer, alles wird zugleich dunkel, Boden, Wand, Wölbung, Körper, etwa 20 Sekunden, alle Graus, das Licht erlischt, alles verschwindet. Gleichzeitig sinkt die Temperatur, um ihr Minimum, beinahe null Grad, in dem Moment zu erreichen, da es schwarz wird, was sonderbar erscheinen mag. Warten, mehr oder weniger lang, Licht und Wärme kommen wieder, Boden, Wand, Wölbung und Körper werden zugleich weiß und warm, etwa 20 Sekunden, alle Graus, erreichen ihre Stufe von vorher, von wo das Fallen begonnen hatte. Mehr oder weniger lang, denn, wie die Erfahrung zeigt, können sich zwischen Ende des Fallens und Anfang des Steigens sehr verschiedene Zeiträume einschieben, vom Bruchteil einer Sekunde bis zu einer Dauer, die zu anderen Zeiten und an anderen Orten wie eine Ewigkeit hätte erscheinen können. Dasselbe gilt für die andere Pause zwischen Ende des Steigens und Anfang des Fallens. Die Beständigkeit der Extreme ist, solange sie währen, vollkommen, was seitens der Temperatur sonderbar erscheinen mag, in den ersten Zeiten. Es kommt, wie die Erfahrung zeigt, auch vor, daß Fallen und Steigen stocken, und zwar auf jedweder Stufe, und eine mehr oder weniger lange Pause machen, bevor sie fortfahren oder sich verwandeln, jenes in ein Steigen und dieses in ein Fallen, wobei sie ihrerseits sei es anlangen oder vorher stocken können, um anschließend fortzufahren oder von neuem umzukehren, am Ende einer mehr oder weniger langen Zeit, und so weiter, bevor sie am einen oder anderen Extrem anlangen. Bei solchen Höhen und Tiefen, Wiederaufstiegen und Rückfällen, die in zahllosen Rhythmen aufeinander folgen, kommt es nicht selten zum Übergang vom Weißen zum Schwarzen und von der Wärme zur Kälte und umgekehrt. Nur die Extreme sind beständig, was die Schwingungen, die sich während der Pausen auf den Zwischenstufen ergeben, noch deutlicher machen, welcher Dauer und Höhe sie auch sein mögen. Dann erschauern Boden, Wand, Wölbung und Körper, grauweiß oder rußschwarz oder zwischen den beiden je nachdem. Aber es kommt, wie die Erfahrung zeigt, eigentlich selten zu solchem Übergang. Und meist setzt sich, wenn das Licht schwächer zu werden und mit ihm die Wärme abzunehmen beginnt, die Bewegung reibungslos fort bis zum Tiefschwarz und zum Nullpunkt ungefähr, die gleichzeitig nach etwa 20 Sekunden erreicht werden. Das gleiche gilt für die entgegengesetzte Bewegung zur Wärme und zum Weißen. Dann in der Reihenfolge der Häufigkeit das Fallen oder das Steigen mit mehr oder weniger langen Stockungen in den fiebernden Graus, ohne daß in irgendeinem Moment die Bewegung umgekehrt wird. Nichtsdestoweniger ist, wenn das Gleichgewicht, das von oben wie das von unten, einmal gestört ist, der Übergang zum folgenden unendlich wandelbar. Aber welche Zufälle sie auch immer bestimmen mögen, die früher oder später erfolgende Rückkehr zur einstweiligen Ruhe scheint gewiß, momentan, im Schwarzen oder im hohen Weiß, mit entsprechenden Temperaturen, in dieser Welt, die noch gegen die endlosen Krämpfe gefeit ist. Durch ein Wunder nach welcher Abwesenheit in vollkommenen Einöden wiedergefunden, ist sie schon nicht mehr ganz dieselbe, in dieser Hinsicht, aber es gibt keine andere. Äußerlich bleibt alles unverändert und das Sichten des kleinen Baus immer noch gleich zufällig, da sein Weiß in dem es umgebenden aufgeht. Aber hinein, und jetzt kürzere Ruhepausen und nie zweimal der gleiche Aufruhr. Licht und Wärme bleiben verbunden, wie von ein und derselben Quelle gespeist, von der immer noch keinerlei Spur. Immer auf dem Boden, zweifach gekrümmt, mit dem Kopf an der Wand bei B, dem Hintern an der Wand bei A, den Knien an der Wand zwischen B und C, den Füßen an der Wand zwischen C und A, das heißt in dem Halbkreis ACB, in dem weißen Boden aufgehend, wäre nicht das lange Haar in zweifelhaftem Weiß, ein weißer Körper einer Frau, wie sich endlich zeigt. Ähnlich in dem anderen Halbkreis, an der Wand der Kopf bei A, der Hintern bei B, die Knie zwischen A und D, die Füße zwischen D und B, auch so weiß wie der Boden, der Partner. Auf der rechten Seite also beide und Kopf an Steiß, Rücken an Rücken. Einen Spiegel an ihre Lippen halten, er beschlägt. Mit der Linken hält sich jeder das linke Bein ein wenig unterm Knie, mit der Rechten den linken Arm ein wenig überm Ellbogen. In diesem aufgeregten Licht, wo die große, weiße Ruhe so selten und kurz geworden, ist die Inspektion schwierig. Trotz Schweiß und Spiegel würden sie leicht als leblos gelten ohne die linken Augen, die in unberechenbaren Abständen plötzlich aufgesperrt und weit über Menschenmögliches hinaus offengehalten werden. Ihr grelles Hellblau ist von durchdringender Wirkung, in den ersten Zeiten. Nie beide Blicke zusammen, nur ein einziges Mal, etwa zehn Sekunden, als der Anfang des einen auf das Ende des anderen vorgriff. Die weder fetten noch mageren, weder großen noch kleinen Körper scheinen heil und in recht gutem Zustand zu sein, von den dem Blick dargebotenen Teilen aus zu urteilen. Auch den Gesichtern scheint, vorausgesetzt, daß beide Hälften sich gleichen, nichts Wesentliches zu fehlen. Zwischen ihrer absoluten Regungslosigkeit und dem entfesselten Licht besteht ein auffallender Gegensatz, in den ersten Zeiten, für einen, der sich noch erinnert, für das Gegenteil empfindlich gewesen zu sein. Es ist jedoch klar, aufgrund von tausend kleinen Zeichen, die zu erträumen zu lange dauern würde, daß sie nicht schlafen. Nur kaum ah murmeln in dieser Stille, und im selben Augenblick im Raubauge das gerade wahrnehmbare, sofort unterdrückte Zucken. Sie da lassen, in Schweiß und eiskalt, es gibt anderswo Besseres. Aber nein, das Leben endet, und nein, es gibt anderswo nichts, und keine Rede mehr davon, jenen weißen, im Weißen verlorenen Punkt wiederzufinden, um zu sehen, ob sie ruhig geblieben sind, mitten in diesem Gewitter oder einem schlimmeren, oder in dem für immer tiefen Schwarz, oder dem unwandelbaren hohen Weiß, und wenn nicht, was sie tun.

Schluß jetzt

All das Vorhergehende vergessen. Zuviel auf einmal ist zuviel. Das läßt der Feder Zeit zum Notieren. Ich sehe sie nicht, aber ich höre sie da hinter mir. Solche Stille. Wenn die Feder anhält, mache ich weiter. Manchmal sträubt sie sich. Wenn sie sich sträubt, mache ich weiter. Zuviel Stille ist zuviel. Oder es ist meine manchmal zu schwache Stimme. Jene, die aus mir hervordringt. Soviel über die Art und Weise.

Ich tat alles, was er wünschte. Ich wünschte es auch. Für ihn. Jedesmal, wenn er etwas wünschte, wünschte ich es auch. Für ihn. Er brauchte nur zu sagen was. Wenn er nichts wünschte, wünschte ich auch nichts. So lebte ich nicht ohne Wünsche. Wenn er etwas für mich gewünscht hätte, hätte ich es auch gewünscht. Glück zum Beispiel. Oder Ruhm. Ich hatte nur die Wünsche, die er äußerte. Aber er mußte sie wohl alle äußern. All seine Wünsche und Bedürfnisse. Wenn er schwieg, mußte er wohl so sein wie ich. Wenn er mir sagte, ich solle ihn am Penis lecken, stürzte ich mich darauf. Ich bezog Befriedigung daher. Wir mußten wohl die gleichen Befriedigungen haben. Die gleichen Bedürfnisse und die gleichen Befriedigungen.

Eines Tages sagte er mir, ich solle ihn lassen. Eben dieses Verbum gebrauchte er. Er mußte es wohl nicht mehr lange machen. Ich weiß nicht, ob er damit meinte, ich solle ihn verlassen oder nur einen Moment beiseite gehen. Ich habe mir die Frage nie gestellt. Ich habe mir immer nur seine Fragen gestellt. Wie dem auch sei, ich machte mich davon, ohne mich umzudrehen. Außer Reichweite seiner Stimme war ich außer seinem Leben. Das war es vielleicht, was er wünschte. Es gibt Fragen, die man sieht, ohne sie sich zu stellen. Er mußte es wohl nicht mehr lange machen. Ich hingegen mußte es noch lange machen. Ich gehörte einer ganz anderen Generation an. Es hat nicht lange gedauert. Nun, da ich in die Nacht dringe, habe ich so etwas wie Lichtschimmer im Schädel. Unfruchtbare Erde, aber nicht ganz. Mit drei oder vier Leben hätte ich es zu etwas bringen können.

Ich mußte etwa sechs Jahre alt gewesen sein, als er mich bei der Hand faßte. Ich war kaum der Kindheit entwachsen. Aber es dauerte nicht lange, bis ich ihr ganz entwuchs. Es war die Linke. Zur Rechten sein war ihm ein Greuel. Wir schritten also Seite an Seite, Hand in Hand voran. Ein Paar Handschuhe genügte uns. Die freien oder äußeren Hände hingen nackt da. Er litt keine fremde Haut an seiner Haut. Die Schleimhäute sind etwas anderes. Es kam nichtsdestoweniger vor, daß er sich den Handschuh auszog. Dann hatte ich das Gleiche zu tun. Wir legten so etwa hundert Meter zurück, verbunden durch unsere nackten Extremitäten. Selten mehr. Das genügte ihm. Wenn man mir die Frage stellte, würde ich sagen, daß ungleiche Hände sich kaum zur Intimität eignen. Meine fand nie ihren Platz in seiner. Manchmal ließen sie einander los. Der Druck wurde schwächer und jede für sich fiel hinab. Oft dauerte es lange Minuten, bevor sie sich wieder erfaßten. Bevor seine meine wieder erfaßte.

Es waren ziemlich enganliegende Baumwollhandschuhe. Anstatt die Formen abzurunden, ließen sie sie schärfer hervortreten, indem sie sie vereinfachten. Meiner war natürlich jahrelang zu schlaff. Aber es dauerte nicht lange, bis ich ihn ganz ausfüllte. Er fand, daß ich Wassermann-Hände hätte. Der Wassermann ist ein Haus des Himmels.

Alles habe ich von ihm. Ich werde es nicht jedesmal bei Erwähnung dieses oder jenes bißchen Wissens wiederholen. Die Kunst zu Kombinieren ist nicht meine Schuld. Es ist ein Fluch des Himmels. Im übrigen würde ich für unschuldig plädieren.

Unsere Begegnung. Obwohl er schon sehr krumm war, machte er auf mich den Eindruck eines Riesen. Sein Rumpf war schließlich waagerecht. Um diese Anomalie auszugleichen, spreizte er die Beine und beugte die Knie. Seine immer platter werdenden Füße drehten sich nach außen. Sein Horizont beschränkte sich auf den Boden, auf den er trat. Ein winziger, sich bewegender Teppich aus Rasen und zertretenen Blumen. Er gab mir die Hand wie ein großer, müder Affe, den Ellbogen so hoch wie möglich hebend. Ich brauchte mich nur aufzurichten, um ihn um dreieinhalb Kopflängen zu überragen. Eines Tages blieb er stehen und erklärte mir, nach Worten suchend, die Anatomie sei ein Ganzes.

Anfangs sprach er immer im Gehen. Wie mir nun scheint. Dann bald im Gehen, bald stehend. Schließlich nur noch stehend. Außerdem immer leiser. Damit er nicht das Gleiche zweimal hintereinander zu sagen brauchte, mußte ich mich tief vorbeugen. Er blieb stehen und wartete darauf, daß ich meine Haltung einnähme. Sobald er aus dem Augenwinkel meinen Kopf neben seinem erblickte, gab er sein Gemurmel von sich. Neun von zehn Malen betraf es mich nicht. Aber er wollte, daß alles gehört wurde, sogar die Ausrufe und Gebetsbrocken, die er dem blumigen Boden entgegenschleuderte.

Er blieb also stehen und wartete, bis mein Kopf erschien, bevor er mir sagte, ich solle ihn lassen. Ich zog flink meine Hand zurück und machte mich davon, ohne mich umzudrehen. Zwei Schritte, und er verlor mich für immer. Wir hatten uns gespalten, wenn es das war, was er wünschte.

Er redete selten über Geodäsie. Aber wir haben mehrmals das Äquivalent des irdischen Äquators zurücklegen müssen. Im Tempo von durchschnittlich fünf Kilometern pro Tag und Nacht. Wir nahmen unsere Zuflucht zur Arithmetik. Wieviel Kopfrechnungen wir tief gekrümmt Hand in Hand gemacht haben! So erhoben wir ganze ternäre Zahlen zur dritten Potenz. Bisweilen in strömendem Regen. Sich schlecht und recht nach und nach in sein Gedächtnis prägend, häuften die Kubikzahlen sich an. Im Hinblick auf die umgekehrte Operation in einem späteren Stadium. Wenn die Zeit ihr Werk vollbracht hätte.

Wenn man mir in gebührender Form die Frage stellte, würde ich sagen, Ja, in der Tat, das Ende dieses langen Spaziergangs war mein Leben. Sagen wir die etwa elftausend letzten Kilometer. Von dem Tage an, da er mir gegenüber zum ersten Mal

ein Wort über seine Gebrechlichkeit erwähnte, indem er sagte, daß sie seiner Ansicht nach ihren Gipfel erreicht habe. Die Zukunft gab ihm recht. Jedenfalls jene, aus der wir gemeinsam Vergangenheit machen sollten.
Ich sehe die Blumen zu meinen Füßen, und es sind die anderen, die ich sehe. Jene, auf die wir im Gleichschritt traten. Es sind übrigens die gleichen.
Entgegen der Annahme, zu der ich lange geneigt hatte, war er nicht blind. Nur faul. Eines Tages blieb er stehen und beschrieb mir, nach Worten suchend, seine Sehkraft. Er schloß, indem er sagte, daß sie seiner Ansicht nach nicht noch mehr nachlassen würde. Ich weiß nicht, in welchem Maße er sich Illusionen hingab. Ich habe mir die Frage nie gestellt. Wenn ich mich vorbeugte, um die Mitteilung zu empfangen, sah ich flüchtig, wie er mit rosigblauem, augenscheinlich beeindrucktem Blick nach mir schielte.
Er blieb manchmal stehen, ohne etwas zu sagen. Sei es, weil er schließlich nichts zu sagen hatte, sei es, weil er, obwohl er etwas zu sagen hatte, sich schließlich entschloß, es nicht zu sagen. Ich beugte mich wie gewöhnlich vor, damit er nichts zu wiederholen brauchte, und wir verharrten so. Tief gekrümmt mit einander berührenden Köpfen. Stumm, Hand in Hand. Derweil rings um uns herum immer mehr Minuten vergingen. Früher oder später riß sein Fuß sich von den Blumen los, und wir gingen weiter. Um womöglich nach wenigen Schritten wieder stehenzubleiben. Damit er endlich sagte, was er auf dem Herzen hatte, oder sich von neuem entschlösse, es nicht zu sagen.
Andere markante Vorgänge tauchen im Gedächtnis auf. Unverzügliche, ununterbrochene Mitteilung mit unverzüglichem Wiederaufbruch. Das Gleiche mit verzögertem Wiederaufbruch. Verzögerte, ununterbrochene Mitteilung mit unverzüglichem Wiederaufbruch. Das Gleiche mit verzögertem Wiederaufbruch. Unverzügliche, unterbrochene Mitteilung mit unverzüglichem Wiederaufbruch. Das Gleiche mit verzögertem Wiederaufbruch. Unterbrochene, verzögerte Mittei-

lung mit unverzüglichem Wiederaufbruch. Das Gleiche mit verzögertem Wiederaufbruch.
Damals also werde ich gelebt haben, damals oder nie. Zehn Jahre, gelinde gesagt. Seit dem Tage, da er mit dem Rücken seiner linken Hand lange über sein ruiniertes Kreuz fuhr und seine Prognose verkündete. Bis zum Tage meiner vermutlichen Ungnade. Ich sehe die Stelle wieder, einen Schritt vor dem Gipfel. Zwei Schritte weiter geradeaus, und ich lief schon den anderen Abhang hinab. Zurückblickend hätte ich ihn nicht mehr gesehen.
Er kletterte gern und ich demnach auch. Er verlangte nach den steilsten Hängen. Sein menschlicher Körper zerfiel in zwei gleiche Segmente. Dies dank der Beugung der Knie, die das zweite verkürzte. Bei einer Steigung von fünfzig Prozent streifte sein Kopf den Boden. Ich weiß nicht, welchem Umstand er diese Neigung verdankte. Der Liebe zur Erde und zu den tausend Düften und Farben der Blumen. Oder ganz einfach Imperativen anatomischer Art. Er hat die Frage nie aufgeworfen. Einmal oben angelangt, mußte man leider wieder hinab.
Um sich von Zeit zu Zeit des Himmels erfreuen zu können, bediente er sich eines kleinen, runden Spiegels. Nachdem er ihn behaucht und dann an seiner Wade blankgerieben hatte, suchte er darin die Sternbilder. Ich hab's! rief er, von der Leier oder vom Schwan sprechend. Und oft fügte er hinzu, daß dem Himmel nichts fehle.
Wir waren jedoch nicht im Gebirge. Ich ahnte dann und wann am Horizont ein Meer, dessen Niveau mir höher zu sein schien als unseres. Sollte es der Grund irgendeines weiten, verdunsteten oder nach unten abgeflossenen Sees sein? Ich habe mir die Frage nie gestellt.
All diese Kenntnisse habe ich von ihm. Ich kombiniere sie nur auf meine Weise. Mit vier oder fünf Leben wie jenem hätte ich eine Spur hinterlassen können.
Trotzdem ragten recht häufig solche wohl hundert Meter hohe Kuppen empor. Ich blickte ungern auf und entdeckte

die nächste oft am Horizont. Oder statt uns von jener, die wir gerade hinabgestiegen waren, zu entfernen, stiegen wir sie von neuem hinauf.
Ich spreche von unserem letzten Jahrzehnt zwischen den beiden erwähnten Ereignissen. Es überdeckt die vorhergehenden, die ihm haben gleichen müssen wie ein Ei dem anderen. Wenn ich es recht überlege, ist meine Bildung jenen versunkenen Jahren zuzuschreiben. Denn ich erinnere mich nicht, während der Jahre, an die ich mich erinnere, irgend etwas gelernt zu haben. Mit dieser Überlegung beruhige ich mich, wenn all mein Wissen mir die Sprache verschlägt.
Ich habe meine Ungnade ganz nahe bei einem Gipfel situiert. Aber nein, es war in der Ebene, in tiefer Stille. Mich umdrehend, hätte ich ihn an der gleichen Stelle erblickt, wo ich ihn verlassen hatte. Die kleinste Kleinigkeit hätte mich mein Mißverständnis verstehen lassen, wenn es ein Mißverständnis gegeben hätte. In den folgenden Jahren schloß ich die Möglichkeit, ihn wiederzufinden, nicht aus. Eben da, wo ich ihn verlassen hatte, wenn nicht woanders. Oder ihn nach mir rufen zu hören. Wobei ich mir jedoch sagte, daß er es nicht mehr lange machen würde. Aber ich rechnete nicht zu fest damit. Denn ich hob den Blick kaum von den Blumen. Und er hatte keine Stimme mehr. Und als ob das nicht genügte, hörte ich nicht auf, mir immer wieder zu sagen, daß er es nicht mehr lange machen würde. So daß es nicht lange dauerte, bis ich überhaupt nicht mehr damit rechnete.
Ich weiß nicht mehr, wie das Wetter jetzt ist. Aber zeit meines Lebens war es ewig mild. Als sei die Erde im Frühling eingeschlafen. Ich spreche von unserer Hemisphäre. Schwere, lotrechte, kurze Niederschläge trafen uns unversehens. Ohne merkliche Trübung des Himmels. Ich hätte die Stille des Windes nicht bemerkt, wenn er nicht davon gesprochen hätte. Des Windes, der nicht mehr da war. Der Stürme, denen er getrotzt hatte. Freilich gab es da nichts zum Fortwehen. Selbst die Blumen hatten keine Stengel und klebten wie Seerosen am Boden. Keine Rede mehr davon, daß sie im Knopfloch prangten.

Wir zählten die Tage nicht. Wenn ich zehn Jahre zusammenbekomme, dann dank unserem Schrittzähler. Endstrecke geteilt durch durchschnittliche Tagesstrecke. Anzahl der Tage. Teilen. Eine gewisse Zahl am Vorabend des Tages mit seinem Kreuz. Eine gewisse andere am Vorabend meiner Ungnade. Tagesdurchschnitt immer bis auf den laufenden Tag errechnet. Abziehen. Teilen.

Die Nacht. Lang wie der Tag in diesem endlosen Äquinoktium. Sie bricht herein, und wir machen weiter. Wir brechen vor Tagesanbruch wieder auf.

Ruhestellung. Doppelt gekrümmt, ineinander verkeilt. Zweiter Knick an den Knien. Ich an der Innenseite. Wie ein Mann drehten wir uns herum, wenn er den Wunsch äußerte. Ich fühle ihn nachts an mir, in seiner ganzen verdrehten Länge. Es ging nicht so sehr darum zu schlafen, als sich auszustrecken. Denn wir gingen in einem Halbschlaf. Mit der oberen Hand hielt er mich und berührte mich, wo er wollte. Bis zu einem gewissen Punkt. Die andere war mit meinem Haar verflochten. Er sprach ganz leise von Dingen, die es für ihn nicht mehr gab und für mich nicht hatte geben können. Vom Wind in den oberirdischen Stengeln. Vom Schatten und Obdach der Wälder.

Er war nicht redselig. Im Durchschnitt hundert Worte auf Tag und Nacht verteilt. Kaum mehr als eine Million insgesamt. Viele Wiederholungen. Ausrufe. Mit denen der Stoff kaum zu streifen war. Was weiß ich vom Schicksal des Menschen? Ich habe mir die Frage nie gestellt. Ich bin über die Radieschen besser auf dem laufenden. Die hatte er geliebt. Wenn ich eines davon sähe, würde ich ohne Zögern seinen Namen nennen.

Wir lebten von Blumen. Soviel über den Unterhalt. Er blieb stehen und packte, ohne sich bücken zu müssen, eine Handvoll Blütenblätter. Dann ging er kauend weiter. Sie übten im großen und ganzen eine beruhigende Wirkung aus. Wir waren im großen und ganzen ruhig. In zunehmendem Maße. Alles war es. Diese Idee der Ruhe habe ich von ihm. Ohne ihn hätte ich sie nicht gehabt. Ich mache mich nun daran, alles auszuwischen, außer den Blumen. Keine Regengüsse mehr. Keine Kuppen mehr. Nur wir zwei, wie wir uns durch die Blumen schleppen. Schluß jetzt, meine alten Brüste fühlen seine alte Hand.

Bing

Alles gewußt alles weiß nackter weißer Leib ein Meter Beine aneinander wie genäht. Licht Wärme weißer Boden ein Quadratmeter nie gesehn. Weiße Wände ein Meter mal zwei weiße Decke ein Quadratmeter nie gesehn. Nackter weißer Leib starr nur die Augen kaum. Spuren Gewirr hellgrau fast weiß auf weiß. Hände hängend offen Inneres nach vorn weiße Füße Fersen aneinander rechter Winkel. Licht Wärme weiße Flächen gleißend. Nackter weißer Leib starr hop starr woanders. Spuren Gewirr Zeichen ohne Sinn hellgrau fast weiß. Nackter weißer Leib starr unsichtbar weiß auf weiß. Nur die Augen kaum hellblau fast weiß. Kopf Kugel recht hoch Augen hellblau fast weiß starr nach vorn Stille drinnen. Kurze Gemurmel kaum fast nie alle gewußt. Spuren Gewirr Zeichen ohne Sinn hellgrau fast weiß auf weiß. Beine aneinander wie genäht Fersen aneinander rechter Winkel. Spuren allein unfertig schwarz gegeben hellgrau fast weiß auf weiß. Licht Wärme weiße Wände gleißend ein Meter mal zwei. Nackter weißer Leib starr ein Meter hop starr woanders. Spuren Gewirr Zeichen ohne Sinn hellgrau fast weiß. Weiße Füße unsichtbar Fersen aneinander rechter Winkel. Augen allein unfertig blau gegeben hellblau fast weiß. Gemurmel kaum fast nie eine Sekunde vielleicht nicht allein. Kaum rosa gegeben nackter weißer Leib starr ein Meter weiß auf weiß unsichtbar. Licht Wärme kurze Gemurmel kaum fast nie immer die gleichen alle gewußt. Weiße Hände unsichtbar hängend offen Inneres nach vorn. Nackter weißer Leib starr ein Meter hop starr woanders. Nur die Augen kaum hellblau fast weiß starr nach vorn. Gemurmel kaum fast nie eine Sekunde vielleicht ein Ausweg. Kopf Kugel recht hoch Augen hellblau fast weiß bing Gemurmel bing Stille. Augen Löcher hellblau fast weiß Mund weißer Saum wie genäht unsichtbar. Bing vielleicht eine Natur eine Sekunde fast nie soviel Gedächtnis fast nie. Weiße Wände jede ihre Spur Gewirr Zeichen ohne Sinn hellgrau fast weiß. Licht Wärme alles gewußt alles weiß unsichtbare Flächenwinkel. Bing Gemurmel kaum fast nie eine Sekunde vielleicht ein Sinn soviel Gedächtnis fast nie. Weiße Füße unsichtbar Fersen aneinander rechter Winkel hop woanders ohne Laut. Hände hängend offen Inneres nach vorn Beine aneinander wie genäht. Kopf Kugel recht hoch Augen hellblau fast weiß starr nach vorn Stille drinnen. Hop woanders wo seit jeher wenn nicht gewußt daß nicht. Nur die Augen allein unfertig blau gegeben Löcher hellblau fast weiß einzige Farbe starr nach vorn. Alles gewußt alles weiß weiße Flächen gleißend bing Gemurmel kaum fast nie eine Sekunde Sternzeit soviel Gedächtnis fast nie. Nackter weißer Leib starr ein Meter hop starr woanders weiß auf weiß unsichtbar Herz Atem ohne Laut. Allein die Augen blau gegeben hellblau fast weiß starr nach vorn einzige Farbe allein unfertig. Unsichtbare Flächenwinkel nur eine Fläche gleißend weiß ohne Ende wenn nicht gewußt daß nicht. Nase Ohren weiße Löcher Mund weißer Saum wie genäht unsichtbar. Bing Gemurmel kaum fast nie eine Sekunde immer die gleichen alles gewußt. Kaum rosa gegeben nackter weißer Leib starr unsichtbar alles gewußt draußen drinnen. Bing vielleicht eine Natur eine Sekunde mit Bild gleiche Dauer etwas weniger blau und weiß im Wind. Weiße Decke gleißend ein Quadratmeter nie gesehn bing vielleicht da ein Ausweg eine Sekunde bing Stille. Spuren allein unfertig schwarz gegeben graues Gewirr Zeichen ohne Sinn hellgrau fast weiß immer die gleichen. Bing vielleicht nicht allein eine Sekunde mit Bild immer das gleiche gleiche Dauer etwas weniger soviel Gedächtnis fast nie bing Stille. Kaum rosa herabgefallen weiße Nägel fertig. Lange Haare herabgefallen weiß unsichtbar fertig. Unsichtbare Narben gleiches Weiß wie das Fleisch kaum rosa einst verwundet. Bing Bild kaum fast nie eine Sekunde Sternzeit blau und weiß im Wind. Kopf Kugel recht hoch Nase Ohren weiße Löcher Mund weißer Saum wie genäht unsichtbar fertig. Allein die Augen blau gegeben starr nach vorn hellblau fast weiß einzige Farbe allein unfertig. Licht Wärme weiße

Flächen gleißend nur eine gleißend weiß ohne Ende nicht gewußt daß nicht. Eine Natur kaum fast nie eine Sekunde mit Bild gleiche Dauer etwas weniger immer das gleiche blau und weiß im Wind. Spuren Gewirr hellgrau Augen Löcher hellblau fast weiß starr nach vorn bing vielleicht ein Sinn kaum fast nie bing Stille. Nacktes Weiß ein Meter starr hop starr woanders ohne Laut Beine aneinander wie genäht Fersen aneinander rechter Winkel Hände hängend offen Inneres nach vorn. Kopf Kugel recht hoch Augen Löcher hellblau fast weiß starr nach vorn Stille drinnen hop woanders wo seit jeher wenn nicht gewußt daß nicht. Bing vielleicht nicht allein eine Sekunde mit Bild gleiche Dauer etwas weniger Auge schwarz und weiß halb geschlossen lange Wimpern flehend soviel Gedächtnis fast nie. Dereinst Zeitblitz alles weiß fertig alles einst hop Blitz weiße Wände gleißend ohne Spuren Augen letzte Farbe hop weiß fertig. Hop starr letztes Woanders Beine aneinander wie genäht Fersen aneinander rechter Winkel Hände hängend offen Inneres nach vorn Kopf Kugel recht hoch Augen weiß unsichtbar starr nach vorn fertig. Kaum rosa gegeben ein Meter unsichtbar nackt weiß alles gewußt draußen drinnen fertig. Weiße Decke nie gesehn bing einst kaum fast nie eine Sekunde weißer Boden nie gesehn vielleicht da durch. Bing einst kaum vielleicht ein Sinn eine Natur eine Sekunde fast nie blau und weiß im Wind soviel Gedächtnis nie mehr. Weiße Flächen ohne Spuren nur eine gleißend weiß ohne Ende wenn nicht gewußt daß nicht. Licht Wärme alles gewußt alles weiß Herz Atem ohne Laut. Kopf Kugel recht hoch weiße Augen starr nach vorn altes bing letztes Gemurmel vielleicht nicht allein eine Sekunde Auge matt schwarz und weiß halb geschlossen lange Wimpern flehend bing. Stille hop fertig.

Der Verwaiser

Eine Bleibe, wo Körper immerzu suchen, jeder seinen Verwaiser. Groß genug für vergebliche Suche. Eng genug, damit jegliche Flucht vergeblich. Es ist das Innere eines niedrigen Zylinders mit einem Umfang von fünfzig Metern und einer Höhe von sechzehn wegen der Harmonie. Licht. Seine Schwäche. Sein Gelb. Sein Überallsein als ginge von jedem der rund zwölf Millionen Quadratzentimeter Gesamtfläche ein eigener Schimmer aus. Sein Gekeuche, das hin und wieder stockt wie Atem, der am Ende ist. Alle erstarren dann. Ihr Bleiben geht vielleicht zu Ende. Nach einigen Sekunden geht alles wieder los. Auswirkungen dieses Lichts auf das suchende Auge. Auswirkungen auf das nicht mehr suchende Auge, das zu Boden starrt oder hinaufblickt zur fernen Decke oben, wo niemand sein kann. Temperatur. Ein langsameres Atmen läßt sie schwanken zwischen warm und kalt. Sie geht von einem Extrem zum anderen über, in etwa vier Sekunden. Sie hat ruhige Momente, mehr oder weniger warme oder kalte. Diese fallen zeitlich mit jenen zusammen, in denen das Licht sich beruhigt. Alle erstarren dann. Alles geht vielleicht zu Ende. Nach einigen Sekunden geht alles wieder los. Auswirkungen dieses Klimas auf die Haut. Sie wird pergamenten. Körper streifen einander und rascheln dabei wie trockene Blätter. Selbst die Schleimhäute kriegen es zu spüren. Ein Kuß erzeugt ein unbeschreibliches Geräusch. Diejenigen, die noch darauf aus sind, sich zu paaren, schaffen es nicht. Aber sie wollen nicht aufgeben. Boden und Wand sind aus Hartgummi oder Ähnlichem. Bei heftigen Stößen mit dem Fuß oder der Faust oder dem Kopf schallen sie kaum. Und die Schritte erst, wie leise! Die einzigen nennenswerten Geräusche kommen von der Handhabung der Leitern und vom Aneinanderprallen der Körper oder eines einzelnen mit sich selbst, bei plötzlichem, unbändigem Sich-an-die-Brust-Schlagen. Demnach gibt es noch Fleisch und Knochen. Leitern. Es sind die einzigen Gegenstände. Sehr verschieden große, doch ausnahmslos einfache. Die kleinsten nicht kürzer als sechs Meter. Mehrere sind ausziehbar. Sie lehnen in wenig harmonischer Weise an der Wand. Oben auf der größten stehend können die Größten die Decke berühren, mit den Fingerspitzen. Ihre Beschaffenheit ist also gleichermaßen bekannt wie die des Bodens und der Wand. Bei heftigen Stößen mit einer Sprosse schallt sie kaum. Diese Leitern sind sehr begehrt. Am Fuße einer jeden, immer oder meist, eine kurze Schlange Wartender. Es bedarf jedoch des Mutes, um sich ihrer zu bedienen. Denn bei allen fehlt die Hälfte der Sprossen, und zwar in wenig harmonischer Weise. Wenn nur jede zweite fehlte, wäre es nicht schlimm. Aber das Fehlen von drei aufeinander folgenden nötigt zu akrobatischen Leistungen. Trotzdem sind diese Leitern sehr begehrt und außer Gefahr, in bloße, nur unten und oben miteinander verbundene Holme verwandelt zu werden. Denn das Bedürfnis zu klettern ist allzu weit verbreitet. Es nicht mehr zu empfinden ist eine seltene Befreiung. Die fehlenden Sprossen sind in den Händen einer kleinen Zahl Bevorrechtigter. Sie bedienen sich ihrer hauptsächlich zur Aggression und zu ihrer Verteidigung. Die einsamen Versuche, sich damit den Schädel einzuschlagen, führen bestenfalls nur zu kurzen Augenblicken der Bewußtlosigkeit. Es ist der Zweck der Leitern, die Sucher zu den Nischen gelangen zu lassen. Diejenigen, die sich nicht mehr dahinbegeben, bedienen sich ihrer nur, um den Boden zu verlassen. Es ist üblich, nicht zu zweit oder mehreren hinaufzusteigen. Der Flüchtige, der glücklich genug ist, eine freie zu finden, kann da Zuflucht suchen, bis alle Wut sich wieder legt. Nischen oder Waben. Es sind Höhlen in der Wand über einem in halber Höhe herumführenden gedachten Sims. Sie befinden sich also nur an ihrer oberen Hälfte. Mehr oder weniger breite Löcher verschaffen rasch Zugang zu kleinen Gelassen unterschiedlicher Geräumigkeit, die jedoch immer ausreicht, damit der Körper mit Hilfe des normalen Spiels der Gelenke da eindringen und sich dort auch schlecht und recht ausstrecken kann. Sie sind so angeordnet, daß jeweils vier um eine fünfte herum kunstvoll vom Quadrat abweichende Vierecke mit einer durchschnittlichen Seitenlänge von sieben Metern bilden. Eine Harmonie, die nur der zu genießen vermag, der aufgrund häufiger Besuche die Gesamtheit der Nischen so gut kennt, daß er ein vollkommenes Bild davon im Kopf hat. Es ist jedoch fraglich, ob es so jemanden gibt. Denn jeder Kletterer hat seine Lieblingsnischen und vermeidet nach Möglichkeit, in die anderen hinaufzusteigen. Einige Nischen sind durch Tunnel miteinander verbunden, die in die Wanddicke hineingetrieben wurden und bis zu fünfzig Meter Länge erreichen können. Aber die meisten haben keinen anderen Ausgang als den Eingang. Als ob sich in einem bestimmten Augenblick die Entmutigung ausgewirkt hätte. Zur Stützung dieser bloßen Annahme ist ein langer als Sackstrecke dort aufgegebener Tunnel anzuführen. Wehe dem Körper, der sich leichtsinnigerweise dort hineinwagt und nach langer Anstrengung genötigt ist, die Strecke so gut er kann in umgekehrter Richtung rückwärts kriechend zurückzulegen. Dieses Drama ist eigentlich nicht nur dem unvollendeten Tunnel vorbehalten. Man braucht nur in Betracht zu ziehen, was unausbleiblich geschehen wird, wenn sich in einem normalen Tunnel an entgegengesetzten Enden zwei Körper gleichzeitig auf den Weg machen. Nischen und Tunnel sind der gleichen Beleuchtung und dem gleichen Klima ausgesetzt wie die ganze Bleibe. Das wäre ein erster Blick in die Bleibe.

Ein Körper pro Quadratmeter, also insgesamt rund zweihundert. Als nahe und ferne Verwandte oder Freunde oder Bekannte kennen sich eigentlich viele. Das Wiedererkennen wird erschwert durch das Gedränge und die Dunkelheit. In gewisser Hinsicht sind es viererlei Körper. Erstens, diejenigen, die ohne anzuhalten herumgehen. Zweitens, diejenigen, die manchmal anhalten. Drittens, diejenigen, die, wenn sie nicht von ihrem Platz verjagt werden, nie den von ihnen eroberten verlassen, und die als Verjagte sich auf den ersten freien stürzen, um sich dort von neuem nicht mehr zu rühren. Das stimmt nicht ganz. Denn wenn bei diesen letzteren oder Seßhaften das Bedürfnis zu klettern erstorben ist, so unterliegt es darum nicht weniger sonderbaren Wiederauferstehungen. Der Betroffene verläßt dann seine Stelle und macht sich auf die Suche nach einer freien Leiter oder schließt sich der kürzesten oder nächsten Schlange Wartender an. Der Sucher kann nämlich schwerlich auf die Leiter verzichten. Es sind paradoxerweise die Seßhaften, die durch ihr Ungestüm die Ruhe des Zylinders am meisten stören. Viertens, diejenigen, die nicht suchen oder Nichtsucher, die größtenteils an der Wand in der Haltung sitzen, die Dante ein seltenes mattes Lächeln entriß. Unter Nichtsuchern kann man trotz des Abgrunds, in den so was führt, schließlich nichts anderes verstehen als Exsucher. Um dieser Vorstellung einen Teil ihrer Heftigkeit zu nehmen, genügt es, das Bedürfnis zu suchen für nicht weniger wiedererweckbar zu halten als das nach der Leiter, und, bei den allem Anschein nach für immer niedergeschlagenen oder geschlossenen Augen, die sonderbare Fähigkeit, vor der Begegnung mit Gesichtern und Körpern plötzlich wieder zu erglühen. Aber es wird von dieser Vorstellung immer noch genug übrigbleiben, damit bei dieser kleinen Schar in einer mehr oder weniger langen Frist sogar der letzte Rest ihrer Spannkraft beseitigt wird. Eine Erschlaffung, die zum Glück unmerklich ist, wegen der Langsamkeit und der jähen Erweckungen, die sie zum Teil aufwiegen, und der Unaufmerksamkeit der Betroffenen in ihrer Betäubung, entweder der Leidenschaft wegen, die ihnen noch innewohnt, oder wegen ihres entkräfteten Zustands, dem sie unmerklich anheimgefallen sind. Und weit davon entfernt, sich ihren Endzustand vorstellen zu können, in dem jeder Körper starr sein wird und jedes Auge leer, werden sie dahin geraten, ohne daß es ihnen bewußt wird, und so sein, ohne es zu wissen. Dann werden Licht und Klima sich in einer Weise ändern, die unmöglich vorherzusehen ist. Aber es ist damit zu rechnen, daß das erste mangels Daseinsberechtigung erloschen ist und das zweite in der Nähe von Null ruht. In kalter Finsternis regungsloses Fleisch. Das wäre das Wichtigste über diese unter einem ersten Gesichtswinkel gesehenen Körper und über diese Vorstellung und deren Folgen, falls sie beibehalten wird.

Das Innere eines Zylinders mit einem Umfang von fünfzig Metern und einer Höhe von sechzehn wegen der Harmonie also ungefähr zwölfhundert Quadratmeter Gesamtfläche, davon achthundert Wand. Ohne die Nischen und Tunnel mitzurechnen. Überallsein einer schwachen, gelben Helle, durchschüttelt von einem schwindelerregenden Hin und Her zwischen einander berührenden Extremen. Die Temperatur wechselt in ähnlichen, jedoch dreißig- bis vierzigmal langsameren Schwingungen, die sie rasch von einem Maximum von etwa fünfundzwanzig Grad auf ein Minimum von etwa fünf Grad sinken lassen, was regelmäßig Schwankungen von fünf Grad pro Sekunde ergibt. Das stimmt nicht ganz. Denn es ist klar, daß sich an den Extremen des Auf und Ab der Abstand bis auf nur ein Grad verringern kann. Aber dieses Nachlassen dauert nie länger als eine knappe Sekunde. Dann und wann nach langer und sehr langer Zeit wieder eine Unterbrechung beider Schwingungen, die wahrscheinlich von derselben Kraft getrieben werden, und gleichzeitiger Wiederbeginn nach einer Beruhigung, deren wechselnde Dauer etwa zehn Sekunden erreichen kann. Entsprechendes Anhalten jeder Bewegung bei den sich bewegenden Körpern und gesteigerte Starrheit der Regungslosen. Einzige Gegenstände etwa fünfzehn einfache Leitern, von denen mehrere ausziehbare in unregelmäßigen Abständen an der Wand aufgestellt sind. An der oberen Hälfte der Wand ringsherum etwa zwanzig wegen der Harmonie so angeordnete Nischen, daß jeweils vier um eine fünfte ein Viereck bilden, und von denen mehrere durch Tunnel miteinander verbunden sind.

Seit jeher geht das Gerücht, oder noch besser, gilt der Gedanke, daß es einen Ausweg gibt. Diejenigen, die nicht mehr daran glauben, sind nicht dagegen gefeit, von neuem daran zu glauben, übereinstimmend mit der Vorstellung, die, solange sie Bestand hat, besagt, daß hier alles den Tod erleidet, aber einen so abgestuften, ja sogar derart wankenden Tod, daß er selbst einem Besucher nicht auffallen würde. Über die Art des Auswegs und über seinen Ort gibt es zwei Hauptmeinungen, die alle diejenigen veruneinigen, ohne sie jedoch in einen Gegensatz zueinander zu bringen, die diesem alten Glauben treu geblieben sind. Für die einen kann es sich nur um einen Geheimgang handeln, der in einem der Tunnel beginnt und hinausführt zu den, wie der Dichter sagt, Zufluchtstätten der Natur. Die anderen träumen von einer oben in der Mitte der Decke versteckten Klapptür, die Zugang zu einem Kamin gewährt, an dessen Ende angeblich immer noch die Sonne und die anderen Sterne glänzten. Die Umschwünge in beide Richtungen kommen häufig vor, so daß jemand, der in einem bestimmten Augenblick nur auf den Tunnel schwor, durchaus im nächsten Augenblick nur auf die Klapptür schwören und einen Augenblick später sich wieder eines anderen belehren kann. Bei alledem steht jedenfalls fest, daß sich von den beiden Lagern das erste zugunsten des zweiten lichtet. Aber so langsam und so unstetig und freilich mit so geringer Rückwirkung auf das Verhalten der einen und der anderen, daß man, um es wahrzunehmen, in das Geheimnis der Götter eingeweiht sein muß. Diese Verschiebung liegt in der Logik der Dinge. Denn diejenigen, die an einen Ausweg glauben, einen zugänglichen, wie er es von einem Tunnel aus wäre, und dabei nicht einmal an seine Benutzung denken, können versucht sein, nach ihm zu forschen. Wohingegen dieser böse Geist den Anhängern der Klapptür deshalb erspart bleibt, weil die Mitte der Decke außer Reichweite ist. So verschiebt sich der Ausweg unmerklich vom Tunnel zur Decke, bevor es ihn je gegeben hat. Das wäre ein erster Blick auf diesen Glauben, der auch ohne die Treue, die er so vielen besessenen Herzen einflößt, an sich schon so seltsam ist. Sein kleines, unnützes Licht wird sie wohl als letztes verlassen, vorausgesetzt, daß die Finsternis ihrer harrt.

Hoch oben auf der großen am weitesten ausgezogenen und an die Wand gestellten Leiter können die größten Kletterer mit den Fingerspitzen den Rand der Decke berühren. Denselben Körpern würde dieselbe senkrecht in der Mitte des Bodens aufgestellte Leiter, da sie sie einen halben Meter gewinnen ließe, die beliebige Erkundung des sagenhaften Bereichs gestatten, der unzugänglich genannt wird und es demnach eigentlich gar nicht ist. Denn ein solcher Griff zur Leiter ist denkbar. Es bedürfte nur etwa zwanzig entschlossener Freiwilliger, die mit vereinten Kräften die Leiter im Gleichgewicht zu halten hätten, notfalls mittels anderer Leitern, die als Streben dienen würden. Ein Augenblick der Brüderlichkeit. Aber diese ist ihnen außer bei Gewaltsamkeitsausbrüchen ebenso fremd wie den Schmetterlingen. Und zwar nicht so sehr mangels Mut oder Einsicht als wegen des Ideals, das einen jeden verzehrt. Soviel über jenen unantastbaren Zenit, wo sich in den Augen der Mythenfreunde ein Ausweg zu Erde und Himmel verbirgt.

Der Gebrauch der Leitern wird durch Abmachungen unbekannten Ursprungs geregelt, die in ihrer Bestimmtheit und hinsichtlich des Gehorsams, den sie von den Kletterern verlangen, Gesetzen gleichen. Es gibt Verstöße, die gegen den Schuldigen eine kollektive Wut entfesseln, welche überrascht bei Wesen, die im großen und ganzen so friedfertig sind und außerhalb des großen Unternehmens so wenig aufeinander achten. Andere hingegen stören kaum die allgemeine Gleichgültigkeit. Das ist auf den ersten Blick sehr merkwürdig. Alles beruht auf dem Verbot, zu mehreren dieselbe Leiter hinaufzusteigen. Solange der Kletterer, der sie gerade benützt, nicht wieder den Boden erreicht hat, ist sie für den folgenden verboten. Es erübrigt sich, sich das Durcheinander vorstellen zu wollen, das sich aus dem Fehlen einer solchen Regel oder aus deren Nichtbefolgung ergeben würde. Aber wenn sie auch zur Annehmlichkeit aller gedacht ist, kann doch weder die Rede davon sein, daß sie unbeschränkt anwendbar wäre, noch davon, daß sie dem rücksichtslosen Kletterer erlaubte, seine Leiter unvernünftig lange stillzustellen. Denn ohne irgendein Hemmnis würde derjenige, dem es einfiele, es sich auf die Dauer in einer Nische oder in einem Tunnel bequem zu machen, eine für immer unbenützbare Leiter hinter sich lassen. Und wenn andere seinem Beispiel folgten, was unausbleiblich wäre, so würde die Folge das Schauspiel von hundertfünfundachtzig Klettererkörpern abzüglich der Besiegten sein, die für immer dem Boden geweiht sind. Ganz zu schweigen von der Unausstehlichkeit, daß da Geräte wären, die zu nichts nützen. Es gilt also als abgemacht, daß nach einer gewissen Frist, die zwar schwer zu schätzen, aber von jedem bis auf die Sekunde genau zu ermessen ist, die Leiter wieder frei, das heißt unter den gleichen Bedingungen für denjenigen verfügbar wird, der an der Reihe ist hinaufzusteigen und der durch seinen Platz an der Spitze der Schlange leicht erkennbar ist, so schlimm dies auch für den Mißbraucher sein mag. Dieser letztere, dem die Leiter abhanden gekommen ist, befindet sich tatsächlich in einer heiklen Situation, und es scheint von vornherein ausgeschlossen zu sein, daß er jemals wieder auf den Boden zurückkehren kann. Er erreicht diesen glücklicherweise früher oder später dank einer anderen Vorkehrung, nach der unter allen Umständen der Abstieg Vorrang vor dem Aufstieg hat. Er braucht also nur am Loch seiner Nische zu lugen, bis eine Leiter sich einfindet, um sie dann in aller Ruhe und mit der Zuversicht zu benützen, daß derjenige, der unten im Begriff, ja sogar drauf und dran ist, hinaufzusteigen, ihm den Vorrang läßt. Das Schlimmste, was ihm passieren könnte, wäre, daß er lange warten müßte wegen des Umlaufs der Leitern. Es kommt nämlich selten vor, daß ein Kletterer, der an der Reihe ist, in dieselbe Nische hinaufsteigen möchte wie sein Vorgänger, und dies aus offensichtlichen Gründen, die sich zu gegebener Zeit zeigen werden. Er geht also gefolgt von seiner Schlange mit der Leiter los und richtet sie unter irgendeiner der fünf Nischen auf, die sich ihm aufgrund des Unterschieds zwischen ihrer Anzahl und der Anzahl der Leitern bieten. Um wieder auf den Unglücklichen zurückzukommen, der die Frist überschritten hat, so ist klar, daß seine Aussichten auf einen schnellen Wiederabstieg vermehrt, wenn auch längst nicht verdoppelt werden, falls er dank einem Tunnel über zwei Nischen zum Lugen verfügt. Wenn er es auch in solchem Falle meistens und immer, wenn der Tunnel lang ist, vorzieht, auf eine der beiden Nischen allein zu setzen, aus Furcht, daß sich da während er von der einen zur anderen hindurchkriecht, eine Leiter einfindet. Aber die Leitern dienen nicht nur dazu, die Nischen und Tunnel zu erreichen, und diejenigen, die das, sei es auch nur zeitweilig, nicht mehr interessiert, benutzen sie nur, um den Boden zu verlassen. Sie steigen hinauf und machen in der von ihnen gewünschten Höhe halt, um dort meist aufrecht zu verweilen, mit dem Gesicht zur Wand. Auch bei dieser Klettererfamilie kommt es vor, daß die vorgeschriebenen Fristen überschritten werden. Es ist in solchem Falle vorgesehen, daß derjenige, dem die Leiter zusteht, bis zu dem Schuldigen hinaufsteigt und ihn mit einem oder mehreren Schlägen auf den Rücken zur Wirklichkeit zurückruft. Das genügt, damit dieser schleunigst hinter seinem Nachfolger hinabsteigt, der dann nur noch unter den gewohnten Bedingungen von der Leiter Besitz zu ergreifen braucht. Diese Fügsamkeit des Mißbrauchers zeigt deutlich, daß der Vorstoß keine Absicht ist, sondern auf einer zeitweiligen Störung seiner inneren Sanduhr beruht, die leicht verständlich und mithin verzeihlich ist. Das ist der Grund dafür, daß dieses übrigens seltene Verschulden, sei es von denjenigen, die zu den Nischen und Tunneln hinaufsteigen, oder von denjenigen, die auf der Leiter haltmachen, nie jene Wut ausbrechen läßt, welche die Unglücklichen trifft, die sich unterstehen, ihrerseits vor Ablauf der Frist hinaufzusteigen, und deren Übereilung immerhin ebenso erklärbar und also mit gleichem Recht verzeihbar erscheinen könnte wie die entgegengesetzte Übertretung. Das ist in der Tat merkwürdig. Aber hier geht es um das Grundprinzip, das verbietet, zu mehreren hinaufzusteigen, und dessen wiederholte Verletzung den Zylinder schnell in ein Pandämonium verwandeln würde. Wohingegen die verspätete Rückkehr auf den Boden letztlich nur dem Saumseligen schadet. Das wäre ein erster Einblick in das Reglement der Kletterer.

Das Weitertragen der Leitern vollzieht sich auch nicht nach Belieben, sondern immer längs der Wand im Sinne des Wirbels. Das ist eine ebenso strenge Regel wie das Verbot, zu mehreren hinaufzusteigen, und die zu übertreten untunlich ist. Nichts ist natürlicher. Denn wenn es erlaubt wäre, um der Abkürzung willen die Leiter mitten durch das Gewühl zu tragen oder an der Wand entlang in eine beliebige der beiden Richtungen, so wäre das Leben im Zylinder bald unmöglich. Darum wurde für die Träger an der ganzen Wand entlang ein ungefähr ein Meter breiter Pfad reserviert. Da halten sich auch diejenigen auf, die warten, bis die Reihe, hinaufzusteigen, an ihnen ist, und die, um das Betreten der eigentlichen Arena zu vermeiden, eng beieinander mit dem Rücken an der Wand lehnen und sich so dünn wie möglich machen.

Merkwürdig ist auf dem Pfad die Anwesenheit einer gewissen Anzahl von Seßhaften. Sie sitzen oder stehen an der Wand. Obwohl sie gleichgültig gegenüber den Leitern sind und sowohl bei den Kletterern als auch bei den Trägern Anstoß erregen, werden sie immerhin geduldet. Tatsache ist, daß diese wohl nur halben Weisen, bei denen übrigens alle Altersklassen vom Greis bis zum Kleinkind vertreten sind, denjenigen, die sich weiterhin rastlos regen, wenn nicht Ehrfurcht, so doch zumindest Achtung einflößen. Sie gieren danach wie nach einer ihnen gebührenden Huldigung, und sie reagieren krankhaft empfindlich auf den geringsten Mangel an Respekt. Ein seßhafter Sucher, auf den man tritt, statt über ihn hinwegzusteigen, kann dermaßen in Wut ausbrechen, daß der ganze Zylinder in Aufruhr gerät. Ebenfalls an die Wand geschmiegt finden sich, sowohl sitzend als auch stehend, vier von fünf der Besiegten. Auf sie kann man treten, ohne daß sie sich rühren.

Bemerkenswert ist schließlich die Sorge, mit der die Sucher der Arena sich darum bemühen, nicht das Gebiet der Kletterer zu betreten. Wenn sie, des vergeblichen Suchens im Gewühl müde, sich dem Pfad zuwenden, dann tun sie es, um gemessenen Schritts der gedachten Umrandung zu folgen und dabei alle, die sich dort befinden, mit den Augen zu verschlingen. Ihr langsames Kreisen gegen den Strom der Träger läßt einen zweiten, noch schmaleren Pfad entstehen, der seinerseits von der Masse der Sucher gemieden wird. Was bei entsprechender Beleuchtung von oben gesehen bisweilen den Eindruck von zwei schmalen Ringen erwecken würde, die sich in entgegengesetzten Richtungen um das Gedränge in der Mitte drehen.

Ein Körper pro Quadratmeter der Nutzfläche, demnach rund zweihundert. Körper beider Geschlechter und jeden Alters vom Greis bis zum Kleinkind. Säuglinge, die, da sie nichts mehr zu saugen haben, mit suchenden Augen auf dem Schoß kauern oder sich in frühreifen Posen auf dem Boden räkeln. Andere, etwas weiter entwickelte kriechen auf allen vieren und suchen zwischen den Beinen herum. Hübsche Einzelheit: eine Frau mit weißem Haar, noch jung nach ihren Schenkeln zu urteilen, lehnt an der Wand, die Augen in Aufgegebenheit geschlossen, preßt unwillkürlich ein Knäblein an ihre Brust, das sich abstemmt, um den Kopf drehen und sich umsehen zu können. Aber solche Ganz-Kleinen gibt es gar nicht viele. Keiner schaut in sich, wo niemand sein kann. Niedergeschlagene oder geschlossene Augen bedeuten Aufgegebenheit und finden sich nur bei den Besiegten. Diese an den Fingern einer Hand abzählbaren sind nicht notgedrungen regungslos. Sie können in der Menge umherirren, ohne etwas zu sehen. Für das fleischliche Auge unterscheidet sie nichts von den Körpern, die sich eifrig bemühen. Diese erkennen sie und lassen sie durch. Sie können am Fuß der Leitern warten und, wenn sie an der Reihe sind, in die Nischen hinaufsteigen oder nur den Boden verlassen. Sie können blindlings durch die Tunnel kriechen, auf der Suche nach nichts. Aber gewöhnlich läßt die Aufgegebenheit sie im Raum verharren und in der Haltung erstarren. Eben diese, ob stehend oder sitzend, ist meist tief gebeugt und erlaubt es, die Besiegten von den seßhaften Suchern zu unterscheiden, die jeden vorübergehenden Körper mit den Augen verschlingen, ohne dabei den Kopf zu bewegen. Stehend oder sitzend schmiegen sie sich an die Wand bis auf einen, der, in der Arena überwältigt, inmitten der Bewegten wie angewurzelt steht. Diese erkennen ihn an und wahren Abstand. Sie unterliegen immer wieder jähen Rückfällen ins Fieber des Sehens ebenso wie diejenigen, die nach ihrem Verzicht auf die Leitern plötzlich wieder danach greifen. So wahr ist es, daß im Zylinder das wenige Mögliche, wo es nicht ist, bloß nicht mehr ist, und im geringsten Weniger das ganze Nichts, falls diese Vorstellung beibehalten wird. Und die Augen machen sich plötzlich wieder ans Suchen, ebenso hungrig wie am undenkbaren ersten Tag, bis sie ohne offenbaren Grund sich plötzlich wieder schließen oder der Kopf hinabsinkt. Es ist wie bei einem großen windgeschützten Haufen Sand, der jedes zweite Jahr um drei Körnchen vermindert und im jeweils folgenden um zwei vermehrt würde, falls diese Vorstellung beibehalten wird. Wenn die Besiegten noch eine Strecke vor sich haben, was ist dann von den anderen zu sagen und welch besseren Namen könnte man ihnen geben als den schönen Namen Sucher. Die einen, weitaus am zahlreichsten, machen nie halt, außer um auf eine Leiter zu warten oder um von einer Nische aus zu lugen. Andere bleiben von Zeit zu Zeit kurz stehen, ohne die Suche mit den Augen aufzugeben. Für die seßhaften Sucher gilt, falls sie sich nicht mehr vom eroberten Platz rühren, daß sie sich für dort die besten Aussichten ausgerechnet haben, und, falls sie fast nie mehr zu den Nischen und Tunneln hinaufsteigen, daß sie allzu oft vergeblich da hinaufgestiegen sind oder dort allzu üble Erfahrungen gemacht haben. Ein vernunftbegabtes Wesen wäre versucht, in diesen letzteren die nächsten Besiegten zu sehen, und, einmal in Schwung, von denjenigen, die weiterhin rastlos umhergehen, zu erwarten, daß alle früher oder später nacheinander enden wie diejenigen, die manchmal anhalten, und desgleichen von diesen, daß sie als Seßhafte enden, und von den Seßhaften, daß sie als Besiegte enden, und von den somit zweihundert Besiegten, daß alle früher oder später enden, jeder wenn er dran ist, alle als ganz und gar Besiegte, die endgültig erstarrt sind, jeder an seinem Platz und jeder in seiner Haltung. Aber wenn man diesen Familien je nach Reifegrad laufende Nummern gibt, so lehrt die Erfahrung, daß es möglich ist, den zweiten überspringend, vom ersten zum dritten zu gelangen, und, den zweiten oder dritten oder beide überspringend, vom ersten zum vierten, und, den dritten überspringend, vom zweiten zum vierten. In der entgegengesetzten Richtung fallen die schlecht Besiegten nach langen Zwischenzeiten immer kurzfristiger in den Zustand der Seßhaften zurück, zu welch letzteren einige chronisch Unstete zählen, die dazu neigen, der Leiter wieder zu erliegen, während sie gegenüber der Arena gleichgültig bleiben. Aber nie mehr werden jene unaufhörlich kommen und gehen, die jetzt, nach langen Zwischenzeiten, haltmachen, ohne darum aufzuhören, mit den Augen zu suchen. Zur Zeit des wie das Ende undenkbaren Anfangs irrten also alle ohne Rast noch Ruhe herum, einschließlich der Säuglinge, insoweit diese sich tragen ließen, außer denjenigen freilich, die schon am Fuße der Leitern warteten oder in den Tunneln verharrten, um besser zu lauschen, oder lugend in den Nischen hockten, und streiften so alle herum, eine sehr lange Zeit, unmöglich zu schätzen, ehe der erste stehenblieb, gefolgt von einem zweiten und so weiter. Aber was jetzt zur Stunde, der einzigen, die es geben wird, das Schätzen der Zahl jener Treugebliebenen betrifft, die unermüdlich kommen und gehen, ohne sich je die geringste Ruhe zu gönnen, und derjenigen, die dann und wann haltmachen, und der Seßhaften und der sogenannten Besiegten, so möge die Behauptung genügen, daß jetzt zur Stunde, trotz des Gedränges und der Dunkelheit, bis auf einen Körper richtig geschätzt, die ersten zweimal so viele sind wie die zweiten, die dreimal so viele sind wie die dritten, die viermal so viele sind wie die vierten, macht insgesamt fünf Besiegte. Verwandte und Freunde sind zahlreich vertreten, ohne von bloßen Bekannten zu reden. Gedränge und Dunkelheit erschweren das Erkennen. Bei zwei Schritt Abstand sind Mann und Frau, um nur von der allerinnigsten Bindung zu sprechen, einander fremd. Angenommen, sie nähern sich einander noch ein wenig, bis sie sich berühren können und wechseln ohne stehenzubleiben einen Blick. Falls sie sich dabei wiedererkennen, zeigt es sich nicht. Was sie auch suchen mögen, das nicht.

Was zuerst auffällt in diesem Halbdunkel, ist der Eindruck von Gelb, um der Assoziationen wegen nicht Schwefel zu sagen. Dann die Tatsache, daß es regelmäßig und unaufhörlich schwingt in einer Geschwindigkeit, die zwar groß ist, aber nie jene übersteigt, die das Pulsieren unmerklich machen würde. Und schließlich, sehr viel später, daß dieses sich dann und wann für sehr kurze Zeit beruhigt. Diese seltenen, kurzen Ruhepausen haben, gelinde gesagt, eine unbeschreiblich dramatische Wirkung. Die Bewegten verharren dadurch wie angewurzelt auf der Stelle, oft in überspannten Haltungen, und die zehnfach verstärkte Regungslosigkeit der Besiegten und Seßhaften läßt die gewöhnlich zur Schau gestellte lächerlich erscheinen. Die infolge von Wut oder Entmutigung schlagbereit schwingenden Fäuste erstarren an irgendeinem Punkt des Bogens und vollenden den Schlag oder den Hagel von Schlägen erst, wenn die Aufregung vorbei ist. Das Gleiche gilt für diejenigen, die beim Klettern oder Tragen der Leiter oder vergeblichem Liebesmühen oder Hocken in den Nischen oder Kriechen in den Tunneln, je nachdem, überrascht wurden, ohne daß es sich lohnte, auf Einzelheiten einzugehen. Aber nach höchstens zehn Sekunden geht das Wabern wieder los, und im selben Augenblick ist alles wieder wie zuvor. Diejenigen, die kamen und gingen, kommen und gehen nun wieder, und die Regungslosen entspannen sich. Die Sich-Paarenden stürzen sich wieder ins Joch, und die Fäuste schwingen wieder weiter. Das Geräusch, das wie abgeschaltet verstummt war, erfüllt von neuem den Zylinder. Unter allen Komponenten, deren Summe es ist, erkennt das Ohr schließlich ein leises Insektengezirp, das vom Licht selber herrührt und das einzig gleichbleibende ist. Zwischen den Extremen, welche die Schwingung begrenzen, ist der Unterschied kaum größer als zwei oder drei Lumen. Was bewirkt, daß zum Eindruck von Gelb der schwächere von Rot kommt. Kurzum: eine Beleuchtung, die nicht nur verdunkelt, sondern obendrein noch verwirrt. Nichts hinderte daran, zu behaupten, daß das Auge sich schließlich an diese Bedingungen gewöhnt und sich ihnen anpaßt, wenn nicht genau das Gegenteil zu beobachten wäre, nämlich ein langsames Erschlaffen der Sehkraft, die auf die Dauer durch dieses feurig flackernde Dunkel verdorben wird und durch die unablässige, immer wieder vergebliche Anstrengung und die damit zusammenhängende, auf das Organ zurückwirkende seelische Not. Und wenn es möglich wäre, zwei vorzugsweise blaue, da verderblichere Augen recht lange Zeit genau zu beobachten, so sähe man, wie sie sich mehr und mehr mit Blut füllen und immer weiter aufgerissen werden und ihre Pupillen sich allmählich weiten, bis die Hornhaut ganz und gar verzehrt ist. Das alles selbstverständlich auf eine so langsame und so wenig sinnfällige Weise, daß die am stärksten Betroffenen selber es nicht merken, falls diese Vorstellung beibehalten wird. Und für das denkende Wesen, das sich kalt über all diese Gegebenheiten und Offensichtlichkeiten beugt, wäre es wahrlich schwierig, am Ende seiner Untersuchung nicht zu Unrecht anzunehmen, daß, statt den Ausdruck Besiegte zu gebrauchen, der tatsächlich einen leisen, pathetischen Beiklang hat, man besser ganz einfach von Blinden sprechen würde. Sind diese ersten Überraschungen endlich vorbei, so erweist sich, daß diese Beleuchtung noch insofern ungewöhnlich ist, als sie statt eine oder mehrere sichtbare oder verborgene Quellen erkennen zu lassen, scheinbar von allen Seiten kommt und überall gleichzeitig ist, als ob der ganze Ort einschließlich der sich in der Luft herumbewegenden Partikeln leuchtete. Derart, daß sogar die Leitern eher Licht zu spenden als welches zu bekommen scheinen, wobei Licht natürlich nicht das richtige Wort ist. Die einzigen Schatten sind folglich diejenigen, die sich die Körper verschaffen, indem sie sich absichtlich oder notgedrungen aneinanderdrängen, wie wenn sich zum Beispiel auf eine Brust, damit sie nicht mehr beleuchtet sei, oder auf irgendein Geschlechtsteil die Hand legt, deren Innenfläche somit verschwindet. Wohingegen nur beim Kletterer auf seiner Leiter oder im tiefsten Innern eines Tunnels die ganze Haut in gleicher Weise gelbrot gleißt, sogar einige ihrer Falten und Winkel, soweit die Luft dort hineindringt. Was die Temperatur betrifft, so schwankt sie zwischen viel weiter auseinanderliegenden Extremen und mit einer viel geringeren Geschwindigkeit, da sie nicht weniger als vier Sekunden braucht, um von ihrem Minimum von fünf Grad zu ihrem Maximum von fünfundzwanzig Grad überzugehen und umgekehrt, was einem Durchschnitt von nur fünf Grad pro Sekunde entspricht. Soll das heißen, daß es in jeder Sekunde, die vergeht, zu einem Steigen oder Sinken von nicht mehr und nicht weniger als fünf Grad kommt? Eigentlich nicht. Denn es ist offensichtlich, daß in zwei bestimmten Perioden am oberen und unteren Ende der Skala, nämlich von einundzwanzig Grad an aufwärts und von neun abwärts, diese Spanne nicht erreicht wird. Also unterliegen die Körper während kaum sechseinhalb von den acht Sekunden, die das Auf und Ab dauert, einem Höchstmaß an Erwärmung und Abkühlung, was mittels einer Addition oder besser noch einer Division immerhin eine Summe von zwanzig Jahren partieller Schonung pro Jahrhundert in diesem Bereich ergibt. Es liegt zunächst etwas Störendes in der relativen Langsamkeit dieses Hin und Hers, verglichen mit dem des Lichts. Aber das ist eine Störung, die schnell untersucht und behoben werden kann. Denn, wenn man es sich recht überlegt, besteht der Unterschied nicht zwischen den Geschwindigkeiten, sondern zwischen den zurückgelegten Strecken. Und wenn die von der Temperatur verlangte auf den Wert von ein paar Lumen verringert würde, wären die beiden Wirkungen mutatis mutandis nicht auseinanderzuhalten. Aber das würde nicht den Bedürfnissen des Zylinders entsprechen. Alles ist also aufs beste bestellt. Zumal, da die beiden Gewitter miteinander gemein haben, daß, wenn das eine wie durch Zauberei abgeschaltet wird, auch das andere ebenso schlagartig aufhört, als wären sie irgendwo mit ein und demselben Schalter verbunden. Denn nur im Zylinder gibt es Gewißheit, und draußen nichts als Rätsel. Die Körper erfahren also dann und wann höchstens zehn Sekunden anhaltender Wärme oder Kühle oder etwas dazwischen, ohne daß dies als Schonung zählen kann, da dann die andere Spannung so groß ist.

Der Boden des Zylinders besteht aus drei verschiedenen Zonen, getrennt durch geistige oder gedachte, für das fleischliche Auge unsichtbare scharfe Grenzen. Zunächst ein ungefähr ein Meter breiter äußerer Streifen, der den Kletterern vorbehalten ist, und wo sich sonderbarerweise auch die meisten Seßhaften und Besiegten am liebsten aufhalten. Dann ein etwas schmalerer innerer Streifen, wo im Gänsemarsch langsam diejenigen einherziehen, die, des Suchens in der Mitte müde, sich dem Rand zuwenden. Schließlich die eigentliche Arena, die eine Fläche von rund hundertfünfzig Quadratmetern bildet und das bevorzugte Jagdgebiet der Mehrzahl ist. Wenn man diesen drei Zonen laufende Nummern gibt, erweist sich deutlich, daß der Sucher beliebig von der dritten zur zweiten und umgekehrt übergeht, wohingegen er, um in die erste hinein- oder aus ihr hinauszugelangen, eine gewisse Disziplin halten muß. Eins unter tausend Beispielen für die Harmonie, die im Zylinder zwischen Ordnung und Lässigkeit herrscht. Der Zugang zum Bereich der Kletterer ist also nur gestattet, wenn einer von ihnen ihn verläßt, um sich den Suchern in der Arena anzuschließen oder ausnahmsweise denen der Zwischenzone. Wenn auch selten gegen diese Regel verstoßen wird, so kommt es doch vor, daß ein besonders nervöser Sucher der Verlockung der Nischen und Tunnel nicht mehr widerstehen kann und versucht, sich unter die Kletterer zu schmuggeln, ohne durch einen Weggang dazu berechtigt zu sein. Er wird dann unausbleiblich durch die der Übertretungsstelle am nächsten befindliche Schlange zurückgedrängt, und dabei bleibt es. Der Sucher der Arena, der sich zu den Kletterern begeben möchte, ist somit genötigt, bis sich eine Gelegenheit dazu bietet, bei den Suchern der Zwischenzone oder Sucher-Lugern oder ganz einfach Lugern zu lugen. Soviel über den Zugang zu den Leitern. In der entgegengesetzten Richtung ist der Übergang auch nicht beliebig, und wenn der Luger einmal bei den Kletterern ist, bleibt er eine Weile da, und zwar während der höchst unterschiedlichen Zeit, die jeder braucht, um vom Ende bis an die Spitze seiner Wartereihe zu gelangen. Denn so frei es jedem Körper steht, zu klettern oder nicht zu klettern, so bindend ist auch die Verpflichtung, die frei gewählte Schlange bis zum Ende durchzustehen. Jeder Versuch, sie vorzeitig zu verlassen, wird von denjenigen, die darin stehen, streng geahndet, und der Schuldige wieder an seinen Platz in der Reihe verwiesen. Aber sobald ein Wartender am Fuße der Leiter angekommen ist und, um sich ihrer zu bemächtigen, nur noch eine einzige Rückkehr auf den Boden abzuwarten braucht, darf er weggehen, um sich den Suchern der Arena anzuschließen oder ausnahmsweise den Lugern der zweiten Zone, ohne dabei auf Widerspruch zu stoßen. Folglich werden die Reihenersten, da sie am ehesten den so heiß ersehnten Platz zu schaffen verheißen, von denjenigen in der zweiten Zone überwacht, die vom Drang, in die erste zu gelangen, gequält werden. Die Opfer dieser Überwachung bleiben ihr bis zu dem Moment ausgesetzt, da sie ihr Recht auf die Leiter geltend machen, indem sie diese übernehmen. Denn der Kletterer kann an der Spitze der Schlange mit der festen Absicht ankommen, hinaufzusteigen, und erleben, wie diese allmählich durch das Bedürfnis verdrängt wird, wegzugehen, wozu er sich jedoch bis zum allerletzten Moment, in dem sein Vorgänger schon hinabsteigt und die Leiter ihm endlich virtuell gehört, nicht entschließen kann. Bemerkenswert ist auch die für den Kletterer bestehende Möglichkeit, die Schlange, sobald er ihre Spitze erreicht, zu verlassen, ohne die Zone verlassen zu müssen. Dazu braucht er sich nur irgendeiner anderen der ihm zur Verfügung stehenden vierzehn Schlangen anzuschließen oder aber sich wieder ans Ende seiner eigenen zu stellen. Aber es ist eine Seltenheit, daß ein Körper seine Schlange verläßt, und dann, nachdem er sie verlassen hatte, nicht auch die Zone verläßt. Er ist also, wenn er erst mal bei den Kletterern ist, genötigt, da mindestens für die Zeit des Vorrückens vom letzten auf den ersten Platz in der gewählten Schlange zu bleiben. Diese Zeit ist je nach der Länge der Schlange oder der mehr oder weniger langen Inanspruchnahme der Leiter unterschiedlich lang. Gewisse Benutzer beanspruchen sie bis zum letzten Moment. Anderen genügt die Hälfte oder irgendein anderer Bruchteil dieser Zeit. Die kurze Schlange ist somit nicht notwendigerweise die schnellste, und einer, der als Zehnter zu warten begonnen hat, kann als Erster vor einem anderen ankommen, der als Fünfter begann, vorausgesetzt natürlich, daß sie gleichzeitig begannen. Unter diesen Bedingungen ist es nicht verwunderlich, daß die Wahl der Schlange durch Überlegungen bestimmt wird, die nichts oder nur wenig mit ihrer Länge zu tun haben. Nicht daß alle oder auch nur die meisten sich eine auswählten. Es besteht eher die Neigung, sich von Anfang an der Schlange anzuschließen, die der Eintrittsstelle am nächsten ist, unter der Bedingung jedoch, daß dies nicht eine Fortbewegung gegen den Strom erfordert. Für denjenigen, der auf diese Zone zugeht, befindet sich die nächste Schlange zur Rechten, und wenn er kein Gefallen an ihr findet, kann er nur dadurch, daß er nach rechts geht, eine finden, die ihm besser gefällt. Einige würden so

Tausende von Graden weitergehen, bevor sie wartend stehenblieben, gäbe es für sie nicht das Verbot, mehr als eine Runde zu machen. Jeder Versuch, dagegen zu verstoßen, wird von der Schlange, die der Überrundungsstelle am nächsten ist, geahndet, und der Schuldige wird gezwungen, sich ihr anzuschließen, da er auch nicht das Recht hat, umzukehren. Daß eine ganze Runde erlaubt ist, spricht in beredter Weise für die Duldsamkeit, welche die Disziplin im Zylinder mildert. Aber, sei es eine frei gewählte Schlange oder die erste beste, sie muß immer bis ans Ende durchgestanden werden, bevor man von den Kletterern weg kann. Erste Möglichkeit zum Weggehen also irgendwann zwischen Ankunft an der Spitze der Schlange und Rückkehr des Vorgängers auf den Boden. Es ist in diesem Zusammenhang nur noch zu erläutern, wie ein Körper, nachdem er die Schlange hinter sich gebracht und die erste Möglichkeit des Weggehens versäumt und sein Recht auf die Leiter geltend gemacht hat, wieder auf den Boden zurückkehrt. In eben diesem Moment steht es ihm wieder frei, ohne weiteres wegzugehen, obgleich ihn nichts dazu nötigt, und er braucht, um bei den Kletterern bleiben zu können, nur da, wo er gerade Schlange gestanden hat, unter den gleichen Bedingungen noch einmal Schlange zu stehen, mit der erneuerten Möglichkeit, bei Erreichen des ersten Platzes wegzugehen. Und wenn er aus dem einen oder anderen Grunde die Schlange und die Leiter wechseln möchte, so darf er, um seine Wahl zu treffen, eine ganze Runde machen, mit dem gleichen Recht wie beim ersten Mal und unter den gleichen Bedingungen, außer daß es ihm, da er schon einmal eine Schlange bis ans Ende durchgestanden hat, in jedem Augenblick dieses neuen Umlaufs freisteht, die Zone zu verlassen. Und unendlich so weiter. So daß für diejenigen, die schon bei den Kletterern sind, theoretisch die Möglichkeit besteht, niemals da wegzugehen, und für diejenigen, die noch nicht da sind, niemals dort anzukommen. Da es keinerlei Regel zur Vereitelung einer solchen Ungerechtigkeit gibt, ist klar, daß sie sich nicht zu verewigen droht. In der Tat nicht, denn die Leidenschaft zu suchen ist so groß, daß keine Stelle undurchsucht bleiben darf. Was nicht verhindert, daß einem Luger, der auf einen Weggang lauert, das Warten endlos lang vorkommen kann. Mitunter, wenn er es nicht mehr aushalten kann und durch lange Abwesenheit gekräftigt ist, verzichtet er auf die Leiter und kehrt wieder in die Arena zurück, um weiterzusuchen. Das wären in groben Zügen die Hauptabteilungen des Bodens und die Rechte und Pflichten der Körper bei ihrem Übergang von der einen zur anderen. Alles ist nicht gesagt worden und wird nie gesagt werden. Welchem Prioritätsprinzip gehorchen wohl die Luger, von denen stets zahlreiche den ersten Weggang von den Kletterern ausnutzen möchten, und deren Reihenfolge bei der Ankunft an Ort und Stelle weder durch die bei ihnen nicht zustandezubringende Schlange noch anders festzustellen ist? Muß man nicht eine Überfüllung der Zwischenzone befürchten, und welche Auswirkungen hätte das auf die Gesamtheit der Körper und besonders auf die derart von den Leitern Getrennten in der Arena? Wird der Zylinder nicht über kurz oder lang der Unordnung geweiht und der Wut und Gewalttätigkeit überantwortet? Auf diese und auf noch manche anderen Fragen gibt es klare Antworten, die leicht zu geben sind, wenn man es nur wagt. Über die Seßhaften ist nichts Besonderes mehr zu sagen, da lediglich die Leitern sie ihrer Unbeweglichkeit entwöhnen können. Die Besiegten sind hiervon selbstverständlich in keiner Weise betroffen.

Die Wirkung dieses Klimas auf die Seele ist nicht zu unterschätzen. Aber diese leidet darunter sicherlich weniger als die Haut, deren sämtliche Abwehrsysteme vom Schweißausbruch bis zur Gänsehaut in jedem Moment strapaziert werden. Sie hört trotzdem nicht auf, sich zu wehren, zwar schlecht, aber recht verglichen mit dem Auge, das beim besten Willen, schwerlich am Ende seiner Anstrengungen nicht der völligen Blindheit zu überlassen ist. Denn da es selber auf seine Art Haut ist, ungeachtet seiner Flüssigkeiten und Lider, hat es mehr als einen Widersacher. Dieses Austrocknen der Hülle raubt der Nacktheit einen guten Teil ihres Reizes, wenn sich Rosa in Grau verwandelt, und das natürliche, saftvolle Gleiten von Fleisch an Fleisch in ein Brennnesselrascheln. Selbst die Schleimhäute werden in Mitleidenschaft gezogen, was nicht schlimm wäre, wenn sich daraus nicht eine Behinderung beim Lieben ergäbe. Aber selbst in dieser Hinsicht ist der Schaden nicht groß, so selten kommt es im Zylinder zur Erektion. Trotzdem gibt es sie, gefolgt von einem mehr oder weniger glücklichen Eindringen in den nächsten Tubus. Es kommt sogar vor, daß Gatten sich kraft des Wahrscheinlichkeitsgesetzes auf diese Weise wieder vereinigen, ohne sich dessen bewußt zu werden. Merkwürdig ist dann das Gerangel, das sich schmerzhaft und hoffnungslos weit über das hinaus fortsetzt, was die geschicktesten Liebespaare im Zimmer zustande bringen. Weil eben Mann und Frau genau wissen, wie selten die Gelegenheit ist und wie wenig wahrscheinlich ihre Wiederkehr. Aber auch da kommt es zur Unterbrechung und Todesstarre in Haltungen, die zuweilen ans Obszöne grenzen, wenn das Doppelbeben aufhört und so lange wie diese Krise währt. Noch viel merkwürdiger sind dann, wenn sie nicht so schlecht zu sehen wären, all die spähenden Augen, die plötzlich erstarren und sich auf die Leere richten oder auf etwas seit jeher Gehaßtes, wie etwa andere Augen, und wie sie dann ineinandertauchen, in Blicke, die einander ausweichen möchten. Zwischen diesen Stockungen unregelmäßige Pausen, die so lange währen, daß für Gedächtnislose wie sie eine jede die erste ist. Daher jedesmal die gleiche lebhafte Reaktion wie bei einem Weltenende und das gleiche kurze Erstaunen, wenn das Doppelgewitter wieder beginnt und sie sich wieder auf die Suche begeben, nicht erleichtert und nicht einmal enttäuscht.

Vom Boden aus gesehen weist die Wand in ihrem ganzen Rund und in ihrer ganzen Höhe eine ununterbrochene Fläche auf. Und doch ist ihre obere Hälfte voller Nischen. Dieses Paradox erklärt sich aus dem Überallsein der schwachen Beleuchtung, welche die Hohlräume wegleuchtet. Daß jemand von unten mit den Augen eine Nische sucht, hat es noch nie gegeben. Es kommt selten vor, daß die Augen hinaufblicken. Wenn sie es tun, dann zur Decke. Boden und Wand sind frei von jedem Merkmal, das als Richtpunkt dienen könnte. Die Füße der stets an den gleichen Stellen aufgestellten Leitern hinterlassen keine Spuren. Die Stöße mit dem Kopf und der Faust gegen die Wand auch nicht. Selbst wenn es Merkmale gäbe, würde die Beleuchtung verhindern, daß man sie sähe. Der Kletterer, der seine Leiter wegträgt, um sie an einer anderen Stelle aufzustellen, tut es meist nach Gefühl. Es kommt selten vor, daß er sich um mehr als ein paar Zentimeter verschätzt, und wegen der Anordnung der Nischen beträgt die äußerste Abweichung höchstens einen Meter. Von seiner Leidenschaft getrieben ist er derart beweglich, daß selbst dieser Abstand ihn nicht hindert, in die nächstgelegene Nische, wenn nicht gar in die seiner Wahl zu gelangen, noch von ihr aus, wenn auch mit größerer Mühe, die Leiter für den Abstieg wieder zu erreichen. Bei alledem gibt es ein Norden in Gestalt eines Besiegten oder besser einer Besiegten oder noch besser der Besiegten. Sie hockt an der Wand, den Kopf zwischen den Knien und die Arme um die Beine. Die linke Hand hält das rechte Schienbein und die rechte den linken Unterarm. Das durch die Beleuchtung glanzlose rote Haar hängt bis auf den Boden. Es verdeckt ihr Gesicht und die ganze Vorderseite des Körpers bis zum Schoß hinunter. Der linke Fuß ruht auf dem rechten. Sie ist Norden. Sie eher als irgendein anderer Besiegter, wegen ihrer größeren Unbeweglichkeit. Dem, der sich ausnahmsweise orientieren möchte, kann sie dienen. Für den Kletterer, der vermeidbaren akrobatischen Leistungen abhold ist, kann sich eine bestimmte Nische soundsoviele Schritte oder Meter östlich oder westlich von der Besiegten befinden, freilich ohne daß er diese so oder anders nennt, nicht einmal in Gedanken. Es versteht sich von selbst, daß nur die Besiegten ihr Gesicht verbergen. Allerdings nicht alle ohne Ausnahme. Mit erhobenem Kopf stehend oder sitzend begnügen sich einige damit, die Augen nicht mehr zu öffnen. Es ist offensichtlich verboten, das Gesicht oder irgendeinen anderen Körperteil dem Sucher zu verweigern, der danach verlangt und der, ohne Widerstand befürchten zu müssen, die Hände von den Weichteilen, die sie verbergen, wegziehen und das Lid anheben darf, um das Auge zu beschauen. Es gibt Sucher, die sich zu den Kletterern begeben, ohne klettern zu wollen, sondern nur mit der Absicht, diesen oder jenen Besiegten oder Seßhaften von nahem zu besichtigen. Auf diese Weise ist das Haar der Besiegten mehr als einmal angehoben und auseinandergeschoben und der Kopf aufgerichtet und das Gesicht und die ganze Vorderseite des Körpers bis zum Schoß hinunter entblößt worden. Nach der Besichtigung pflegt man alles sorgfältig wieder an Ort und Stelle zu rücken, soweit sich das machen läßt. Eine gewisse Moral verpflichtet dazu, einem anderen nichts anzutun, was, von seiner Seite kommend, wehtun würde. Dieses Gebot wird im Zylinder ziemlich befolgt, soweit darunter nicht die Suche leidet, die geradezu lächerlich wäre ohne die Möglichkeit, im Zweifelsfall gewisse Einzelheiten zu überprüfen. Der unmittelbare Zugriff, um sie bloßzulegen, erfolgt also fast nur bei den Besiegten und Seßhaften. Mit dem Gesicht oder Rücken zur Wand sind diese nämlich normalerweise nur von einer Seite zu sehen, so daß sie womöglich umgedreht werden müssen. Aber da, wo es Bewegung gibt, wie in der Arena oder bei den Lugern, und die Möglichkeit, den Gegenstand zu umkreisen, bedarf es kaum solcher Handgriffe. Es kommt freilich vor, daß ein Körper genötigt ist, einen anderen stillhalten zu lassen und ihn in einer bestimmten Weise zurechtzurücken, um ein besonderes Gebiet von nahem zu beschauen oder, zum Beispiel, eine Narbe zu suchen oder ein Muttermal. Erwähnenswert ist schließlich noch die Unantastbarkeit derjenigen, die wegen der Leiter Schlange stehen. Durch den Platzmangel genötigt, sich während langer Zeitabschnitte aneinanderzupressen, bieten sie dem Blick nur Teile verschränkter Glieder. Wehe dem dreisten Sucher, der es sich in der Hitze der Leidenschaft leistet, auf den geringsten unter ihnen auch nur einen Finger zu legen. Sofort fällt die Schlange über ihn her, als ob sie ein einziger Körper wäre. Die Gewaltsamkeit dieser Szene übertrifft alles, was der Zylinder an derartigem zu bieten vermag.

Und so unendlich weiter, bis, kurz vor dem undenkbaren Ende, falls diese Vorstellung beibehalten wird, ein Allerletzter noch schwächlich zuckend sucht. Nichts unterscheidet ihn auf den ersten Blick von den anderen Körpern, die, wo sie gerade stehen oder sitzen, in rückwegloser Aufgegebenheit erstarrt sind. Hinlegen kennt man im Zylinder nicht, und diese Lage, die Wonne der Besiegten, ist ihnen hier für immer versagt. Eine Entbehrung, die sich zum Teil durch die knappe Bodenfläche erklärt, nämlich kaum ein Quadratmeter pro Körper, und die sich um den Raum der Nischen und Tunnel, die der Jagd vorbehalten sind, nicht erweitern läßt. Folglich kommt das Hinlegen dieser Ausgetrockneten, die genötigt sind, sich unablässig aneinander zu reiben, obwohl sie einen tiefen Abscheu vor der Berührung haben, nie bis zu seinem natürlichen Abschluß. Aber das Fortdauern der Doppelschwingungen legt den Gedanken nahe, daß in dieser alten Bleibe noch nicht alles aufs beste bestellt ist. Und tatsächlich, da rührt er sich, dieser Letzte, wenn es ein Mann ist, und richtet sich langsam auf und öffnet nach einer Weile die ausgebrannten Augen. Am Fuße der in wenig harmonischer Weise an die Wand gestellten Leitern wartet kein einziger Kletterer mehr. Im trüben Leuchten der Decke hütet der Zenit weiterhin seine Legende. Der alte Besiegte der dritten Zone hat um sich herum nur noch andere, die, nach seinem Ebenbild, erstarrt und gekrümmt sind. Das Knäblein, das die junge Schlohweiße immer noch an sich drückt, ist nur noch ein Schemen in ihrem Schoß. Von vorn gesehen entblößt der rothaarige Kopf, der die äußerste Grenze der Beugung erreicht hat, einen Teil seines Nackens. Da öffnet er also die Augen, dieser Letzte, wenn es ein Mann ist, und bahnt sich nach einer

Weile einen Weg bis zu jener ersten Besiegten, die so oft als Richtpunkt gewählt wurde. Kniend schiebt er das schwere Haar auseinander und richtet den Kopf auf, der sich nicht wehrt. Im so entblößten, von seinen Blicken verschlungenen Gesicht öffnen sich auf den Druck der Daumen ohne weiteres endlich die Augen. In diesen ruhigen Einöden läßt er seine eigenen schweifen, bis diese letzteren sich als erste schließen und der losgelassene Kopf an seinen alten Platz zurückfällt. Er selbst findet seinerseits nach einer nicht zu schätzenden Zeit seinen Platz und seine Haltung, worauf es im selben Moment finster wird, da die Temperatur in der Nähe von Null zur Ruhe kommt. Gleichzeitig verstummt das obenerwähnte Insektengezirp, so daß die Stille schlagartig stärker ist als das leise Atmen aller zusammen. Das wäre das Wichtigste über den letzten Zustand des Zylinders und über diese kleine Schar von Suchern, von denen ein erster, wenn es ein Mann war, in einer undenkbaren Vergangenheit endlich zum ersten Mal den Kopf senkte, falls diese Vorstellung beibehalten wird.

Losigkeit

Trümmer wahre Zuflucht endlich zu der seit jeher durch soviel falsche. Weiten endlos Erde Himmel ineinander alles lautlos regungslos. Graues Gesicht zwei blaßblau kleiner Körper Herz schlägt einsam aufrecht. Erloschen aufgesprungen vier Wände auseinander wahre Zuflucht ausweglos.
Verstreute Trümmer und Sand durcheinander aschgrau wahre Zuflucht hohler Kubus lauter Licht schiere Weiße Flächen spurlos alles entfallen. Seit jeher nur graue Luft zeitlos Schimäre das schwindende Licht. Aschgrauer Himmel Abglanz der Erde Abglanz des Himmels. Seit jeher nur dies Beständige Traum die schwindende Stunde.
Er wird Gott wieder schmähen wie in der gesegneten Zeit gegenüber dem offenen Himmel dem schwindenden Schauer. Kleiner Körper graues Gesicht Züge Ritze und kleine Löcher zwei blaßblau. Flächen spurlos schiere Weiße Auge endlich ruhig alles entfallen.
Schimäre Licht seit jeher nur graue Luft zeitlos lautlos. Flächen spurlos greifnah schiere Weiße alles entfallen. Kleiner Körper aschgrau stocksteif Herz schlägt gegenüber den Weiten. Regnen wird wieder auf ihn wie in der gesegneten Zeit des Blau die schwindende Wolke. Hohler Kubus wahre Zuflucht endlich vier Wände lautlos auseinander.
Himmel grau wolkenlos alles lautlos regungslos Erde Sand aschgrau. Kleiner Körper gleiches Grau wie die Erde der Himmel die Trümmer einsam aufrecht. Aschgrau ringsumher Erde Himmel ineinander Weiten endlos.
Er wird sich regen im Sandmeer er wird sich regen am Himmel in der Luft im Sandmeer. Seit jeher nur im Traum der süße Traum es nur einmal machen zu müssen. Kleiner Körper kleiner Block Herz schlägt aschgrau einsam aufrecht. Erde Himmel ineinander Ebene endlos kleiner Körper einsam aufrecht. Im Treibsand noch einen Schritt zu den Weiten er wird ihn ge-

hen. Alles still kein Hauch gleiches Grau überall Erde Himmel Körper Trümmer.
Langsam dunkel und Zerfall wahre Zuflucht vier Wände lautlos auseinander. Beine nur ein Block Arme fest an den Seiten kleiner Körper gegenüber den Weiten. Seit jeher nur im verschwundenen Traum schwand die Stunde die lange die kurze. Einsam aufrecht kleiner Körper grau glatt nichts Erhabenes ein paar Löcher. Einen Schritt in den Trümmern im Sandmeer auf dem Rücken zu den Weiten er wird ihn gehen. Seit jeher nur Traum die Tage und Nächte aus Träumen anderer Nächte besserer Tage. Er wird wieder leben einen Schritt lang es wird wieder Tag und Nacht werden über ihm den Weiten.
In vier Stücke auseinander wahre Zuflucht ausweglos verstreute Trümmer. Kleiner Körper kleiner Block Genitalien befallen Arsch nur ein Block Ritze grau befallen. Wahre Zuflucht endlich ausweglos verstreut vier Wände lautlos auseinander. Weiten endlos Erde Himmel ineinander alles regungslos kein Hauch. Flächen weiß spurlos ruhiges Auge Kopf bei Sinnen alles entfallen. Verstreute Trümmer aschgrau ringsherum wahre Zuflucht endlich ausweglos.
Aschgrau kleiner Körper einsam aufrecht Herz schlägt gegenüber den Weiten. Bildschön brandneu wie in der gesegneten Zeit wird das Unheil wieder herrschen. Erde Sand gleiches Grau wie die Luft der Himmel der Körper die Trümmer feiner Sand aschgrau. Licht Zuflucht schiere Weiße Flächen spurlos alles entfallen. Ebene endlos kleiner Körper einsam aufrecht gleiches Grau überall Erde Himmel Körper Trümmer. Gegenüber der weißen Ruhe greifnah das Auge endlich ruhig alles entfallen. Noch einen Schritt einen nur ganz allein im Treibsand er wird ihn gehen.
Erloschen aufgesprungen wahre Zuflucht ausweglos zu der seit jeher durch soviel falsche. Seit jeher alles still derart daß erträumt dies ungestüme Gelächter dies Geschrei. Kopf durch ruhiges Auge lauter Weiße lauter Ruhe lauter Licht alles entfallen. Schimäre die Dämmerung die Schimären vertreibt und die andere Schummer genannte.

Er wird auf seinem Rücken gehen gegenüber dem Himmel der wieder offen über ihm den Trümmern dem Sandmeer den Weiten. Graue Luft zeitlos Erde Himmel ineinander gleiches Grau wie die Trümmer Weiten endlos. Es wird wieder Tag und Nacht werden über ihm den Weiten das Luftherz wird wieder schlagen. Wahre Zuflucht endlich verstreute Trümmer gleiches Grau wie das Sandmeer.
Gegenüber dem ruhigen Auge greifnah lauter Ruhe lauter Weiße alles entfallen. Seit jeher nur erträumt das Blau in ungestümem Träumen das himmlische Blau der Poesei. Kleine Leere starkes Licht hohler Kubus lauter Weiße Flächen spurlos alles entfallen. Seit jeher nur graue Luft zeitlos alles regungslos kein Hauch. Herz schlägt einsam aufrecht kleiner Körper graues Gesicht Züge befallen zwei blaßblau. Licht Weiße greifnah Kopf durch ruhiges Auge ganz bei Sinnen alles entfallen.
Kleiner Körper gleiches Grau wie die Erde der Himmel die Trümmer einsam aufrecht. Alles still kein Hauch gleiches Grau überall Erde Himmel Körper Trümmer. Erloschen aufgesprungen vier Wände auseinander wahre Zuflucht ausweglos.
Aschgrauer Himmel Abglanz der Erde Abglanz des Himmels. Graue Luft zeitlos Erde Himmel ineinander gleiches Grau wie die Trümmer Weiten endlos. Im Treibsand noch einen Schritt zu den Weiten er wird ihn gehen. Es wird wieder Tag und Nacht werden über ihm den Weiten das Luftherz wird wieder schlagen.
Schimäre Licht seit jeher nur graue Luft zeitlos lautlos. Weiten endlos Erde Himmel ineinander alles regungslos kein Hauch. Regnen wird wieder auf ihn wie in der gesegneten Zeit des Blau die schwindende Wolke. Himmel grau wolkenlos alles lautlos regungslos Erde Sand aschgrau.
Kleine Leere starkes Licht hohler Kubus lauter Weiße Flächen spurlos alles entfallen. Ebene endlos kleiner Körper einsam aufrecht gleiches Grau überall Erde Himmel Körper Trümmer. Verstreute Trümmer und Sand durcheinander asch-

grau wahre Zuflucht. Hohler Kubus wahre Zuflucht endlich vier Wände lautlos auseinander. Seit jeher nur dies Beständige Traum die schwindende Stunde. Seit jeher nur graue Luft zeitlos Schimäre das schwindende Licht.

In vier Stücke auseinander wahre Zuflucht ausweglos verstreute Trümmer. Er wird wieder leben einen Schritt lang es wird wieder Tag und Nacht werden über ihm den Weiten. Gegenüber der weißen Ruhe greifnah das Auge endlich ruhig alles entfallen. Graues Gesicht zwei blaßblau kleiner Körper Herz schlägt einsam aufrecht. Er wird auf seinem Rücken gehen gegenüber dem Himmel der wieder offen über ihm den Trümmern dem Sandmeer den Weiten. Erde Sand gleiches Grau wie die Luft der Himmel der Körper die Trümmer feiner Sand aschgrau. Flächen spurlos greifnah schiere Weiße alles entfallen.

Herz schlägt einsam aufrecht kleiner Körper graues Gesicht Züge befallen zwei blaßblau. Einsam aufrecht kleiner Körper grau glatt nichts Erhabenes ein paar Löcher. Seit jeher nur Traum die Tage und Nächte aus Träumen anderer Nächte besserer Tage. Er wird sich regen im Sandmeer es wird sich regen am Himmel in der Luft im Sandmeer. Einen Schritt in den Trümmern dem Sandmeer auf dem Rücken zu den Weiten er wird ihn gehen. Seit jeher alles still derart daß erträumt dies ungestüme Gelächter dies Geschrei.

Wahre Zuflucht endlich verstreute Trümmer gleiches Grau wie das Sandmeer. Seit jeher nur graue Luft zeitlos alles regungslos kein Hauch. Flächen weiß spurlos ruhiges Auge Kopf bei Sinnen alles entfallen. Seit jeher nur im verschwundenen Traum schwand die Stunde die lange die kurze. Hohler Kubus lauter Licht schiere Weiße Flächen spurlos alles entfallen.

Erloschen aufgesprungen wahre Zuflucht ausweglos zu der seit jeher durch soviel falsche. Kopf durch ruhiges Auge lauter Weiße lauter Ruhe lauter Licht alles entfallen. Bildschön brandneu wie in der gesegneten Zeit wird das Unheil wieder herrschen. Aschgrau ringsumher Erde Himmel ineinander

Weiten endlos. Verstreute Trümmer aschgrau ringsumher wahre Zuflucht endlich ausweglos. Seit jeher nur im Traum der süße Traum es nur einmal machen zu müssen. Kleiner Körper graues Gesicht Züge Ritze und kleine Löcher zwei blaßblau.

Trümmer wahre Zuflucht endlich zu der seit jeher durch soviel falsche. Seit jeher nur erträumt das Blau in ungestümem Träumen das himmlische Blau der Poesei. Licht Weiße greifnah Kopf durch ruhiges Auge ganz bei Sinnen alles entfallen.

Langsam dunkel und Zerfall wahre Zuflucht vier Wände lautlos auseinander. Erde Himmel ineinander Ebene endlos kleiner Körper einsam aufrecht. Noch einen Schritt einen nur ganz allein im Treibsand er wird ihn gehen. Aschgrau kleiner Körper einsam aufrecht Herz schlägt gegenüber den Weiten. Licht Zuflucht schiere Weiße Flächen spurlos alles entfallen. Weiten endlos Erde Himmel ineinander alles lautlos regungslos.

Beine nur ein Block Arme fest an den Seiten kleiner Körper gegenüber den Weiten. Wahre Zuflucht endlich ausweglos verstreut vier Wände lautlos auseinander. Flächen spurlos schiere Weiße Auge endlich ruhig alles entfallen. Er wird Gott wieder schmähen wie in der gesegneten Zeit gegenüber dem offenen Himmel dem schwindenden Schauer. Gegenüber dem ruhigen Auge greifnah lauter Ruhe lauter Weiße alles entfallen.

Kleiner Körper kleiner Block Herz schlägt aschgrau einsam aufrecht. Kleiner Körper aschgrau stocksteif Herz schlägt gegenüber den Weiten. Kleiner Körper kleiner Block Genitalien befallen Arsch nur ein Block Ritze grau befallen. Schimäre die Dämmerung die Schimären vertreibt und die andere Schummer genannte.

Wie die Geschichte erzählt wurde

Wie mir die Geschichte erzählt wurde, bin ich dem Ort zur Zeit der Sitzungen niemals auch nur nahe gekommen. Ich fragte, was für ein Ort, und weitschweifig beschrieb man mir ein Zelt, ein kleines Zelt der Farbe seiner Umgebung. Dieser Beschreibung allmählich müde, fragte ich, was für Sitzungen, und daraufhin beschrieb man mir diese, ihren Zweck, Dauer, Zyklus und quälenden Verlauf. Ich denke, ich war nicht empfindlicher als der nächste, aber schließlich mußte ich meine Hand heben. Da lag ich denn eine Weile völlig still, darauf fragte ich, wo ich denn sei, während dies alles vor sich ginge. In einer Hütte, war die Antwort, einer kleinen Hütte in einem Gehölz etwa zweihundert Meter weit weg, eine Entfernung, wie sie auch der lauteste Schrei nicht tragen könne, er sterbe vielmehr auf der Strecke. Dies war nicht so seltsam, wie es auf den ersten Blick klang, wenn man die Stärke der Zeltwand in Betracht zog und die geschützte Lage der Hütte zwischen den Bäumen. Wahrhaftig, das Zelt hätte ohne Schaden dort, wo es stand, abgeschlagen und um fünfzig Meter oder mehr vorgerückt werden können. Wie ich so lag mit geschlossenen Augen unter dem Schweigen, das dieser Mitteilung folgte, begann ich die Hütte zu sehen, obgleich man sie mir im Gegensatz zum Zelt nicht beschrieben hatte, nur die Lage. Sie erinnerte mich stark an ein Sommerhaus, in dem ich als Kind viele Stunden lang zu sitzen pflegte, völlig still, auf der Fensterbank, das ganze Jahr hindurch. Es hatte die gleichen fünf Wände aus Stämmen, das gleiche bunte Glas, die gleiche Winzigkeit, nämlich nicht mehr als drei Meter Durchmesser, und so tief hing die Decke, daß der normale Mann sich nicht aufrecht darin hätte halten können, wenngleich es solche Schwierigkeiten für das Kind nicht gab. In der Mitte, im Angesicht der bunten Scheiben, stand ein kleiner aufrechter Korbsessel mit Armlehnen, als Unterschied zur Fensterbank des Sommerhauses. Dort saß ich völlig aufrecht und still, meine Arme auf die Lehnen gelegt, und sah hinaus auf das orangefarbene Licht. Es muß wohl kurz nach sechs gewesen sein, die Sitzungen endeten pünklich um diese Zeit, denn während ich beobachtete, erschien eine Hand im Türrahmen und hielt mir ein beschriebenes Blatt entgegen. Ich nahm und las es, dann riß ich es in vier und legte die Stücke in die wartende Hand, um sie fortzunehmen. Kurz darauf verschwand die ganze Szene. Wie mir die Geschichte erzählt wurde, erlag der Mann schließlich seiner Mißhandlung, obschon damals wirklich alt genug, um auf natürliche Weise alters zu sterben. Ich lag da lange ganz still – schon als Kind war ich ungewöhnlich still und wurde es im Laufe der Jahre mehr und mehr –, bis es wohl so schien, als sei die Geschichte aus. Doch schließlich fragte ich, ob ich wohl wüßte, was der Mann – gern würde ich seinen Namen angeben, kann aber nicht –, was genau dem Mann auferlegt wurde, was genau es sei, das er nicht sagen wollte oder konnte. Nein, war die Antwort, nach einigem Zögern; nein, ich wüßte nicht, was dem armen Mann zu sagen auferlegt wäre, damit ihm vergeben würde, aber ich hätte es sofort erkannt, auf einen Blick, wenn ich es gesehen hätte.

Um abermals zu enden

und anderes Durchgefallenes

ER IST BARHÄUPTIG, BARFÜSSIG, trägt ein Trikot und eine zu kurze, enge Hose, seine Hände haben es ihm immer wieder gesagt und seine Füße einander abtastend und sich an den Unterschenkeln reibend, längs der Waden und Schienbeine. Dieser Art Sträflingskleidung entspricht bislang noch keine seiner Erinnerungen, aber sie alle sind schwerfällig, in diesem Zusammenhang, umfangreich und undurchdringlich. Der große Kopf in dem er sich müht, ist nur noch ein Hohn, er geht wieder los, er kehrt dereinst wieder zurück. Eines Tages wird er sich sehen, die ganze Vorderseite, von der Brust bis zu den Füßen, und die Arme, und schließlich die Hände, eine ganze Weile, Handrücken und Handteller, zuerst steif am Ende der Arme, dann aus nächster Nähe, zitternd, vor den Augen. Er hält an, zum ersten Mal seitdem er weiß, daß er unterwegs ist, einen Fuß vor dem anderen, den höheren ganz flach, den niedrigeren auf den Zehen, und wartet auf eine Entscheidung. Dann geht er weiter. Trotz der Dunkelheit tastet er sich nicht voran; er streckt die Arme nicht aus, spreizt die Finger nicht und hält auch nicht im Gehen inne, ehe er den Fuß niedersetzt. So daß er sich oft stößt, und zwar an jeder Biegung, an den Wänden, die den Weg einengen, an der rechten, wenn er links abbiegt, an der linken, wenn er rechts abbiegt, bald mit dem Fuß, bald mit dem Scheitel, denn er geht gebeugt, wegen der Steigung, und auch weil er immer gebeugt ist, mit gekrümmtem Rücken, vorgestrecktem Kopf und gesenktem Blick. Er blutet, aber nur wenig, die kleinen Wunden haben Zeit, sich wieder zu schließen, ehe sie wieder aufgerissen werden, er geht so langsam. Stellenweise stoßen die Wände beinahe aneinander, dann kriegen die Schultern was ab. Aber anstatt anzuhalten und sogar zurückzugehen, indem er sich sagt, Hier ist das Ende der Promenade, jetzt muß das andere Ende wieder erreicht und der Weg von neuem begonnen werden, anstatt sich das zu sagen, zwängt er sich seitlings in die Verengung und quetscht sich schließlich hindurch, zum Schaden seiner Brust und seines Rückens. Gelingt es seinen Augen, nachdem sie sich so lange dem Dunkel ausgesetzt haben, es allmählich zu durchdringen? Nein, und das ist ein Grund dafür, daß er sie immer fester schließt, immer öfter, immer länger. Denn ihm liegt immer mehr daran, sich jede unnötige Mühe zu ersparen, wie, zum Beispiel, die, vor sich hinzublicken, und sogar um sich herum, Stunde um Stunde, Tag für Tag, ohne je etwas zu sehen. Es ist nicht an der Zeit, auf seine Fehler einzugehen, aber es war vielleicht ein Fehler von ihm, nicht zu beharren in seinen Bemühungen, das Dunkel zu durchdringen. Denn er hätte es schließlich schaffen können, in einem gewissen Maße, was ihm die Dinge heiterer hätte erscheinen lassen, es geht nichts über einen Lichtstrahl, von Zeit zu Zeit, um einem die Dinge heiterer erscheinen zu lassen. Und alles wird sich aufheitern können, von einem Augenblick zum anderen, unmerklich zuerst und dann, wie soll man sagen, dann immer mehr, bis alles von Helligkeit überflutet ist, der Weg, der Boden, die Wände, die Wölbung, er selber, all das lichtüberflutet, ohne daß er ein bißchen klüger wäre. Der Mond mag ihm in der Tiefe des Durchblicks eingerahmt erscheinen, ein Stück Himmel, mehr oder weniger bestirnt oder besonnt, ohne daß er sich dessen freuen und den Schritt beschleunigen oder, im Gegenteil, kehrtmachen und wieder zurückgehen könnte, solange es noch Zeit wäre. Immerhin, momentan geht es, und das ist die Hauptsache. Die Beine vor allem, seine Beine scheinen in guter Form zu sein, das ist ein Segen. Murphy hatte erstklassige Beine. Der Kopf ist noch etwas schwach, er braucht lange, um wieder zu sich zu kommen, dieser Körperteil. Schwach mag er bleiben, er kann sogar noch schwächer werden, ohne daß es Folgen hätte. Keine Spur von Wahnsinn jedenfalls, momentan, das ist ein Segen. Geringes Rüstzeug, doch wohl ausgewogen. Das Herz. Es geht. Es schlägt wieder, genug, um es zu durchschauen. Das übrige? Es geht. Es wird reichen. Doch schon biegt er, nachdem er rechts abgebogen ist, statt ein wenig weiter links abzubiegen, wieder rechts ab. Und schon wieder biegt er, ein wenig weiter, statt endlich links abzubiegen, abermals rechts ab. Und so weiter bis zu dem Moment, da er, anstatt, wie er es vermutet hatte, abermals rechts abzubiegen, links abbiegt. Und eine Zeitlang nehmen seine Zickzackwendungen ihren normalen Verlauf, wobei sie ihn abwechselnd nach rechts und nach links ablenken, das heißt, ihn geradeaus voranbringen, oder beinahe geradeaus, aber längs einer Achse, die nicht mehr die des Aufbruchs ist, oder vielmehr die jenes Moments, in dem ihm plötzlich bewußt wurde, aufgebrochen zu sein, oder aber die es letztlich vielleicht doch noch ist. Denn wenn es lange Perioden gibt, da der Rechtskurs sich gegenüber dem Linkskurs durchsetzt, so gibt es andere, da der Linkskurs gegenüber dem Rechtskurs den Ausschlag gibt. Ist jedenfalls nicht so wichtig, solange er weiter emporsteigt. Aber schon kommt, etwas weiter, ein derart steiler Abhang, daß er sich zurückwerfen muß, um nicht zu fallen. Wo nur erwartet es ihn, das Leben, in bezug auf seinen Aufbruchspunkt, auf den Punkt vielmehr, wo ihm plötzlich bewußt wurde, aufgebrochen zu sein, oben oder unten? Oder werden sie einander schließlich aufheben, die langen, sanften Steigungen und die kurzen, jähen Gefälle? Ist jedenfalls nicht so wichtig, solange er auf dem rechten Weg ist, und er ist es, denn es gibt keine anderen, es sei denn, er hätte sie übergangen, einen nach dem anderen, ohne es zu merken. Wände und Boden sind, wenn nicht aus Stein, so doch steinhart, wenn man sie anfaßt, und naß. Erstere zu lecken, bleibt er an gewissen Tagen stehen. Die Fauna, wenn überhaupt, ist still. Die einzigen Geräusche, außer denen des Körpers auf seinem Weg, sind die des Fallens. Ein dicker Tropfen tropft endlich aus sehr großer Höhe und klatscht auf, ein dicker Brocken löst sich plötzlich von seinem Platz und stürzt hinab, leichtere Substanzen bröckeln nach und nach vom Gewölbe. Dann ist das Echo zu hören, ebenso laut anfangs wie das Geräusch, das es verursachte, und widerhallend, zuweilen zigmal, jedesmal etwas leiser, nein, manchmal lauter als das Mal davor, ehe es verstummt. Dann wieder die Stille, die nur gestört wird durch das leise, komplexe Geräusch des Körpers auf seinem Weg. Doch diese Geräusche des Fallens sind recht selten, im allgemeinen herrscht Stille, die nur gestört wird durch die Geräusche des Körpers auf seinem Weg, das der bloßen Füße auf dem nassen Boden, das des mühsamen Atmens, das der Stöße an die Wände, das des Drängens durch die Verengungen, das der Kleidung, des Trikots sowie der Hose, die sich den Körperbewegungen anschmiegen und ihnen widerstreben, sich von der nassen Haut lösen, ehe sie diese wieder umspannen, die zerreißen und an den schon zerfetzten Stellen durch plötzliche Aufwallungen bewegt werden, welche sofort wieder verebben, und, schließlich, das der Hände, die bisweilen immer wieder über alle Körperteile streichen, welche sie mühelos erreichen können. Er selbst ist noch nicht gefallen. Die Luft ist sehr schlecht. Dann und wann hält er an und lehnt sich an eine Wand, wobei er die Füße gegen die andere stemmt. Er hat schon eine Anzahl Erinnerungen, seit der Erinnerung an jenem Tag, da ihm plötzlich bewußt wurde, da zu sein, auf dem gleichen Weg, der ihn immer noch trägt, bis zu der letzten jetzt, der Erinnerung, haltgemacht zu haben, um sich an die Wand zu lehnen, er hat schon seine kleine Vergangenheit, beinahe schon Gewohnheiten. Aber all das ist noch ungewiß. Und oft ertappt er sich, unterwegs oder ruhend, doch vor allem unterwegs, denn er ruht nur selten, ebenso geschichtslos wie am ersten Tag, auf diesem gleichen Weg, der sein Anfang ist, an Tagen maximalen Erinnerns. Aber nun kehrt meist, wenn die erste Überraschung vorüber, das Erinnerungsvermögen wieder und führt ihn, wenn er will, weit zurück bis zu jenem Moment, jenseits dessen nichts, als er schon alt war, das heißt nahe dem Tode, und er, ohne sich erinnern zu können, gelebt zu haben, wußte, was Alter und Tod sind, unter anderen folgenschweren Gegebenheiten. Aber all das ist noch ungewiß, und oft beginnt er, alt, in diesen dunklen Mäandern und geht seine ersten Schritte eine ganze Weile, ehe er weiß, daß sie bloß die letzten sind, oder jedenfalls die jüngsten. Die Luft ist so schlecht, daß darin allein zu überleben vermag, wer noch die echte geatmet, die lebenspendende, oder wer sie schon seit sehr langer Zeit nicht mehr geatmet hat. Und wenn jene echte Luft plötzlich diese hier ersetzen sollte, würde sie ihm wahrscheinlich zum Verhängnis, nach wenigen Lungenzügen. Aber der Wechsel von der einen zur anderen erfolgt vermutlich langsam, wenn es an der Zeit ist, und allmählich, in dem Maße wie der Mann sich dem Ausgang nähert. Und vielleicht ist die Luft nun schon weniger schlecht als im Moment des Aufbruchs, als in dem Moment nämlich, da ihm plötzlich bewußt wurde, aufgebrochen zu sein. Nach und nach jedenfalls gestaltet sich seine Geschichte, die, wenn sie nicht durch seine guten und schlechten Tage markiert ist, doch wenigstens durch gewisse Ereignisse, die, zu Recht oder zu Unrecht, als auffällig angesehen wurden, zum Beispiel die engste Verengung, das lauteste Fallen, der längste Einsturz, das stärkste Echo, der härteste Stoß, das jäheste Gefälle, die größte Anzahl aufeinanderfolgender Biegungen in die gleiche Richtung, die größte Müdigkeit, die längste Ruhe, der längste Gedächtnisverlust und die, abgesehen vom Geräusch, das er auf seinem Weg macht, längste Stille. O ja, und das allerergiebigste Streichen einerseits der Hände und, andererseits, der bloßen, kalten und nassen Füße, über alle Teile des in ihrer Reichweite befindlichen Körpers. Und das beste Wandlecken. Kurzum: alle Höhepunkte. Und dann andere, kaum weniger hohe Höhepunkte wie ein so harter Stoß daß er fast der härteste von allen gewesen wäre. Und dann noch andere, kaum niedrigere Höhepunkte, ein so gutes Wandlecken, daß es beinahe dem gleichkam, das fast das lekkerste gewesen wäre. Dann wenig oder nichts Nennenswertes bis zu den Minima, den beiden ebenfalls unvergeßlichen, an den Tagen maximalen Erinnerns, ein durch die Entfernung oder durch das geringe Gewicht, oder durch den geringen, zwischen Ausgangs- und Zielpunkt zurückgelegten Weg derart abgeschwächtes Geräusch des Fallens, daß er es sich womöglich eingebildet hatte, oder aber, ein anderes Beispiel, nur zwei aufeinanderfolgende Biegungen, sei es nach links oder nach rechts, aber das ist ein schlechtes Beispiel. Und noch andere Anhaltspunkte wurden ihm durch die ersten Male geliefert und sogar durch die zweiten. Die erste Verengung, zum Beispiel, hatte ihn, wahrscheinlich weil er nicht darauf gefaßt war, nicht weniger stark beeindruckt als die engste Verengung, ebenso wie der zweite Einsturz ihm, wahrscheinlich weil er darauf gefaßt war, in ebenso nachhaltiger Erinnerung geblieben war wie der Einsturz, der am kürzesten gedauert hatte. Wie dem auch sei, seine Geschichte gestaltet sich so, und verändert sich sogar in dem Maße, in dem neue Maxima und neue Minima jene in den Schatten zu stellen und ins Vergessen zu drängen versuchen, die zeitweilig hervorgehoben wurden, und in dem neue Elemente und Motive wie jene Knochen, von denen bald die Rede sein wird, und zwar ausführlich, wegen ihrer Wichtigkeit, zu ihrer Anreicherung beitragen.

HORN KAM IMMER NACHTS. Ich empfing ihn im Dunkeln. Ich hatte gelernt, alles zu ertragen, außer gesehen zu werden. In der ersten Zeit schickte ich ihn nach fünf oder sechs Minuten wieder fort. In der Folgezeit ging er von selbst, nach Ablauf der Frist. Er prüfte seine Notizen im Lichte einer Taschenlampe. Dann machte er das Licht aus und sprach im Dunkeln. Licht Schweigen, Dunkel Sprechen. Schon fünf oder sechs Jahre lang hatte mich niemand mehr gesehen, ich mich erst recht nicht. Ich spreche vom Gesicht, das ich oft erforscht hatte, seit eh und je. Ich versuche nun, diese Besichtigung wieder aufzunehmen, damit sie mir als Lehre diene. Ich hole meine Hand- und Wandspiegel wieder hervor. Ich werde mich schließlich wieder blicken lassen. Wenn es klopft, werde ich rufen, Herein! Aber ich spreche von vor fünf oder sechs Jahren. Diese Anspielungen auf jetzt, früher und später, sowie alle, die noch folgen werden, damit wir uns in der Zeit fühlen. Der Körper machte mir mehr Mühe. Ich verbarg ihn vor mir, so gut ich es vermochte, aber wenn ich aufstand, zeigte er sich, unausbleiblich. Denn ich begann jetzt, damals, wenn Ihnen das lieber ist, wieder aufzustehen. Und außerdem verletzt man sich. Das war jedenfalls nicht so schlimm. Wohingegen das Gesicht, nein, um keinen Preis. Also Horn nachts. Wenn er seine Taschenlampe vergaß benutzte er Streichhölzer. Fragte ich ihn etwa, Und Ihr Kleid an jenem Tag?, so machte er Licht, blätterte in seinem Notizbuch, fand die Eintragung, machte das Licht aus und antwortete etwa, Das gelbe. Er mochte nicht, daß man ihn unterbrach, und ich muß sagen, daß ich dazu nur selten Gelegenheit hatte. Als ich ihn eines Nachts unterbrach, bat ich ihn, sich sein Gesicht zu beleuchten. Er tat es, rasch, machte das Licht aus und sprach weiter. Als ich ihn von neuem unterbrach, bat ich ihn, einen Moment zu schweigen. Weiter führte es nicht in jener Nacht. Aber in der nächsten, oder vielleicht erst übernächsten, bat ich ihn eingangs, sich sein Gesicht zu beleuchten und es beleuchtet zu lassen, bis auf weiteres. Das anfangs recht helle Licht wurde immer fahler, bis es nur noch ein gelber Schimmer war. Dieser dauerte zu meiner Verwunderung eine ganze Weile. Dann, plötzlich, war es wieder dunkel, und Horn ging fort, da die fünf oder sechs Minuten vermutlich vorüber waren. Ja, aber eins von beiden, entweder hatte das Erlöschen des Lichts infolge eines merkwürdigen Zufalls tatsächlich mit dem Ende des Zusammenseins zeitlich übereingestimmt, oder aber es war Horn gewesen, der, wohl wissend, daß seine Zeit vorüber war, die letzten Stromreste abgeschaltet hatte. Es kommt noch vor, daß ich das verblassende Gesicht wieder vor mir sehe, in dem mir, je dunkler es wurde, um so klarer jenes erschien, das ich im Gedächtnis bewahrt hatte. Am Ende, als unerklärlicherweise sein gänzliches Verschwinden auf sich warten ließ, sagte ich mir, Er ist es, ohne Zweifel. Es ist der Außenraum, nicht zu verwechseln mit dem anderen, in dem sich solche Bilder ergeben. Ich brauche nur meine Hand davorzuschieben oder die Augen zu schließen, um sie nicht mehr zu sehen, oder aber meine Brille abzunehmen, damit sie verschwimmen. Das ist ein Vorteil. Aber es ist kein echter Schutz, wie wir sehen werden. Deswegen halte ich mich am liebsten, wenn ich aufstehe, vor einer so eintönigen Fläche auf wie jener, die ich von meinem Bett aus im Auge habe, ich meine die Zimmerdecke. Denn ich beginne wieder aufzustehen. Ich glaubte, meine letzte Reise hinter mir zu haben, die Reise, in der ich nun abermals versuchen muß klarzusehen, damit sie mir als Lehre diene, und von der ich besser nicht zurückgekommen wäre. Ich habe jedoch immer mehr den Eindruck, daß ich demnächst genötigt sein werde, noch eine weitere zu unternehmen. Ich beginne also wieder aufzustehen und ein paar Schritte durch das Zimmer zu gehen, wobei ich mich an den Bettpfosten festhalte. Die Leichtathletik war im Grunde mein Verderben. Weil ich soviel gelaufen und gesprungen bin, weil ich soviel geboxt und auch gerungen habe, in meiner Jugend, und weit darüber hinaus in gewissen Disziplinen, habe ich mich vorzeitig körperlich verbraucht. Ich war schon über vierzig, da warf ich noch den Speer.

IN DER FERNE EIN VOGEL

Trümmerbedeckte Erde, er ist weitergegangen, die ganze Nacht, ich aber gab es auf, an den Hecken entlang, zwischen Straße und Graben, über spärliches Gras, kurze, langsame Schritte, geräuschlos, oft stehenbleibend, alle zehn Schritte, so ungefähr, kurze, behutsame Schritte, wieder Atem holend, dann horchend, trümmerbedeckte Erde, ich gab es auf, ehe ich geboren wurde, es ist anders nicht möglich, aber es mußte geboren werden, es war er, ich war darin, jetzt bleibt er wieder stehen, es ist das hundertste Mal diese Nacht, so ungefähr, das ergibt die zurückgelegte Strecke, es ist das letzte Mal, er steht über seinen Stab gebeugt, ich bin darin, er hat geschrien, er hat das Licht erblickt, ich habe nicht geschrien, ich habe nicht das

Licht erblickt, beide Hände liegen, eine auf der anderen, schwer auf dem Stab, die Stirn liegt schwer auf den Händen, er hat wieder Atem geholt, er kann jetzt horchen, mit waagerechtem Rumpf, gespreizten Beinen, gebeugten Knien, derselbe alte Mantel, mit hinten abstehenden steifen Schößen, es beginnt zu tagen, er brauchte nur die Augen aufzumachen, nur aufzublicken, er wird eins mit der Hecke, in der Ferne ein Vogel, es wird ihm klar, und er läuft los, er hat gelebt, ich habe nicht gelebt, schlecht gelebt, wegen mir, es ist unmöglich, daß ich ein Bewußtsein habe, und doch habe ich eines, ein anderer ahnt mich, ahnt uns, so weit ist er, dahin ist er schließlich gelangt, ich bilde ihn mir ein, wie er uns da ahnt, Hände und Kopf wie ein kleiner Haufen, die Stunden vergehen, er rührt sich nicht, er sucht mir eine Stimme, es ist unmöglich, daß ich eine Stimme habe, und ich habe auch keine, er wird mir eine finden, sie wird schlecht zu mir passen, sie wird gerade recht sein, ihm gerade recht sein, aber nichts mehr über ihn, dieses Bild, der kleine Haufen der Hände mit dem Kopf drauf, der waagerechte Rumpf, die beiderseits abstehenden Ellbogen, die geschlossenen Augen und das gespannt horchende Gesicht, die Augen, die man nicht sieht, und das ganze Gesicht, das man nicht sieht, die Zeit ändert nichts daran, dieses Bild und nicht mehr, trümmerbedeckte Erde, das Dunkel entzieht sich ihr, er ist losgelaufen, ich bin darin, er wird sich umbringen, wegen mir, ich werde es mit ihm erleben, ich werde seinen Tod erleben, das Ende seines Lebens und dann seinen Tod, eines nach dem anderen, im Präsens, wie er es anstellen wird, es ist unmöglich, daß ich es weiß, ich werde es wissen, eines nach dem anderen, er wird sterben, ich werde nicht sterben, es wird nichts mehr von ihm übrigbleiben, nur Knochen, ich werde darin sein, es wird nichts übrigbleiben, nur etwas Grit, ich werde darin sein, es ist anders nicht möglich, trümmerbedeckte Erde, er hat die Hecke durchschritten, er bleibt jetzt nicht mehr stehen, er wird niemals ich sagen, wegen mir, er wird zu niemandem sprechen, niemand wird zu ihm sprechen, er wird nicht zu sich selber sprechen, es bleibt nichts in seinem Kopf, ich werde alles hineinstopfen, was er braucht, alles, was er braucht, um zu enden, um nicht mehr ich zu sagen, um nicht mehr den Mund aufzumachen, Erinnerungen und Wehklagen durcheinander, ein Durcheinander geliebter Wesen und unmöglicher Jugend, den Stab in der Mitte umfassend, stolpert er, vornübergebeugt, querfeldein, ein eigenes Leben, ich habe es versucht, es ging daneben, immer nur seines, ein schlechtes, wegen mir, er sagte, es sei keines, aber ja, es ist noch eines, dasselbe, ich bin noch darin, derselbe, ich werde Gesichter in seinen Kopf stecken, Namen, Orte, ich werde das alles durcheinanderbringen, alles, was er braucht, um zu enden, Schatten, zu fliehende Schatten, zu fliehende und zu verfolgende letzte Schatten, er wird seine Mutter mit Metzen verwechseln, seinen Vater mit einem Straßenarbeiter namens Balfe, ich werde ihm einen alten Köter anhängen, einen räudigen alten Köter, damit er noch lieben kann, noch verlieren kann, trummerbedeckte Erde, kurze, verwirrte Schritte.

ICH GAB AUF, EHE ICH GEBOREN WURDE, es ist anders nicht möglich, es mußte jedoch geboren werden, er war es, ich war darin, so sehe ich es, er war es, der geschrien hat, er war es, der das Licht erblickt hat, ich habe nicht geschrien, ich habe nicht das Licht erblickt, es ist unmöglich, daß ich eine Stimme habe, es ist unmöglich, daß ich Gedanken habe, und doch spreche und denke ich, ich tue Unmögliches, es ist anders nicht möglich, er war es, der gelebt hat, ich habe nicht gelebt, er hat schlecht gelebt, wegen mir, er wird sich umbringen, wegen mir, ich werde das erzählen, ich werde seinen Tod erzählen, das Ende seines Lebens und seinen Tod, eines nach dem anderen, im Präsens, sein Tod allein wäre nicht genug, nicht genug für mich, wenn es röchelt, so wird er es sein, der röchelt, ich werde nicht röcheln, so wird er es sein, der stirbt, ich werde nicht sterben, man wird ihn vielleicht beerdigen, falls man ihn findet, ich werde darin sein, er wird verwesen, ich werde nicht verwesen, es wird nichts mehr von ihm übrigbleiben, nur Knochen, ich werde darin sein, er wird nur noch Staub sein, ich werde darin sein, es ist anders nicht möglich, so sehe ich es, das Ende seines Lebens und seinen Tod, wie er es machen wird, um zu enden, es ist unmöglich, daß ich es weiß, ich werde es wissen, eines nach dem anderen, es ist unmöglich, daß ich es sage, ich werde es sagen, im Präsens, es wird nicht mehr die Rede sein von mir, nur von ihm, vom Ende seines Lebens und von seinem Tod, von seiner Beerdigung, falls man ihn findet, da wird es enden, ich werde nicht von Würmern sprechen, auch nicht von Knochen und Staub, das interessiert niemand, es sei denn, ich langweilte mich in seinem Staub, was mich wundern würde, ebenso zu Tode wie in seiner Haut, hier lange Pause, er wird sich vielleicht ertränken, er wollte sich immer ertränken, er wollte nicht, daß man ihn fände, er kann nun nichts mehr wollen, aber einst wollte er sich ertränken, er wollte nicht, daß man ihn fände, tiefes Wasser und einen Mühlstein, Trieb erloschen wie alle anderen, aber warum eines Tages um die Ecke, warum lieber das, als sonstwohin, hier lange Pause, es wird kein Ich mehr geben, er wird nie mehr ich sagen, er wird niemals mehr irgend etwas sagen, er wird zu niemandem sprechen, niemand wird zu ihm sprechen, er wird nicht zu sich selbst sprechen, er wird nicht mehr denken, er wird fortgehen, ich werde darin sein, er wird irgendwohin gelangen und fallen, warum da und nicht woanders, fallen und schlafen, schlecht, wegen mir, er wird aufstehen und weitergehen, schlecht, wegen mir, er wird nicht mehr auf der Stelle verweilen können, wegen mir, es wird nichts mehr in seinem Kopf sein, ich werde alles, was er braucht, hineinstecken.

AUSWEGLOSER ORT. Alles, was man zum Sagen wissen muß, weiß man. Es gibt nur das, was gesagt wird. Außer dem, was gesagt wird, gibt es nichts. Was in der Arena geschieht, wird nicht gesagt. Müßte man es wissen, so wüßte man es. Es ist uninteressant. Es sich nicht ausdenken. Widerwillig zehren von der zehrenden Zeit der Erde. Ort aus einer Arena und einem Graben. Zwischen beiden, an letzterem entlang, ein Pfad. Auswegloser Ort. Jenseits des Grabens ist nichts. Man weiß es, da man es sagen muß. Die Arena, eine schwarze Weite. Platz für Millionen. In Bewegung und regungslos. Ohne sich je zu sehen oder zu hören. Ohne sich je zu berühren. Das ist alles, was man weiß. Tiefe des Grabens. Vom Rand aus sehen. All die Körper auf dem Boden. Die Millionen, die noch dort sind. Sie sehen sechsmal kleiner als in Lebensgröße aus. In Zonen eingeteilter Boden. Dunkle und helle. Sie nehmen seine ganze Breite ein. Die hell gebliebenen Zonen sind quadratisch. Sehen quadratisch aus. Zur Not Platz genug für einen Durchschnittskörper. Diagonal liegend. Ist er größer, muß er sich zusammenrollen. Man kennt somit die Breite des Grabens. Man würde sie sowieso kennen. Die Summe der hellen Zonen. Der dunklen. Die erste ist weitaus größer. Der Ort ist schon alt. Der Graben ist alt. Anfangs war er ganz hell. Nur helle Zonen. Einander beinahe berührend. Kaum Schattenränder. Der Graben sieht geradlinig aus. Dann erscheint wieder ein schon gesehener Körper. Es handelt sich also um einen Kreis. Strahlende Helligkeit der hellen Zonen. Sie strahlt nicht auf die dunklen über. Diese sind unangreifbar schwarz. Ebenso tiefschwarz am Rand wie in der Mitte. Die Helligkeit hingegen strahlt senkrecht empor. Hoch über die Arenenebene. Ebenso hoch darüber, wie der Graben tief ist. In der schwarzen Luft Türme fahlen Lichts. Den hellen Zonen entsprechen ebenso viele Türme, ebenso viele sichtbare Körper am Boden. Der Pfad säumt den Graben auf seiner ganzen Länge. An seinem ganzen Rund. Er ist über die Arena erhaben. Eine Stufe höher. Er besteht aus toten Blättern. Zur Erinnerung an die schöne Natur. Sie sind trocken. Vor Hitze und trockener Luft. Tot, aber nicht verfault. Sie würden eher zu Staub zerfallen. Gerade breit genug für einen Körper. Nie kommt es vor, daß zwei sich dort begegnen.

ALTE ERDE, GENUG GELOGEN, ich hab dich gesehen, ich war es, mit den Sperberaugen anderer, zu spät. Du wirst auf mir sein, du wirst es sein, ich werde es sein, wir werden es sein, wir sind es nie gewesen. Es wird vielleicht nicht schon morgen sein, jedoch zu spät. Es wird bald sein, wie ich dich anstarre, und welche Abweisung, wie du mich abweist, du, die so oft Abgewiesene. Es ist ein Maikäferjahr, nächstes Jahr wird es keine geben, auch nicht übernächstes Jahr, schau dich satt daran. Ich gehe bei Einbruch der Nacht hinein, sie heben die Flügel, fliegen auf von meiner kleinen Eiche und schwirren davon, vollgefressen, ins Dunkel. Tristi fummo ne l'aere dolce. Ich hebe den Arm, ergreife den Ast, ziehe mich daran hoch und gehe ins Haus. Drei Jahre in der Erde, wenn sie den Maulwürfen entkommen, dann fressen, fressen, zehn Tage lang, vierzehn Tage, und immer zur Nacht der Flug. Zum Fluß vielleicht, sie fliegen auf den Fluß zu. Ich mache Licht, ich lösche es, beschämt, bleibe schauend am Fenster, an den Fenstern stehen, gehe von einem zum anderen, wobei ich mich auf die Möbel stütze. Eine Weile sehe ich den Himmel, mancherlei Himmel, dann werden sie zu Gesichtern, Agonien, Lieben, mancherlei Lieben, Glückseligkeiten auch, ja, die hat es auch gegeben, unglückseligerweise. Momente eines Lebens, auch meines Lebens, unter anderen, unleugbar, so ist es doch. Glückseligkeiten, welche denn, und welche Tode, welche Lieben, damals hab ich es gewußt, es war schon zu spät. Ah lieben, sterbend, und sie sterben sehen, die eben Liebgewonnenen, und glücklich sein, warum bloß, was soll's. Nein, aber nun, nun, nur hier stehenbleiben, am Fenster, eine Hand an der Wand, die andere ans Hemd geklammert, und den Himmel sehen, lang ansehen, aber nein, Schlucken und Zucken, ein Meer aus Kindheit, andere Himmel, einen anderen Körper.

STILL

Hell, endlich, Ende eines dunklen Tages, die Sonne scheint endlich und geht unter. Sitzend, ganz still am Talfenster, nun, normalerweise, den Kopf drehen und sie schauen, die Sonne, tief im Südwesten, die sinkt. Sogar aufstehen, in gewissen Stimmungen, und ans Westfenster gehen, still dastehen, schauen, wie sie sinkt und dann das Abendrot. Immer ganz still, irgendein Grund, seit einiger Zeit, zu dieser Stunde, am offenen Fenster nach Süden, im kleinen, geraden Korbsessel mit Armlehnen. Die Augen schauen, ohne zu sehen, hinaus, bis sie, erste Bewegung seit einiger Zeit, sich schließen, wenngleich immer noch, ohne zu sehen, immer noch Tageslicht. Ganz still also wieder, alles ganz ruhig offenbar, bis die Augen sich wieder öffnen, immer noch Tageslicht, wenngleich weniger. Nun, normalerweise, den Kopf drehen, gut neunzig Grad, und die Sonne schauen oder, wenn sie schon weg, das schwindende Abendrot. Sogar aufstehen, in gewissen Stimmungen, und ans Westfenster gehen, dastehen, bis es ganz dunkel, und sogar an manchen Abenden, irgendein Grund, noch lange danach. Die Augen öffnen sich also wieder, immer noch Tageslicht, und schließen sich wieder, in einer einzigen Bewegung oder beinahe. Ganz still also wieder, am offenen Fenster nach Süden, überm Tal, in dem Korbsessel, wenngleich, in Wirklichkeit, von nahem gesehen, gar nicht still, sondern zitternd von oben bis unten. Von nahem, und zwar eine Einzelheit nach der anderen, um schließlich ein Ganzes zu bilden, das gar nicht still, sondern zitternd von oben bis unten. Doch auf den ersten Blick, in diesem schwindenden Licht, totenstill offenbar, sogar die Hände, die offensichtlich zittern, und die Brust, die sachte atmet. Die Beine, nebeneinander, gebeugt, im rechten Winkel, an den Knien, gleich jener alten Statue, irgendein alter Gott, der ertönte bei Sonnenaufgang und wieder bei Sonnenuntergang. Rumpf desgleichen, stocksteif und gerade, bis zum Schädel oben, von hinten gesehen, zusammen mit dem Nacken über der Rückenlehne. Arme desgleichen, gebeugt, im rechten Winkel, an den Ellbogen, Unterarme längs der Lehnen, die gerade lang genug, Unterarme und Lehnen, daß die Fäuste, leicht geballt, auf den Enden liegen. Ganz still also wieder, alles ganz ruhig offenbar, Augen geschlossen, die, um vorwegzunehmen, wenn sie wieder geöffnet, falls sie nicht zu lange zaudern, dann finstere Nacht oder Sternenlicht oder Mondschein oder beides. Nun, normalerweise, den Einbruch der Nacht schauen, wie lang auch immer, von diesem engen Sessel aus, oder am Westfenster stehend, ganz still in beiden Fällen. Ganz still, und zwar irgendeine Einzelheit schauend, wie einen Baum oder Busch, eine einzige Einzelheit, falls nah, falls fern, das Ganze, falls fern genug, bis es verschwindet. Oder am Ostfenster, in gewissen Stimmungen, irgend etwas am Hang schauend, wie jene Buche, in deren Schatten einst, ganz still, bis sie verschwindet. Der Sessel, irgendein Grund, immer dieselbe Stelle, dieselbe Stellung, nach Süden, wie festgeschraubt, wohingegen in Wirklichkeit nichts Leichteres, nichts Beweglicheres vorstellbar. Oder woanders, irgendeine Öffnung, hinausschauend auf nichts, nur das schwindende Licht, ganz still, bis zur völligen Finsternis, wenngleich, in Wirklichkeit, freilich nie so etwas, nur noch weniger Licht, wo weniger unmöglich schien. Ganz still also, die ganze Zeit, Augen geöffnet, zuerst, dann geschlossen, dann wieder geöffnet und wieder geschlossen, keine andere Bewegung, keiner Art, wenngleich, in Wirklichkeit, gar nicht still, als plötzlich, jedenfalls anscheinend, diese Bewegung, die unmöglich zu verfolgen, geschweige denn zu beschreiben. Die rechte Faust öffnet sich langsam, verläßt die Lehne, zieht den ganzen Unterarm mit, zusammen mit dem Ellbogen, und hebt sich langsam, sich immer mehr öffnend, und sich dabei rechtsherum drehend, bis sie, auf halbem Weg zum Kopf, zögert und, halb geöffnet, zitternd in der Schwebe bleibt. In der Schwebe, wie halb geneigt zurückzukehren, und zwar zurückzusinken, langsam, sich dabei wieder schließend und andersherumdrehend, bis sie, wie anfangs, wieder leicht geballt auf dem Ende der Lehne. Nun, wegen des Folgenden, nicht mehr auf halbem Weg zum Kopf, sondern beinahe da, ehe sie zögert, und halb geöffnet, zitternd, in der Schwebe bleibt, wie halb geneigt usw. Halb, nein, nahe daran, als, seinerseits, der Kopf sich vorwärtsbewegt und nach unten, zwischen die aufnahmebereiten Finger, wo, kaum aufgefangen und festgehalten, er hinunterdrückt, bis der Ellbogen bei Berührung der Lehne die Bewegung beendet, und wieder ganz still. Nun ein wenig rückwärts, bis zu der obengenannten Schwebe, ehe der Kopf zu Hilfe, als sei die Not der Hand größer als seine, und los nach unten, in einer einzigen Bewegung, oder beinahe, bis der Ellbogen auf der Lehne. Alles ganz still also wieder, Kopf in der Hand, und zwar der Daumen am äußersten Rand der rechten Augenhöhle, der Zeigefinger desgleichen links, und der Mittelfinger auf dem linken Backenknochen, und dazu, während die Stunden vergehen, leichtere Berührungen, mehr oder weniger leichte, jede mehr oder weniger, mal mehr, mal weniger, je nach den schwachen Regungen der einzelnen Teile, während die Nacht vergeht. Als ob sogar in der Finsternis geschlossene Augen nicht genug und, vielleicht sogar nötiger denn je, gegen das Nie-so-etwas die zusätzliche Schutzwand der Hand. Es so lassen, alles ganz still, oder bei den Geräuschen suchen, auf Geräusche lauern, alles ganz still, Kopf in der Hand, lauernd auf ein Geräusch.

UM ABERMALS ZU ENDEN, der Schädel, allein, im Dunkeln, ausweglose Stätte, Stirn auf einem Brett, anfangs. Lange so, anfangs, bis die Stätte verschwindet, und dann das Brett, lange danach. Um abermals zu enden also, der Schädel, allein, im Dunkeln, im Leeren, weder Hals noch Gesicht, nur die Hirnschale, allerletzte Stätte, im Dunkeln, im Leeren. Stätte der Reste, wo einst im Dunkeln hin und wieder etwas schimmerte, dämmerte, ein Rest. Reste der Tage, des Tageslichts, nie so schwaches Licht wie ihres, nie so fahles. Also der Schädel, allerletzte Stätte, läßt es abermals schimmern, anstatt zu erlöschen. Es erscheint dort letztlich, plötzlich oder allmählich, und verweilt magisch, ein bleierner Dämmer. Immer etwas weniger dunkel, bis zum Endgrau, oder plötzlich, wie eingeschaltet, grauer Sand, so weit das Auge reicht, unter wolkenlosem, ebenso grauem Himmel. Schädel, letzte Stätte, dunkel, leer, drinnen, draußen, bis, plötzlich oder allmählich, dieser bleierne Dämmer endlich, kaum aufgekommen, anhält. Wolkenloser, grauer Himmel, grauer Sand, so weit das Auge reicht, lange Zeit Wüste, anfangs. Sand, fein wie Staub, nein, Staub, Staub, der die mächtigsten Monumente verschlucken könnte, die er übrigens einst war, hier und da. Da, endlich, ebenso grau, jedem anderen Auge unsichtbar, starr, aufrecht inmitten seiner Trümmer, der Ausgestoßene. Ebenso grau der ganze kleine Körper, vom Kopf bis zu den knöcheltief eingesunkenen Füßen, wären nicht die allein hell gebliebenen Augen. Die Arme immer noch fest am Rumpf und fest aneinander die zum Fliehen bestimmten Beine. Grauer, wolkenloser Himmel, wellenloses Staubmeer, endlose trügerische Fernen, Höllenluft, kein Hauch. Mit dem Staub vermischt versinken die Trümmer des Refugiums, von denen manche sich kaum noch abheben. Allererste Veränderung endlich, ein Brocken löst sich und fällt. Ein langsamer Sturz für etwas derart Dichtes, das, wie Kork von Wasser aufgefangen, kaum einsinkt. Um zu enden also, beginnt der Schädel, allerletzte Stätte, abermals zu schimmern, statt zu erlöschen. Grauer, wolkenloser Himmel, endlose Fernen, graue, zeitlose Luft jener, die weder für Gott noch für seine Feinde sind. Da, abermals, endlich, aus endlosen Fernen unverhofft aufgetaucht, sich vom Grau abhebend, zwei weiße Zwerge. Zuerst und lange Zeit nur Weiße, von weitem erblickt in der grauen Luft, sie mühen sich ab, Schritt für Schritt, durch den grauen Staub, miteinander verbunden durch eine Trage, die ebenfalls weiß, von oben gesehen, in der grauen Luft. Ganz langsam streift sie beinahe den Staub, so gekrümmt sind die Rücken und so lang die Arme, im Vergleich mit den Beinen, und so tief sinken die Füße ein. Erbleicht, als wäre es nur einer, in gleicher Einöde, gleichen sie einander so sehr, daß das Auge sie verwechselt. Sie tragen einander zugewandt, und lösen sich oft ab, so daß sie, bald der eine, bald der andere, rückwärts vorangehen. Demjenigen, der folgt, obliegt womöglich die Sorge zu steuern, etwa so, wie durch leichte Stöße der Steuermann das Skiff. Schwenkt er nach Norden oder in irgendeine andere Himmelsrichtung, so schwenkt der andere sogleich genausoweit zum Gegenfüßler. Hält der eine an, so läßt der andere die Trage um diesen Angelpunkt einen Halbkreis herumschwenken, und schon sind die Rollen vertauscht. Knochenweiße des Leintuchs, von oben gesehen, und der Tragestangen, vorn und hinten, und der Zwerge, bis zu den Scheitelpunkten der riesigen Schädel. Hin und wieder lassen sie, als wäre es nur einer, die Trage los, um sie dann endlich wieder zu ergreifen, in der gleichen Weise, ohne sich bücken zu müssen. Es ist die Misttrage lächerlichen Angedenkens, mit Tragestangen, die dreimal so lang sind wie die Liege. Das Leintuch, den Permutationen entsprechend, bald vorn, bald hinten wölbend, hebt ein Kissen den Platz des Kopfes hervor. Unten, am Ende der Arme, öffnen sich die vier Hände, als wäre es nur eine, und die Trage, dem Staub schon so nahe, legt sich geräuschlos darauf. Ungeheure Extremitäten, einschließlich der Schädel, winzige Beine und Rümpfe, ungeheure Arme, winzige Gesichter. Endlich machen die Füße, als wäre es nur einer, sich frei, der linke nach vorn, der rechte nach hinten, und der Paßgang geht wieder los. Grauer Staub, so weit das Auge reicht, unter grauem, wolkenlosem Himmel, und da, plötzlich oder allmählich, wo bloß Staub möglich, die zu enträtselnde Weiße. Noch zu erträumen, ob er sie sehen kann, der Ausgestoßene, der letzte inmitten seiner Trümmer, ob er sie je sehen und, sie sehend, seinen Augen trauen kann. Zwischen ihm und ihr wird der, aus der Vogelschau zwar gerade erst wahrgenommene Zwischenraum nicht geringer, die letzte zu durchquerende Wüste. Kleiner Körper, allerletzter Zustand, starr, aufrecht, wie vorher, inmitten seiner Trümmer, Stille und Marmorstarre. Allererste Veränderung endlich, ein Brocken löst sich von der Mutterruine, fällt langsam und drückt den Staub kaum zusammen. Staub, der, weil er soviel geschluckt hat, nichts mehr schluckt, und wehe dem Wenigen, das sich noch abhebt. Oder ist es nur Verdauungsträgheit wie einst bei den Boas, wonach dann ein letztes Schlucken endlich restlos aufräumen wird. Zwerge, ferne Weiße, von nirgendwoher, reglos in der fernen grauen Luft, wo bloß Staub möglich. Uraltes Tragen und Einöde, als wäre es nur eins, gehen sie vorwärts, rückwärts, hierher, dorthin, halten an und ziehen abermals los. Der geradeaus Gehende bleibt manchmal stehen und richtet, so gut er kann, den Kopf auf, wie um die Leere zu erforschen und womöglich den Kurs zu korrigieren. Dann, ein neuer Aufbruch, so behutsam, daß das Auge es erst hinterher gewahrt, ein Aufbruch auf gut Glück, mit gesenktem Kopf und geschlossenen Lidern. Das lange Zeit auf die waagerechten Flächen blickende Auge mag sich noch so beharrlich nähern, es gewahrt nichts als zwei kleine, blicklose Ovale. Die Kuppel des über die Stirn herausragenden zyklopischen Gewölbes rundet weiß zum grauen Himmel die Beule der Heimatlichkeit oder Herdliebe. Allerletzte Veränderungen endlich, mit dem Rücken zum Himmel fällt der Ausgestoßene und bleibt inmitten seiner Trümmer liegen. Mit den Füßen als Zentrum fällt der Körper-Radius, blockartig, wie eine Statue, immer schneller, einen Viertelkreis hinab. Mit allen Wassern gewaschen muß das Auge sein, das ihn hinfort ausfindig zu machen vermag, vermischt mit den Trümmern, die mit Staub vermischt sind, unter einem von seinen Aasgeiern verlassenen Himmel. Der, wenn auch immer noch unhörbare Atem hat ihn nicht verlassen und bringt, ihm entströmend, ein paar Stäubchen zum Beben. Immer noch Lapislazulilöcher der Augen, die, anders als bei der Puppe, der Sturz nicht geschlossen und der Staub noch nicht ausgefüllt hat. Hinfort keine Gefahr mehr, daß er ihnen nicht trauen wird, vor dieser Weiße in der Ferne, wo Staub und Himmel verschwimmen. Weiße, weder auf Erden noch im Himmel, der Zwerge, wie am Ende ihrer Mühen, mit der abgesetzten Trage zwischen den marmorweißen Körpern. Trümmer, Stille und Marmorstarre, kleiner Körper in strammer Haltung darniederliegend, klaffende Augenhöhlen mit verwaschen-blauem Grund. Wie zur Zeit der Standfestigkeit, die Arme immer noch fest am Rumpf, und fest aneinander die zum Fliehen bestimmten Beine. Gefallen, blockartig, seiner ganzen kleinen Länge nach, mit dem Gesicht nach vorn, wie von hinten gestoßen, durch eine hilfreiche Hand, oder durch den Wind, aber kein Hauch. Oder aus einem Lebensbodensatz her, am Ende des lebenslangen Zu-Fuß-Seins, falle, falle furchtlos, du wirst nie wieder aufstehen können. Totenschädel, wird alles so darin erstarren, für immer, Trage und Zwerge, Trümmer und kleiner Körper, grauer, wolkenloser Himmel, Staub, der nicht mehr kann, endlose Fernen, Höllenluft. Und Traum von einem Weg durch einen Raum ohne hier, ohne da, wo alle Schritte der Welt sich nie irgend etwas nähern, sich nie von irgend etwas entfernen. Aber nein, denn, um abermals zu enden, allmählich oder wie eingeschaltet, sinkt die gewisse Dunkelheit dort abermals herab, die allein eine gewisse Asche zu verursachen vermag. Durch sie womöglich ein abermaliges Ende, unter wolkenlosem, ebenso dunklem Himmel, durch sie Erde und Himmel eines letzten Endes, wenn es je eins geben sollte, wenn es absolut sein müßte.

weder noch

Hin und her im Schatten vom inneren zum äußeren Schatten

vom undurchdringlichen Selbst zum undurchdringlichen
Nicht-Selbst
durch weder noch

wie zwischen zwei erleuchteten Herbergen, deren Türen
beim Näherkommen
sich sachte schließen, beim Abwenden
sachte wieder aufgehn

von hier von dort herbeigewunken und abgewiesen

ohne Acht auf den Weg, allein auf den einen Schein
oder den anderen

ungehörte Tritte einziger Laut

bis schließlich für immer Halt, für immer fern
vom Selbst und dem anderen

dann kein Laut

dann sachte Licht unvermindert auf dem unbeachteten
weder noch

unaussprechliche Heimstatt

Gesellschaft

Eine Stimme kommt zu einem im Dunkeln. Erträumen.

Zu einem auf dem Rücken im Dunkeln. Das kann er sagen wegen des Drucks gegen den Rücken und der Veränderung des Dunkels, wenn er die Augen schließt, und auch, wenn er sie wieder öffnet. Nur ein geringer Teil des Gesagten kann überprüft werden. Wie, zum Beispiel, wenn er hört, Du liegst auf dem Rücken im Dunkeln. Dann kann er das Gesagte nur als wahr anerkennen. Aber der bei weitem größere Teil des Gesagten kann nicht überprüft werden. Wie, zum Beispiel, wenn er hört, Du sahst zum ersten Mal das Licht der Welt an dem und dem Tag. Manchmal verbindet sich eins mit dem anderen wie, zum Beispiel, Du sahst zum ersten Mal das Licht der Welt an dem und dem Tag, und nun liegst du auf dem Rükken im Dunkeln. Eine List vielleicht, um durch die Unanfechtbarkeit des einen das andere glaubwürdig erscheinen zu lassen. Darum handelt es sich also. Eine Stimme erzählt einem auf dem Rücken im Dunkeln aus einer Vergangenheit. Mit gelegentlichen Anspielungen auf eine Gegenwart und selteneren auf eine Zukunft wie, zum Beispiel, Du wirst so enden, wie du jetzt bist. Und in einem anderen Dunkel oder im selben, ein anderer, all das erträumend, um sich Gesellschaft zu leisten. Schnell weg!

Der Gebrauch der zweiten Person kennzeichnet die Stimme. Der Gebrauch der dritten die des wuchernden anderen. Könnte er zu dem und über den sprechen, über den die Stimme spricht, so gäbe es eine erste. Er kann es jedoch nicht. Er wird es nicht. Du kannst es nicht. Du wirst es nicht.

Außer der Stimme und dem leisen Geräusch seines Atems kein Geräusch. Jedenfalls keines, das er hören könnte. Das kann er sagen wegen des leisen Geräuschs seines Atems.

Wenn auch nun weniger denn je auf Fragen erpicht, kann er manchmal nicht umhin, sich zu fragen, ob die Stimme wirklich zu ihm und über ihn spricht. Könnte da nicht ein anderer bei ihm im Dunkeln sein, zu dem und über den die Stimme spricht? Ist er nicht vielleicht der Mithörer von etwas, das für einen anderen bestimmt ist? Wenn er allein auf dem Rücken im Dunkeln liegt, warum sagt die Stimme es dann nicht? Warum sagt sie, zum Beispiel, nie, Du sahst das Licht der Welt an dem und dem Tag, und nun liegst du allein auf dem Rücken im Dunkeln? Warum? Vielleicht nur, um in seinem Geist diese vage Ungewißheit und Verlegenheit zu wecken.

Dein seit jeher wenig reger Geist ist es nun noch weniger denn je. Diese Art Behauptung ficht er nicht an. Du sahst das Licht der Welt an dem und dem Tag, und dein seit jeher wenig reger Geist ist es nun noch weniger denn je. Es bedarf jedoch, als Beitrag zur Gesellschaft, einer gewissen, wenn auch geringen Regsamkeit des Geistes. Darum sagt die Stimme nicht, Du liegst auf dem Rücken im Dunkeln und bist keineswegs geistig rege. Die Stimme allein leistet Gesellschaft, aber nicht genug. Ihre Wirkung auf den Hörer ist eine notwendige Ergänzung. Sei es auch nur, um in seinem Geist diese vage Ungewißheit und Verlegenheit zu wecken. Aber selbst wenn man von der Gesellschaft absieht, ist es klar, daß eine solche Wirkung unerläßlich ist. Denn wenn er lediglich die Stimme hörte und sie keine größere Wirkung auf ihn hätte als eine Rede auf Bantu oder Ersisch, würde sie dann nicht ebensogut daran tun, ganz zu schweigen? Es sei denn, sie trachtet danach, als bloßes Geräusch jemand zu quälen, den es nach Stille dürstet. Oder, freilich, sie ist, wie weiter oben schon vermutet, für einen anderen bestimmt.

Als kleiner Junge kommst du aus der Fleischerei Connolly, an der Hand deiner Mutter. Ihr macht euch nach rechts auf den Weg und geht schweigend an der Chaussee entlang nach Süden. Nach etwa hundert Schritten geht ihr landeinwärts, und es beginnt die lange Strecke, die bis zu Hause ansteigt. Ihr geht eine ganze Weile schweigend in der lauen, stillen Sommerluft. Es ist spät am Nachmittag, und nach etwa hundert Schritten erscheint über der Höhe der Steigung die Sonne. Indem du zum blauen Himmel aufblickst und dann zum Gesicht deiner Mutter, unterbrichst du das Schweigen mit der Frage, ob er nicht in Wirklichkeit viel weiter weg sei, als es den Anschein hat. Der Himmel, natürlich. Der blaue Himmel. Da du keine Antwort bekommst, formulierst du deine Frage im Kopf um, und etwa hundert Schritte weiter blickst du wieder auf zu ihrem Gesicht und fragst sie, ob es nicht den Anschein habe, daß er viel weniger weit weg sei, als er es in Wirklichkeit ist. Aus irgendeinem Grunde, den du nie herausfinden konntest, mußte diese Frage sie zutiefst irritiert haben. Denn sie stieß deine kleine Hand von sich und gab dir eine Antwort, die dich so verletzte, daß du es nie vergessen hast.

Wenn die Stimme nicht zu ihm spricht, muß sie zu einem anderen sprechen. So urteilt er mit dem Rest seines Urteilsvermögens. Einem anderen gegenüber über diesen anderen. Oder über ihn. Oder über noch einen anderen. Einem anderen gegenüber über diesen anderen oder über ihn oder über noch einen anderen. Zu einem auf dem Rücken im Dunkeln jedenfalls. Über einen auf dem Rücken im Dunkeln, sei es nun derselbe oder ein anderer. So urteilt er mit dem Rest seines Urteilsvermögens und urteilt falsch. Denn wenn die Stimme nicht zu ihm spricht, sondern zu einem anderen, so muß sie über diesen anderen sprechen und nicht über ihn oder über noch einen anderen. Da sie in der zweiten Person spricht. Spräche sie nicht über den, zu dem sie spricht, so würde sie nicht in der zweiten Person sprechen, sondern in der dritten. Zum Beispiel, Er sah das Licht der Welt an dem und dem Tag, und nun liegt er auf dem Rücken im Dunkeln. Es ist also klar, daß, wenn die Stimme nicht zu ihm spricht, sondern zu einem anderen, sie auch nicht über ihn spricht, sondern über diesen anderen und über keinen anderen sonst. So urteilt er mit dem

Rest seines Urteilsvermögens, und zwar falsch. Um Gesellschaft zu leisten, muß er eine gewisse geistige Regsamkeit entfalten. Aber er braucht nicht zu glänzen. Man könnte sogar meinen, je weniger er glänzt, um so besser. Bis zu einem gewissen Grad. Je weniger er glänzt, um so besser leistet er Gesellschaft. Bis zu einem gewissen Grad.

Du sahst das Licht der Welt in dem Zimmer, in dem du vermutlich gezeugt wurdest. Das große Erkerfenster ging nach Westen und zum Gebirge. Vor allem nach Westen. Denn als Erkerfenster ging es auch ein wenig nach Norden und nach Süden. Es konnte nicht anders. Ein wenig nach Süden, zum Gebirge, und ein wenig nach Norden, zum Vorgebirge und zur Ebene. Als Hebamme betätigte sich niemand anderes als ein Landarzt namens Hadden oder Haddon. Mit zerzaustem grauem Schnurrbart und abgehetzter Miene. Da gesetzlicher Feiertag war, verschwand dein Vater gleich nach dem Frühstück mit einem Flachmann voll Whiskey und einem Paket seiner Lieblingsbrötchen mit Eigelb drauf zu einem Streifzug durchs Gebirge. Es war nichts Ungewöhnliches daran. Aber an jenem Morgen war seine Liebe zum Wandern in wildromantischer Natur nicht sein einziger Beweggrund. Denn auch die Abneigung gegen die Schmerzen und andere, wenig erquickliche Aspekte der Wehen und des Gebärens veranlaßten ihn, sich davonzumachen. Deshalb die belegten Brötchen, die er gegen Mittag, als er den ersten Gipfel erreicht hatte, im Windschatten eines Megalithen angesichts des Meeres mit Appetit verzehrte. Du kannst dir seine Gedanken vorher und nachher vorstellen, während er durch das Heidekraut und den Ginster streifte. Als er in der Abenddämmerung heimkam und es vorzog, durch die Hintertür ins Haus zu gehen, erfuhr er zu seiner Bestürzung aus dem Munde des Dienstmädchens, daß die Wehen noch in vollem Gange seien. Obgleich sie schon eingesetzt hatten, ehe er vor zehn Stunden aus dem Haus gegangen war. Schleunigst lief er zum Schuppen hinten im Garten, wo sein De Dion Bouton stand. Er machte das Tor hinter sich zu und kletterte auf den Chauffeurssitz. Du kannst dir seine Gedanken vorstellen, während er da am Steuer im Dunkeln wartete und nicht wußte, was er denken sollte. Trotz Fußschmerzen und Müdigkeit war er drauf und dran, im jungen Mondlicht wieder querfeldein zu wandern, als das Dienstmädchen angerannt kam, um ihm zu sagen, es sei endlich vorbei. Vorbei!

Als Greis stapfst du mit kurzen, schwerfälligen Schritten einen schmalen Landweg entlang. Seit dem Morgengrauen bist du draußen, und nun ist es Abend. Einziges Geräusch in der Stille, deine Schritte. Vielmehr einzige Geräusche, denn sie variieren von einem zum anderen. Du vernimmst einen jeden und fügst ihn in deinem Kopf zu der immer größer werdenden Summe der vorhergehenden. Du bleibst mit gesenktem Kopf am Rande des Grabens stehen und rechnest alles um in Meter. Nun auf der Basis von zwei Schritten pro Meter. Soundso viel sind seit Tagesanbruch denjenigen des Vortages hinzuzufügen. Des Vorjahres. Der Vorjahre. Zeiten, die ganz anders waren als jetzt und doch so ähnlich. Die ungeheure Gesamtsumme in Kilometern. In Meilen. Wie oft schon rund um die Erde? Ebenfalls regungslos neben dir während dieser Berechnungen deines Vaters Schatten. In seinen alten Wanderklamotten. Schließlich weiter, Seite an Seite, von neuem ab Null.

Die Stimme kommt bald aus dieser, bald aus jener Richtung zu ihm. Bald leise, von weitem, bald ins Ohr geflüstert. Während ein und desselben Satzes kann sie Ausgangspunkt und Lautstärke wechseln. Wie, zum Beispiel, deutlich von oberhalb des hintenübergeneigten Gesichts, Du sahst das Licht der Welt zu Ostern, und nun. Dann, ins Ohr geflüstert, Du liegst auf dem Rücken im Dunkeln. Oder aber umgekehrt. Ein anderes Kennzeichen ist ihr immer wieder langes Schweigen, währenddessen er fast zu hoffen wagt, sie habe ihr letztes Wort gesagt. So, um beim ersten Beispiel zu bleiben, deutlich von oberhalb des hintenübergeneigten Gesichts, Du sahst das Licht der Welt an dem Tag, an dem Christus starb, und nun. Dann, lange danach, in seine erwachende Hoffnung hinein, das Flüstern, Du liegst auf dem Rücken im Dunkeln. Oder aber umgekehrt.

Anderes Kennzeichen, ihre Wiederholwut. Immer wieder, kaum variiert, das gleiche Einst. Als wollte sie ihn gewaltsam dazu bringen, es zu seinem eigenen zu machen. Zu gestehen, Ja, ich erinnere mich. Vielleicht sogar dazu, eine Stimme zu haben. Zu flüstern, Ja, ich erinnere mich. Was für ein Beitrag zur Geselligkeit das wäre! Eine Stimme in der ersten Person des Singulars, dann und wann flüsternd, Ja, ich erinnere mich.

Eine alte, fast blinde Bettlerin tastet an einem hohen Gartentor herum. Du kennst die Stelle genau. Die stocktaube, im Kopf nicht mehr ganz klare Frau des Hauses steht sich sehr gut mit deiner Mutter. Sie war sicher, wenn sie erstmal in den Lüften sei, auch fliegen zu können. So schwang sie sich eines Tages aus einem Fenster der ersten Etage hinaus. Auf deinem Rädchen vom Kindergarten nach Hause fahrend, siehst du, daß die arme, alte Bettlerin versucht, das Tor zu öffnen. Du steigst ab und machst es auf. Sie segnet dich. Wie waren noch ihre Worte? Gott vergelt's, junger Herr. Oder dergleichen. Gott beschütz dich, junger Herr.

Leise Stimme, selbst bei ihrer maximalen Lautstärke. Sie verebbt langsam, bis sie kaum noch zu hören ist. Dann schwillt sie langsam wieder an bis zu der geringen maximalen Lautstärke. Bei jedem langsamen Verebben erwacht langsam die Hoffnung, daß sie stirbt. Er weiß vermutlich, daß sie wieder anschwellen wird. Und dennoch erwacht bei jedem langsamen Verebben langsam die Hoffnung, daß sie stirbt.

Nach und nach tauchte er in das Dunkel und die Stille, und er lag so lange darin, daß er mit dem Rest seiner Urteilskraft urteilte, sie seien endgültig. Bis eines Tages die Stimme. Eines Tages! Bis schließlich die Stimme, Du liegst auf dem Rücken im Dunkeln. So lauten ihre ersten Worte. Lange Pause, damit er seinen Ohren traut, und dann, aus einer anderen Richtung, die gleichen. Alsdann das Gelöbnis, erst aufzuhören, wenn das Hörvermögen aufhört. Du liegst auf dem Rücken im Dunkeln, und diese Stimme wird erst aufhören, wenn das Hörvermögen aufhört. Oder anders. Wie einst, als er, im Halbdunkel liegend, nur dann und wann ein seltsames Geräusch hörte und es allmählich ganz still und dunkel wurde. Das wäre vielleicht eine bessere Gesellschaft. Denn welches seltsame Geräusch, dann und wann? Woher das Dämmerlicht?

Du stehst am Ende eines hohen Sprungbretts. Hoch über dem Meer. Darin das hintenübergeneigte Gesicht deines Vaters. Hintenübergeneigt zu dir. Du blickst hinab in das liebe, vertraute Gesicht. Er ruft, Los, spring! Er ruft, Nur Mut! Das rote runde Gesicht. Der dichte Schnurrbart. Das leicht ergraute Haar. Die Dünung überschwemmt es und spült es wieder hoch. Wieder der ferne Ruf, Nur Mut! Alle schauen zu dir hinauf. Sowohl vom Wasser als auch vom Land.

Das seltsame Geräusch. Welch ein Segen, sich dem zuwenden zu können. Dann und wann. Im Dunkeln und in der Stille wie vor allzuviel Licht die Augen schließen und ein Geräusch hören. Irgend etwas, das sich von seinem Platz fortbewegt zu seinem letzten Platz. Irgend etwas Weiches, das sich weich bewegt, um sich bald nicht mehr bewegen zu müssen. Vor dem sichtbaren Dunkel die Augen schließen und hören, sei es nur dies. Irgend etwas Weiches, das sich weich bewegt, um sich bald nicht mehr bewegen zu müssen.

Die Stimme erzeugt einen Schimmer. Das Dunkel lichtet sich, wenn sie spricht. Verdichtet sich, wenn sie verebbt. Lichtet sich, wenn sie wieder bis zu ihrer geringen maximalen Lautstärke anschwillt. Verfinstert sich vollends, wenn sie verstummt. Du liegst auf dem Rücken im Dunkeln. Wären deine Augen gerade offen gewesen, so hätten sie eine Veränderung wahrgenommen.

Woher das Dämmerlicht? Was für eine Gesellschaft im Dunkeln! Die Augen zu schließen und zu versuchen, das zu erträumen. Woher einst das Dämmerlicht? Keine erkennbare Quelle. Kaum daß sie blaß erglimmt, seine ganze kleine Leere. Was hat er denn über seinem hintenübergeneigten Gesicht sehen können? Die Augen im Dunkeln zu schließen und zu versuchen, das zu erträumen.

Anderes Kennzeichen, der matte Ton. Ohne Leben. Der gleiche matte Ton, immer wieder. Für ihre Behauptungen. Für ihre Verneinungen. Für ihre Fragen. Für ihre Ausrufe. Für ihre Aufforderungen. Der gleiche matte Ton! Du warst einst. Du warst nie. Warst du je? Oh, nie gewesen zu sein! Sei wieder. Der gleiche matte Ton.

Kann er sich bewegen? Bewegt er sich? Soll er sich bewegen? Was für eine Hilfe das wäre! Wenn die Stimme versiegt. Irgendeine Bewegung, so gering sie auch sei. Wäre es nur eine Hand, die sich schließt. Oder sich öffnet, wenn sie zuvor geschlossen war. Was für eine Hilfe das wäre im Dunkeln! Die Augen zu schließen und diese Hand zu sehen. Die Handfläche, die das ganze Blickfeld ausfüllt. Die Linien. Die Finger, die sich langsam krümmen. Oder sich strecken, wenn sie zuvor gekrümmt waren. Die Linien dieser alten Handfläche.

Da ist freilich das Auge. Füllt das ganze Blickfeld aus. Das Lid, das sich langsam senkt. Oder sich hebt, wenn es zuvor gesenkt war. Der Augapfel. Nichts als Pupille. Hinaufstarrend. Verhüllt, entblößt. Wieder verhüllt. Wieder entblößt.

Und wenn er schließlich doch spräche. So leise auch immer. Was für ein Beitrag zur Geselligkeit das wäre! Du liegst auf dem Rücken im Dunkeln, und eines Tages wirst du wieder sprechen. Eines Tages! Am Ende. Am Ende wirst du wieder sprechen. Ja, ich erinnere mich. Das war ich. Das war ich damals.

Du bist allein im Garten. Deine Mutter trifft in der Küche Vorbereitungen für den Tee mit Mrs. Coote. Sie streicht Butter auf hauchdünne Brotschnitten. Hinter einem Strauch versteckt, siehst du Frau Coote kommen. Eine kleine, magere, griesgrämige Person. Deine Mutter antwortet ihr, Er spielt im Garten. Du kletterst bis in den Wipfel einer hohen Föhre. Du bleibst ein Weilchen da oben und lauschst allen Geräuschen. Dann springst du hinunter. Die großen Äste bremsen den Sturz. Die Nadeln. Du bleibst ein Weilchen mit dem Gesicht am Boden liegen. Dann kletterst du wieder auf den Baum. Deine Mutter antwortet wieder Frau Coote, Er war unausstehlich.

Wie empfindet er mit dem Rest seines Empfindungsvermögens das Jetzt im Vergleich mit dem Einst? Als er mit dem Rest seiner Urteilskraft urteilte, sein Zustand sei endgültig. Man könnte ebensogut fragen, wie er einst im Vergleich mit dem Vorher dieses Einst empfand. Als er sich noch in den Resten des Lichts bewegte oder aufhielt. So wie es einst kein Vorher gab, gibt es auch jetzt keins.

In einem anderen Dunkel oder im selben, ein anderer alles erträumend, um sich Gesellschaft zu leisten. Auf den ersten Blick scheint dieser Satz klar zu sein. Aber wenn das Auge dabei verweilt, wird er immer unklarer. Ja, je länger das Auge dabei verweilt, um so unklarer wird er. Bis das Auge sich schließt und der vom Hinstarren befreite Kopf sich fragen kann, Was soll das bedeuten? Was soll das, was auf den ersten Blick klar zu sein schien, eigentlich bedeuten? Bis der Kopf sich sozusagen ebenfalls schließt. Wie sich das Fenster eines dunklen, leeren Raumes schließt. Das einzige Fenster zum dunklen Draußen. Dann nichts mehr. Nein. Leider nicht. Immer noch Lichtschimmerblitze und Zuckungen. Unformulierbares Umhertasten des Verstandes. Unstillbares.

An keiner besonderen Stelle auf dem Weg von A nach Z. Oder, der größeren Wahrscheinlichkeit wegen, auf dem Ballyogan-Weg. Dem vertrauten, alten Landweg. Irgendwo auf dem Ballyogan-Weg, anstatt an einer besonderen Stelle. Wo du nichts mehr zu besorgen hast. Irgendwo zwischen A und Z auf dem Ballyogan-Weg. Mit gesenktem Kopf beim Summieren am Rande des Grabens. Links die ersten Hänge. Vor dir das Weideland. Rechts von dir, und ein wenig im Hintergrund, deines Vaters Schatten. Soundso oft schon rund um die Erde. Der einst grüne Mantel nun vom Kinn bis zum Rist steif vom Alter und starr vor Schmutz. Verbeulte, einst gelbe Melone und immer noch darauf abgestimmte Schnürstiefel. Andere Kleidungsstücke, wenn überhaupt, sind nicht zu sehen. Unterwegs seit Tagesanbruch, und schon Abend. Nach Abschluß der Rechnung zusammen weiter, von neuem ab Null. Wie geradenwegs nach Stepaside. Plötzlich aber schneidet ihr den Weg ab und verschwindet durch die Hecke, querfeldein nach Osten humpelnd.

Warum eigentlich oder? Warum in einem anderen Dunkel oder im selben? Und wessen Stimme fragt das? Wer fragt Wessen Stimme fragt das? Und antwortet, Die Stimme dessen, der, wer auch immer, alles erträumt. Im selben Dunkel wie seine Kreatur oder in einem anderen. Um sich Gesellschaft zu leisten. Wer fragt letztlich, Wer fragt? Und antwortet letztlich wie oben? Und fügt lange danach hinzu, Es sei denn, es ist noch ein anderer. Nirgends zu finden. Nirgends zu suchen. Der letzte. Undenkbare. Namenlose. Die allerletzte Person. Ich. Schnell weg!

Das Licht damals. Auf deinem Rücken im Dunkeln, das Licht damals. Sonnenlose, wolkenlose Helle. Du machst dich bei Tagesanbruch davon und kletterst hinauf zu deinem Versteck am Berghang. Ein Nest im Ginster. Im Osten, jenseits des Meeres, kaum erkennbare Konturen eines hohen Gebirges. Siebzig Meilen entfernt, laut deinem Erdkundebuch. Zum dritten oder vierten Mal in deinem Leben. Beim ersten Mal erzähltest du es ihnen und wurdest ausgelacht. Du hättest nur Wolken gesehen. So daß du es seitdem in deinem Herzen hegst mit dem Rest. Bei Einbruch der Nacht nach Haus und ohne Essen zu Bett. Du liegst im Dunkeln, wieder in jenem Licht. Von deinem Nest im Ginster aus starrst du über das Meer hinaus, bis die Augen schmerzen. Du schließt sie, während du bis hundert zählst. Dann öffnest du sie und starrst wieder. Wieder und wieder. Bis es endlich da ist. Ganz blaßblau vor blassem Himmel. Du liegst im Dunkeln, wieder in jenem Licht. Schläfst ein in jenem sonnenlosen, wolkenlosen Licht. Schläfst bis zum Morgenlicht.

Erfinder der Stimme und des Hörens und seiner selbst. Erfinder seiner selbst, um sich Gesellschaft zu leisten. Es dabei bewenden lassen. Er spricht über sich wie über einen anderen. Er sagt über sich selbst sprechend, Er spricht über sich selbst wie über einen anderen. Sich selbst erfindet er ebenfalls, um sich Gesellschaft zu leisten. Es dabei bewenden lassen. Auch die Verwirrung leistet Gesellschaft, bis zu einem gewissen Grad. Besser vergebliche Hoffnung als gar keine. Bis zu einem gewissen Grad. Bis das Herz zu siechen beginnt. Auch Gesellschaft, bis zu einem gewissen Grad. Besser ein sieches Herz als gar keins. Bis es zu brechen beginnt. So über sich selbst sprechend, beschließt er vorerst, Es vorerst dabei bewenden lassen.

Im selben Dunkel wie seine Kreatur oder in einem anderen, noch nicht erträumten. Ebensowenig wie seine Positur. Ob stehend oder sitzend oder liegend oder in einer anderen Positur im Dunkeln. Dies sind ein paar Themen unter anderen, die noch zu erträumen. Ein paar von den noch unerahnten. Entscheidend ist dabei der Grad an Gesellschaft. Welche von beiden Dunkelheiten ist besser geeignet, Gesellschaft zu leisten? Welche von allen erträumbaren Posituren hat in puncto Gesellschaft am meisten zu bieten? Und desgleichen bei den anderen Fragen, die noch zu erträumen. Wie diejenige, ob solche Entscheidungen unwiderruflich. Er mag, zum Beispiel, nach reiflichem Erträumen eine Entscheidung zugunsten der Rücken- oder Bauchlage treffen und diese sich auf die Dauer in puncto Gesellschaft als enttäuschend erweisen. Wäre es in solchem Falle möglich, sie durch etwas anderes zu ersetzen? Wie, zum Beispiel, durch das Zusammenkauern, wobei die angezogenen Beine vom Halbkreis der Arme umschlungen werden und der Kopf auf den Knien ruht. Oder durch die Fortbewegung. Kriechend auf allen vieren. Ein anderer im selben Dunkel oder in einem anderen, auf allen vieren kriechend und dabei alles erträumend, um sich Gesellschaft zu leisten. Oder durch irgendeine andere Art der Fortbewegung. Die möglichen Begegnungen. Eine tote Ratte. Was für ein Beitrag zur Gesellschaft das wäre! Eine seit langem tote Ratte.

Wäre es nicht möglich, den Hörer zu verbessern? Ihn geselliger, wenn nicht gar menschlicher zu machen. Hinsichtlich des Geistes ist da vielleicht Raum für eine gewisse Belebung. Für einen Versuch nachzudenken, zumindest. Sich zu erinnern. Ja, sogar, zu sprechen. Irgendeine, wenn auch noch so geringe Willigkeit. Spuren von Gemütsbewegung. Anzeichen von Trübsal. Eine Ahnung vom Scheitern. Ohne Persönlichkeitsverlust. Heikles Unterfangen. Hinsichtlich des Körpers aber? Muß er regungslos daliegen, bis zum Ende? Und nur die Lider bewegen sich hin und wieder, weil das eigentlich unerläßlich ist. Um das Dunkel hereinzulassen oder es auszuschließen. Könnte er nicht die Beine übereinanderschlagen? Dann und wann. Bald das linke über das rechte und bald, wenn es an der Zeit ist, umgekehrt. Nein. Unmöglich! Er sollte mit übereinandergeschlagenen Beinen daliegen? Es bloß zu sehen! Nein! Irgendeine Bewegung der Hände? Einer Hand. Ein Verkrampfen. Ein Entspannen. Nur schwer zu rechtfertigen. Oder mit erhobener, um eine Fliege zu verjagen. Aber da gibt es keine Fliegen. Warum sollte es da eigentlich keine Fliegen geben? Die Versuchung ist groß. Es gebe da eine Fliege! Damit er sie verjage. Eine lebendige Fliege, die ihn irrtümlich für tot hält. Die ihren Irrtum gewahr wird und ihn sofort wieder begeht. Was für ein Beitrag zur Geselligkeit das wäre! Eine lebendige Fliege, die ihn irrtümlich für tot hält. Aber nein. Er würde keine Fliege verjagen.

Du hast Mitleid mit einem Igel draußen in der Kälte und legst ihn mit ein paar Würmern in eine alte Hutschachtel. Dann stellst du die Schachtel mit dem Igel in einen leerstehenden Kaninchenstall und verkeilst die aufgesperrte Tür, damit das arme Tier nach Belieben kommen und gehen, sein Futter suchen und nach dem Fressen wieder in die Wärme und Geborgenheit seiner Schachtel im Stall zurückkehren kann. Da steckt er also, der Igel, in seiner Schachtel, mit genug Würmern, um über die Runden zu kommen. Ein letzter Blick, um dich zu vergewissern, daß alles in Ordnung ist, bevor du weggehst, auf die Suche nach etwas anderem, um dir die Zeit zu vertreiben, die in diesem zarten Alter schon todlangweilig war. Die Glut, die durch diese gute Tat in dir entstanden ist, glüht länger als sonst, ehe sie abkühlt und verblaßt. Du erglühtest gern in jener Zeit, aber selten für lange. Kaum war die Glut durch irgendeine gute Tat deinerseits oder durch einen kleinen Triumph über deine Rivalen oder durch ein Lobeswort aus dem Munde deiner Eltern oder Lehrer angefacht worden, als sie auch schon abzukühlen und zu verblassen begann, um dich nach ganz kurzer Zeit so fröstelnd und düster wie zuvor wieder allein zu lassen. Sogar in jenen Tagen. Aber nicht an diesem Tage. An einem Herbstnachmittag warst du dem Igel begegnet und hattest das erwähnte Mitleid mit ihm gehabt, und die Wonne erfüllte dich noch, als du zu Bett mußtest. Auf dem Bettvorleger kniend hast du in dein Gebet um Gottes Segen für all deine Lieben auch den Igel eingeschlossen. Und als du dich in Erwartung des Schlafs in deiner Bettkuhle herumwarfst, wurde es dir noch warm ums Herz beim Gedanken an das Glück, das dieser Igel gehabt hatte, deinen Weg so zu kreuzen. Einen schmalen Lehmpfad, gesäumt von verdorrten Buchsbaumrabatten. Während du da standest und dich fragtest, wie du bis zum Zubettgehen wohl am besten die Zeit totschlagen könntest, brach er aus der einen Hecke hervor und lief schnurstracks auf die andere zu, als du plötzlich in sein Leben tratst. Am nächsten Morgen aber war die Glut nicht nur erloschen, es war sogar ein großer Unmut an ihrer Stelle. Die dunkle Ahnung, daß vielleicht doch nicht alles so war, wie es hätte sein sollen. Daß du, anstatt deiner guten Tat, vielleicht besser daran getan hättest, nichts zu tun und den Igel seines Weges ziehen zu lassen. Ganze Tage, wenn nicht sogar Wochen, vergingen, ehe du es über dich brachtest, wieder zu dem Stall zu gehen. Du hast nie vergessen, was du dort vorfandest. Du liegst auf dem Rücken im Dunkeln und hast nie vergessen, was du da vorfandest. Den Brei. Den Gestank.

Seit einer Weile droht folgendes. Das nur zeitweilige Bedürfnis nach Gesellschaft. Nach Momenten, in denen seine eigene ungemilderte eine Milderung. Die Stimme dann, wie aufdringlich. Ebenso wie das Bild des Hörers. Ebenso wie sein eigenes. Promptes Bedauern, sie heraufbeschworen zu haben, und das Problem, sie zum Verschwinden zu bringen. Was bedeutet eigentlich seine eigene ungemilderte? Was für eine mögliche Milderung? Es dabei bewenden lassen, vorerst.

Der Hörer heiße H. Gehaucht. Ha. Du, Ha, liegst auf dem Rücken im Dunkeln. Und er wisse, wie er heißt. Keine Rede mehr von ihm als einem Mithörer. Als einem nicht Gemeinten. Obgleich offenbar logischerweise überhaupt keine ist. Sich zu fragen, ob ein Geflüster in seine Ohrmuschel für ihn bestimmt sei! So ist er. Dieses vage Unbehagen ist also dahin. Diese vage Hoffnung. Für einen, der so wenig Gelegenheit hat zu fühlen. Der so unfähig ist zu fühlen. Der, insofern er überhaupt zu verlangen vermag, nichts sehnlicher verlangt als nichts zu fühlen. Ist dies wünschenswert? Nein. Würde er dabei an Geselligkeit gewinnen? Nein. Also heiße er nicht mehr H. Er sei wieder, wie er immer war. Der Hörer. Namenlos. Du.

Den Ort, wo er liegt, deutlicher erträumen. Ohne die geringste Übertreibung. Form und Ausdehnung des Ortes werden durch die ferne Stimme angedeutet. Die nach langsamem Verebben aus der Ferne zu ihm kommt oder plötzlich erschallt, oder nach langer Stille in der Ferne wieder anschwillt. Und zwar sowohl von oben als auch von allen Seiten und aus allen Ebenen im gleichen Grade maximaler Abschwächung infolge maximaler Entfernung. Nie von unten. Bislang. Was nahelegt, daß einer mit dem Kopf in der Mitte einer geräumigen Rotunde auf dem Rücken liegt. Wie geräumig? Bei der Schwäche der Stimme in ihrer maximalen Abschwächung dürften etwa zwanzig Meter hinreichen, somit rund zehn vom Ohr bis zu jedwedem Punkt der umgebenden Fläche. Soviel zu Form und Ausdehnung. Und das Material? Was gibt wo Aufschluß darüber, wenn überhaupt irgend etwas irgendwo? Es vorerst dahingestellt sein lassen. Verlockend wäre Basalt. Schwarzer Basalt. Aber, es vorerst dahingestellt sein lassen. Der Stimme und ihres Hörers überdrüssig, erträumt er so hinfort für sich selbst. Aber bei weiterem Erträumen erweist sich, daß er falsch erträumt hat. Denn mit welchem Recht kann von einem schwachen Laut behauptet werden, es handele sich um einen weniger schwachen, der durch die Entfernung schwächer gemacht worden sei, und nicht um einen echten schwächeren aus nächster Nähe? Oder von einem schwachen Schwächerwerdenden, daß er sich entfernt, anstatt auf der Stelle abzunehmen? Falls mit keinem, so ist von der Stimme keinerlei Klarheit über den Ort zu erwarten, an dem unser alter Hörer liegt. In unermeßlichem Dunkel. Grenzenlosem. Es dabei bewenden lassen, vorerst. Wobei nur noch zu fragen wäre, was das für eine Einbildungskraft sein mag, die derart vernunftwütig ist. Eine eigenartige.

Ein anderer, alles erträumend, um sich Gesellschaft zu leisten. Im selben Dunkel wie seine Kreatur oder in einem anderen. Schnell erträumen. Im selben.

Wäre es nicht möglich, die Stimme zu verbessern? Sie geselliger zu machen. Angenommen, sie sei seit einiger Zeit im Begriff sich zu verändern, wenngleich es keinerlei Zeitformen gibt in diesem dunklen Geist. Alles auf einmal vorbei und im Gang und endlos. Angenommen aber, sie sei für den anderen seit einiger Zeit im Begriff, sich ein wenig zu verbessern. Der gleiche matte Ton wie anfangs erträumt und die gleiche Wiederholwut. Also alles beim alten. Allerdings weniger Beweglichkeit. Weniger Variationen der Schwäche. Wie auf der Suche nach der besten Stelle. Von wo aus sie sich optimal aussprechen könnte. Mit idealer Schwingungsweite für mühelose Hörbarkeit. Ohne dem Ohr durch Lautheit zu schmerzen oder es gar durch Übertreibung des Gegenteils zum Horchen zu nötigen. Um wieviel besser ein solches Organ Gesellschaft leisten könnte als das anfangs übereilt erträumte. Um wieviel leichter es seinen Zweck erfüllen könnte, dem Hörer eine Vergangenheit zu verschaffen und ihn sie anerkennen zu lassen. Du wurdest an einem Karfreitag nach langen Wehen geboren. Ja, ich erinnere mich. Die Sonne war gerade hinter den Lärchen untergegangen. Ja, ich erinnere mich. Ganz so wie der Tropfen, um besser zu höhlen, unentwegt fallen muß. Auf das Darunterliegende.

Als du zuletzt ausgingst, war der Boden verschneit. Nun, auf dem Rücken im Dunkeln, stehst du an jenem Morgen auf der Schwelle der leise hinter dir geschlossenen Tür. Mit gesenktem Kopf an die Tür gelehnt, schickst du dich an loszugehen.

Als du die Augen wieder öffnest, sind deine Füße verschwunden, und deine Mantelschöße ruhen auf dem Schnee. Die dunkle Szene scheint von unten beleuchtet zu sein. Du siehst dich selbst bei diesem letzten Aufbruch mit geschlossenen Augen an der Tür lehnend darauf warten, daß du dich gehen läßt. Weg von dort. Dann die schneebeleuchtete Szene. Du liegst mit geschlossenen Augen im Dunkeln und siehst dich selbst dort, wie gerade beschrieben, dich anschickend, durch diese Lichtschicht hindurchzuschreiten. Du hörst wieder das Klicken der sich leise schließenden Tür und die Stille, ehe der erste Schritt getan werden kann. Dann bist du wieder auf deinem Weg durch die weißen Weiden, die von Lämmern im Frühling belebt werden und mit roten Mutterkuchen übersät sind. Du richtest deine Schritte wie immer schnurstracks auf die Lücke oder undichte Stelle der Weißdornhecke, der Begrenzung nach Westen. Bis dahin brauchst du, vom Betreten der Weiden ab gerechnet, normalerweise achtzehnhundert bis zweitausend Schritte, je nach deiner Stimmung und dem Zustand des Geländes. Aber an jenem letzten Morgen wirst du viel mehr brauchen. Viel, viel mehr Schritte. Die gerade Strecke ist deinen Füßen so vertraut, daß sie sich notfalls bei geschlossenen Augen daran halten können, ohne mehr als ein paar Schritte nördlich oder südlich vom Ziel abzuweichen. Das ist es übrigens auch, was sie ohne die geringste Notwendigkeit, außer einer inneren, normalerweise tun, und zwar nicht nur hier. Denn du läufst, wenn auch nicht mit geschlossenen Augen, obgleich dies recht oft geschieht, so doch mit dem Blick auf dem flüchtigen Boden vor deinen Füßen. Das ist alles, was du von der Natur gesehen hast. Seit dem Tage, an dem du den Kopf ein für allemal senktest. Den fliehenden Boden vor deinen Füßen. Von Zeit zu Zeit. Du zählst deine Schritte nicht mehr. Aus dem einfachen Grund, weil sie jeden Tag die gleiche Zahl ergeben. Durchschnittlich Tag für Tag die gleiche. Da der Weg immer der gleiche ist. Du rechnest mit den Tagen und brauchst an jedem zehnten Tag nur zu multiplizieren. Und zu addieren. Deines Vaters Schatten ist nicht mehr bei dir. Er hat es seit langem aufgegeben. Du hörst deine Schritte nicht mehr. Ohne zu hören und zu sehen, gehst du deinen Weg. Tag für Tag. Den gleichen Weg. Als gebe es keinen anderen mehr. Für dich gibt es keinen anderen mehr. Früher bliebst du nur stehen, um deine Berechnung anzustellen. Um wieder losgehen zu können, von neuem ab Null. Da dieses Bedürfnis entfällt, gibt es theoretisch auch keins mehr, stehenzubleiben. Außer vielleicht einen Moment am äußersten Punkt. Um dich anzuschicken, zurückzukehren. Und doch tust du es. Wie nie zuvor. Nicht aus Müdigkeit. Du bist nun nicht müder, als du es seit jeher warst. Nicht aus Altersgründen. Du bist nun nicht älter, als du es seit jeher warst. Und doch bleibst du stehen, wie nie zuvor. So daß du für die gleichen hundert Meter, die du früher in drei bis vier Minuten schafftest, nun zwischen fünfzehn und zwanzig brauchst. Der Fuß fällt von selbst mitten im Schritt, oder er bleibt, wenn er sich heben soll, am Boden kleben und bringt den Körper zum Stehen. Alsdann die unaussprechliche Angst, deren Wesentliches, Werden sie weitergehen können? Oder besser, Werden sie weitergehen? Nur das Wesentliche der Frage! Die beschwichtigt wird, wenn sie schließlich tun, was sie bislang stets getan haben. Du liegst im Dunkeln mit geschlossenen Augen und siehst die Szene. Wie du es damals nicht konntest. Die dunkle Himmelskuppel. Die blendende Erde. Du in der Mitte stillstehend. Die Schnürstiefel, bis zu den Rändern eingesunken. Die Mantelschöße, ruhend auf dem Schnee. In der alten Melone der gesenkte alte Kopf sprachlos vor Angst. Inmitten der Weiden auf der Hälfte deiner Strecke zur Heckenlücke. Regungslos die unbeirrten Füße. Du blickst zurück, wie du es einst nicht konntest, und siehst deine Spuren. Eine große, parabolische Abweichung. In einer dem Uhrzeigersinne entgegengesetzten Richtung. Wie im Inferno. Als ob auf einmal das Herz zu schwer. Schließlich zu schwer.

Blütezeit des Lebens. Einen Anhauch davon erträumen. Auf dem Rücken im Dunkeln erinnerst du dich. Ah du, du erinnerst dich. Wolkenloser Maientag. Sie kommt zu dir in das Sommerhäuschen. Ein ländliches Hexaeder. Ganz aus Lärchen- und Föhrenstämmen. Durchmesser zwei Meter. Höhe drei. Bodenfläche an die drei Quadratmeter. Zwei bunte Fensterchen vis-à-vis. Kleine, farbige Glasrauten. Unter jedem ein Sims. Hierhin pflegte dein Vater sich an Sommersonntagen nach dem Mittagsmahl mit einem Kissen und einem Punch zurückzuziehen. Mit aufgeknöpftem Hosenbund saß er auf einem der Simse und blätterte im Punch herum. Du gegenüber, auf dem anderen, mit baumelnden Beinen. Jedesmal, wenn er gluckste, versuchtest auch du zu glucksen. Wenn sein Glucksen aufhörte, hörte deins ebenfalls auf. Daß du sein Glucksen nachzumachen versuchtest, fand er sehr lustig, und manchmal gluckste er nur so vor sich hin, um zu hören, wie auch du zu glucksen versuchtest. Hin und wieder drehst du den Kopf herum und schaust durch eine rosa Scheibe. Du drückst deine kleine Nase an das Glas, und draußen sieht alles rosig aus. Die Jahre sind vergangen, und du sitzt wieder am selben Platz wie einst in der Blütezeit des Lebens und starrst, in irisierendes Licht getaucht, ins Leere. Sie läßt auf sich warten. Du schließt die Augen und versuchst, den Rauminhalt zu errechnen. Einfache Rechenaufgaben sind dir eine Hilfe in schweren Stunden. Eine Zuflucht. Du kommst schließlich auf etwa sieben Kubikmeter. Auch nun in der zeitlosen Dunkelheit sind die Zahlen dir ein Trost. Du setzt einen gewissen Rhythmus des Herzens voraus und errechnest, wie oft es schlägt pro Tag. Pro Woche. Pro Monat. Pro Jahr. Und, eine gewisse Lebenszeit voraussetzend, pro Leben. Bis zum letzten Schlag. Aber im Moment sitzt du, mit etwa siebenhundert Millionen hinter dir, wieder in dem Sommerhäuschen und berechnest seinen Rauminhalt. Etwa sieben Kubikmeter. Das kommt dir aus irgendeinem Grunde unwahrscheinlich vor, und du beginnst deine Berechnung von neuem. Aber diese ist noch nicht weit gediehen, als ihre leichten Schritte zu hören sind. Ihre bei ihrer Körperfülle leichten Schritte. Klopfenden Herzens öffnest du wieder die Augen, und nach einem endlosen Moment erscheint ihr Gesicht am Fenster. Fast ganz blau ist, von dir aus gesehen, ihre natürliche Blässe, die du so bewundertest, so blau wie vermutlich, von ihr aus gesehen, die deine. Denn die natürliche Blässe habt ihr miteinander gemein. Die violetten Lippen erwidern nicht dein Lächeln. Und da das Fenster sich, von deinem Sitz aus gesehen, in einer Höhe mit deinen Augen befindet und außerdem der Fußboden beinahe ebenerdig ist, kannst du nicht umhin, dich zu fragen, ob sie nicht auf die Knie gesunken ist. Da du aus Erfahrung weißt, daß die Größe oder Länge, die ihr miteinander gemein habt, die Summe gleichlanger Segmente ist. Denn wenn ihr, aufrecht stehend oder ausgestreckt daliegend, euch, Auge in Auge, aneinanderschmiegt, berühren sich eure Knie und eure Pubes und verwirren sich die Haare eurer Köpfe miteinander. Ist daraus zu folgern, daß der Höhenverlust des sitzenden Körpers der gleiche ist wie der des knienden? In der Annahme, die Sitzhöhe sei verstellbar wie bei gewissen Pianostühlen, schließt du hier die Augen, um im Geiste besser die ersten und zweiten Segmente, von der Fußsohle bis zur Kniescheibe und von dort bis zum Beckengürtel, zu messen und sie miteinander zu vergleichen. Wie du dich hellwach, in Bewegung oder in Ruhe, den geschlossenen Augen hingabst! Bei Tag und bei Nacht. Diesem vollkommenen Dunkel. Diesem schattenlosen Licht. Nur um nicht da zu sein. Oder um etwas wie nun zu tun. Ein einziges Bein erscheint. Von oben gesehen. Du trennst die Segmente und legst sie nebeneinander. Es ist so, wie du es beinahe vermutetest. Das obere ist länger, und somit büßt der Sitzende mehr ein, wenn die Sitzfläche in Kniehöhe ist. Du läßt die Teile liegen, und beim Öffnen deiner Augen siehst du sie vor dir sitzen. Totenstille. Ihre rubinroten Lippen erwidern nicht dein Lächeln. Dein Blick gleitet hinab zu ihren Brüsten. Du erinnerst dich nicht, diese je so prall gesehen zu haben. Zu ihrem Bauch. Der gleiche Eindruck. Ihr Bauch geht auf in deines Vaters Bauch, der sich hervorwölbt überm aufgeknöpften Hosenbund. Sollte sie schwanger sein, ohne daß du überhaupt um ihre Hand angehalten hast? Du gehst wieder in dich. Auch sie hat, ohne dein Wissen, die Augen geschlossen. So sitzt ihr einander gegenüber in dem Sommerhäuschen. Mit geschlossenen Augen und den Händen auf euren Pubes. In dem irisierenden Licht. Der Totenstille.

Erschöpft durch ein so anstrengendes Erträumen, hört er auf und hört alles auf. Bis er, das Bedürfnis nach Gesellschaft wieder spürend, sich entschließt, den Hörer zumindest M zu nennen. Um das Erkennen zu erleichtern. Und für sich selbst einen anderen Buchstaben zu wählen. W. Dies alles, sich selber inbegriffen, erträumend, um sich Gesellschaft zu leisten. Im selben Dunkel wie M, laut letzten Berichten. In welcher Positur und ob regungslos oder beweglich, bleibt dahingestellt. Er sagt auch, über sich selbst sprechend, Das letzte Mal, als er über sich selbst sprach, sprach er, um zu sagen, er sei im selben Dunkel wie seine Kreatur. Nicht in einem anderen, wie es mal für möglich gehalten wurde. Im selben. Als dem geeigneteren, Gesellschaft zu leisten. Und daß seine Positur darin noch zu erträumen. Und zu entscheiden, ob diese regungslos oder beweglich. Welche von allen erträumbaren Posituren böte wohl das geringste Risiko des Überdrusses, auf die Dauer? Welche, in Bewegung oder in Ruhe, würde sich als die unterhaltsamste erweisen, auf lange Sicht? Und im gleichen Atemzug, zu früh, um es zu sagen, und warum eigentlich nicht ohne weiteres sagen, was später widerrufen werden kann, und was, wenn dies zufällig nicht möglich wäre? Was dann? Könnte er nun, wenn es ihm lieber wäre, sich dem Dunkel entziehen, dem, laut letzten Berichten, seine Vorliebe galt, und in ein ganz anderes hinüberwechseln, fern von seiner Kreatur? Wenn er sich nun für das Liegen entschlösse und dies später bedauern sollte, könnte er dann, zum Beispiel, aufstehen und sich an eine Wand lehnen oder hin- und hergehen? Ließe M sich in einem Schaukelstuhl wiedererträumen? Mit Händen, denen es freistünde, ihm zu helfen? Dort, im selben Dunkel wie seine Kreatur, läßt er sich selbst im Stich wegen dieser Verlegenheiten, wobei er sich im tiefsten Innern seines Geistes fragt, wie er es manchmal zu tun pflegt, ob all das Weh der Welt noch immer so ist, wie es war. Zu seiner Zeit.

M bislang wie folgt. Auf dem Rücken an einem dunklen Ort, dessen Form und Ausdehnung noch zu erträumen. Dann und wann eine Stimme hörend, von der ungewiß, ob sie sich an ihn richtet oder an einen anderen in der gleichen Lage. Da es, wenn sie seine eigene Lage treffend beschreibt, keinerlei Beweis dafür gibt, daß die Beschreibung nicht einem anderen in der gleichen Lage gilt. Vage Sorge beim vagen Gedanken, vielleicht etwas Vertrauliches zu überhören, wenn er, zum Beispiel, hört, Du liegst auf dem Rücken im Dunkeln. Nach und nach in dem Maße zerschlagene Zweifel, in dem die Stimme, anstatt sich in alle Winde zu zerstreuen, auf ihn einredet. Wenn sie aufhört, einziges Geräusch, sein eigener Atem. Wenn sie lange aufhört, vage Hoffnung, sie habe nichts mehr zu sagen. Geistige Tätigkeit, niedrigen Niveaus. Seltene Schlußfolgerungsschimmer, die unergiebig sind. Hoffnung, Verzweiflung und dergleichen, kaum empfunden. Wie die jetzige Lage entstanden, völlig unklar. Kein Dort mit Hier zu vergleichen und kein Einst mit jetzt. Nur die Lider bewegen sich. Wenn sie zur Erholung von dem Dunkel des Draußen und dem des Drinnen sich jeweils schließen und öffnen. Immer noch Hoffnung auf kleine, örtlich begrenzte Bewegungen. Aber keinerlei Verbesserung ist dadurch zu verzeichnen, bislang. Oder, auf einer höheren Ebene, durch solche, Geselligkeit fördernde Möglichkeiten wie, zum Beispiel, eine Regung dauernder Trauer oder Sehnsucht oder Reue oder Wut und so weiter. Oder durch irgendeinen Denkvorgang, der schlüssig genug wäre, damit er sich, beispielsweise, über sich selbst sprechend, sagen könnte, Da er nicht denken kann, soll er den Versuch aufgeben. Ist dieser Skizze noch irgend etwas hinzuzufügen? Seine Namenlosigkeit. Sogar M muß weg. Also erinnert W sich wieder an seine Kreatur, dergestalt, wie sie kreiert wurde, bis jetzt. W? Aber auch W ist eine Kreatur.

Ein Trugbild. Also noch ein anderer. Über den nichts. Trugbilder erfindend, um seine Nichtigkeit zu lindern. Schnell weg! Pause, und abermals erschrocken zu sich selber, Schnell, schnell weg!

Erträumter Erträumer, das alles erträumend, um sich Gesellschaft zu leisten. Im selben trügerischen Dunkel wie seine anderen Trugbilder. In welcher Positur, und ob ja oder nein, wie der Hörer in seiner, ein für allemal oder nicht, noch nicht festgelegt. Genügt nicht ein einziger Unbeweglicher? Warum diesen sonderbaren Trostspender verdoppeln? Er bewege sich also! Ohne zu übertreiben. Auf allen vieren. Ein maßvolles Kriechen bei vom Boden abgehobenem Oberkörper und geradeaus spähendem Blick. Falls dies nicht besser als nichts, es dann rückgängig machen. Wenn möglich. Und in der wiedergewonnenen Leere eine andere Bewegung. Oder keinerlei. Bleibt nur noch, die günstigste Positur zu erträumen. Aber vorläufig krieche er. Krieche und falle er. Krieche er wieder und falle er wieder. Im selben trügerischen Dunkel wie seine anderen Trugbilder. Nach langem, gleichsam irrendem Umherschweifen kommt die Stimme zur Ruhe und zu gleichbleibender Schwäche. Zur Ruhe, wo? Umsichtig erträumen.

Über dem hintenübergeneigten Gesicht. Senkrecht zum Hinterhauptsbein. So daß er bei dem schwachen Licht, das sie verbreitet, wenn es einen Mund gäbe, diesen nicht sähe. So sehr er seine Augen auch rollen würde. Höhe über dem Boden?

Eine Armlänge. Lautstärke? Gering. Wie von einer Mutter, die sich von hinten über eine Wiege beugt. Sie tritt zur Seite, damit der Vater schauen kann. Er seinerseits flüstert dem Neugeborenen zu. Matter Ton unverändert. Keinerlei Spur von Liebe.

Du liegst auf dem Rücken am Fuße einer Espe. In ihrem zitternden Schatten. Mit dem Kopf in ihren Händen, auf die Ellbogen gestützt, liegt sie rechtwinklig zu dir. Deine offenen und wieder geschlossenen Augen haben in die ihren geblickt, die in die deinen blickten. In deinem Dunkel tauchst du wieder in ihre Augen. Immer noch. Auf dem Gesicht spürst du, wie die Franse ihres langen schwarzen Haars in der regungslosen Luft schwankt. Unterm Haarvorhang verborgen eure Gesichter. Sie flüstert, Hör die Blätter! Mit ineinandergetauchten Blicken hört ihr die Blätter. In deren zitterndem Schatten.

Kriechend also und fallend. Kriechend wieder und wieder fallend. Wenn das schließlich zu nichts führte, kann er immer noch ein für allemal fallen. Oder nie auf die Knie gekommen sein. Erträumen, inwiefern ein solches Kriechen im Vergleich mit der Stimme besser dazu dienen könnte, einen Ortsplan zu erstellen. Wenn auch noch so ungenau. Welches ist eigentlich das Kriechmaß? Entsprechend dem Schritt beim aufrechten Gang. Sich auf allen vieren erhebend, schickt er sich an loszukriechen. Hände und Knie an den Eckpunkten eines Rechtecks von zwei Fuß Länge und belangloser Breite. Schließlich bewegt sich, beispielsweise, das linke Knie um sechs Zoll voran und verringert so um eine halbe Hälfte den Abstand von der entsprechenden Hand. Die sich dann ihrerseits, zu ihrer Zeit, ebensoweit voranbewegt. Das Rechteck ist jetzt eine Raute. Aber nur solange bis, rechter Hand, Knie und Hand dem Beispiel folgen. Wodurch das Rechteck wieder zustande kommt. Und so weiter, bis er fällt. Von allen Kriecharten ist dieser kriechende Paßgang vermutlich die am wenigsten gängige. Und somit vermutlich die lustigste von allen.

Beim Kriechen das Kopfrechnen. Körnchen für Körnchen im Kopf. Eins zwei drei vier eins. Knie Hand Knie Hand zwei. Ein Fuß. Bis er nach, angenommen, fünf Fuß fällt. Dann, früher oder später, weiter, von neuem ab Null. Eins zwei drei vier eins. Knie Hand Knie Hand zwei. Sechs. Und so weiter. Geradenwegs, wenn eben möglich. Bis er, entmutigt, weil er auf kein Hindernis stieß, den Weg, den er gekommen, wieder zurückkriecht. Von neuem ab Null. Oder eine ganz andere Richtung einschlägt. Schnurstracks, so hofft er. Bis er, mangels einer Sackgasse für seine Mühen, schließlich abermals einen anderen Kurs wählt. Von neuem ab Null. Wohl wissend oder kaum verkennend, wie irreführend die Finsternis sein kann. Linksherum, des Herzens wegen. Wie im Inferno. Oder, umgekehrt, den wohlerwogenen Bogen in eine gerade Strecke verwandelnd. Wie dem auch sei und so wacker er auch noch und noch weiterkriechen mag, keinerlei Grenze, bis jetzt. Keinerlei erträumbare Grenze, bis jetzt. Knie Hand Knie Hand, noch und noch. Grenzenloses Dunkel.

Wäre es vernünftig, sich den Hörer als geistig ganz untätig vorzustellen? Außer, wenn er hört. Das heißt, wenn die Stimme ertönt. Denn was gibt es außer ihr und seinem eigenen Atmen für ihn zu hören? Aha! Das Kriechen. Hört er das Kriechen? Das Fallen? Was für ein Beitrag zur Geselligkeit es wäre, wenn er das Kriechen hören könnte! Das Fallen. Das Wieder-auf-alle-viere-Kommen. Das wiederbegonnene Kriechen. Sich dabei fragend, was denn solche Geräusche bloß bedeuten sollen. Aufzusparen für einen langweiligeren Moment. Und was außer dem Schall vermöchte es noch, seinen Geist zu bewegen? Die Sicht? Die Versuchung ist groß, steif und fest zu behaupten, es gebe nichts zu sehen. Aber zu spät, einstweilen. Denn er sieht eine Veränderung des Dunkels, wenn er die Augen wieder öffnet oder sie wieder schließt. Und er sieht ja eigentlich das schwache Licht, das die erträumte Stimme verbreitet, wie erträumt. Übereilt erträumt. Ein Licht, das unendlich schwach ist, gewiß, da nun kaum noch ein Geflüster. Hier plötzlich gesehen, wie seine Augen sich schließen, sobald die Stimme ertönt. Falls sie gerade offen sind. So daß dieses Licht, wie es schließlich kaum noch da ist, kaum zwischen den sich schließenden Lidern gesehen wird.

Der Geschmack? Der Geschmack in seinem Mund? Längst daran gewöhnt. Das Tastvermögen? Der Druck des Bodens gegen seine Knochen? Auf ganzer Länge, vom Calcaneum bis zur Protuberantia occipitalis externa. Könnte nicht ein Drang, sich zu bewegen, seine Apathie auflockern? Sich auf die Seite zu wälzen. Oder auf den Bauch. Zur Abwechslung. Dies minimale Bedürfnis sei ihm vergönnt. Ebenso wie das Glück, zu wissen, daß die Zeit vorbei, in der es ihm freistand, sich vergeblich zu krümmen und zu winden. Der Geruch? Sein eigener? Längst daran gewöhnt. Und ein Wehr gegen andere, gegebenenfalls. Wie, zum Beispiel, gegen den einst von einer seit langem toten Ratte verbreiteten. Oder von irgendeinem anderen Aas. Noch zu erträumen. Es sei denn, der Kriechende riecht. Aha! Der kriechende Kreator. Wäre es vernünftig, zu erträumen, daß der Kreator beim Kriechen riecht? Noch übler als seine Kreatur. Dann und wann diesen der Verwunderung so abholden Geist dazu bringend, daß ihn etwas wundert. Daß ihn wundert, was denn solch sonderbaren Geruch bloß verursachen mag. Woher denn bloß all der ekelerregende Gestank. Wieviel geselliger könnte sein Kreator sein, wenn er doch röche. Wenn er doch seinen Kreator riechen könnte. Irgendein sechster Sinn? Eine unerklärliche Ahnung drohenden Unheils? Ja oder nein. Nein. Reine Vernunft? Diesseits der Erfahrung. Gott ist Liebe. Ja oder nein? Nein.

Kann der kriechende Kreator, in dem gleichen, kreierten Dunkel kriechend wie seine Kreatur, kreativ sein, während er kriecht? Eine der Fragen, die er sich selbst stellte, wenn er zwischen zwei Kriechpartien daniederlag. Und wenn die einleuchtende Antwort leicht zu finden war, so galt dies nicht für die hilfreichste. Und es bedurfte vieler Kriechpartien und ebenso vieler Prostrationen, ehe er sich schließlich eine Vorstellung davon machen konnte. Wobei er gleichzeitig, ohne Überzeugung, vor sich hin, im gleichen Atemzug wie sonst hinzufügte, daß keine seiner Antworten unanfechtbar sei. Komme, was da wolle, die Antwort, die er schließlich zu geben wagte, war nein, er könne es nicht. Das Kriechen im Dunkeln auf die oben erträumte Weise war eine allzu ernste und anstrengende Sache, um noch irgendeine andere Tätigkeit, sei es auch nur die Heraufbeschwörung von irgend etwas aus dem Nichts, zu erlauben. Denn er hatte nicht nur, wie vielleicht allzu übereilt erträumt, auf diese Weise voranzukommen, sondern obendrein auch so schnurgerade wie möglich. Und außerdem unterwegs, halben Fuß zu halbem Fuß fügend, zu zählen und die sich laufend verändernde Summe der schon errechneten in seinem Gedächtnis einzuprägen. Und schließlich Augen und Ohren höchst aufmerksam zu erhalten für jedweden noch so geringen Hinweis auf die Natur des Ortes, an den sein Erträumen ihn vielleicht leichtfertig verschlagen hatte. Während er also im gleichen Atemzug eine so vernunftwütige Phantasie beklagte und dabei sagte, wie widerrufbar seine Gedankenflüge seien, konnte er schließlich nur antworten, nein, er könne es nicht. Er könne eigentlich nicht kreativ sein, während er in dem gleichen, kreierten Dunkel wie seine Kreatur krieche.

Ein Strand. Abend. Das Licht stirbt dahin. Bald dahin, wird es nicht mehr sterben. Nein. Nichts dergleichen dann wie kein Licht. Es starb dahin bis zur Morgendämmerung und starb nie. Du stehst mit dem Rücken zum Meer. Kein Geräusch außer der Brandung. Immer schwächer, während es allmählich verebbt. Bis es allmählich wieder heranflutet. Du stützt dich auf einen langen Stock. Deine Hände ruhen auf dem Knauf, und auf ihnen dein Kopf. Wenn deine Augen sich gerade öffneten, sähen sie zuerst, weit unten in den letzten Strahlen, die Schöße deines Mantels und im Sand den Rand der Schäfte deiner eingesunkenen Schnürstiefel. Dann, und zwar allein, bis er verschwindet, den Schatten des Stocks auf dem Sand. Bis er aus deiner Sicht verschwindet. Mondlose, sternlose Nacht. Wenn deine Augen sich gerade öffneten, würde das Dunkel heller.

Kriecht und fällt. Liegt mit geschlossenen Augen im Dunkeln und verschnauft vom Kriechen. Erholt sich. Körperlich, und von der Enttäuschung, abermals für nichts gekrochen zu sein. Wobei er sich vielleicht sagt, Warum eigentlich kriechen? Warum nicht einfach mit geschlossenen Augen im Dunkeln liegen und aufgeben? Alles aufgeben. Mit allem fertig sein. Mit der vergeblichen Kriecherei und den trostlosen Trugbildern. Aber wenn er schon mal den Mut verliert, dann selten für lange. Denn wenn er so daliegt, wird nach und nach wieder das Verlangen nach Gesellschaft wach. In der er seiner eigenen entkommen könnte. Das Bedürfnis, diese Stimme wieder zu hören. Selbst wenn sie nur wieder sagte, Du liegst auf dem Rücken im Dunkeln. Oder aber nur, Du sahst das Licht der Welt und schriest am Abend des Tages, an dem Christus in der Dunkelheit um die neunte Stunde schrie und starb. Das Bedürfnis, bei geschlossenen Augen, um besser zu hören, den verbreiteten Schimmer zu sehen. Oder, durch Hinzufügung von irgend etwas Menschlichem, den Hörer zu verbessern. Wie, zum Beispiel, eines Juckens außerhalb der Reichweite seiner Hand oder, noch besser, in Reichweite seiner regungslosen Hand. Eines unkratzbaren Juckens. Was für ein Beitrag zur Geselligkeit das wäre! Oder, zu guter Letzt, sich selbst zu fragen, was er genau meint, wenn er ungenau von sich selbst sagt, daß er liege. Mit anderen Worten, welche von all den zahllosen Arten zu liegen erweist sich auf die Dauer als die allerangenehmste? Ob er nach dem oben genau beschriebenen Kriechen normalerweise auf sein Gesicht fällt. Bei dem Grad seiner Ermüdung und Entmutigung in solchem Moment dürfte es ihm tatsächlich schwerfallen, anders zu verfahren. Aber wenn er einmal gefallen ist und auf dem Gesicht liegt, hindert ihn nichts, sich auf die eine oder andere seiner beiden Seiten zu wälzen oder auf seinen einzigen Rücken und so liegenzubleiben, falls irgendeine dieser drei Lagen sich als geselliger erweisen sollte als irgendeine der drei anderen. Die Rükkenlage ist, so verlockend sie auch sein mag, schließlich zu verwerfen, da der Hörer sie schon darbietet. Was die Seitenlagen betrifft, so genügt ein Blick, um beide zu verschmähen. Bleibt folglich nur die Prostration. Aber wie? Welche Bauchlage? Welche Lage der Beine? Der Arme? Des Kopfes? Bäuchlings im Dunkeln liegend, bemüht er sich zu sehen, wie er am besten bäuchlings liegen kann. Wie am geselligsten.

Den Hörer genauer wahrnehmen! Welche von allen Rückenlagen ist auf die Dauer am wenigsten ermüdend? Nachdem er, bäuchlings liegend, mit geschlossenen Augen lange ins Dunkel gestarrt hat, beginnt er schließlich, dunkel zu ahnen. Aber erstmal, nackt oder bedeckt? Sei es auch nur mit einem Laken. Nackt. Gespenstisch im Schimmer der Stimme dies beinbleiche Fleisch als Gesellschaft. Kopf hauptsächlich auf dem obenerwähnten okzipitalen Höcker ruhend. Beine stramm aneinander. Füße rechtwinklig gespreizt. Hände in unsichtbaren Handschellen über den Pubes gekreuzt. Andere Einzelheiten je nach Dringlichkeit. Ihn so lassen, einstweilen.

Ganz benommen von den Nöten deiner Gattung, hebst du dennoch den Kopf von den Händen und öffnest wieder die Augen. Du machst, ohne dich von deinem Platz zu rühren, das Licht über dir an. Deine Augen erblicken, mitten im Lichtschein, die Uhr. Aber anstatt die Nachtzeit abzulesen, folgen sie dem Kreisen des Sekundenzeigers, der seinem Schatten bald vorausgeht und bald folgt. Stunden später kommt es dir vor wie folgt. Bei 60 Sekunden und bei 30 Sekunden verschwindet der Schatten unter dem Zeiger. Von 60 bis 30 geht der Schatten dem Zeiger mit einem Vorsprung voraus, der vom Nullpunkt bei 60 zu seinem Maximum bei 15 zunimmt, und von da aus abnimmt bis zum neuen Nullpunkt bei 30. Von 30 bis 60 folgt der Schatten dem Zeiger mit einem Abstand, der vom Nullpunkt bei 30 zunimmt bis zu seinem Maximum bei 45, und von da aus abnimmt bis zum neuen Nullpunkt bei 60. Läßt man nun das Licht schräg auf das Zifferblatt fallen, indem man das eine oder das andere nach der einen oder anderen Seite bewegt, so verschwindet der Schatten unter dem Zeiger an zwei ganz anderen Stellen wie, zum Beispiel, bei 50 und 20. Und zwar an irgendwelchen zwei, je nach dem Grad der Schräge ganz anderen Stellen. Aber wie hoch oder niedrig der Schrägegrad auch sein mag und wie weit die neuen, schattenlosen Stellen auch von den ursprünglichen bei 60 und 30 entfernt sein mögen, es bleibt zwischen beiden stets ein Abstand von 30 Sekunden. Der Schatten taucht von unter dem Zeiger an irgendeiner Stelle seiner Runde auf, um ihm 30 Sekunden lang zu folgen oder voranzugehen. Dann verschwindet er während eines unberechenbaren Sekundenbruchteils, ehe er von neuem auftaucht, um ihm wieder 30 Sekunden lang voranzugehen oder zu folgen. Und immer so weiter. Das ist anscheinend die einzige Konstante. Denn der Abstand zwischen Zeiger und Schatten ändert sich ebenfalls je nach dem Schrägegrad. Aber wie groß oder klein dieser Abstand auch sein mag, er nimmt beständig zu und ab von nichts bis zu einem Maximum 15 Sekunden später und wieder bis nichts wieder 15 Sekunden später, je nachdem. Und immer so weiter. Dies wäre allem Anschein nach die zweite Konstante. Viel mehr noch hätte beobachtet werden können hinsichtlich dieses Sekundenzeigers und seines Schattens in ihrem endlos erscheinenden, parallelen Kreisen rund um das Zifferblatt, und man hätte womöglich noch andere Variablen und Konstanten ans Licht bringen und eventuelle Fehler in dem, wie es einem bis dahin erschienen war, verbessern können. Aber unfähig weiterzumachen, läßt du den Kopf wieder dahin fallen, wo er war, und kehrst mit geschlossenen Augen wieder zurück zu den Nöten deiner Gattung. Die Morgendämmerung überrascht dich immer noch in dieser Positur. Durch das Ostfenster bescheint dich die niedrige Sonne, die Schatten auf den Boden wirft, deinen, den der immer noch über dir brennenden Lampe sowie die von anderen Dingen.

Was für Gesichte des Lichts im Dunkeln! Wer ruft dies? Wer fragt, wer ruft, Was für Gesichte des Lichts und Schattens im schattenlosen Dunkel! Abermals ein anderer? Alles erträumend, um sich Gesellschaft zu leisten. Was für ein zusätzlicher Beitrag zur Geselligkeit das wäre! Abermals ein anderer, alles erträumend, um sich Gesellschaft zu leisten. Schnell, schnell weg!

Um damit unbedingt zu enden, bliebst du, als du nicht mehr hinauskonntest, zusammengekauert im Dunkeln. Nachdem du in deinem Leben etwa fünfundsiebzigtausend Meilen oder ungefähr dreimal das Erdenrund zurückgelegt hattest. Ohne je den Umkreis einer einzigen um dein Heim zu überschreiten. Dein Heim! So wartete, daß er geläutert werde, der alte Lautenspieler, der Dante einst ein erstes Viertel-Lächeln abgewann und nun vielleicht endlich mit irgendeiner Schar Glückseliger Loblieder singt. Dem hier jedenfalls Ade. Der Ort ist fensterlos. Wenn du zuweilen, um Flüssigkeit abzusondern, dein Auge wieder öffnest, lichtet sich das Dunkel. Du, der du also nun auf dem Rücken im Dunkeln liegst, verharrtest einst zusammengekauert darin, da dein Körper dir zu verstehen gegeben hatte, er könne nicht mehr hinaus. Nicht mehr hinaus, um über die Mäander der schmalen, sich schlängelnden Landwege und die dazwischenliegenden, bald von Schafherden belebten, bald verlassenen Weiden zu gehen. Viele lange Jahre mit dem Schatten deines Vaters in seinen alten Wanderklamotten neben dir, und viele lange Jahre allein. Deine Schritte Schritt um Schritt der immer größer werdenden Summe der schon zurückgelegten hinzufügend. Dann und wann mit gesenktem Kopf stehenbleibend, um das letzte Endergebnis festzustellen. Dann weiter, von neuem ab Null. So zusammengekauert beginnst du zu erträumen, du seist nicht allein, wohlwissend, daß nichts geschehen ist, dies zu ermöglichen. Das Verfahren geht, in seine Sinnlosigkeit sozusagen eingetaucht, nichtsdestoweniger weiter. Du sagst dir nicht leise, Wort für Wort, Ich weiß, daß dies zum Scheitern verurteilt ist, und doch bleibe ich dabei. Nein. Denn die erste Person des Singulars und folglich erst recht die des Plurals gehörten nie zu deinem Vokabular. Wortlos betrachtest du jedoch dich selbst wie einen von der, beispielsweise, Hodgkinschen Krankheit befallenen oder aber, wenn es beliebt, unter der Pottschen leidenden Unbekannten, der beim Beten überrascht wird. Von Zeit zu Zeit pflegst du dich unerwartet anmutig hinzulegen. Gemeinsam rühren sich dann die verschiedenen Glieder. Die Arme lassen die Knie los. Der Kopf richtet sich auf. Die Beine strecken sich aus. Der Rumpf kippt rückwärts. Zusammen mit zahllosen anderen setzen sie ihre jeweiligen Wege fort, bis sie nicht mehr können, und zusammen kommen sie zur Ruhe. Auf dem Rücken liegend nimmst du deine Fabel an der Stelle wieder auf, wo das Hinlegen sie unterbrochen hat. Und bleibst dabei, bis die umgekehrte Bewegung sie von neuem unterbricht. So im Dunkeln, bald zusammengekauert, bald auf dem Rücken, mühst du dich vergeblich. Und wenn der Wechsel von der früheren zur späteren Positur mit der Zeit lieber und eifriger erfolgt, so gilt für den von der späteren zur früheren das Gegenteil. Bis aus der gelegentlichen Erholung, welche die Rückenlage war, eine Gewohnheit und schließlich die Regel wird. Du nun auf dem Rücken im Dunkeln wirst dich nicht mehr auf den Steiß setzen, um deine Arme um die Beine zu schlingen und deinen Kopf zu senken, bis er sich nicht mehr tiefer senken läßt. Sondern mit für immer nach hinten geneigtem Gesicht mühst du dich hinfort vergeblich um deine Fabel. Bis du schließlich hörst, wie die Wörter zu Ende gehen. Mit jedem leeren Wort näher auf das letzte zu. Und mit ihnen die Fabel. Die Fabel von einem anderen mit dir im Dunkeln. Die Fabel von einem, der von einem anderen mit dir im Dunkeln fabuliert. Und wieviel besser am Ende verlorene Müh' und Schweigen. Und du wie eh und je.

Allein.

Schlecht gesehen schlecht gesagt

Von ihrer Liege aus sieht sie Venus aufgehen. Weiter. Von ihrer Liege aus sieht sie bei klarem Wetter Venus aufgehen, gefolgt von der Sonne. Dann zürnt sie dem Ursprung allen Lebens. Weiter. Abends bei klarem Wetter genießt sie ihre Rache. Venus' Rache. Am anderen Fenster. Steif auf ihrem alten Stuhl sitzend, hält sie Ausschau nach der Leuchtenden. Ihrem alten Holzstuhl mit den Sprossen im Rücken, ohne Armlehnen. Sie taucht aus letzten Strahlen auf, glänzt sinkend mehr und mehr und geht ihrerseits unter. Venus. Weiter. Aufrecht und steif bleibt sie in zunehmendem Dunkel sitzen. Ganz in Schwarz. Die Gewohnheit, Haltung zu bewahren, ist stärker als sie. Geht sie auf einen bestimmten Punkt zu, so erstarrt sie oft. Und kann erst lange danach weitergehen, ohne mehr zu wissen wohin oder wozu. Kniend zumal hat sie Mühe, nicht für immer so zu verweilen. Wobei die übereinandergelegten Hände auf irgendeiner Stütze ruhen. Wie dem Fußende ihres Betts. Und auf ihnen der Kopf. Da ist sie also, wie versteinert angesichts der Nacht. Vom Schwarz hebt sich nur das Weiß ihres Haars ab und das etwas bläuliche Weiß von Gesicht und Händen. Für ein Auge, das keines Lichts bedarf, um zu sehen. Dies alles im Präsens. Als hätte sie das Unglück, noch am Leben zu sein.

Die Hütte. Ihr Platz. Vorsicht. Nur zu! Die Hütte. In der inexistenten Mitte einer formlosen Gegend. Letztlich eher rund als sonstwie. Flach natürlich. Um schnurstracks hinauszugelangen, braucht sie fünf bis zehn Minuten. Je nach der Art zu gehen und dem Radius. Sie, die gern umher – sie, die nur noch umherstreifen kann, streift hier nie mehr umher. Es gibt hier viele Steine, mehr und mehr. Das zäheste Unkraut kommt hier immer seltener vor. Ein Eiland, inmitten magerer Triften, auf die es allmählich übergreift. Ohne daß sich jemand dem widersetzt. Sich jemals dem widersetzt hätte. Als handelte es sich um eine Zwangsläufigkeit. Was soll eine Hütte an einem solchen Ort? Was hatte eine Hütte an einem solchen Ort zu suchen? Vorsicht. Vor der Antwort, in der fernen Zeit ihrer Errichtung habe die Luzerne bis an ihre Mauern gereicht. Mit dem Hintergedanken gar, die Hütte sei die Schuldige. Und von ihr, wie von einem bösartigen Herd aus, habe sich, wie soll man es schlecht sagen, das Übel ausgebreitet. Ohne daß jemals jemand ihren Abbruch empfohlen hätte. Als schützte sie eine Zwangsläufigkeit. Soviel hierzu. Kreidesteine von eindrucksvoller Wirkung im Mondschein. Angenommen, der Mond steht bei klarem Wetter in der Opposition. Schnell alsdann, die Alte, kaum erholt vom Untergang der Venus, schnell zum anderen Fenster, um das andere Wunder zu sehen. Wie der Mond aufgeht, immer weißer wird und die Steine immer weißer macht. Starr, Gesicht und Hände an die Scheibe gelehnt, steht sie am Fenster und wundert sich lange.

Beide Zonen bilden einen ungefähr runden Bezirk. Wie von zitternder Hand skizziert. Durchmesser? Vorsicht. Tausend Meter. Weniger. Im Durchschnitt. Jenseits das Unbekannte. Glücklicherweise. Oft das Gefühl, unter Meeresspiegel zu sein. Zumal nachts bei klarem Wetter. Meer unsichtbar, wenngleich nahe. Unhörbar. Die ganze Fläche unter Gras. Sobald die Steinöde durchquert ist. Abgesehen von den Stellen, wo es sich vom Kreideboden zurückgezogen hat. Zahllose weißliche Flecken unterschiedlicher Größe. Ergreifendes Schauspiel im Mondschein. An Tieren nur schafartige. Nach langem Bedenken. Sie sind weiß und begnügen sich mit wenigem. Ein Rätsel, woher sie plötzlich gekommen und wohin sie ebenso plötzlich wieder gegangen. Hirtenlos streifen sie nach Belieben umher. Blumen? Vorsicht. Nur einige Krokusse noch. Zur Lammzeit. Und der Mensch? Schließlich ganz abgeschafft? Oh, nein. Denn wird sie nicht eines Tages überrascht sein, keinen mehr zu sehen? Überrascht, nein, nichts kann sie mehr überraschen. Wie viele? Irgendeine Zahl, gleich welche. Zwölf. Etwas, um des Horizontes engen Kreis auszustatten. Sie hebt den Blick vom Boden vor ihren Füßen und sieht einen. Wendet sich von ihm ab und sieht einen anderen. Und so weiter. Stets in der Ferne. Regungslos oder sich entfernend. Nie sah sie einen von ihnen auf sich zukommen. Oder aber sie vergißt. Sie vergißt. Sind es immer dieselben? Wird sie von ihnen gesehen? Genug davon.

Heideland wäre zweckmäßiger gewesen. Es geht jedoch nicht darum, zweckmäßiger zu sein. Es bedurfte der Lämmer. Richtig oder nicht. Heideland hätte sie ermöglicht. Lämmer wegen der Weiße. Und aus anderen, noch dunklen Gründen. Einem anderen Grund. Und damit plötzlich keines mehr da sein könne. Zur Lammzeit. Damit sie von einem Moment zum anderen aufblicken und keines mehr sehen könne. Heideland wäre mit ihnen nicht unvereinbar gewesen. Nun ja, zu spät. Und was für Lämmer. Ohne jede Munterkeit. Weiße Kleckse im Gras. Fern den unachtsamen Mutterschafen. Ganz erstarrt. Dann ein Moment des Umherstreifens. Dann wieder ganz erstarrt. Und so weiter. Wenn man bedenkt, daß es noch Lebewesen gibt in diesem Jahrhundert. Ruhig, ruhig.

Ein Ort zieht sie an. Dann und wann. Dort steht ein Stein. Weiß von weitem. Der zieht sie an. Ein oben abgerundetes Rechteck, dreimal so hoch wie breit. Viermal. Ihre jetzige Größe. Ihre geringe Größe. Wenn es sie überkommt, muß sie dorthin. Sie kann ihn von der Behausung aus nicht sehen. Sie fände mit geschlossenen Augen hin. Sie spricht nicht mehr mit sich selbst. Sie hat nie viel mit sich selbst gesprochen. Nun überhaupt nicht mehr. Als hätte sie das Unglück, noch am Leben zu sein. Aber in solchen Momenten betet sie zu seinen Füßen, Bringt sie hin. Zumal nachts bei klarem Wetter. Mit Mondschein oder ohne. Sie bringen sie hin und lassen sie davor stehen. Dort ist auch sie wie aus Stein. Aber schwarz. Im Mondschein manchmal. Im Sternenschein oft. Beneidet sie ihn?

Dem imaginären Außenstehenden scheint die Kate unbewohnt zu sein. Unter ständiger Beobachtung verrät nichts irgendeine Anwesenheit. Das an die eine oder andere Fensterscheibe gepreßte Auge entdeckt nur schwarze Vorhänge. Er lauscht lange Zeit regungslos an der Tür. Nichts. Klopft. Niemand. Späht vergeblich nachts nach dem mindesten Schimmer. Kehrt schließlich in sein Land zurück und gesteht, Niemand. Sie zeigt sich nur ihren Angehörigen. Aber sie hat keine Angehörigen. Doch, doch, sie hat einen. Und der hat sie.

Es gab eine Zeit, in der sie nicht in der Steinöde erschien. Eine sehr lange Zeit. In der sie also weder beim Herauskommen noch beim Hineingehen zu sehen war. In der sie nur auf den Triften erschien. In der sie somit nicht beim Verlassen der Triften zu sehen war. Es sei denn wie durch Zauberei. Aber allmählich begann sie dort zu erscheinen. In der Steinöde. Dunkel zunächst. Dann immer deutlicher. Bis sie ganz genau beim Überschreiten der Schwelle in beide Richtungen zu sehen war und beim Schließen der Tür hinter sich. Dann eine Zeit, in der sie in ihren vier Wänden nicht erschien. Eine sehr lange Zeit. Aber allmählich begann sie, dort zu erscheinen. Dunkel. Eigentlich dauert diese Zeit noch an. Obgleich sie da nicht mehr ist. Seit langem.

Ja, in ihrer Unterkunft bislang nur am Fenster. An dem einen oder dem anderen Fenster. Außer sich angesichts des Himmels. Und nur schlecht halb gesehen bislang eine Liege im Dunkel und ein gespenstischer Stuhl. Und bei ihrem kümmerlichen Kommen und Gehen ihre Art, plötzlich auf der Stelle stehenzubleiben. Und ihr unendliches Knien. Aber sie beginnt allmählich, deutlicher da zu erscheinen. Zu gleicher Zeit wie andere Dinge. Beispielsweise unter ihrem Kissen – beispielsweise, in der Tiefe irgendeiner Schublade, dies aus dem Dunkel auftauchende Album. In dem es einem zu gegebener Zeit vielleicht vergönnt sein wird, mit ihr zu blättern.

Zu sehen, wie die alten Finger, so gut es geht, die Blätter wenden. Und was für Bilder es wohl sein mögen, die sie den Kopf noch tiefer senken und lange Zeit regungslos verharren lassen. Es sind, wer weiß, inzwischen nichts als ausgetrocknete, plattgedrückte Blumen. Nichts als!

Aber rasch sie dort ins Auge fassen, wo sie sich am besten betrachten läßt. Auf den Triften fern von ihrer Unterkunft. Sie durchquert die Steinöde und ist da. Nach und nach immer deutlicher. Rasch, da sie immer weniger ausgeht. Sozusagen nur im Winter. Winter selbst, irrt sie in ihrem Winter. Fern von ihrer Unterkunft. Mit gesenktem Kopf geht sie langsamen Schritts, immer wieder die Richtung wechselnd, durch den Schnee. Es ist Abend. Schon wieder einer. Ihr langer Schatten auf dem Schnee leistet ihr Gesellschaft. Die andern sind da. Ringsherum. Die zwölf. In der Ferne. Regungslos oder sich entfernend. Sie blickt auf und sieht einen. Wendet sich von ihm ab und sieht einen anderen. Da erstarrt sie schon wieder. Jetzt oder nie. Aber etwas ist hinderlich. Gerade Zeit genug, den Rand eines schwarzen Schleierchens flüchtig zu sehen. Das Gesicht noch nicht. Gerade Zeit genug, ehe der Blick sich senkt. Und im streifenden Sonnenschein nur noch Schnee sieht. Und wie ringsum allmählich ihre Fußspuren verschwinden.

Was schützt sie? Selbst vor ihrem Angehörigen. Und läßt den zufassenden Blick sinken? Und beanstandet das Erkannte. Verbietet, sie zu erahnen. Sie, die Schutzlose. Es ist das endende Leben. Das ihre. Das des anderen. Aber so anders endende. Sie bedarf nichts. Nichts Sagbaren. Aber der andere. Wie bedürfen am Ende? Wie nur? Wie bedürfen am Ende?

Zeiträume, während deren sie verschwunden ist. Lange Zeitraume. Zur Krokuszeit wäre es in Richtung des fernen Grabes. Auch das noch auf der Phantasie zu haben! Am unteren Balken oder um ihren Arm das Kreuz haltend oder den Kranz tragend. Aber ihre Abwesenheiten sind unabhängig von den Jahreszeiten. Von irgendeinem Moment des Jahres zum anderen kann sie nicht mehr da sein. Plötzlich nirgendwo mehr zu sehen. Weder mit dem fleischlichen Auge noch mit dem anderen. Dann ebenso plötzlich wieder da. Lange danach. Und so weiter. Jeder andere gäbe auf. Gestände, Niemand. Niemand mehr. Jeder andere außer dem anderen. Dieser andere wartet darauf, daß sie wieder erscheint. Um weitermachen zu können. Weiter mit dem – wie es sagen? Wie es schlecht sagen?

Das Auge, das auf eine Kleinigkeit in der Wüste starrt, füllt sich mit Tränen. Die Phantasie erblüht nach Schmerzenslust. Es kommt die Nacht, in der die Abwesende das Meer hört. Ihren Rock schürzt, um schneller voranzukommen, und ihre Stiefeletten und Strümpfe bis zu den Waden enthüllt. Tränen. Letztes Beispiel vor ihrer Tür die Steinplatte, die ihr geringes Gewicht allmählich, ja allmählich ausgehöhlt. Tränen.

Ehe sie zugunsten der Strümpfe aus den Augen gelassen werden, haben die Stiefeletten Zeit, schlecht zugeknöpft zu sein. Nachdem die Tränen versiegt, wie es bisweilen geschieht, sieh da, größer als in natura, der Schuhknöpfer. Aus angelaufenem Silber hängt er fischförmig mit seinem Haken an einem Nagel. Unablässig pendelt er. Kaum. Als ob hier die Erde unablässig bebte. Kaum. Der ovale Griff ist schuppenähnlich bosseliert. Der immer noch trockene Blick gleitet am leicht verbogenen Stiel wieder hinauf zum Haken oder Hamen. Beim vielen Knöpfen hat er etwas von seiner Krümmung eingebüßt, so daß er manchmal unbrauchbar zu sein scheint. Eine mit Hilfe einer Zange leicht wieder zurechtzubiegende Verformung. Ob sie das einst getan hat? Vorsicht. Von Zeit zu Zeit. Bis es ihr nicht mehr möglich war. Nicht mehr möglich war, die Griffe zusammenzudrücken. Oh, nicht aus Schwäche. Seitdem hängt er nutzlos an seinem Nagel. Unmerklich und unablässig bebend. Silberschimmer an manchen Abenden bei klarem Wetter. In Großaufnahme dann. Bei der gegen alle

Vernunft der Nagel vorherrscht. Lange Zeit dieses Bild, bis es plötzlich verschwimmt.

Sie ist da. Wieder da. Möge das Auge draußen sich eine Zeit ablenken lassen. Zur Zeit der Morgendämmerung oder beim Abendschummer. Durch den Himmel ablenken lassen. Durch etwas am Himmel. Damit, wenn es wieder hinschaut, der Vorhang nicht länger geschlossen sei. Wieder geöffnet von ihr, damit sie den Himmel sehen kann. Aber selbst ohne dies ist sie da. Wieder da. Ohne daß der Vorhang aufgeht. Plötzlich offen ist. Blitzschnell. Die Plötzlichkeit von allem! Sie, erstarrt, ohne stehenzubleiben. Auf dem Weg, ohne aufzubrechen. Im Gange, ohne wegzugehen. Ohne zurückzukehren, zurückgekehrt. Plötzlich ist es Abend. Oder Morgendämmerung. Das Auge starrt zum unverhüllten Fenster. Nichts am Himmel wird es mehr davon ablenken. Während das ihre sich weidet. Ratsch! zu. Nichts hat sich gerührt.

Schon verwirrt sich alles. Dinge und Schimären. Wie seit jeher. Verwirrt sich und hebt sich auf. Den Vorkehrungen zum Trotz. Wenn sie doch nur Schatten sein könnte. Unvermischter Schatten. Diese Alte. So sterbend. So tot. Im Tollhaus des Schädels und nirgends anders. Wo keine Vorkehrungen mehr zu treffen. Keine Vorkehrungen mehr möglich. Dort eingesperrt mit dem Übrigen. Hütte, Steinen und allem Kram. Und dem Aufpasser. Wie einfach dann alles wäre. Wenn alles nur Schatten sein könnte. Weder sein, noch gewesen sein, noch sein können. Ruhig. Ruhig. Weiter. Vorsicht.

Hier, zur Hilfe, zwei Öffnungen. Zwei enge Luken. Jede Schräge des steilen Daches hat die eigene. Jede von beiden läßt trübes Licht einströmen. Also keine Decke. Notwendigerweise. Sonst wäre sie bei geschlossenen Vorhängen immerzu im Dunkeln. Na und? Sie blickt kaum noch auf. Aber im Liegen sieht sie mit offenen Augen undeutlich den Dachstuhl. Im trüben Licht, das durch die Luken dringt. Einem immer trüberen Licht. Da die Scheiben immer undurchsichtiger werden. Ganz in Schwarz geht sie hin und her. Die Säume ihres langen schwarzen Rocks streifen den Boden. Aber meist verharrt sie regungslos. Stehend oder sitzend. Liegend oder kniend. Im trüben Licht, das durch die Luken auf sie fällt. Bei, wie sie es mag, geschlossenen Vorhängen wäre sie sonst immerzu im Dunkeln.

Dann taucht aus dem Schatten eine Innenwand auf. Und löst sich allmählich zugunsten eines einzigen Raums auf. Im Osten die Liege. Im Westen der Stuhl. Ein Ort also, den nur der Gebrauch, den sie von ihm macht, einteilt. Wie sehr vorzuziehen in jeder Hinsicht ein Innenraum ohne Unterteilung. Erleichtert atmet das Auge auf, aber nicht lange. Denn allmählich entsteht wieder die Wand. Erhebt sich allmählich aus dem Boden, um sich im Dunkel zu verlieren. Im Halbdunkel. Es ist Abend. Der Schuhknöpfer schimmert in den Strahlen des Sonnenuntergangs. Die Liege ist kaum zu sehen.

In ihrer Abwesenheit des Unbelebten überdrüssig, kehrt das Auge notgedrungen wieder zu den Zwölfen zurück. Außerhalb ihrer Sicht wie sie aus der Sicht jener. Allein, wohin sie sich auch wendet, blickt sie unverwandt zu Boden. Dahin, wo zu ihren Füßen der Weg haltgemacht hat. Winterabend. Das ist ungenau. Alles so lange her. Zu den Zwölfen also in Ermangelung eines Besseren das verwitwete Auge. Ganz gleich zu welchem. Von vorne gesehen, steht er aufrecht in der Ferne, mit dem Gesicht nach Westen. Dunkler Mantel, der hinabreicht bis zum Boden. Melone aus alten Zeiten. Endlich das Gesicht im vollen Licht der letzten Strahlen. Schnell vergrößern und verschlingen, ehe es Nacht wird.

Obgleich es, um zu sehen, keinerlei Lichts bedarf, beeilt sich das Auge. Ehe es Nacht wird. So ist das. So widerspricht es sich selbst. Dann satt – dann matt unter seinen Lidern freie Bahn für den Wahn. Was mögen sie wohl einkreisen außer ihr? Vorsicht. Sie, die nicht mehr aufblickt, blickt auf und sieht welche. Regungslos oder sich entfernend. Sich entfernend. Diejenigen, die, aus allzu großer Nähe gesehen, wieder Abstand nehmen. Indes andere vorrücken. Diejenigen, von denen sie sich umherstreifend entfernt. Nie sah sie einen von ihnen einen Schritt auf sie zu tun. Oder sie vergißt. Sie vergißt. Und nun tun sie es. Ohne sich zu nähern. So halten sie sie in der Mitte. Ungefähr. Was können sie denn einkreisen außer ihr? Mit ihrem Kreis, aus dem sie ungehindert entschwindet. Aus dem sie sie entschwinden lassen. Anstatt mit ihr zusammen zu entschwinden. So geht das Wähnen. Indes das Auge seine kärgliche Kost verdaut. Matt in seinem eigenen Dunkel. Im allgemeinen Dunkel.

Als die Hoffnung, daß sie je wieder erscheint, erstirbt, erscheint sie wieder. Auf den ersten Blick kaum verändert. Es ist Abend. Es wird immer Abend sein. Außer nachts. Sie taucht am Rand der Triften auf und unternimmt deren Überquerung. Langsam, mit schwebenden Schritten, als verlöre sie ihre Schwere. Plötzliche Stillstände und jähe Wiederaufbrüche. Bei diesem Tempo wird es Nacht sein, ehe sie ankommt. Aber die Zeit verlangsamt sich indessen. Paßt sich ihrer Art zu gehen an. Daher von einem Ende der Strecke zum anderen stets der gleiche Schummer. Um ein oder zwei Kerzen schwankend. Schlecht und recht nach Süden strebend, wirft sie dem künftigen Mond ihren langen schwarzen Schatten entgegen. Da stehen sie endlich vor der Tür, einen großen Schlüssel in der Hand. Im selben Moment Nacht. Wenn es nicht Abend sein wird, wird es Nacht sein. Mit gesenktem Kopf steht sie da, gen Osten gewandt. Weißer Nimbus des Haars. Nichts bewegt sich außer dem an einem Finger hängenden alten Schlüssel, der vom Gebrauch glänzend geworden ist. Leicht hin- und herschwingend, schimmert er schwach im Mondschein.

Von unten her angegangen, gibt das Gesicht sich endlich hin. Im schwachen Licht, das von der Steinplatte widerscheint. Ruhiger Block, sanft ausgehöhlt, durch Jahrhunderte des Kommens und Gehens glänzend geworden. Bleigraues Weiß. Keine Runzel. Wie gelassen sie aussieht, diese alte Maske. Denen mancher Neugestorbener gleich. Allerdings läßt die Beleuchtung zu wünschen übrig. Geschlossen geben die Augen ihre Pupillen nicht preis. Die Zukunft wird sie als von verwaschenem Blau umgeben bezeichnen. Woran die Tränen nicht unbeteiligt sein dürften. Unerträumbare Tränen von einst. Jettschwarze Wimpern als Überbleibsel der Brünette, die sie war. Vielleicht war. Anfangs. Als sie eine kleine Brünette war. Die Nase wird zugunsten der Lippen übersprungen, die, kaum angenippt, verschwinden. Da die Steinplatte, dem Himmel gleich, dunkel geworden. Dunkle Nacht fortan. Und beim Morgengrauen niemand mehr. Ohne daß es möglich wäre festzustellen, ob sie hineingegangen oder im Schutze der Dunkelheit wieder aufgebrochen ist.

Weißliche Steine, jedes Jahr mehr und mehr. Sozusagen, jeden Moment. Auf dem besten Wege, wenn sie so weitermachen, alles zu begraben. Erster Bereich eher schon weitläufiger als auf den ersten Blick schlecht gesehen und jedes Jahr etwas weitläufiger. Ein ergreifendes Schauspiel im Mondschein, diese Millionen winziger Grabsteine, von denen jeder einzigartig ist. Jedoch nichts Rechtes, über ihre Abwesenheit hinwegzutrösten. Fort von da, schließlich, und zur anderen schlecht benannten Trift. Bleichsüchtige Weide, übersät mit weißlichen Flecken, dort wo das Gras sich vom kreidigen Boden zurückgezogen hat. Beim Betrachten des zutage tretenden Kalksteins erholt sich das Auge von seinem Weh. Allenthalben nimmt der Stein überhand. Die Weiße. Jedes Jahr ein wenig mehr. Sozusagen jeden Moment. Allenthalben und jeden Moment nimmt die Weiße überhand.

Das Auge wird zu den Stätten seiner Betrügereien zurückkehren. Zu hundertjährigem Urlaub von daher, wo Tränen gefrieren. Wieder einen Moment frei, sie heiß zu vergießen. Auf die seligen, einst vergossenen Tränen. Dabei den Haufen weißen Gesteins genießend. Das sich unablässig in Ermangelung eines Besseren auf sich selbst häuft. Das, wenn es so weitergeht, sich bis in den Himmel häuft. Bis zum Mond. Zur Venus.

Von der Steinöde schreitet sie hinab in die Triften. Wie von einem Zirkusrang hinab zum folgenden. Ein Höhenunterschied, den die Zeit ausgleichen wird. Denn schneller als die Steinöde übergreift, hebt sich der andere Boden durch das Ansteigen seiner eigenen Steine. Dies alles bislang geräuschlos. Die Zeit wird dieser Stille ein Ende bereiten. Dieser großen Stille abends und nachts. Dann den ganzen Rand entlang das dumpfe Geräusch von Stein gegen Stein. Der Steine, die ihren Überschuß auf die zum Vorschein gekommenen schütten. Anfangs nur dann und wann. Dann immer öfter. Bis es zu einem unaufhörlichen Getöse wird. Das niemand hört. Und dann in dem Maße, wie die Höhen sich einander angleichen, schwächer wird, bis wieder einmal Stille herrscht. Abends und nachts. Unterdessen sitzt sie plötzlich da, die Füße in den Triften. Wären nicht die leeren Hände, unterwegs, wer weiß, zum Grab. Vielmehr daher zurückgekehrt. Daher zurückkehrend. Starr erweckt sie, sich selber treu, den Eindruck, versteinert zu sein. Angesichts der weiteren Grenzen, die schlecht halb zu sehen, das Auge sich vergeblich schließt. Endlich erscheinen sie einen Moment. Im Norden, dort, wo sie sie immer überschreitet. Schwade strahlenden Nebels. Wo man übergeht, ins Paradies.

Das lange weiße Haar sträubt sich fächerartig. Oberhalb und beiderseits des ruhig gebliebenen Gesichts. Als hätte es sich nie von einem alten Schrecken erholt. Oder als stände es immer noch unter dessen Wirkung. Oder der eines anderen. Der das Gesicht immer noch eisig erscheinen läßt. Schweigen im Auge des Geschreis. Welchen sagen? Schlecht sagen. Welchen? Beide. Alle drei. Das ist die Antwort.

Auf den Steinen sitzend ist sie von hinten zu sehen. Vom Bekken an. Der Rumpf, ein schwarzes Rechteck. Nacken unter schwarzem Spitzenkragen. Weißer Halbnimbus des Haars. Dem Norden gegenüber. Dem Grab. Sie starrt vielleicht zum Horizont. Oder sieht bei geschlossenen Augen den Grabstein. Die verwelkten Krokusse. Der Abend nimmt kein Ende. Sie empfängt von der Seite die letzten Strahlen. Sie ändern nichts. Weder am Schwarz des Stoffes noch am Weiß des Haars. Das auch regungslos ist. In der regungslosen Luft. Ruhe der Leere heute abend wie immer. Abends und nachts. Es genügt, das Gras anzustarren. Wie es regungslos hängt. Bis zu dem Moment, da unterm unerbittlichen Blick es zu zittern beginnt. Ein kaum sichtbares Zittern aus seinem tiefsten Innern. Desgleichen das Haar. Regungslos gesträubt, erzittert es schließlich unter dem beinahe aufgebenden Auge. Und der alte Körper selbst. Wenn er versteinert zu sein scheint. Erzittert er eigentlich nicht vom Kopf bis zu den Füßen? Sie gehe nur, um am anderen Stein stillzustehen. An dem von weitem weiß aussehenden, in den Triften stehenden. Und das Auge schweife vom einen zum anderen. Hin und her. Was für eine Ruhe dann. Und was für ein Sturm. Unter der trügerischen Ruhe der Trauer.

Nicht länger möglich, außer als Schimäre. Nicht länger erträglich. Sie und das übrige. Es bleibt nur, das Auge ein für allemal zu schließen und sie zu sehen. Sie und das übrige. Es für immer zu schließen und sie zu Tode zu sehen. Pausenlos. In der Behausung. Durch die Steinöde. In den Triften. Im Nebel. Vor dem Grab. Und zurück. Und das übrige. Ein für allemal. Alles. Zu Tode. Davon erlöst sein. Zum folgenden übergehen. Zur folgenden Schimäre. Diese dreckigen fleischlichen Augen endgültig schließen. Was spricht dagegen? Vorsicht.

Am Ende solchen Scheiterns, so langen Scheiterns mischt der Wahn sich ein. So vieler Trümmer. Gesehen irgendwie und irgendwie gesagt. Angst vor Schwarz. Vor Weiß. Vor Leere. Sie verschwinde! Und das übrige. Endgültig. Und die Sonne. Letzte Strahlen. Und der Mond. Und Venus. Nur noch schwarzer Himmel. Weiße Erde. Oder umgekehrt. Kein Himmel und keine Erde mehr. Vorbei mit oben und unten. Nichts als Schwarz und Weiß. Gleich wo, überall. Nur noch Schwarz. Leere. Nichts anderes. Das betrachten. Kein Wort mehr. Angelangt endlich. Ruhig, ruhig.

Angst vorüber, Fortsetzung. Die Hände. Von oben gesehen. Sie ruhen verflochten auf dem Unterleib. Grellweiß. Ihre etwas bleigraue Tönung weggewischt durch den dunklen Hintergrund. Andeutung von Spitze an den Handgelenken. Passend zur Halskrause. Sie verklammern sich. Sie lösen sich. Systole und Diastole im Zeitlupentempo. Und der schäbige Körper. Während einzig seine Hände zu sehen. Auf seinem einzigen Unterleib. Regungslos selbstverständlich. Auf dem Stuhl. Nach dem Schauspiel. Sich allmählich entzaubernd. Lange setzen sie ihre Manipulation fort. Sich verklammernd und die Verklammerung wieder lösend. Im Rhythmus eines Herzens, das sich abmüht. Zum Verzweifeln, bis sie sich plötzlich trennen. Plötzlich allmählich. Sich hebend auseinanderstreben und mit der Fläche nach oben in der Schwebe bleiben. Da sind unsere Teller. Dann, nach einer Weile, wie um die Linien zu verbergen, sich herumdrehend herunterfallen und sich flach auf den Ansatz der Oberschenkel legen. Beinahe an der Spalte. Da fehlt nun der linke Ringfinger. Vermutlich eine Schwellung – vermutlich eine Schwellung des Gelenks zwischen erstem und zweitem Fingerglied mit der Unmöglichkeit, eines Tages der Verzweiflung den Ehering abzustreifen. Eine Art Fingerreif. Starr wie zwei Steine fordern sie ebenso wie diese den Blick heraus. Fühlen sie überhaupt das Fleisch unter dem Stoff? Fühlt das Fleisch unter dem Stoff die Hände? Werden sie denn nie erzittern? Diese

Nacht gewiß nicht. Denn ehe sie – ehe der Blick Zeit dafür hat, beschlägt schon das Bild. Wer, was trägt die Schuld daran? Sie? Das Auge? Der fehlende Finger? Der Reif? Der Schrei? Welcher Schrei? Alle fünf. Alle sechs. Alle. Alles. Alles trägt die Schuld daran. Alles.

Winterabend auf den Triften. Das Schneien hat aufgehört. Schritte so leicht, daß sie sich kaum einprägen. Kaum eingeprägt haben, da sie aufgehört haben. Gerade genug, damit ihre Spur übrigbleibt. Den Schnee hin. Wohin in ihrem Kopf während dieser Abtriften? Auch von hü nach hott? Oder schnurstracks dem Traumgebilde zu? Und wenn sie haltmacht? Der Blick erkennt endlich in der Ferne so etwas wie einen Fleck. Es ist schließlich die Schräge des steilen Daches, von dem die Schneeschicht herabzurutschen beginnt. Unter dem tiefen, düsteren Himmel ist der Norden verloren. Die zwölf sind da, vom Schnee getilgt. Wenn sie aufblickte, würde sie keinen sehen. Sie hingegen ist makellos schwarz, da sie nicht die geringste Flocke abbekam. Es fehlt nur noch, daß sie wieder zu fallen beginnen, was sie also tun. Zuerst Flocke um Flocke, hier und dort. Dann dichter und dichter, lotrecht durch die regungslose Luft. Allmählich verschwindet sie. Mit ihrer Spur und der des fernen Daches. Wie wird sie wieder heimkehren können? Wie der Zugvogel. Zum sogenannten sicheren Hafen.

In der Hütte, während sie in der Ferne weiß wird, tiefe Finsternis. Stille ohne das imaginäre Geflüster von Flocken, die einander auf dem Dach zerdrücken. Und in der Ferne dann und wann tatsächlich ein Knarren. Ihre Gesellschaft. Hier sieht das Auge, ohne sich zu schließen, sie in der Ferne. Regungslos im Schnee unterm Schnee. Der Schuhknöpfer zittert an seinem Nagel, als ob weiter nichts wäre. Gegenüber dem schwarzen Vorhang scheidet der Stuhl Einsamkeit aus. In Ermangelung eines artgleichen Tisches. Fern von ihm in einer Ecke, sieh da, plötzlich eine antike Truhe. Nicht weniger einsam also auch sie. Sie ist es vielleicht, die knarrt. Und in ihren Tiefen, wer weiß, endlich das Schlußwort. Das Wort Schluß. Aber, diese Nacht, der Stuhl. Er scheint seit jeher an derselben Stelle zu stehen. Weniger als der – mehr als der leere Sitz betrübt die mit Querstäben versehene Rückenlehne. Hier sitzend ißt sie, wenn sie hier ißt. Das Auge schließt sich im Dunkeln und sieht sie schließlich. Mit der rechten Hand hält sie, als wäre sie da, den Rand des auf ihre Knie gestellten Napfes. Mit der Linken den in die Brühe getauchten Löffel. Sie wartet. Damit sie abkühlt, vielleicht. Ach was. Nur wieder einmal erstarrt in dem Moment, in dem sie beginnen wollte. Schließlich führt sie in einer anmutigen Doppelbewegung langsam den Napf an ihre Lippen, indes sie ihren Kopf ebenso langsam diesem entgegenneigt. Napf und Kopf, die sich im selben Moment in Bewegung gesetzt hatten, begegnen einander auf halbem Wege und kommen dort zum Stehen. Neue Starre, ehe der erste Löffelvoll zum größten Teil wieder in den Napf zurückfällt. Noch ein paar Löffel wie dieser, ehe die Operation in entgegengesetzten Richtungen beginnt und allmählich ebenso genau und glatt wie eingangs vollendet wird. Da sitzt sie wieder wie Memnon, ebenso starr. Mit der Rechten hält sie den Rand des Napfes. Mit der Linken den in die Brühe getauchten Löffel. Das ist nur ein Anfang. Aber ehe sie weitermachen kann, verblaßt sie und verschwindet. Vor den aufgesperrten Augen bleibt nun nur noch der Stuhl in seiner Einsamkeit.

Eines Abends folgte ihr ein Lamm. Ein Schlachttier wie die anderen. Es trennte sich von ihnen, um ihr zu folgen. Im Präsens, um zu enden. Alles so lange her. Vom Schlachten abgesehen, ist es anders als die anderen. Seine ganz zopfig verdrehte Wolle hängt bis auf den Boden und verhindert ein Zählen der Beine. Es gleitet mehr, als es geht, wie ein Spielzeug an der Leine. Es bleibt im selben Moment stehen wie sie. Beginnt im selben Moment wie sie, wieder umherzustreifen. Weiß sie, daß es ihr folgt? Starr wie sie, senkt es den Kopf unnatürlich tief. Aufeinanderprallen von Schwarz und Weiß, das die letzten Strahlen nicht etwa dämpfen, sondern noch verstärken. In dem Moment springt ihre Winzigkeit ins Auge. Dank, wie es scheint, dem unscheinbaren Tier an ihren Rockzipfeln. Ein nicht lange währendes Rätsel. Denn plötzlich setzen sie sich gemeinsam in Bewegung. Im Zickzackkurs zur Steinöde. Dort macht sie kehrt und setzt sich hin. Sieht sie den weißen Körper zu ihren Füßen? Erhobenen Kopfes blickt sie jetzt in die Leere. Diese Überfülle. Oder sieht mit geschlossenen Augen den Grabstein. Das Lamm läuft nicht weiter. Allein begibt sie sich nach Einbruch der Nacht endlich wieder auf den Heimweg. So schnurstracks, als wäre es zu sehen.

Gab es je eine Zeit, in der Fragen nicht mehr in Frage kamen? Diese bis zur letzten totgeborenen. Früher. Im Keim erstickten. Früher. Wo es nicht mehr in Frage kam, zu antworten. Es nicht zu können. Nicht nicht wissen wollen zu können. Es nicht zu können. Nein. Niemals. Ein Traum. Das ist die Antwort.

Was tun mit dem Auge, das solchen Beanspruchungen ausgesetzt ist? Solchen tröpfelnden Wechselduschen. Sehen wir nur zu, daß wir es nicht mehr öffnen. Bis alles erledigt ist. Sie erledigt ist. Oder aufgegeben. Wrack und Wahn. Nur noch zum Ausruhen. In der sogenannten sichtbaren Welt. Diesem Machwerk. Aus Ekel sie schnell randvoll sehen und wieder schließen. Über ihr. Bis sie fertig ist. Oder mißlingt. Das ist die Antwort.

Die Truhe. Die in der Nacht lange durchsuchte ist leer. Nichts. Nur im allerletzten Moment unterm Staub ein Stück Papier mit zerfetztem Rand, wie aus einem Notizbuch gerissen. Auf einer der vergilbten Seiten mit kaum lesbarer Tinte ein Wort und eine Zahl. Di 17. Oder Do. Di oder Do 17. Sonst unbeschrieben. Sonst leergeblieben.

Sie taucht auf dem Rücken liegend wieder auf. Regungslos. Abends und nachts. Regungslos auf dem Rücken, abends und nachts. Die Liege. Vorsicht. Schwierig auf dem flachen Boden in Anbetracht des Niederkniens. Des Gebets. Wenn es überhaupt ein Gebet ist. Was denn, sie braucht sich nur tiefer zu bücken. Oder woanders niederzuknien. Vor ihrem Stuhl. Oder ihrer Truhe. Oder am Rand der Steinöde, mit dem Kopf auf den Steinen. Ein Strohsack also auf dem bloßen Boden. Kein Kopfkissen. Von den Füßen bis zum Kinn unter einer schwarzen Decke, gibt sie nichts als den Kopf preis. Nichts als! Schutzlos abends und nachts, dies Gesicht. Schnell die Augen. Sobald sie sich öffnen. Plötzlich sind sie da. Ohne daß sich etwas bewegt hätte. Eines genügt. Aufgesperrt. Eine gähnende Pupille, spärlich umrandet von verwaschenem Blau. Keine Spur von Feuchtigkeit. Keine Spur mehr. Blicklos. Als könne es nicht mehr, wegen dem, was hinter geschlossenen Lidern gesehen. Das andere taucht da hinein. Und öffnet sich seinerseits wieder. Kann auch nicht mehr.

Unvermittelt mit voller Wucht die Leere. Der Zenit. Wieder Abend. Wenn es nicht Nacht sein wird, wird es Abend sein. Unsterblicher Tag, der immer noch dahinstirbt. Einerseits die Glut. Andererseits die Asche. Spiel ohne Ende gewonnen verloren. Unbemerkt.

Bei der Fortsetzung steckt der Kopf unter der Decke. Das macht nichts. Macht nichts mehr. So wahr ist es, daß Wirklichkeit und – wie das Gegenteil sagen? Jedenfalls diese zwei. So wahr, daß die beiden, die so sehr einst zwei waren, sich nun vermischen. Und daß dem Kumpel, dem das traurige Wissen obliegt, der Blick kaum noch etwas anderes meldet als Verwirrung. Das macht nichts. Macht nichts mehr. So wahr ist es, daß beide Lügen sind. Wirklichkeit und – wie das Gegenteil schlecht sagen? Das Gegengift.

Ganz frisch ist noch die Enttäuschung über die Truhe, und was zeigt sich da? Eine Klapptür. So ausgetüftelt, daß sie sich selbst dem lidbedeckten Auge kaum entdeckt. Vorsicht. Sie sofort aufklappen und einen weiteren Verdruß riskieren? Kommt nicht in Frage. Nur im voraus genießen, was sie, wie zum Beispiel der berüchtigte englische Wandschrank, einschließen mag. Fußboden also erstmals aus Holz. Dessen Latten in einer Linie mit denen der Klapptür liegen, um diese unsichtbar zu machen. Vielversprechend diese eindeutige Tarnbemühung. Aber Obacht. Was für eine Art eigentlich, soll beiläufig ermittelt werden. Wenn schon, dann Ebenholz. Latten aus Ebenholz. Schwarz auf schwarz streift der Rock sie geräuschlos. Der skelettähnliche Stuhl steht dort fahler als in natura.

Derweil sie, einschließlich Kopf, unter der Decke liegt, ein kleiner Ausflug durch die Triften. Wäre sie schon tot, würde dies keineswegs anstößig sein. Sie ist es natürlich. Aber einstweilen ist das nicht zweckmäßig. Sie liegt also noch lebendig unter der Decke. Die sie aus irgendeinem dunklen Grund über ihren Kopf gezogen hat. Oder aber ohne Grund. Es ist Nacht. Wenn es nicht Abend ist, ist es Nacht. Winternacht. Ohne Schnee. Zur Abwechslung. In der Eintönigkeit. Das schlaffe Gras erstarrt bizarr unter der Last des Rauhreifs. Gestreift von ihrem langen schwarzen Rock, gäbe es ein Geflüster, dem zu lauschen sich lohnte. Mondloser, mit Sternen besetzter Himmel, den aus der Tiefe karstiger Mulden eine dünne Eisschicht widerspiegelt. Die Stille wird zu einer unendlich fernen Musik, die ebenso unaufhörlich ist wie die Stille. Himmlische Winde wehen unisono, ohne jemals Atem zu holen. So weit ist alles jetzt. Die Steinöde schimmert schwächlich in der Ferne, ebenso wie die Hütte mit den erstmals weiß gesehenen Mauern. Weiß gesagten. Die Wächter – die zwölf sind da, aber nicht mehr vollzählig. Na, sowas! Nur ja nicht begreifen. Nur bemerken, wie die Treugebliebenen auseinandergerückt sind. So ist, schlecht gesehen, diese Nacht auf den Triften. Derweil sie, einschließlich Kopf, lebendig unter der Decke liegt. Die sich bei näherer Betrachtung als ein langer Mantel erweist. Ein Männermantel der Knöpfweise zufolge. Sieht sie ihn bei geschlossenen Augen?

Weiße Mauern. Es war an der Zeit. Weiß wie am ersten Tag. Wegen der Windstille. Nie ein Hauch. Nichts schlägt sich nieder dort von allem, was sich niederschlägt. Und geheimnisvollerweise hat die Sonne sie verschont. Die starke Sonne von einst. Also an Ost- und Westfassade das unerläßliche Aufeinanderprallen. Am Südgiebel kein Problem. Aber am anderen. Diese Tür. Vorsicht. Schwarz auch sie? Auch sie. Und das Dach. Schieferplatten. Weiter. Kleine, auch schwarze Schieferplatten, von einem verfallenen Herrenhaus kommend. Mit Geschichte beladene. Am Ende ihrer Geschichte. Das ist die Behausung, schlecht gesehen, schlecht gesagt. Äußerlich. Es war an der Zeit.

Verändert, der Stein, der sie anzieht, wenn ohne sie wiedergesehen. Oder sie an seiner Seite gesehen, die ihn verändert. Er neigt sich nun. Nach hinten oder nach vorn, je nachdem. Verdankt er allein der Natur sein Aussehen wie ein grober Entwurf? Oder den Bemühungen einer allzu menschlichen Hand, die genötigt war, aufzugeben. Wie die Michelangelos bei der Königsmörderbüste. Wenn es hier nicht keine Fragen mehr geben kann, möge wenigstens nicht mehr darauf geantwortet werden. Granit, fraglos von seltener Art. Jettschwarzer Jaspis sprenkelt seine Weiße. Auf seiner, wie es sagen, hintenübergekippten Seite unentzifferbare Kerben. Graffiti der Jahrhunderte, um die das Auge sich vergeblich bemüht. An Winterabenden auf der Steinschwelle stehend, bildet sie sich manchmal ein, ihn in der Ferne schimmern zu sehen. Wenn aus ihrem Brennpunkt in Westsüdwest die letzten Strahlen sein halbdargebotenes Gesicht schräg streifen. Derart ist, schlecht wiedergesehen, der Stein allein an seinem Platz an der äußersten Grenze der Triften. Unterwegs mit ihren Blumen, so schnurstracks wie eben möglich, verweilt sie dort. Desgleichen auf ihrem Rückweg mit leeren Händen. Kurze Rast vor der nächsten Strecke. Zur einen oder anderen Stätte. So schnurstracks wie eben möglich.

Da sind sie wieder Seite an Seite. Ohne sich zu berühren. Von den allerletzten Strahlen schräg beschienen, werfen sie nach Ostnordost ihre langen parallelen Schatten. Es ist demnach Abend. Winterabend. Es wird immer Abend sein. Immer Winter. Außer nachts. Winternachts. Keine Lämmer mehr. Keine Blumen mehr. Mit leeren Händen wird sie zum Grabstein gehen. Bis sie nicht mehr hingeht. Oder nicht mehr daher zurückkehrt. Das steht fest. Die beiden Schatten sind einander zum Verwechseln ähnlich. Aber der eine hat schließlich, wie von einem undurchsichtigeren Körper, größere Dichte. Größere Starre. Sobald der andere schließlich unter dem starrenden Auge zu zittern beginnt. Während der ganzen Dauer dieser Gegenüberstellung Stillstand der Sonne. Das heißt der Erde. Deren Purzeln erst im Moment der Trennung fortgesetzt wird. Auf ihrer Oberfläche gleitet dann der noch lebendige Schatten langsam über die Triften und danach über die Steinöde. Allmählich immer länger, immer blasser. Ohne je ganz zu verschwinden. Unter dem darüberschwebenden Auge.

Großaufnahme eines Zifferblatts. Nichts anderes. Weiße, in Minuten eingeteilte Scheibe. Es sei denn in Sekunden. Sechzig schwarze Punkte. Keine Ziffer. Ein einziger Zeiger. Ein spitzer schwarzer Pfeil. Er bewegt sich ohne Tick-tack ruckweise voran. Rückt von einem Punkt so plötzlich zum anderen, daß nur seine neue Stellung den Stellungswechsel verrät. Ganze Nächte können vergehen wie auch nur ein Sekundenbruchteil oder aber irgendeine Zeitspanne dazwischen, ehe er sich von einem Punkt auf den anderen stürzt. Ohne je, ehrlich gesagt, in einem einzigen Moment auch nur einen davon zu überspringen. Angenommen, er zeigt im Moment seines Erscheinens nach Osten. Nachdem er also auf seine Weise, vorausgesetzt, das Werk ist im Lot, das erste Viertel seiner letzten Stunde zurückgelegt hat. Es sei denn seine letzte Minute. In diesem Falle der Zweifel in gewissen – die Verzweiflung in gewissen Nächten, daß er je bis zur letzten gelangt. Je den Norden wiederfindet.

Sie erscheint am Abend wieder am Fenster. Wenn es nicht Nacht ist, ist es Abend. Wenn sie Venus wieder sehen will, wird sie es öffnen müssen. Na, sowas! Zuerst den Vorhang beiseite schieben und dann es öffnen müssen. Gesenkten Kopfes wartet sie, bis sie es kann. Sie denkt vielleicht an die Abende, an denen sie es zu spät konnte. Erst in tiefer Nacht. Ach was. In ihrem Kopf ebenfalls nichts als Warten. Der Vorhang. Näher betrachtet dank diesem toten Punkt, erweist er sich schließlich als das, was er ist. Ein schwarzer Mantel ähnlich dem, der dabei überrascht wurde, daß er als Decke diente. An der Gardinenstange kopfabwärts aufgehängt, breitet er sich verkehrt herum aus, wie ein Tierkörper im Schlächterladen. Oder vielmehr richtig herum hinsichtlich des Falls der baumelnden Ärmel. Das gleiche kaum wahrnehmbare Pendeln wie bei dem Schuhknöpfer und an verschiedenen Stellen. Eine weitere Neuigkeit, der Platz des Stuhls ganz nahe am Fenster. Dies, um dem Auge einen genügend großen Blickwinkel auf das schöne Ziel zu vergönnen, das sich in größerer Höhe befindet als schlecht gesehen auf den ersten Blick. Wie leer der Raum nunmehr ist. Wie geschaffen für endloses Hin- und-Hergehen im Halbdunkel. Plötzlich zieht sie mit einer einzigen Bewegung den Mantel auf und wieder zu vor einem Himmel, der ebenso schwarz ist wie er. Die Plötzlichkeit von allem! Und dann? Vorsicht. Sich setzen? Sich hinlegen? Hinausgehen? Auch sie zaudert. Bis schließlich das Hin- und Hergehen obsiegt. Wankend von Wand zu Wand auf der Nord-Süd-Achse. Im freundlichen Schwarz.

Sie verliert sich. Mit dem übrigen. Schon Schlecht-Gesehenes verwischt sich oder Schlecht-Wiedergesehenes hebt sich auf. Der Kopf betrügt die trügerischen Augen und das trügerische Wort ihre Betrügereien. Einzige Gewißheit, der Nebel. Der von jenseits der Triften. Er dringt schon über sie. Er wird über die Steinöde dringen. Dann in die Behausung durch alle ihre Ritzen. Das Auge wird sich noch so fest schließen können. Es wird nur noch Nebel sehen. Nicht einmal. Wird selber nur noch Nebel sein. Wie kann er gesagt werden? Schnell, wie kann er schlecht gesagt werden, ehe er alles überschwemmt. Licht. In einem einzigen trügerischen Wort. Nebellicht. Das große, endlich. In dem nichts mehr zu sehen. Zu sagen. Ruhig, ruhig.

Das Gesicht empfängt wieder die letzten Strahlen. Ohne das Geringste von seiner Blässe einzubüßen. Von seiner Kälte. Den Horizont berührend, unterbricht die Sonne ihren Untergang für die Dauer dieses Bildes. Daß heißt, die Erde ihr Purzeln. Die dünnen Lippen scheinen sich nie wieder lösen zu müssen. Hervorlugend aus ihrem Spalt eine Spur von Pulpa. Kaum wahrscheinlicher Schauplatz einst von gegebenen und empfangenen Küssen. Oder nur gegebenen. Oder nur empfangenen. Vor allem einzuprägen der kaum sichtbare Aufschwung der Mundwinkel. Ein Lächeln? Ist das möglich? Schatten eines ehemaligen, endlich ein für allemal gelächelten Lächelns. So der schlecht halb gesehene Mund im Licht der letzten Strahlen, die ihn plötzlich verlassen. Vielmehr er verläßt sie. Wieder ins Dunkel, wo ewig Lächeln. Wenn es sich denn um Lächeln handelt.

Der im Schutz vor dem Licht von neuem gemusterte Mund verändert sich. Auf unerklärliche Weise. An den Lippen keine Veränderung. Auf gleiche Weise geschlossen. Gleicher schmaler Streifen hervorlugender Pulpa. An den Mundwinkeln gleiche, unmerkliche Lässigkeit. Das heißt, daß das Lächeln, sofern es sich um eines handelt, immer noch da ist.

Nicht mehr und nicht weniger. Weniger! Und doch nicht mehr das gleiche. Nichts verändert am Mund, und doch ist das Lächeln nicht mehr das gleiche. Das Licht entstellt zwar. Zumal Sonnenuntergangslicht. Dieses Blendwerk. Es stimmt zwar auch, daß die noch eben auf den unsichtbaren Planeten gerichteten Augen nun geschlossen sind. Über anderen unsichtbaren, die noch nicht an der Reihe. Hier endlich die Erklärung. Das gleiche, mit weit aufgesperrten Augen festgestellte Lächeln ist, wenn diese geschlossen, nicht mehr das gleiche. Ohne daß zwischen den beiden Musterungen der Mund sich im geringsten bewegt hätte. Gut. Aber in welchem Sinne nicht mehr das gleiche? Was ist nun an diesem Lächeln, sofern es sich um eines handelt, was vorher nicht daran war? Oder was ist nicht mehr an ihm, was vorher daran war? Genug. Es lassen.

Zurück nach vielen Wintern. Lange danach in diesen endlosen Winter. Diesen endlosen Mittwinter. Zu früh. Da ist sie wieder, so wie sie verlassen wurde. Dort, wo. Immer noch oder wieder. Die Augen geschlossen im Dunkel. Zum Dunkel. In ihrem eigenen Dunkel. Auf den Lippen das gleiche hauchdünne Lächeln, sofern es sich um eines handelt. Kurzum, am Leben wie nur sie es zu sein vermag, nicht mehr und nicht weniger. Weniger! Im Vergleich mit dem echten Stein. In nicht weniger traurigem Zustand die auf den ersten Blick schlecht wiedergesehene Räumlichkeit. Bis auf die glückliche Ausnahme der noch undurchsichtigeren Luken. Das Tageslicht würde kaum noch durchdringen, käme es wieder. Draußen hingegen ein Fortschritt. Auf die immerwährende Nacht zu. Überall Stein. Der Tag, kaum angebrochen, geht zur Neige. Verschleudert, alles Schlecht-Gesehene, Schlecht-Gesagte. Das Auge hat sich geändert. Und sein seichender Skribent. Die Entfernung hat sie verändert. Nicht genug. Also wieder los. Wo noch mehr zu verändern. Von wo zu früh zurück. Verändert, aber nicht genug. Entfremdet, aber nicht genug. Allem Schlecht-Gesehenen, Schlecht-Gesagten. Dann wieder zurück. So geschwächt wie nötig, um endlich enden zu können. Mit ihr und ihrem Himmel-und-Erd-Fimmel. Und wenn immer noch zu früh, nochmals los. Nochmals ändern. Nochmals zurück. Wenn kein Hindernis. Ah. Und so weiter. Bis endlich imstande zu enden. Mit dem ganzen Plunder. In immerwährender Nacht. Überall Stein. Also zuerst einmal los. Aber zuerst sie wiedersehen. So wie sie verlassen wurde. Und die Behausung. Daß unter dem veränderten Blick das da sich auch ändere. Sich zu ändern beginne. Nur ein Aufwiedersehn. Dann wieder los. Wenn kein Hindernis. Ah.

Aber plötzlich ist sie nicht mehr da. Wo sie plötzlich verlassen wurde. Also schnell den Stuhl, ehe sie wieder erscheint. Lange Zeit. Unter allen Gesichtswinkeln. Mit welchem einzigen Wort seine Veränderung sagen? Vorsicht. Geringer. Ah, das schöne, einzige Wort. Geringer. Er ist geringer. Derselbe, nur geringer. Von wo aus der Blick sich auch an ihn heften mag. Die Beleuchtung zwar. Und nun auch noch die Wörter. Ein paar Tropfen aufs Gerateschlecht und dann Blasendrang. Um nur das Geringste schlecht zu sagen. Geringer. Er wird schließlich nicht mehr sein. Nie gewesen sein. Himmlische Aussicht. Die Beleuchtung zwar.

Plötzlich genug und Platz der Wiedererinnerung! Das müde Auge zu diesem Zweck wieder geschlossen oder wieder geöffnet oder so gelassen, wie auch immer es war. Bis alles wieder zurückkehrt. Schließlich, als Allererste, kopfabwärts hängend, zwei schwarze Mäntel. Dann beginnen sich die Umrisse von etwas abzuzeichnen, was eine Truhe sein könnte, als plötzlich genug. Wiedererinnerung! Da doch alles schlechter als auf den ersten Blick da ist. Das Bettlager. Der Stuhl. Die Truhe. Die Klapptür. Nur das Auge hat sich verändert. Nur das Auge kann sie verändern. Indessen fehlt nichts. Doch. Der Schuhknöpfer. Der Nagel. Nein. Da sind sie wieder. Schlechter denn je. Unverändert verschlechtert. Auf, Auge, zu ihnen zuerst. Aber zuerst die Wand. Würde die Wand beseitigt, so würden sie sich mit beseitigen. Verringert, so würden sie sich um ebensoviel verringern.

Diese unter allen Sachen wahrscheinlich am wenigsten sture. Den Moment sehen, ihn wiedersehen, in dem sie sich ganz von selbst aufhob. Aus eigenem Antrieb sozusagen. Ohne Beteiligung des Auges. Um erst viel später genauso wieder zu entstehen. Als geschähe es mit halbem Herzen. Aus welchem Grund? Aus einem einzigen, naheliegenden. Aus anderen, damals dunkel genannten. Einem anderen vor allem. Einem anderen, noch nicht naheliegenden. Der Ruf des Herzens? Der Ruf des Hirns? Eine Doppelhölle? Von hier aus das Lachen der Verdammten.

Genug. Schneller. Schnell sehen, damit der Stuhl nicht abweicht wie alles nach seinem Ebenbild. Minimal geringer. Nicht mehr. Auf dem besten Wege zur Inexistenz, wie zur Null das Unendliche. Es schnell sagen. Und sie? Ebensoviel. Sie schnell wiederfinden. In diesem schwarzen Herzen. Diesem Pseudohirn.

Das Blatt. Zwischen zitternden Fingerspitzen. In zwei. Vier. Acht. Die alten Finger lassen nicht davon ab. Es ist kein Papier mehr. Jedes Achtel für sich. In zwei. Vier. Schließlich mit dem Messer. In Fetzen hacken. Ins Loch. Zum nächsten. Weißen. Schnell schwärzen.

Nur das Gesicht bleibt übrig. Von dem übrigen unter der Decke keine Spur. Während des Musterns plötzlich ein Geräusch. Es bewirkt, ohne das Mustern zu unterbrechen, ein Erwachen des Geistes. Wie es erklären? Und ohne so weit zu gehen, wie es sagen? Weit hinter dem Auge beginnt die Suche. Während das Geschehnis schwindet. Ganz gleich welches. Als es plötzlich, zu Hilfe kommend, wieder ertönt. Sofort die ungewöhnliche gewöhnliche Bezeichnung Zusammenfall. Kurz danach verstärkt, wenn nicht abgeschwächt, durch das ungebräuchliche schlaffer. Ein schlaffer Zusammenfall. Zwei. Fern von dem ganz seiner Folter unterworfenen Auge immer noch ein Hoffnungsschimmer. Dank diesen bescheidenen Anfängen. Dabei als Zweites Gesicht die Trümmer der Hütte. Gleichzeitig zu erforschen wie das unerforschliche Gesicht. Ohne die geringste Wißbegierde mehr.

Später, indes das Gesicht immer noch widersteht, neues Geräusch eines Sturzes, diesmal schroff. Gleichzeitig Steigerung der Illusion eines beginnenden, allgemeinen Zusammenbruchs. Hier ein großer Sprung in das Wenige, was an Zukunft übrig, damit dieses Luftballönchen sofort zusammenschrumpfe. Bis zu dem zur Stunde fernen Moment, da die Mäntel an den Fenstern und am Nagel der Schuhknöpfer fehlen werden. Und sich der Seufzer lösen wird, es war also nicht mehr als das. Seufzer, der anschwillt, bis er alles mit sich reißt. Den ganzen lieben Rummel. Schon vor dem Sein dazu bestimmt, nichts als das gewesen zu sein. Endseufzer. Der Erleichterung.

Schnell, vorzeitig wieder, zwei Rätsel. Nicht einmal das. Überraschungen. Auch das nicht. So wenig ist der Kopf noch bei der Sache. Wird er mehr dabei sein. Zunächst keine Vorhänge mehr, ohne daß die Dunkelheit beeinträchtigt würde. Stallgeruch für die Schwelle aufzusparen. Dann, nach langem Bedenken, nichts an den Sturzstellen. Keine Spur mehr von all dem Übel. Fast keine mehr. Nur einerseits die einsamen Gardinenstangen. Ein wenig verbogen. Und allein, andererseits, ganz allein der Nagel. Unverändert. Geeignet, wieder zu dienen. Seinen ruhmreichen Ahnen gleich. An der Schädelstätte. Eines Aprilnachmittags. Nach der Abnahme.

Volles Augenlicht auf das während des frischen Futurs unablässig präsente Gesicht. So wie unablässig schlecht gesehen, weder mehr noch weniger. Weniger! Verglichen mit seiner Gipsmaske, lebt es unbestreitbar. Sei es auch nur in Anbetracht seiner unvollkommenen Blässe. Und des unmerklichen Zitterns, im Hinblick auf echtes Mineral. Grund zur Ermutigung hingegen die beharrlich geschlossenen Lider. Zweifellos ein Rekord in dieser Lage. Wenigstens etwas Noch-nie-Gesehenes. Plötzlich der Blick. Ohne daß sich etwas gerührt hätte. Blick? Zu schwaches Wort. Zu schlechtes. Seine Abwesenheit? Nicht weniger. Unsägliche Kugel. Unerträgliche.

Nichtsdestoweniger reichlich Zeit, zwei, drei Sekunden, um festzustellen, daß die Iris völlig fehlt, wie verschlungen von der Pupille. Und daß die Sklerotika, um nicht zu sagen das Weiße, um die Hälfte vermindert ist. Wenigstens das schon weniger, aber um welchen Preis. Sehr bald, falls sich nichts Unvorhergesehenes ereignet, zwei schwarze Abgründe vorherzusehen als einzige Seelen-Luftlöcher, diese Latrinen. Hier Wiedererscheinen der nunmehr unnötigerweise undurchsichtigen Luken. In Anbetracht der schwarzen Nacht oder, vielmehr, der Schwärze, die sie, wären sie durchsichtig, einströmen lassen würden. Echte Schwärze, in der am Ende nichts mehr zu besehen wäre.

Abwesenheit höchstes Gut und dennoch. Erleuchtung, also wieder aufbrechen, diesmal für immer, und bei der Rückkehr keine Spur mehr. Auf der Oberfläche. Der Illusion. Und falls unglücklicherweise noch einige, dann wieder aufbrechen, wieder für immer. Und so weiter. Bis keine Spur mehr. Auf der Oberfläche. Anstatt sich auf der Stelle abzuplagen. Auf dieser und jener Spur. Allerdings muß man es können. Sich von den Spuren losreißen können. Der Illusion. Schnell, falls plötzlich ja, adieu, auf alle Fälle. Zum Gesicht wenigstens. Von ihr untilgbare Spur.

Entscheidung, nicht eher getroffen, oder vielmehr viel später als, wie es sagen? Wie, um hiermit endlich zu enden, es ein letztes Mal schlecht sagen? Als widerrufen. Nein, aber langsam schwindet ein wenig, sehr wenig, dahin, wie ein letzter

Streifen Tageslicht, wenn der Vorhang sich wieder schließt. Sich ganz langsam, ganz von selbst, oder von einer Phantomhand gezogen, Millimeter um Millimeter wieder schließt. Adieu den Adieus. Dann vollkommenes Dunkel, Vor-Grabgeläut, ganz leise, süßer Klang, los, Anfang des Endes. Erste letzte Sekunde. Wenn nur noch genug davon übrig sind, um alles zu verschlingen. Happig, Sekunde um Sekunde. Himmel, Erde und allen Krimskrams. Kein Fitzchen Aas mehr. Nirgends mehr. Lefzen geleckt, basta. Nein. Noch eine Sekunde. Nur noch eine. Lang genug, diese Leere zu atmen. Es kennenzulernen, das Glück.

Aufs Schlimmste zu

Weiter. Weiter sagen. Gesagt sei weiter. Irgendwie weiter. Bis nirgendwie weiter. Gesagt sei nirgendwie weiter.

Sagen für sei gesagt. Mißgesagt. Ab jetzt sagen für sei mißgesagt.

Ein Körper sagen. Wo keiner. Kein Geist. Wo keiner. Wenigstens das. Ein Ort. Wo keiner. Für den Körper. Wo er sein kann. Wo hinein. Von wo hinaus. Wohin zurück. Nein. Kein Hinaus. Kein Zurück. Nur hinein. Darin bleiben. Weiter drin. Noch immer.

Alles seit je. Nie was andres. Immer versucht. Immer gescheitert. Einerlei. Wieder versuchen. Wieder scheitern. Besser scheitern.

Erst der Körper. Nein. Erst der Ort. Nein. Erst beides. Jetzt das eine. Jetzt das andre. Übel von dem einen das andre versuchen. Übel von dem zurück von dem übel. So weiter. Irgendwie weiter. Bis übel von beidem Übergeben und gehen. Wo weder noch. Bis übel von dort. Übergeben und zurück. Wieder der Körper. Wo keiner. Wieder der Ort. Wo keiner. Wieder versuchen. Wieder scheitern. Wieder besser. Oder besser schlimmer. Wieder schlimmer scheitern. Wieder noch schlimmer. Bis übel für immer. Übergeben für immer. Gehen für immer. Wo weder noch für immer. Immer und allezeit.

Es steht. Was? Ja. Es steht sagen. Mußte schließlich auf und stehen. Knochen sagen. Keine Knochen aber Knochen sagen. Boden sagen. Kein Boden aber Boden sagen. Um Schmerz zu sagen. Kein Geist und Schmerz? Ja sagen daß die Knochen schmerzen können bis keine andre Wahl als stehen. Irgendwie auf und stehen. Oder besser schlimmer Reste. Reste von Geist sagen wo keiner um des Schmerzes willen. Schmerz von Knochen bis keine andre Wahl als auf und stehen. Irgendwie auf. Irgendwie stehen. Reste von Geist wo keiner des Schmerzes wegen. Hier der Knochen. Andre Beispiele wenn nötig. Von Schmerz. Seiner Linderung. Seiner Veränderung.

Alles seit je. Nie was andres. Aber nie so gescheitert. Schlimmer gescheitert. Bei aller Vorsicht nie schlimmer gescheitert.

Trübes Licht nicht wissend welcher Quelle. Wissen Mindestmaß. Nein nichts wissen. Zuviel erhofft. Höchstens reines Mindestmaß. Reinhöchstes Mindestmaß.

Keine andere Wahl als stehen. Irgendwie auf und stehen. Irgendwie stehen. Das oder stöhnen. Stöhnen so lang unterwegs. Nein. Kein Stöhnen. Einfach Schmerz. Einfach auf. Eine Zeit versuchen wie. Versuchen zu sehen. Versuchen zu sagen. Wie es zuerst lag. Dann irgendwie kniete. Nach und nach. Dann weiter von da. Nach und nach. Bis schließlich auf. Nicht jetzt. Besser schlimmer scheitern jetzt.

Ein andrer. Ein andrer sagen. Kopf auf verkrüppelte Hände gesunken. Scheitel lotrecht. Augen verkrampft. Sitz von allem. Keim von allem.

Keine Zukunft hierin. Leider doch.

Es steht. In der trüben Leere sehen wie es schließlich steht. In dem trüben Licht nicht wissend welcher Quelle. Vor den gesenkten Augen. Verkrampften Augen. Starrenden Augen. Verkrampft starrenden Augen.

Der Schatten da. Einst liegend. Jetzt stehend. Das ein Körper? Ja. Das ein Körper sagen. Irgendwie stehend. In der trüben Leere.

Ein Ort. Wo keiner. Eine Zeit versuchen zu sehen. Versuchen zu sagen. Wie klein. Wie weit. Wie wenn nicht grenzenlos begrenzt. Woher die Trübe. Nicht jetzt. Besser wissen jetzt. Besser unwissend jetzt. Nur wissen kein Hinaus. Nicht wissen wieso nur wissen kein Hinaus. Nur Hinein. Daher ein andrer. Ein andrer Ort wo keiner. Wohin dereinst woher keine Rückkehr. Nein. Kein Ort außer dem einen. Keiner außer dem einen wo keiner. Woher nie wenn einmal darin. Irgendwie darin. Jenseitslos. Daherlos da. Dorthinlos da.
Daherlos dorthinlos da.

Wo denn außer da sehen –

Sehen für sei gesehen. Mißgesehen. Ab jetzt sehen für sei mißgesehen.

Wo denn außer da sehen jetzt –

Erst mit zugekehrtem Rücken den stehenden Schatten. In der trüben Leere erst mit zugekehrtem Rücken den stehenden Schatten sehen. Noch immer.

Wo denn außer da jetzt einen andern sehen. Nach und nach einen alten Mann und ein Kind. In der trüben Leere nach und nach einen alten Mann und ein Kind. Jeder andre täte es ebenso schlecht.

Sie gehen Hand in Hand im gleichen Trott. In den freien Händen – nein. Freie leere Hände. Mit zugekehrtem Rücken gehen beide gebeugt im gleichen Trott. Das Kind mit erhobener Hand um die haltende Hand zu fassen. Die alte haltende Hand zu halten. Zu halten und gehalten zu werden. Trotten weiter und kommen nie vom Fleck. Langsam ohne je anzuhalten trotten sie weiter und kommen nie vom Fleck. Mit zugekehrtem Rücken. Beide gebeugt. Verbunden durch gehaltene haltende Hände. Trotten weiter wie eins. Ein Schatten. Ein zweiter Schatten.

Kopf auf verkrüppelte Hände gesunken. Verkrampft starrende Augen. Auf Schatten in der trüben Leere. Einer steht still. Ein alter Mann und Kind. Stillstehend weitertrottend. Alle andern täten es ebenso schlecht. Fast alle. Fast ebenso schlecht.

Sie schwinden. Jetzt der eine. Jetzt die zwei. Jetzt beide. Schwinden kommen zurück. Jetzt der eine. Jetzt die zwei. Jetzt beide. Schwinden? Nein. Gehen unversehens. Unversehens zurück. Jetzt der eine. Jetzt die zwei. Jetzt beide. Unverändert? Unversehens unverändert zurück? Ja. Ja sagen. Jedesmal unverändert. Irgendwie unverändert. Bis nein. Bis nein sagen. Unversehens verändert zurück. Irgendwie verändert. Jedesmal irgendwie verändert.

Die Trübe. Die Leere. Auch vergangen? Auch zurück? Nein. Nein sagen. Nie vergangen. Nie zurück. Bis ja. Bis ja sagen. Auch vergangen. Auch zurück. Die Trübe. Die Leere. Jetzt das eine. Jetzt das andre. Jetzt beide. Unversehens vergangen. Unversehens zurück. Unverändert? Unversehens unverändert zurück? Ja. Ja sagen. Jedesmal unverändert. Irgendwie unverändert. Bis nein. Bis nein sagen. Unversehens verändert zurück. Irgendwie verändert. Jedesmal irgendwie verändert.

Erst unversehens der eine vergangen. Erst unversehens zurück. Unverändert. Jetzt unverändert sagen. Soweit unverändert. Mit zugekehrtem Rücken. Kopf gesunken. Scheitel lotrecht in Hut. Allein hinten hochgeklappte schwarze Krempe. Rücken von in Schenkelmitte abgeschnittenem schwarzen Mantel. Kniend. Besser kniend. Besser schlimmer kniend. Jetzt kniend sagen. Ab jetzt kniend. Kam nur bis auf die Knie. Unversehens vergangen unversehens zurück unverändert mit zugekehrtem Rücken Kopf gesunken dunkler Schatten auf ungesehnen Knien. Noch immer.

Dann unversehens die zwei vergangen. Dann unversehens zurück. Unverändert. Jetzt unverändert sagen. Soweit unverändert. Mit zugekehrtem Rücken. Gesenktem Kopf. Trübem Haar. Trübweiß und so hellem Haar daß in dem trüben Licht trübweiß. Schwarze Mäntel bis auf die Hacken. Trübschwarz. Stiefelhacken. Jetzt die beiden rechten. Jetzt die beiden linken. Wie weitergehend im gleichen Trott. Kein Boden. Trotten wie auf Leere. Trübe Hände. Trübweiß. Zwei frei und zwei wie eins. So unversehens vergangen unversehens zurück unverändert wie ein einziger dunkler Schatten trotten sie ohne vom Fleck zu kommen weiter.

Die Trübe. Weit und breit gleich. Oben und unten. Ohne Veränderung. Jetzt ohne Veränderung sagen. Woher nicht wissen. Nicht zu sagen. Nur sagen solch trübes Licht wie nie. Auf allem. Eine Grotte in der Leere sagen. Eine Schlucht. Dann in der Grotte oder Schlucht solch trübstes Licht wie nie. Woher nicht wissen. Nicht zu sagen.

Die Leere. Ohne Veränderung. Jetzt ohne Veränderung sagen. Leere wäre nicht der eine. Wären nicht die zwei. Soweit wären nicht der eine und die zwei. Soweit.

Die Leere. Wie versuchen zu sagen? Wie versuchen zu scheitern? Kein Versuchen kein Scheitern. Nur sagen –

Erst die Knochen. Weiter zurück zu ihnen. Jagd seit zuerst gesagt auf besagte Reste. Den Boden. Den Schnmerz. Keine Knochen. Kein Boden. Kein Schmerz. Warum auf nicht wissen. Um jeden Preis nicht wissen. Falls je unten. Keine andere Wahl als auf falls je unten. Oder nie unten. Allzeit kniend. Besser allzeit kniend. Besser schlimmer allzeit kniend. Ab jetzt allzeit kniend sagen. Soweit ab jetzt allzeit kniend. Soweit.

Die Leere. Vor den starrenden Augen. Wohin sie auch starren. Weit und breit. Oben und unten. Das enge Feld. Mehr nicht wissen. Mehr nicht sehen. Mehr nicht sagen. Allein das. Allein das wenige viel an Leere.

Weiter zurück um Leere kann vergehen ungesagt zu machen. Leere kann nicht vergehen. Außer Trübe vergeht. Dann alles vergeht. Alles was noch nicht vergangen. Bis Trübe zurück. Dann alles zurück. Alles was noch nicht vergangen. Eins kann vergehen. Die Zwei können vergehen. Trübe kann vergehen. Leere kann nicht vergehen. Außer wenn Trübe vergeht. Dann alles vergeht.

Weiter zurück besser schlimmer scheitern mit Kopf besagter Sitz von allem. Keim von allem. Allem? Wenn von allem auch von ihm. Wo wenn nicht da auch er? Da in dem gesunkenen Kopf der gesunkene Kopf. Die Hände. Die Augen. Schatten mit den andern Schatten. In derselben Trübe. Derselben engen Leere. Vor den starrenden Augen. Wo wenn nicht da auch er? Nicht fragen. Nein. Fragen vergeblich. Besser schlimmer so.

Der Kopf. Nicht fragen ob er vergehen kann. Nein sagen. Fraglos nein. Er kann nicht vergehen. Außer wenn Trübe vergeht. Dann alles vergeht. O Trübe vergeh. Vergeh für immer. Alles für immer. Für immer und allezeit.

Wessen Worte? Fragen vergeblich. Oder nicht vergeblich wenn sagen nicht wissen. Nicht zu sagen. Keine Worte für den dessen Worte. Den? Einen. Keine Worte für einen dessen Worte. Einen? Eines. Keine Worte für eines dessen Worte. Besser schlimmer so.

Etwas nicht falsch mit Eins. Das bedeutet – bedeutet! – bedeutet der Kniende. Ab jetzt Eins für den Knienden. Wie ab jetzt Zwei für die Zwei. Die wie eins trottenden Zwei. So wie ab jetzt Drei für den Kopf. Den besagten mißgesagten Kopf. So ab jetzt. Um Zeit zu gewinnen. Zeit zu verlieren. Zeit zum Verlieren zu gewinnen. Wie einst die Seele. Einst die Welt.

Etwas nicht falsch mit Eins. Dann mit Zwei. Dann mit Drei. So weiter. Etwas nicht falsch mit alledem. Bei weitem nicht falsch. Bei weitem weitem nicht falsch.

Auch die Worte nicht wessen auch immer. Wieviel Raum für schlimmer! Wie beinahe wahr sie zuweilen beinahe klingen! Wie mangelt es ihnen an Unverstand! Ach! die Nacht ist noch nicht alt sagen und Mut fassen. Oder besser schlimmer ach! eine Wache noch sagen. Ein Rest letzter Wache noch. Und Mut fassen.

Erst Eins. Erst mit Eins besser versuchen zu scheitern. Etwas daran schlechthin nicht falsch. Nicht daß es wie es ist nicht schlimm. Das kein Gesicht schlimm. Das keine Hände schlimm. Das kein –. Genug. Zum Henker mit schlimm. Bloß schlimm. Platz für schlimmer. Noch schlimmer in petto. Erst schlimmer. Bloß schlimmer. Noch schlimmer in petto. Hinzu ein –. Hinzu? Nie. Hinunterbeugen. Sei es hinuntergebeugt. Tief runter. Kopf in Hut vergangen. Mehr Rücken vergangen. Mantel weiter oben abgeschnitten. Nichts vom Becken abwärts. Nichts als gebeugter Rücken. Rumpf von hinten obenlos untenlos. Trübschwarz. Auf ungesehnen Knien. In der trüben Leere. Besser schlimmer so. Noch schlimmer in petto.

Dann mit Zwei besser versuchen zu scheitern. Den Zweien. Schlimm daß es ist wie es ist. Schlimm das kein –

Erst zurück weiter zu Drei. Noch nicht zu verschlimmern versuchen. Einfach wieder da sein. Da in dem Kopf in dem Kopf. Es wieder sein. Der Kopf in dem Kopf. Verkrampfte Augen allein daran geklammert. Allein? Nein. Auch. Auch daran. Den gesunkenen Schädel. Die verkrüppelten Hände.

Verkrampft starrende Augen. Verkrampfte Augen an verkrampft starrende Augen geklammert. Wieder der Schatten sein. Wieder in dem Schatten. Mit den andern Schatten. Schlimmer werdenden Schatten. In der trüben Leere.

Dann –

Erst wie alles auf einmal. In dem Starren. Der verschlimmerte Eins. Die schlimmer werdenden Zwei. Und was noch zu verschlimmern. Versucht werden kann zu verschlimmern. Es selbst. Die Trübe. Die Leere. Alles auf einmal in dem Starren. Verkrampfte Augen an alles geklammert.

Dann Zwei. Von schlimm zu verschlimmern. Versuchen zu verschlimmern. Von bloß schlimm. Hinzu –. Hinzu? Nie. Die Stiefel. Besser schlimmer stiefellos. Nackte Hacken. Jetzt die beiden Rechten. Jetzt die beiden Linken. Links rechts links rechts weiter. Nackten Fußes ohne vom Fleck zu kommen weiter. Besser schlimmer so. Ein wenig besser schlimmer als nichts so.

Dann der sogenannte Sitz und Keim von allem. Die Hände! Der Kopf! Das beinahe wahre Klingen! Weg. Ab jetzt von vorn. Keine Hände. Kein Gesicht. Allein Schädel und Starren. Schauplatz und schauender von allem.

Weiter. Weiter starren. Weiter sagen. Weiter sein. Irgendwie weiter. Wie immer weiter. Bis Trübe vergangen. Letzten Endes vergangen. Alles letzten Endes vergangen. Schlimmen Endes. Letzten schlimmeren Endes und für allezeit.

Trübe nicht wissen woher. Um jeden Preis nicht wissen. Ohne Veränderung. Jetzt ohne Veränderung sagen. Weit und breit. Oben und unten. Ein Rohr in der Leere sagen. Eine Röhre. Versiegelt. Dann in dem Rohr oder der Röhre ebendieselbe Trübe. Alte Trübe. Wann je was andres? Wo alles immer zu sehen. Von dem nichts zu Sehenden. Trüb zu Sehenden. Nichts je Ungesehenen. Von dem nichts zu Sehenden. Trüb Gesehenen. Das verschlimmern?

Dann die sogesagte Leere. Die somißgesagte. Das enge Feld. Voller Schatten. Gut so mißgesagte. Schattengeplagte Leere. Wie besser schlimmer so mißsagen?

Andere hinzufügen. Hinzu? Nie. Bis wenn nötig. Nichts hinzu zu denen soweit. Trüb soweit. Sie nur mindern. Aber mit ihnen wie sie minder werden andre. Wie sie schlimmer werden. Wenn nötig. Andre zum Mindern. Verschlimmern. Bis Trübe vergeht. Letzten Endes vergeht. Schlimmsten Endes und für allezeit.

Weiter. Irgendwie weiter. Wie immer weiter. Alles vergangen sagen. So weiter. Im Schädel alles vergangen. Alles? Nein. Alles kann nicht vergehen. Bis Trübe vergeht. Dann sagen nur die Zwei vergangen. Im Schädel Eins und Zwei vergangen. Aus der Leere. Aus dem Starren. Im Schädel alles außer dem Schädel vergangen. Dem Starren. Allein in der trüben Leere. Allein zu sehen. Trüb zu sehen. Im Schädel allein der Schädel zu sehen. Die starrenden Augen. Trüb zu sehen. Mit den starrenden Augen. Die andern vergangen. Längst unversehens vergangen. Dann unversehens zurück. Unverändert. Jetzt unverändert sagen. Erst Eins. Dann Zwei. Oder erst Zwei. Dann Eins. Oder zusammen. Dann wieder alle zusammen. Der gebeugte Rücken. Die trottenden Zwei. Der Schädel. Das Starren. Alles zusammen zurück im Schädel. Unverändert. Starren an alles geklammert. In der trüben Leere.

Die Augen. Zeit zu –

Erst weiter zurück Trübe kann vergehen ungesagt machen. Irgendwie weiter zurück. Trübe kann nicht vergehen. Muß Trübe vergehen für immer vergehen. Wahrhaftig dann kann

Trübe vergehen. Wenn dann für immer. Eins kann nicht vergehen für immer. Zwei auch nicht. Drei nicht wenn nicht für immer. Mit Trübe vergangen für immer. Leere nicht wenn nicht für immer. Mit allem vergangen für immer. Trübe kann schlimmer werden. Irgendwie schlimmer. Nicht vergehen. Wenn nicht für immer.

Die Augen. Zeit zu verschlimmern versuchen. Irgendwie zu verschlimmern versuchen. Entkrampfen. Offen starrend sagen. Alles weiß und Pupille. Trübweiß. Weiß? Nein. Alles Pupille. Trübschwarze Löcher. Unverwandt gaffend. Seien sie so gesagt. Mit verschlimmernden Worten. Ab jetzt so. Besser als nichts so zum Schlimmsten verbessert.

Noch Trübe noch weiter. So lange noch Trübe noch irgendwie weiter. Sowieso weiter. Mit verschlimmernden Worten. Verschlimmerndem Starren. Nach dem nichts zu Sehenden. Auf das nichts zu Sehende. Trüb zu Sehende. Wie nun mittels irgendwie weiter wo in dem nirgendwo alle zusammen? Alle drei zusammen. Wo da alle drei wie zuletzt schlimmer gesehen? Gebeugter Rücken allein. Nackten Fußes trottende Zwei. Schädel und lidloses Starren. Wo in der engen Weite? Nur Weiten getrennt sagen. In der engen Leere Weiten von Leere getrennt. Schlimmer besser später.

Was wenn Worte vergangen? Keine für was dann. Aber mittels irgendwie weiter sagen irgendwie mit Sehen zu tun. Mit minder Sehen. Noch trüb und doch –. Nein. Nirgendwie so weiter. Besser schlimmer sagen Worte vergangen wenn nirgendwie weiter. Noch trüb und nirgendwie weiter. Alles gesehen und nirgendwie weiter. Was für Worte für was dann? Keine für was dann. Keine Worte für was wenn Worte vergangen. Für was wenn nirgendwie weiter. Irgendwie nirgendwie weiter.

Verschlimmernde Worte wessen nicht wissen. Woher nicht wissen. Um jeden Preis nicht wissen. Jetzt um zu sagen wie schlimmst auch immer nur sie nur sie. Trübe leere Schatten alles sie. Nichts als was sie sagen. Irgendwie sagen. Nichts als sie. Was sie sagen. Wessen auch immer woher auch immer sagen. Wie schlimmst sie auch scheitern mögen immer schlimmer zu sagen.

Dann immer noch Reste von Geist. Noch genug. Irgendeines irgendwo irgendwie noch genug. Kein Geist und Worte? Sogar solche Worte. So noch genug. Gerade noch genug zur Freude. Freude! Gerade noch genug zur Freude daß nur sie. Nur!

Noch genug nicht zu wissen. Nicht zu wissen was sie sagen. Nicht zu wissen was es ist was die Worte die es sagt sagen. Sagt? Absondert. Besser schlimmer absondert sagen. Was es ist was die Worte die es absondert sagen. Was die sogesagte Leere. Die sogesagte Trübe. Die sogesagten Schatten. Der sogesagte Sitz und Keim von allem. Genug zu wissen nicht zu wissen. Nicht zu wissen was es ist was die Worte die es absondert sagen. Nicht zu sagen. Nicht zu sagen was alles ist was sie irgendwie sagen.

Das gesagt weiter zurück die trottenden Zwei schlimmer zu sagen versuchen. Auf Jagd seit zuletzt schlimmer gesagt nach besagten Resten. Aber was nicht auf Jagd danach? Was gesehen? Was gesagt? Was von allem was gesehen und gesagt nicht auf Jagd danach? Wahr. Wahr! Und doch sagen am schlimmsten vielleicht am schlimmsten von allem der alte Mann und das Kind. Der wie zuletzt schlimmer gesehene Schatten. Links rechts links rechts nackten Fußes ohne vom Fleck zu kommen weiter. Sie dann die Worte. Zurück zu ihnen jetzt mangels besser weiter und besser scheitern. Mit ihm vielleicht von allem schlimmer scheitern am mindesten. Minder schlimmer gescheitert von all den schlimmer gescheiterten Schatten. Minder schlimmer als mit dem gebeugten Rükken allein. Dem Schädel und dem lidlosen Starren. Obwohl auch sie schlimmer. Aber was nicht schlimmer. Wahr. Wahr! Und doch sagen erst am schlimmsten vielleicht schlimmsten von allem der alte Mann und das Kind. Am dringendsten Schlimmeres benötigend. Am dringendsten –

Lücken für nirgendwie weiter. Wie lange? Wie lange Lücken bis irgendwie weiter? Wieder irgendwie weiter. Alles vergangen wenn nirgendwie weiter. Zeit vergangen wenn nirgendwie weiter.

Minder schlimmer. Keineswegs mehr. Minder mangels besser schlimmer. Minder Bestes. Nein. Gar nichts Bestes. Bestschlimmeres. Nein. Nicht Bestschlimmeres. Gar nichts nicht Bestschlimmeres. Minder Bestschlimmeres. Nein. Mindestes. Mindestes Bestschlimmeres. Mindestes nie gar nichts. Nie zu gar nichts zu machen. Nie durch gar nichts gleich Null zu machen. Nicht zu Null zu machendes Mindestes. Das Bestschlimmste sagen. Mit höchst vermindernden Worten Mindestes Bestschlimmeres sagen. Mangels schlimmerem Schlimmsten. Unverminderbar Mindestes Bestschlimmeres.

Die Zwei. Die Hände. Gehaltene haltende Hände. Das Klingen beinah! Wie als zuerst gesagt auf verkrüppelten Händen der Kopf. Verkrüppelten Händen! Sie dann da die Worte. Hier jetzt gehalten haltend. Wie als zuerst gesagt. Ungesagt als schlimmer gesagt. Weg. Gehaltene haltende Hände!

Auch die Leeren. Weg. Keine Hände in den –. Nein. Außer um schlimmer zu sagen. Irgendwie schlimmer irgendwie zu sagen. Für jetzt immer noch gesehen sagen. Trüb gesehen. Trübweiß. Zwei trübweiße leere Hände. In der trüben Leere.

So mindestwärts weiter. So lang wie noch Trübe. Ungetrübte Trübe. Oder noch mehr zu trüben getrübte. Bis zu höchsttrüber Trübe. Höchstmindester in höchsttrüber Trübe. Äußerster Trübe. Höchstmindest in äußerster Trübe. Unverschlimmerbar Schlimmstes.

Was für Worte für was dann? Wie sie immer noch klingen beinah. Wie irgendwie aus irgend etwas Weichem des Geistes Sickerndes. Aus ihm in ihm sickern. Wie alles andere als ununverständig. Bis zum letzten unverminderbar Mindesten so ungern ganz zu mindern. Um dann in äußerster Trübe das ganze Höchstmindeste zu unäußern.

So wenig schlimmer der alte Mann und das Kind. Gehaltene haltende Hände vergangen trotten sie getrennt. Links rechts nackten Fußes ohne vom Fleck zu kommen. Den Spalt noch nicht verschlimmern. Nicht außer für irgendein nach dem nirgendwie irgendwie schlimmerem Weiter.

Weiter zurück um an alles geklammertes Starren ungesagt zu machen. Nein aber ab jetzt mal jetzt dies und jetzt das. Wie jetzt von verschlimmerten Zwei zum nächst allein zu verschlimmernden. Zum Schädel und Starren allein. Von den beiden dringender bedürftig der Schädel auf Jagd seit ungesunken. Jetzt sagen die Stirn allein. Keine Kuppel. Schläfe an Schläfe allein. Daran geklammert und an Starren allein das Starren. Gebeugter Rücken allein und die Zwei verschwommen in der Leere. So besser als nichts schlimmer Schatten Drei ab jetzt.

Irgendwie wieder weiter zurück zu dem gebeugten Rücken allein. Nichts zeigt der einer Frau und doch der einer Frau. Gesickert aus erweichendem Weich das Wort Frau. Die Worte alte Frau. Die Worte nichts zeigt gebeugter Rücken allein der einer Frau und doch der einer Frau. So besser schlimmer ab jetzt der Schatten der einer Frau. Einer alten Frau.

Dann scheitern sehen sagen wie ungetrübte Trübe zu verschlimmern. Wie nirgendwie außer noch mehr zu trüben. Nicht mehr als eine Schattierung mehr damit wenn nach nirgendwie irgendwie weiter noch mehr zu trüben. Bis zu höchsttrüber Trübe. Das Bestschlimmschlimmere von allem. Außer wenn irgendwie ungetrübt noch schlimmer.

Sickern weiter zurück nicht ungesagt zu machen aber wieder die Weiten getrennt sagen. Wieder gesehen sagen. Wieder nicht schlimmer. Die Weiten von Leere getrennt. Von allem soweit Mißgesagten am schlimmsten mißgesagt. Soweit. Nicht bis nirgendwie schlimmer mißsagen schlimmer mißgesagt sagen. Nicht bis für immer nirgendwie weiter jammerschlimmst mißgesagt.

Der lange Verlangen verlorene sogesagte Geist verlangend. Der so mißgesagte. Soweit so mißgesagte. Spur von langem Verlangen verlorenen Verlangen. Langem vergeblichen Verlangen. Und noch immer verlangend. Noch immer schwach verlangend. Noch immer schwach vergeblich verlangend. Nach noch schwächerem. Schwächsten. Schwach vergeblich verlangend nach dem mindesten Verlangen. Unminderbar mindesten Verlangen. Noch immer unstillbar vergeblich mindesten Verlangen.

Verlangend daß alles vergehe. Trübe vergehe. Leere vergehe. Verlangen vergehe. Vergebliches Verlangen daß vergebliches Verlangen vergehe.

Gesagt ist mißgesagt. Wann immer gesagt gesagt gesagt mißgesagt. Ab jetzt gesagt allein. Nicht mehr ab jetzt jetzt gesagt und jetzt mißgesagt. Ab jetzt gesagt allein. Gesagt für mißgesagt. Für sei mißgesagt.

Zurück ist weiter. Irgendwie weiter. Ab jetzt zurück allein. Nicht mehr ab jetzt jetzt zurück und jetzt weiter. Ab jetzt zurück allein. Zurück für zurück weiter. Zurück für irgendwie weiter.

Zurück besser schlimmer keineswegs mehr ungesagt machen. Wenn mehr Trübe weniger Licht dann besser schlimmer mehr Trübe. Dann besser schlimmer keineswegs mehr ungesagt gemacht. Besser schlimmer mag nichtsdestoweniger mehr sein. Besser schlimmer was? Das Sagen? Das Gesagte? Dasselbe. Dasselbe nichts. Dasselbe alles andre als nichts.

Kein einst. Kein einst in vergangenheitslosem Jetzt. Nein nicht keins. Wann bevor die Schatten schlimmer? Bevor die Trübe mehr? Wann wenn nicht einst? Einstlos allein die Leere. Keineswegs mehr. Keineswegs minder. Einstlos bis nicht mehr.

Sickern zurück Lücken zu verschlimmern versuchen. Die dann wenn nirgendwie weiter. Dann alles vergangen ungesagt machen. Alles nicht vergangen. Nur nirgendwie weiter. Alles nicht vergangen und nirgendwie weiter. Alles da wie jetzt wenn irgendwie weiter. Die Trübe. Die Leere. Die Schatten. Nur Worte vergangen. Sickern vergangen. Bis wieder Sickern und weiter. Irgendwie weiter sickern.

Auf Jagd seit zuletzt schlimmer das Starren. Irgend etwas da immer noch weit so weit von falsch. So weit weit weit von falsch. Besser schlimmer ein andres Starren versuchen wenn mit Worten denn wenn nicht. Wenn irgendwie denn wenn nirgendwie. Während alles gleich gesehen. Nein nicht alles gleich gesehen. Anders gesehen. Mit demselben andren Starren anders gesehen. Wenn mit Worten denn wenn nicht. Wenn irgendwie denn wenn nirgendwie. Wie scheitern sagen wie anders gesehen?

Minder. Minder gesehen. Minder sehend. Minder gesehen und sehend wenn mit Worten denn wenn nicht. Wenn irgendwie denn wenn nirgendwie. Starren durch Worte getrübt. Schatten getrübt. Leere getrübt. Trübe getrübt. Alles da wie wenn keine Worte. Wie wenn nirgendwie. Nur alles getrübt. Bis wieder Lücke. Wieder keine Worte. Wieder nirgendwie. Dann alles ungetrübt. Starren ungetrübt. Daß Worte getrübt.

Zurück Schatten können vergehen ungesagt machen. Vergehen und wiederkommen. Nein. Schatten können nicht vergehen. Erst recht nicht wiederkommen. Noch gebeugter Rücken alter Frau. Noch alter Mann und Kind. Noch Vorderschädel und Starren. Verschwimmen ja. Schatten können verschwimmen. Wenn Starren an Eins geklammert allein. Oder irgendwie wieder Worte. Vergehen nein noch wiederkommen. Bis Trübe wenn je vergeht. Um nie wiederzukommen.

Lücken für wenn Worte vergangen. Wenn nirgendwie weiter. Dann alles gesehen wie nur dann. Ungetrübt. Alles ungetrübt was Worte trübt. Alles so Gesehene ungesagt gemacht. Kein Sickern dann. Keine Spur in Weich wenn daraus wieder Sickern. Darin wieder Sickern. Sickern allein für gesehen wie mit Sickern gesehen. Getrübt. Kein Sickern für ungetrübt gesehen. Für wenn nirgendwie weiter. Kein Sickern für wenn Sickern vergangen.

Zurück versuchen die Zwei zu verschlimmern die seit letztem schlimmer auf Jagd. Seit entzweit. Zwei einst so eins. Ab jetzt Spalt eine Weite. Weite von Leere dazwischen. In gleichem Trott immer noch ohne vom Fleck zu kommen weiter. Das ein wenig besser schlimmer. Bis Worte für noch schlimmer. Schlimmere Worte für noch schlimmer.

Auf Jagd aber was nicht auf Jagd? Wann nicht auf Jagd? Nirgendwie wieder über Worte sagen was dann wenn nicht auf Jagd. Jedes besser schlimmer als gar nichts. Nicht zu stillendes Jagen. Die Schatten. Die Trübe. Die Leere. Alles immer schwach auf Jagd. Schlimmer als gar nichts. Noch schlimmer als gar nichts. Nicht minder als wenn nur schlimm alles immer schwach auf Jagd. Nagend.

Nagend um zu vergehen. Minder nicht gut. Schlimmer nicht gut. Nur eins gut. Vergangen. Für immer vergangen. Bis dahin weiter nagen. Alles weiter nagen. Um zu vergehen.

Alles außer Leere. Nein. Auch Leere. Unverschlimmerbare Leere. Nie minder. Nie mehr. Nie seit zuerst gesagt nie ungesagt nie schlimmer gesagt nie nicht nagend um zu vergehen.

Kind vergangen sagen. So gut wie vergangen. Aus der Leere. Aus dem Starren. Leere dann nicht desto mehr? Alter Mann vergangen sagen. Alte Frau vergangen. So gut wie vergangen. Leere dann nicht wieder desto mehr? Nein. Am meisten Leere wenn beinahe leer. Am schlimmsten wenn beinahe. Dann minder? Alle Schatten so gut wie vergangen. Wenn dann nicht desto mehr dann desto minder denn? Minder schlimmer denn? Genug. Zum Henker mit leer. Unvermehrbare unverminderbare unverschlimmerbare allermeiste beinahe Leere.

Zurück zu den einst sogesagten Zwei wie eins. Auf Jagd immer seit nicht lange seit zuletzt schlimmer gescheitert. Immer seit Weite dazwischen. Jetzt besser schlimmer sagen alles außer Rümpfe vergangen ab jetzt. Nichts von Becken abwärts. Von Schößen aufwärts. Obenlose untenlose Rückenrümpfe. Beinlos weitertrottend. Links rechts ohne vom Fleck zu kommen weiter.

Starren an Starren geklammert. Gebeugte Rücken verschwommen in an Starren geklammertes Starren. Zwei schwarze Löcher. Trübschwarz. Hinein durch Schädel zu Weich. Hinaus aus Weich durch Schädel. Weitauf in ungesehnem Gesicht. Das die Crux? Die fehlende Crux? Besser schlimmer in Schädel einzusetzen versuchen. Zwei schwarze

Löcher im Vorderschädel. Oder eins. Besser noch schlimmer eins versuchen. Ein trübschwarzes Loch mitten im Vorderschädel. Hinein in die Hölle von allem. Hinaus aus der Hölle von allem. So besser als nichts schlimmer starren sagen ab jetzt.

Ausgestarrt anhaltendes Starren auf alten Mannes weiter ohne vom Fleck kommenden Rückenrumpf. Besser schlimmer knien versuchen. Beine vergangen besser schlimmer kniend sagen. Nicht mehr falls je weiter. Nie sagen. Nie weiter sagen. Immer kniend. Beine aus Starren vergangen besser schlimmer immer kniend sagen. Anhaltendes Starren auf Kind und selbiges verschlimmern. Weite Leere getrennt alter Mann und Kind trübe Schatten auf ungesehnen Knien. Einer verschwommen. Einer klar. Trüb klar. Jetzt der eine. Jetzt der andre.

Nichts zeigt ein Kind und doch ein Kind. Ein Mann und doch ein Mann. Alt und doch alt. Nichts als sickern wie nichts und doch. Ein gebeugter Rücken und doch eines alten Mannes. Der andere und doch eines Kindes. Eines kleinen Kindes.

Irgendwie wieder und alles wieder im Starren. Alles auf einmal wie einst. Alles besser schlimmer. Die drei Hinuntergebeugten. Das Starren. Die ganze enge Leere. Nichts verschwommen. Alles klar. Trübklar. Schwarze Höhle weitauf zu allem. Alles hereinlassend. Alles hinauslassend.

Nichts und doch eine Frau. Alt und doch alt. Auf ungesehnen Knien. Vornübergeneigt wie in liebendem Gedenken manche alte Grabsteine sich neigen. Auf jenem alten Friedhof. Namen vergangen und von wann bis wann. Sich stumm neigen über die Gräber von niemand.

Das gleiche Neigen bei allen. Die gleichen getrennten Weiten. Das letzter Stand. Allerletzter Stand. Bis irgendwie minder vergebens. Schlimmer vergebens. Alles nagend um gar nichts zu sein. Niemals gar nichts zu sein.

Was wenn Schädel vergehen müßte? So gut wie vergehen. Wo hinein dann schwarze Höhle? Aus was heraus dann? Warum ausgerechnet was? Besser schlimmer so? Nein. Schädel besser schlimmer. Was übrig von Schädel. Von Weich. Schlimmstes von allem warum von allem. So Schädel nicht vergeht. Was übrig vom Schädel nicht vergeht. In ihn hinein noch das Loch. In das was übrig von weich. Hinaus aus was an wenigem übrig.

Genug. Unversehens genug. Unversehens alles weit. Keine Bewegung und unversehens alles weit. Alles mindestes. Drei Nadeln. Ein Nadelloch. In höchsttrüber Trübe. Weiten getrennt. An Grenzen unbegrenzter Leere. Von wo nicht weiter*. Bestschlimmstes nicht weiter*. Nirgendwie minder. Nirgendwie schlimmer. Nirgendwie gar nichts. Nirgendwie weiter.

Gesagt nirgendwie weiter.

* ›*Weiter*‹ hier, ›*farther*‹. Nicht von ›*on – weiter*‹ zu differenzieren. (Anm. d. Übers.)

Immer noch nicht mehr

Für Barney Rosset

I

Eines Nachts als er den Kopf auf den Händen am Tisch saß sah er sich aufstehen und gehen. Eines Nachts oder Tags. Denn wenn sein eigenes Licht erlosch blieb er doch nicht im Dunkeln. Etwas wie Licht kam dann von dem einzigen Fenster oben. Darunter noch immer der Hocker auf den er bis er nicht mehr konnte oder wollte für gewöhnlich stieg um den Himmel zu sehen. Wenn er nicht den Kopf hinausstreckte um zu sehen was darunter lag so vielleicht deshalb weil das Fenster nicht zum Öffnen gemacht war oder weil er es nicht öffnen konnte oder wollte. Vielleicht wußte er nur zu gut was darunter lag und wollte es nicht mehr sehen. So stand er denn stets nur dort oben hoch über der Erde und sah durch die trübe Scheibe den ungetrübten Himmel. Sein schwaches unverändertes Licht anders als jedes andere Licht an das er sich erinnern konnte aus den Tagen und Nächten als der Tag unmittelbar auf die Nacht folgte und die Nacht auf den Tag. Dieses Licht von draußen war dann wenn sein eigenes erlosch sein einziges Licht bis auch dies an die Reihe kam und erlosch und ihn im Dunkeln ließ. Bis auch dies an die Reihe kam und erlosch.

Eines Nachts oder Tags also als er den Kopf auf den Händen am Tisch saß sah er sich aufstehen und gehen. Erst aufstehen und an den Tisch geklammert dastehen. Dann sich wieder hinsetzen. Dann wieder aufstehen und wieder an den Tisch geklammert dastehen. Dann gehen. Losgehen. Ohne die Füße zu sehen losgehen. So langsam daß nur der veränderte Ort ein Zeichen dafür war daß er ging. Wie zu der Zeit als er nur verschwand um später an einem anderen Ort wieder zu erscheinen. Dann wieder nur verschwand um wieder später wieder an einem anderen Ort wieder zu erscheinen. So immer wieder nur verschwand um wieder später wieder an einem anderen

Ort wieder zu erscheinen. Einem anderen Ort an dem Ort wo er den Kopf auf den Händen am Tisch saß. Demselben Ort und Tisch wie zum Beispiel als Darly starb und ihn verließ. Wie auch als andere an die Reihe kamen davor und danach. Wie auch wenn andere an die Reihe kommen und ihn verlassen würden bis auch er an die Reihe käme. Den Kopf auf den Händen halb hoffend wenn er wieder verschwand daß er nicht wieder erscheinen werde und halb fürchtend daß nicht. Oder es sich nur fragend. Oder nur wartend. Darauf wartend zu sehen ob oder ob nicht. Ob er wieder allein gelassen würde oder nicht wieder wartend auf nichts.

Immer von hinten gesehen wo immer er ging. Derselbe Hut und Mantel wie damals als er durchs Land strich. Durchs Hinterland. Jetzt wie jemand der an einem fremden Ort den Ausgang sucht. Im Dunkeln. An einem fremden Ort blindlings den Ausgang sucht im Dunkel der Nacht oder des Tags. Einen Ausgang. Um durchs Land zu streichen. Durchs Hinterland.

Eine Uhr schlug in der Ferne die Stunden und die halben. Dieselbe wie damals als unter anderen Darly starb und ihn verließ. Schläge bald klar wie vom Wind getragen bald lautlos beinahe in ruhiger Luft. Auch Schreie in der Ferne bald lautlos beinahe bald klar. Den Kopf auf den Händen halb hoffend wenn die Stunde schlug daß die halbe nicht schlagen werde und halb fürchtend daß nicht. Ebenso wenn die halbe Stunde schlug. Ebenso wenn die Schreie für einen Augenblick verstummten. Oder sich nur fragend. Oder nur wartend. Darauf wartend etwas zu hören.

Es hatte eine Zeit gegeben da er von Zeit zu Zeit den Kopf hob hoch genug um seine Hände zu sehen. Was von ihnen zu sehen war. Eine flach auf dem Tisch und flach darauf die andere. Ruhend nach allem was sie getan. Seinen Kopf von einst für einen Augenblick hob um seine Hände von einst zu sehen. Ihn dann wieder auf sie zurücklegte damit auch er ruhe. Nach allem was er getan.

Derselbe Ort wie der von dem er Tag für Tag aufbrach um

durchs Land zu streichen. Durchs Hinterland. Wohin er Nacht für Nacht zurückkehrte. Um hin und herzugehen zwischen den Wänden im Dunkeln. Dem damals noch flüchtigen Dunkel der Nacht. Jetzt wie fremd für den der ihn aufstehen sieht und weggehen. Verschwinden und an einem anderen Ort wieder erscheinen. Wieder verschwinden und wieder an einem anderen Ort wieder erscheinen. Oder an demselben. Kein Zeichen daß nicht derselbe. Keine Wand zu der hin oder von der her. Kein Tisch zu dem hin zurück oder von dem weiter her. An demselben Ort wie beim Hin und Her zwischen den Wänden alle Orte wie ein und derselbe. Oder an einem anderen. Kein Zeichen daß nicht ein anderer. Wo nie zuvor. Aufstehen und gehen an demselben Ort wie immer. Verschwinden und wieder erscheinen an einem anderen wo nie zuvor. Kein Zeichen daß nicht ein anderer wo nie zuvor. Nichts als die Schläge. Die Schreie. Dieselben wie immer.

Schließlich so viele Schläge und Schreie seitdem er zuletzt zu sehen war daß er vielleicht nicht wieder zu sehen sein würde. Dann so viele Schreie seitdem die Schläge zuletzt zu hören waren daß sie vielleicht nicht wieder zu hören sein würden. Dann solche Stille seitdem die Schreie zuletzt zu hören waren daß sogar sie vielleicht nicht wieder zu hören sein würden. Das vielleicht das Ende. Wenn nicht nur eine Flaute. Dann wieder alles wie vorher. Die Schläge und Schreie wie vorher und er wie vorher bald da bald weg bald wieder da bald wieder weg. Dann wieder die Flaute. Dann wieder alles wie vorher. So immer wieder. Und Geduld bis zu dem einzigen wahren Ende von Zeit und Leid und Selbst und dem zweiten Selbst seinem eigenen.

2

Als er als einer recht bei Verstand es endlich wieder nicht mehr war ohne zu wissen wie dauerte es nicht lange bis er sich zu fragen begann ob er recht bei Verstand sei. Denn hatte es

Sinn von einem der nicht recht bei Verstand ist zu sagen daß er sich fragt ob er es nicht ist und was noch mehr heißt mit seinem Rest an Verstand darüber nachsinnt so wie es von ihm gesagt werden muß wenn überhaupt? Es war daher in Gestalt eines mehr oder weniger vernünftigen Wesens daß er schließlich ohne zu wissen wie in der Außenwelt auftauchte und er war noch nicht länger als sechs oder sieben Stunden nach der Uhr da als er nicht umhin konnte sich zu fragen ob er recht bei Verstand sei. Nach derselben Uhr deren Schläge es waren die er unzählige Male in seiner Klause gehört hatte wenn sie die Stunden schlug und die halben und so in gewissem Sinne erst ein Quell der Beruhigung bis letzten Endes einer der Besorgnis da sie jetzt nicht klarer zu hören war als die Male wenn sie im Prinzip von seinen vier Wänden geschluckt wurde. Dann suchte er Trost bei dem Gedanken an jemanden der bei Sonnenuntergang westwärts eilt um eine bessere Sicht von Venus zu gewinnen fand aber es war keiner. Für das einzige andere Geräusch das der Schreie das seine Einsamkeit belebte wenn er leidverloren am Tisch saß den Kopf auf den Händen galt dasselbe. Von ihrem Woher das heißt dem der Schläge und der Schreie galt dasselbe das heißt es war jetzt ebensowenig auszumachen wie es damals natürlich war. Als er mit seinem Rest an Verstand über das alles nachsann suchte er Trost bei dem Gedanken daß seine Erinnerung an den Innenraum vielleicht abwegig war fand aber es war keiner. Noch größer wurde seine Verwirrung durch sein geräuschloses Gehen wie einst bei dem Hin und Her barfuß auf den Dielen. Ganz Ohr hörte er so nur immer schlechter bis er am Ende zwar nicht aufhörte zu hören doch zu lauschen und sich daran machte um sich zu schauen. Das Ergebnis letzten Endes er war auf einem Feld mit Gras was sein geräuschloses Gehen wenn nichts anderes zumindest halbwegs erklärte etwas später hingegen wie um es halbwegs wieder wettzumachen seine Verwirrung noch vergrößerte. Denn er konnte sich kein Grasfeld ins Gedächtnis rufen das nicht einmal von seinem eigentlichen Herzpunkt aus irgendeine Art von Begrenzung hätte erkennen lassen denn in dem einen oder anderen Teil war durchweg irgendein Ende in Sicht wie etwa eine Einfriedung oder andere Grenzmarkierung über die man nicht hinaus durfte. Auch war es bei näherem Hinschauen was die Sache noch verschlimmerte so das kurze grüne Gras an das er sich zu erinnern schien von allerlei Herdenvieh kahlgefressen war lang und hellgrau hier und da in weiß übergehend. Dann suchte er Trost bei dem Gedanken daß seine Erinnerung an draußen vielleicht abwegig war fand aber es war keiner. Ganz Auge sah er so nur immer schlechter bis er am Ende zwar nicht aufhörte zu sehen doch (in die Runde und näherbei) zu schauen und sich daran machte nachzudenken. Zu diesem Zweck da kein Stein da war auf den er sich setzen konnte wie Walther und die Beine übereinanderschlagen war es das beste was er tun konnte auf der Stelle stehenzubleiben und stocksteif dazustehen was er nach kurzem Zögern auch tat und natürlich den Kopf wie gedankenverloren sinken zu lassen was er nach abermaligem Zögern ebenfalls tat. Aber bald des vergeblichen Wühlens in jenen Resten überdrüssig ging er wieder weiter durch das hohe bleiche Gras und fand sich damit ab nicht zu wissen wo er war noch wie er dahin gelangt war noch wohin er ging noch wie er dahin zurückgelangen würde von wo er nicht wußte wie er hergekommen war. So unwissend weiter und kein Ende in Sicht. Unwissend und was noch mehr heißt ohne den Wunsch zu wissen noch in der Tat irgendeinen Wunsch irgendwelcher Art daher auch keinerlei Bedauern darüber außer daß er gewünscht hätte die Schläge mögen aufhören und die Schreie für immer und bedauerte daß nicht. Die Schläge bald lautlos beinahe bald klar wie vom Wind getragen aber kein Hauch und die Schreie bald lautlos beinahe bald klar.

3

So weiter bis er wieder stehenblieb als an seine Ohren von tief innen oh wie und hier ein Wort das ihm entging es wäre zu enden wo nie zuvor. Dann Pause bevor wieder über kurz oder so lang daß vielleicht nie wieder und dann wieder lautlos beinahe von tief innen oh wie und hier wieder das fehlende Wort es wäre zu enden wo nie zuvor. Auf jeden Fall was es auch sein mag zu enden und so weiter war er nicht schon wie er dastand ganz gebeugt und an seine Ohren lautlos beinahe von tief innen immer wieder oh wie soundso und so weiter war er nicht so weit er schon sehen konnte da wo nie zuvor? Denn wie könnte selbst jemand wie er der schon einmal an solch einem Ort gewesen war nicht erschaudern sich dort wiederzufinden was er nicht getan hatte noch nach einem Schauder vergeblich Trost suchen bei dem Gedanken dem sogenannten daß er ja irgendwie hinausgefunden hatte daher wohl auch irgendwie wieder hinausfinden würde was er auch nicht getan hatte. Da dann die ganze Zeit wo nie zuvor und so weit er sehen konnte in jede Richtung wenn er den Kopf hob und die Augen öffnete keine Gefahr oder Hoffnung für ihn je nachdem da je hinauszufinden. Sollte er denn jetzt unbeirrt weitereilen bald in die eine Richtung und bald in eine andere oder anders gesehen sich nicht mehr rühren je nachdem das heißt wie das fehlende Wort sein würde das falls es warnte wie zum Beispiel etwa traurig oder schlimm dann ohne weiteres trotz allem in die eine und wenn umgekehrt dann ohne weiteres in die andere das heißt sich nicht mehr rühren. Derart und von derartigem mehr der Lärm in seinem Kopf dem sogenannten bis nichts mehr von tief innen als nur immer schwächer oh enden. Einerlei wie einerlei wo. Zeit und Leid und Selbst das sogenannte. Oh alles enden.

Hinweise

Aufgenommen wurde Samuel Becketts kürzere fiktionale Prosa, soweit sie bereits in deutscher Übersetzung vorliegt. Neu übersetzt wurden lediglich *L'Image* (»Das Bild«), »neither« sowie, als Motto, der letzte von Beckett geschriebene Text, das Gedicht *Comment dire* (»Wie soll man sagen«). Aus dem Zyklus von Erzählungen *Mehr Prügel als Flügel* wurden die beiden Texte »Dante und der Hummer« sowie »Bammel« aufgenommen, die im Original auch einzeln in Zeitschriften erschienen sind.

Wie soll man sagen

Übersetzt von Erika Tophoven-Schöningh © Suhrkamp Verlag Frankfurt am Main 2000 (*Comment dire* © 1989 by Les Editions de Minuit). Erstveröffentlichung.
Entstanden 1988. Veröffentlicht 1989. Becketts letzter Text.

Der Konzentrismus

Übersetzt von Elmar Tophoven © Suhrkamp Verlag Frankfurt am Main 2000 (»Le Concentrisme«. Alle Rechte bei Les Editions de Minuit).
Entstanden 1930. Veröffentlicht 1983 in *Disjecta* (John Calder 1983). Die deutsche Übersetzung erschien zuerst 1986 in der Zeitschrift *Akzente* und wurde für die vorliegende Ausgabe von Erika Tophoven-Schöningh revidiert. Beckett hielt den Vortrag Anfang November 1930 vor der Modern Language Society des Trinity College Dublin. Parodie des gelehrten Vortrags; über den nichtexistenten Dichter Jean du Chas.

Dante und der Hummer

Aus *Mehr Prügel als Flügel*. Übersetzt von Christian Enzensberger © Suhrkamp Verlag Frankfurt am Main 1989 (»Dante and the Lobster«, in *More Pricks than Kicks* © Samuel Beckett 1934. Mit Genehmigung von Calder Publications). Abdruck der revidierten Übersetzung (1996). Deutsche Erstveröffentlichung von »Dante und der Hummer« 1967 in der Übersetzung von Erika und Elmar Tophoven.
Entstanden 1932. Erstveröffentlichung im Dezember 1932 in der Zeitschrift *This Quarter*. Überarbeitet und 1934 in den Erzählband *More Pricks than Kicks* aufgenommen.

Bammel

Aus *Mehr Prügel als Flügel.* Übersetzt von Christian Enzensberger. © Suhrkamp Verlag Frankfurt am Main 1989 (»Yellow«, in *More Pricks than Kicks* © Samuel Beckett 1934. Mit Genehmigung von Calder Publications). Abdruck der revidierten Übersetzung (1996).
Entstanden vor 1934. Veröffentlicht 1934 in *More Pricks than Kicks*; nachgedruckt 1956 in der Zeitschrift *New World Writing*.

Das Ende

Übersetzt von Elmar Tophoven. Aus *Werke IV* (1976). © Suhrkamp Verlag Frankfurt am Main 1962 (*La Fin* © 1955 by Les Editions de Minuit).
Abgeschlossen Anfang Oktober 1946. Veröffentlichung der Frühfassung mit dem Titel *Suite* im Juli 1946. Die endgültige Fassung erschien erst 1955.

Der Ausgestoßene

Übersetzt von Elmar Tophoven. Aus *Werke IV* (1976). © Suhrkamp Verlag Frankfurt am Main 1962 (*L'Expulsé* © 1955 by Les Editions de Minuit).
Entstanden Anfang Oktober 1946; eine Frühfassung erschien im Januar 1947, die endgültige Fassung 1955.

Erste Liebe

Übersetzt von Elmar Tophoven. Aus *Werke IV* (1976). © Suhrkamp Verlag am Main 1971 (*Premier Amour* © 1970 by Les Editions de Minuit).
Entstanden im Oktober/November 1946. Veröffentlicht 1970. Fassung 1955.

Das Beruhigungsmittel

Übersetzt von Elmar Tophoven. Aus *Werke IV* (1976). © Suhrkamp Verlag Frankfurt am Main 1962 (*Le Calmant* © 1955 by Les Editions de Minuit).
Entstanden Ende Dezember 1946. Veröffentlicht 1955.

Texte um Nichts

Übersetzt von Elmar Tophoven. Aus *Werke IV* (1976). © Suhrkamp Verlag Frankfurt am Main 1962 (*Textes pour rien* © 1955 by Les Editions de Minuit).
Entstanden 1950 bis 1952. Veröffentlicht 1955.

Aus einem aufgegebenen Werk

Übersetzt von Elmar Tophoven. Aus *Werke IV* (1976). © Suhrkamp Verlag Frankfurt am Main 1966 (*From an Abandoned Work* © 1958 by Samuel Beckett. Mit Genehmigung von Calder Publications).
Entstanden 1954/55. Veröffentlicht in der Zeitschrift *Trinity News* 1956; 1958 im Verlag Faber and Faber.

Das Bild

Übersetzt von Erika Tophoven. © Suhrkamp Verlag Frankfurt am Main 2000 (*L'Image* © 1988 by Les Editions de Minuit). Erstveröffentlichung.
Entstanden in den Jahren nach 1950; aus dem Entstehungszusammenhang des Romans *Wie es ist* (*Comment c'est*). Veröffentlicht im November 1959 in der Zeitschrift *X: A Quarterly Review*; 1988 von Les Editions de Minuit.

Falsch anfangen

Übersetzt von Elmar Tophoven. © Suhrkamp Verlag Frankfurt am Main 2000.
Entstanden 1964. Veröffentlicht im Juni 1965 in der ersten Nummer der Zeitschrift *Kursbuch* (Originaltext mit dem Titel »Faux départs«, bestehend aus drei französischen und einem englischen Abschnitt, sowie deutsche Übersetzung. Alle Rechte an dem Originaltext bei Les Editions de Minuit)

Ausgeträumt träumen

Übersetzt von Elmar Tophoven. Aus *Werke IV* (1976). © Suhrkamp Verlag Frankfurt am Main 1967 (*Imagination morte imaginez* © 1965 by Les Editions de Minuit).
Entstanden 1965. Veröffentlicht 1965.

Schluß jetzt

Übersetzt von Elmar Tophoven. Aus *Werke IV* (1976). © Suhrkamp Verlag Frankfurt am Main 1967 (*Assez* © 1966 by Les Editions de Minuit). Entstanden 1966. Veröffentlicht 1966.

Bing

Übersetzt von Elmar Tophoven. Aus *Werke IV* (1976). © Suhrkamp Verlag Frankfurt am Main 1967 (*Bing* © 1966 by Les Editions de Minuit). Entstanden 1966. Veröffentlicht 1966.

Der Verwaiser

Übersetzt von Elmar Tophoven. Aus *Werke IV* (1976). © Suhrkamp Verlag Frankfurt am Main 1972 (*Le Dépeupleur* © 1970 by Les Editions de Minuit). Entstanden 1966. Veröffentlicht 1970.

Losigkeit

Übersetzt von Elmar Tophoven. Aus *Werke IV* (1976). © Suhrkamp Verlag Frankfurt am Main 1970 (*Sans* © 1969 by Les Editions de Minuit). Entstanden 1969. Veröffentlicht 1969.

Wie die Geschichte erzählt wurde

Übersetzt von Wolfgang Hildesheimer. Aus *Günter Eich zum Gedächtnis*. Herausgegeben von Siegfried Unseld. © Suhrkamp Verlag Frankfurt am Main 1973. (Mit Genehmigung von Calder Publications)
Entstanden etwa 1973. Veröffentlichung des englischen Originaltexts (»As the Story Was Told«) mit der deutschen Übersetzung 1973 in dem Gedächtnisband für Günter Eich.

Um abermals zu enden

Übersetzt von Elmar Tophoven. Aus *Werke V* (1986). © Suhrkamp Verlag Frankfurt am Main 1978 (*Pour finir encore et autres foirades* © 1976 by Les Editions de Minuit).

Entstanden zumeist um 1960, die letzten beiden Abschnitte 1972 und 1975. Veröffentlicht 1976.

weder noch

Übersetzt von Erika Tophoven-Schöningh. © Suhrkamp Verlag Frankfurt am Main 2000 (»neither« in *As the Story Was Told: Uncollected and Late Prose* © 1990 by John Calder. Mit Genehmigung von Calder Publications). Erstveröffentlichung.
Geschrieben im September 1976 für den Komponisten Morton Feldman. Zuerst veröffentlicht im *Journal of Beckett Studies*, Frühjahr 1979.

Gesellschaft

Übersetzt von Elmar Tophoven. Aus *Werke V* (1986). © Suhrkamp Verlag Frankfurt am Main 1981 (*Company* © 1979, 1980 by Samuel Beckett. Mit Genehmigung von Calder Publications).
Entstanden um 1979. Veröffentlicht 1979.

Schlecht gesehen schlecht gesagt

Übersetzt von Elmar Tophoven. Aus *Werke V* (1986). © Suhrkamp Verlag Frankfurt am Main 1983 (*Mal vu mal dit* © 1981 by Les Editions de Minuit).
Entstanden vor 1981. Veröffentlicht 1981.

Aufs Schlimmste zu

Übersetzt von Erika Tophoven-Schöningh. © Suhrkamp Verlag Frankfurt am Main 1989 (*Worstward Ho* © Samuel Beckett 1983. Mit Genehmigung von Calder Publications).
Entstanden 1981/82. Veröffentlicht 1983.

Immer noch nicht mehr

Übersetzt von Erika Tophoven-Schöningh. © Suhrkamp Verlag Frankfurt am Main 1991 (*Stirrings Still* © Samuel Beckett 1988. Mit Genehmigung von Calder Publications).
Entstanden 1986-1988. Veröffentlicht 1988.

Inhalt

Suhrkamp Verlag GmbH
Torstraße 44, 10119 Berlin
info@suhrkamp.de
www.suhrkamp.de